JN226375

LEONARD BERNSTEIN

バーンスタインの生涯

上

ハンフリー・バートン
Humphrey Burton
棚橋志行 訳

青土社

ジェニーとサミュエルのバーンスタイン夫妻と、４歳の息子。夫婦の朝食時のいさかいが、『タヒチの騒動』のオープニング・シーンのヒントとなった。

父と息子、ニューハンプシャーでのハイキング。

1935 年、ボストン・ラテン・スクール卒業

バーンスタインの少年時代の友人で音楽理論の最初の生徒、シド・ラミン。生涯にわたる共同製作者となった。

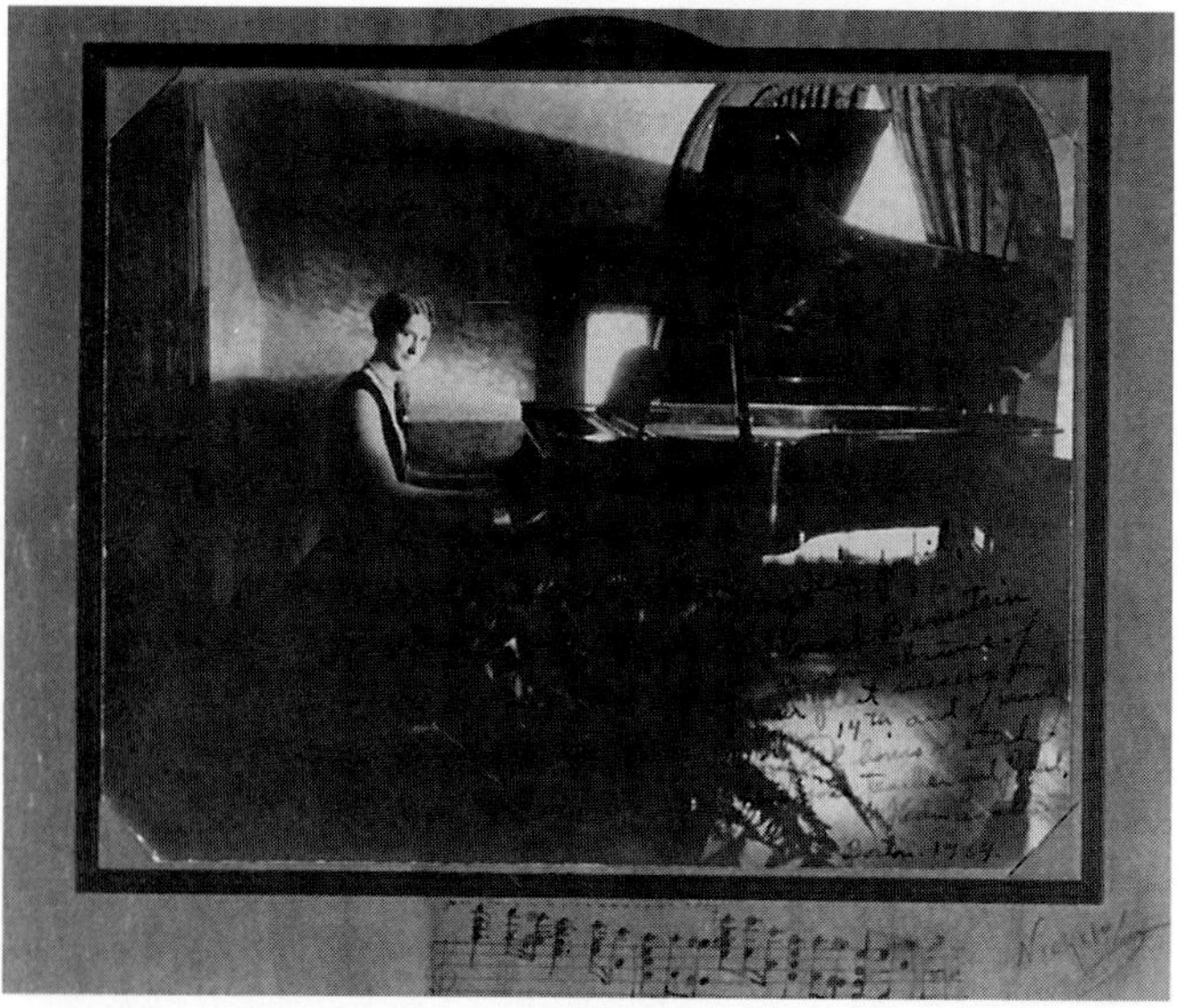

ヘレン・コーツ、彼女のスタジオで。献辞は以下のように始まっている。「親愛なる生徒、レナード・バーンスタインの 5 月 14 日の大成功の思い出に」献辞の下にバーンスタインは 1934 年ボストンでのデビューコンサートで演奏したグリーグのピアノ協奏曲の冒頭の楽譜を書き加えた。

ベアトリス・ゴードン、1934年。彼女はバーンスタイン版『カルメン』でドン・ホセを演じた。

To Mr. Leonard Bernstein
very sympathetically and with
all my wishes for his artistic

ディミトリ・ミトロプーロス、1937年。「きみには偉大になるためのあらゆるものがそなわっている」

Onota Rhythm Band and
Leonard Bernstein - 1937

キャンプ・オノタ・リズムバンド、1937年。レナード・バーンスタインが指揮をしている最初の写真。キャンプの音楽指導員として、『ペンザンスの海賊』を上演した。

タングルウッドのお茶会。『徒弟の物語』と題したパロディを指揮する“レニュースカ”。クーセヴィツキーと妻ナターリャはバルコニーに出て来た。

シャーリー・アン・バーンスタイン、1940年。この前年、シャーリーはマーク・ブリッツスタインの『ゆりかごは揺れる』で売春婦を演じた。

カーティス音楽院近くのリッテンハウス・スクエア、1941年。ルネ・ロンジー・ミケル（左）はバーンスタインにスコア・リーディングなどを教えた。シャーリー・ゲイビス（右）はレニーとピアノの連弾をしたり、彼の朗読するオスカー・ワイルドを聞いたりした。

サインを求めるファンのために印刷された初期の写真。

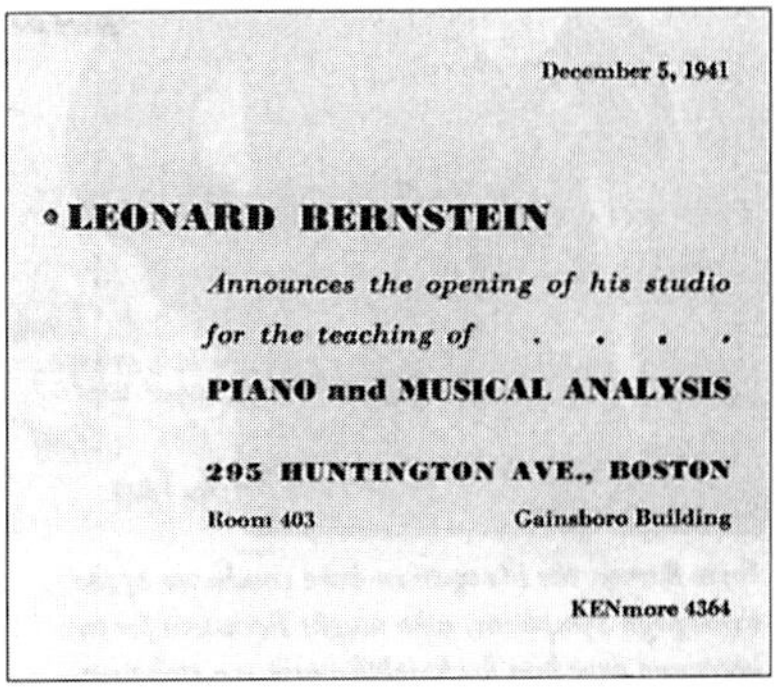

December 5, 1941

LEONARD BERNSTEIN

Announces the opening of his studio for the teaching of . . . .

PIANO and MUSICAL ANALYSIS

295 HUNTINGTON AVE., BOSTON

Room 403　Gainsboro Building

KENmore 4364

「営業中」――真珠湾攻撃の二日前。

ジェニー・トゥーレルは、1943 年のバーンスタインの 25 歳の誕生日に行われたレノックスでの彼女のリサイタルのアンコールで、バーンスタインの最初の連作歌曲「音楽は大嫌い」を歌った。

ハンガリー生まれのピッツバーグ交響楽団の指揮者フリッツ・ライナーはバーンスタインを二年間教え、指揮者として開花させ、1944 年 1 月に彼の最初の交響曲の指揮をさせた。

1943 年 8 月、ニューヨーク・フィルハーモニックの音楽監督アルトゥール・ロジンスキーと。ロジンスキーは、尻ポケットに弾をこめたリヴォルヴァーを入れて指揮していた。彼は、神のお告げによってバーンスタインを雇ったと主張している。

偉大なる指揮者セルジュ・アレクサンドロヴィッチ・クーセヴィツキー。彼が指導を始めたのは 65 歳のときで、バーンスタインは最初の生徒だった。

アーロン・コープランドと、1945 年。50 年以上にわたるふたりの友情は音楽史に燦然と輝くもののひとつである。コープランドはバーンスタインのなかに、自分と仲間の作曲家たちが自分の曲を披露するために必要とする真のアメリカ人指揮者の姿を見ていた。

「ここにこそ真の指揮者がいるといっていい」とニューヨーク・タイムズのオーリン・ダウンズは書いた。バーンスタインは有名な 8H スタジオで、高名な NBC 交響楽団とトスカニーニのリハーサルをした。

タングルウッドの芝生の上で、妹のシャーリー、マーク・ブリッツスタインと。ブリッツスタインは 20 代のバーンスタインに多大な影響を与えた。彼の音楽は「……わたしの魂を魅了した」。

『オン・ザ・タウン』、1944年。自然史博物館のクレア・ド・ルーン（ベティ・コムデン）とオジー（アドルフ・グリーン）。

1944年、ハリウッド。バーンスタインのポータブル・タイプライターは旅の友だった。

アメリカの人気客演指揮者。ヘレン・コーツとともに、1946年。

イーゴリ・ストラヴィンスキーと。ニューヨーク・シティ交響楽団のコンサートで、1946年。左にコンサートマスターのワーナー・ライウェン。バーンスタインの右にマネージャーのブルーノ・ジラート、コンサートマスターのロバート・ショー、ピアニストのレオ・スミット。

西10番街の自宅での作曲家、1947年。彼は私信やスコアを清書する際にペンとインクを使った。

バーンスタインの未来の妻、フェリシア・モンテアレグレ・コーンの子供時代。祖父はラビだったが、チリのサンチアゴでカソリックの教育を受けた。優雅で扱いにくそうなフェリシアの性格がすでに見て取れる。

将来スターダムを駆け上がることを期待された若き映画女優、フェリシア。「私の愛とキスを」と書かれている。

婚約、1946 年のニューイヤーズ・イヴ。

タングルウッドにて、1947 年。「あなたはまだ、わたしがあなたにふさわしい女かどうか確信していないのです」フェリシアはのちにレナードに手紙を書いた。この写真が撮られたすぐあとに、ゴシップ・コラムニストのドロシー・キルガレンは彼らの婚約解消を報じる記事を書いた。

独立戦争のさなか、1948年11月ベールシェバでコンサートを即興で指揮。

「峠の我が家」――バーンスタインの1949年のグリーティング・カード。レナードと弟バートンは1948年の9月にワイオミングの牧場で働いた。

またひとりぼっち。バーンスタインは生涯を通じて、真夜中に冷蔵庫を襲撃した。

「クーセヴィツキー・ブルース」ピアノを弾くのはシーモア・リプキン。バーンスタインは恩師の 75 歳の誕生日を祝う、1948 年。

ヨーロッパとイスラエルから自宅に戻ってきたシャーリーとレナード、1951 年 1 月。

作家マーサ・ゲルホーン。バーンスタインは時々（フェリシアの前でさえも）「自分はマーサと結婚するべきだった」という冗談を言った。彼女は10歳年上だった。

レナードとフェリシアの結婚アルバムから（1951年9月9日）

フェリシアの母チタと、バーンスタインの両親。花婿はクーセヴィツキーの未亡人オルガから贈られたスーツを着ている。

クーセヴィツキー から譲り受けたジャケット

花嫁と「よだれ垂らしのきょうだいたち」レナード、シャーリー、バートン。

付添い役のデイヴィッド・オッペンハイムへの挨拶。ヘレン・コーツは平静を保っている。

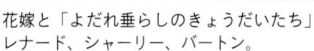

イスラエルで、フェリシアと、1953年。「レニーは彼らの神様なのです。どこへ行ってもその名前は魔力を発揮しました」

コンサートを終えた夫を気遣う指揮者の妻。

『ワンダフル・タウン』(1953年)、ロザリンド・ラッセル主演。コムデンやグリーンといった、バーンスタインの共作者たちは、30年代への愛情を彼と共有した。

1953年12月、バーンスタインはスカラ座でオペラハウスデビューをした。マリア・カラスは左側、フェリシアとバーンスタインはトスカニーニの孫コンテッサ・エマヌエラ・カステルバルコ（右）に付き添われている。

バーンスタイン、「オムニバス」でテレビ初出演、1954年11月14日。シンフォニー・オヴ・ジ・エアのメンバーがベートーヴェンのオーケストレーションの変化を示し、バーンスタインは交響曲第5番と、この作曲家のスケッチブックからなにが学べるかについて講義している。

1950年代の家族写真

リリアン・ヘルマンとジェイミー、
マーサのぶどう園、1954年。

ジェイミーの三度目の誕生会、1955年。

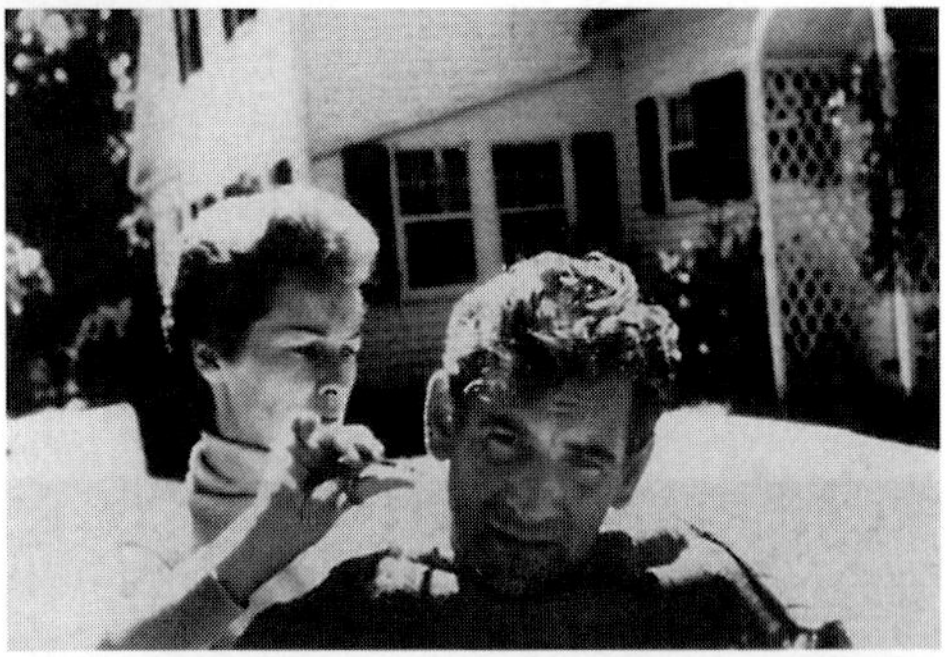

フェリシアは何年間も夫の
散髪をした。

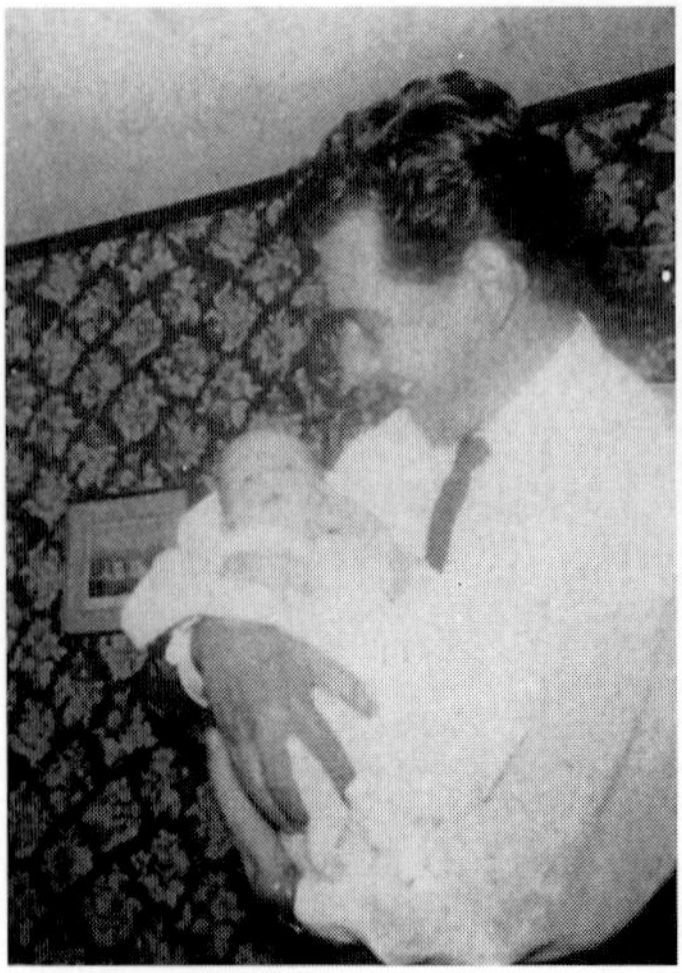

アレクサンダー・サージ・レナードは
1955年7月に生まれた。

バーンスタインはかならずクリスマスのお祝いをした。

バーンスタインの生涯（上）　もくじ

下巻もくじ

バーンスタインの生涯（上）

序

レナード・バーンスタインがこの世を去ってから本書を書き進めていくうちに、三年の年月が流れた。作曲家、指揮者、教師、ピアニスト、作家――いずれの彼にとっても、音楽は永遠の存在であり、強迫観念的といえるほどに必要不可欠なものだった。彼のパスポートの〝職業〟欄には、みずからの手で〝音楽家〟と書きこまれている。彼は、豊かで、血気盛んで、ときに苦悩にみちた人生を送ってきたが、かならずその中心には音楽があった。広い読者層に向けて書かれた一冊の本は、音楽の代わりを果たすことはできない。著者にできるのは、時間を割いて適当な録音やビデオに耳を傾けるよう、ひとを促すことだけである。

一九九一年九月に作業のはじまったこの伝記は、現在の軽く二倍になっておかしくないものだった。なぜなら、第一稿の段階ではさらにそれ以上の分量があり、タイプ原稿にして千八百五十枚にも及んだからだ。

また、本書は〝検閲を受けた〟伝記ではない点を強調しておきたい。レナード・バーンスタインのご遺族や、かつての同僚から多大な力添えをいただいたのは確かだが、そのだれからもわたしの書くべき内容を指示されてはいないし、わたしが書きたかったことに文句をつけられて妨害されてもいない。

通例として、ここまで訂正を受けることなく通ってきてしまった誤りがあった場合は、すべてわたし個人が責任を負うものである、という一節をここで付け加えなければならない。バーンスタイン資料館の記録を特別に利用させてくださり、バーンスタインの書簡と音楽関係の著述から広範囲にわたる引用を許可してくださったレナード・バーンスタイン・エステートのみなさんに、特別の感謝を捧げたい。

ハンフリー・バートン

一九九三年十月十四日、ニューヨークにて

プロローグ――葬儀

通知には、葬儀は一九九〇年十月十六日火曜日の午前十一時からと記されていたが、妻とわたしが十分前に到着したとき、部屋はすでにぎっしりとひとで埋まっていた。

レナード・バーンスタインの住まいである二三号室は、彼が二十年近い年月をすごしてきたセントラル・パーク・ウエストの歴史的に有名なアパートメント、〈ダコタ・ハウス〉の二階、北東の角にあった。この日のために、リビングと書斎は葬儀場に姿を変え、重く沈んだ空気がたちこめていた。バーンスタインが享年七十二歳でこの世を去ってから、まだ二日とたっていないからだ。ホールのドリンク・バーには、ヤムルカ［男性の正統派ユダヤ教徒が教会や家庭でかぶる小さな頭巾］をぎっしり詰めこんだボウルがひとつあった。そのなかのひとつをかぶってみたものの、わたしはユダヤ教徒ではないため、いささか居心地の悪い思いにとらわれ、そわそわした気分で、レナードの妻フェリシア・バーンスタインがロンドンの古美術店で購入してから玄関広間の調度品の一部となってきた、清教徒の女中を等身大に描いた切り抜き絵《カットアウト》にちらりと目をやった。二十年近く前にこの絵を茶色い包装紙にくるんで彼女のためにアメリカへジャンボ・ジェットに乗って持ち帰ってきたときのことは、いまも鮮明に思い出すことができる。

リビングには、銀のフレームつきの大勢の人間の写真とともに、二台のグランドピアノが壁の前に置いてあり、七十三丁目を見晴らす窓の下には、大きな柩がものものしく立てかけられ、そのまわりにゆるやかなカーブを描いて四十脚から五十脚の椅子が配置されていた。ここは、一九八四年にバーンスタインが『ウエストサイド物語』の新録音のために、初めてピアノ・リハーサルを行なった部屋である。目を閉じると、キリ・テ・カナワとタティアナ・トロヤノスが「アメリカ」を歌い、バーンスタインが熱烈な拍手を送っているところが浮かんでくる。いま彼は、死の前日に友人のメンディ・ウェイジャーと冗談まじりに話していたように「若さの絶頂で手折られて」帰らぬひととなった。バーンスタインとは四〇年代からの知己であるウェイジャーは、わたしたち夫婦の近くに腰をおろしていたが、自分の腕のなかで友をなくしたショックに動揺をかくせずにいるようだった。

作詞家であり作家でもあるアドルフ・グリーンが、奥さんのフィリス・ニューマンといっしょにすぐ近くにすわっていた。グリーンと、彼の著作におけるパートナーであるベティ・コムデン――彼女もこの葬儀に出席していた――は、五〇年代のヒット・ミュージカル『ワンダフル・タウン』以来、レナードとの共同作品はなかったが、彼らはずっと親友で、ほんの数ブロック離れたところに暮らしていた。レナードは自分たちの詞を自分たち以上によく憶えていた、とベティは話している。やはり会葬者のなかにいた『ウエストサイド物語』の編曲者のひとり、シド・ラミンはさらに以前からのバーンスタインの知りあいである――ふたりはマサチューセッツ州ロクスベリーで同じ学校に通った仲だった。『ウエストサイド物語』の共同制作者では、ほかにも台本を書いたアーサー・ローレンツ、歌詞を書いたスティーヴン・ソンダイム、デザイナーのオリヴァー・スミス、プロデューサーの二氏、ハロルド・プリンスとロジャー・スティーヴンズ、そしてあのミュージカルの企画を思いつき、みずから監督した振付師のジェローム・ロビンズらが姿を見せていた。全員が、バーンスタインと苦労を分かちあってきた人々だ。

また、ボストン交響楽団の夏の別荘《サマー・ホーム》であるタングルウッドのバークシャー・ミュージック・センターの監督、ダン・ガスティンをはじめとする面々も、バーンスタインの人生に重要な位置を占めていた人々である。タングルウッドは、バーンスタインの恩師のなかでももっとも重要な人物であるロシア生まれの指揮者、セルゲイ・クーセヴィツキーによって設立されたもので、つねにバーンスタインに霊感《インスピレーション》を吹きこんでくれる場所であった。彼が一九四〇年に、生まれて初めて本格的な指揮をしたのが、この場所であり、二カ月たらず前に最後の指揮をしたのもこの場所だった。ガスティンは、バーンスタインが息切れを起こしてステージから降りられないほど過酷だった、ベートーヴェンの交響曲第七番との格闘も見守っている。

バーンスタインのもうひとりの恩師、作曲家のアーロン・コープランドは、九十歳近い高齢のため葬儀には出席できなかったが、作曲家の友人たちは数人が出席していた。そのなかには、フィラデルフィアのカーティス音楽院で同じ教授たちに師事したルーカス・フォスがいた。ふたりは、ともにタングルウッドを経てクーセヴィツキーの助手となり、ともにプロの指揮者、ピアニスト、作曲家となったのである。フォスは二十年前にバーンスタインの後を継いでニューヨーク・フィルハーモニックの音楽監督になるのではといわれていた。

リハーサルから駆けつけてきたヴァイオリニストのアイザック・スターンは、なんとか時間に間に合った。彼は半生前にバーンスタインの『セレナード』を初演し、ともに愛するイスラエルのために闘った仲だった。ほかに音楽関係者では、指揮のあらゆる愛弟子たちのなかで、おそらくはバーンスタイン本人に精神的にもっとも近い男、マイケル・ティルソン・トーマスや、『キャンディード』を再演するために長いあいだ骨を折ったジョン・モーセリ、そしてバーンスタインがただひとつ標準の長さで作ったオペラの共同脚本家である、オペラの演出家・台本作家のスティーヴン・ワズワースの姿が見られた。部屋は、ほかにもバーンスタインの人生のドラマを彩った数々の重要な出演者でぎっしりと埋めつくされていた——彼の弁護士やエージェント、オーケストラ・マネジャーやレコード・プロデューサー、出版関係者や管財人たちである。全員が、職業人として人生の大部分をバーンスタインに捧げてきた友人たちであった。

後ろのほうには、彼の最後のお相手となった、マーク・アダムズ・テイラーという名の南部出身の背の高い三十歳の青年、そして、死の前夜の夕げにバーンスタインにペルシャの神秘的な詩を読み聞かせた音楽教師、アーロン・スターンが立っていた。

そして、バーンスタイン家の人々。母親のジェニーは、七十年以上にわたって暮らしているボストンから飛行機でやってきた。彼女は九十二歳で、車椅子に乗っていた。夫のサムには四半世紀近く前の一九六九年に先立たれている。彼女は息子の死に大きなショックを受けていた。かたわらには、娘のシャーリーが付き添っていた。シャーリーはレナードの五つ年下の妹で、一九四〇年代には兄の成功に貢献していた。レナードの弟で雑誌「ニューヨーカー」の専属ライター、バートン・バーンスタインも、葬儀に集まった人々に挨拶をし、家族の面々と小声で話している。彼の二番目の妻ジェインと、成長したふたりの子ども、カレンとマイケルが、バーンスタインの三人の子どもたち――二十八歳のニーナ、三十五歳のアレクサンダー、そして三十八歳のジェイミーのところに合流した。ジェイミーには夫のデイヴィッド・トーマスと、娘のフランキーが付き添っていた。

すべてが整然と静寂のうちに行なわれた。バーンスタインが彼のオペラ『静かな場所』の冒頭に作り出した葬儀場の場面のとげとげしい緊張感とはおどろくほど対照的だった。ラビのマーシャル・メイヤーがまず初めに祈りを唱えた。彼の豊かなバリトンは感情に震えていた。「アイチャー・ヤシュヴァ・ヴァダッド。ハイト……」彼は語りはじめた――「おお！　わたしたちの心のなんと寂しいことか」――バーンスタインの初めての交響曲で女声に割り当てた「エレミヤの哀歌」の冒頭である。

会葬者たちにつづいて、こんどは遺族の人々が哀悼の意を表わした。バーンスタインの母と妹は、悲しみに心乱れるあまり、集まった人々の前で話すことができなかった。結局、最初に口を開いたのはバートンだった。彼は「つねに生命を超えた存在であった兄が、死を凌駕することができなかった。おどろくばかりだが――そうとしかいいようがない――彼はもうこの世にいない」という事実を受け入れることがいかに困難であるかを語った。彼の悲痛な驚きの弁は、このショッキングなニュースを耳にして以来、多くの人々が探し求めてきた表現を端的に表わしていたようだった。

「父はかつて、自分は絶対に癌にはかからないとわたしに断言したことがあって、わたしはその言葉を信じていました」自分の番になったとき、ジェイミーは語った。「それもなるほどと思えました。なにしろ、父の長年にわたる幸運を思い出してください。父はこの地球上でもっとも運の良い人間です。父はああいう運転をするひとでした。それがいちどでも事故を起こしたことがあったでしょうか？　いちどもありませんでした。また、ああいうお酒の飲みかたをするひとでした。夜どおし飲みつづけるのです。たしかに、ときには病気になることもありましたし、精神的に激しい落ちこみを見せることもありました。しかし、ウィーンっ子のへつらいが父を立ち直らせたわけではありません。神々しいブラームスの音楽が心を鎮めたわけではないのです。なのに今回、父が健やかな体をとりもどそうとしなかったのは、いったいどうしたことでしょう。わたしには信じられません」

アレクサンダーは、父親が情熱に駆られてドイツ語版から翻訳した、あるチェコの詩人の詩を朗読した。そのあと、ニーナは、涙に暮れながらこの場にふさわしい話をしようとしたが、できなかった。スピーチの最後をつとめたのは、マイケル・ウェイジャーだった。最後の祈りが終わり、最後の「アーメン」が終わると、コーヒーとケーキを前に慰めと悔やみの言葉を交わしあう段になった。空っぽの書斎では、みがきたてられたマホガニーの柩が磁石のように働いて、弔問客たちをひとりまたひとりと物言わぬ惜別の時へとひきもどしていった。

日差しを浴びた路上には、会葬者たちをブルックリン橋からブルックリンにあるグリーンウッド墓地に運ぶために、二十台の黒いストレッチリムジンが待ち受けていた。柩は、〈ダコタ〉から出てくると、待ち受ける霊柩車に運びこまれるまでのあいだ、アパートメントの向かい側の歩道に集まった群衆に見送られた。死してなおバーンスタインは、オヴェイションを受けたのだ。街を通り抜けていくとき、会葬者の車の列は、通例は国家元首クラスの人間にしか与えられることのない警察による護衛――サイレンを鳴らし、交通規制をし、車の列を連ねて――を受けた。ニューヨーク市は、自分たちの街の英雄のひとりがこの世を去ったのだという意識を強く胸にいだいていた。ブルックリンの高速道路建設現場では、厳粛な車の列を見下ろしていた労働者の何人かが、かぶっていた黄色いヘルメットを脱いで、「さようなら、レニー」と叫んだ。

墓地からは、木々の間から青い海の向こうに自由の女神像が見えた。秋晴れの好天に恵まれた一日だった。会葬者たち——異なる信仰の持ち主たち、あるいは信仰をもたない人々——が、カディッシュ［ユダヤ教の祈り］を唱和し、いっしょにショベルによる柩への土かけの儀式を行なった。レナード・バーンスタインは十二年前に亡くなった妻フェリシアの隣、緑豊かな丘陵の斜面の地中深くを最後の安住の地とした。そして、二十世紀に燦然と輝くすばらしい芸術家のひとり、音楽の世界に高くそびえ立つ炎の巨人の人生の最終章は、ここに終わりを告げた。バーンスタインはその音楽のなかに、休むことなく、なにかを求めてやまない、不安にみちた時代の精神を表現してきた。教師として、指揮者として、文化的指導者として、彼はあらゆる世代の音楽家と音楽愛好家にインスピレーションを吹きこんできた。彼は年若くして、アメリカでもっとも有名なクラシック音楽家となった。死をむかえたときには、まさしく世界のバーンスタインとなっていたのである。

第一部

アメリカ人音楽家の教育

一九一八年〜一九四三年

小さな大人——2歳。

1　黎明期

「自分の息子が大きくなってレナード・バーンスタインになるなんて思いもよらなかった」

——サミュエル・バーンスタイン

彼はキッチン・フロアの上で生まれたようなものだった。二十歳のジェニー・バーンスタインは、母親に世話をしてもらえるよう、出産を控えた数日前からローレンスのジュニパー通りの実家に里帰りしていた。一九一八年八月二十五日の午前三時、彼女が陣痛で目をさますと、母親は家族のホームドクターに電話をした。医師が駆けつける前に彼女は破水した。母親は苦悶するジェニーの体の下に古新聞をすべりこませて、羊水を吸い取らせた。まもなく医師が到着して、産みの苦しみに襲われているジェニーを車でローレンス総合病院に運び、午後一時ごろに（彼女は分娩室の壁の時計を見たという）彼女はどちらかというと病弱そうな男の赤ん坊を産みおとした。

男の子はルイス・バーンスタインと命名されて戸籍登録された。ルイスという名前は、最近亡くなったジェニーのザイデ——つまり、祖父——がルイスという名で、彼女の十二歳年上の兄も同じ名前だったから、まぎらわしくなりそうな選択ではあった。しかし、ジェニーの両親であるパールとサミュエルのレズニック夫妻はその名前を望み、ともあれ男の子は戸籍の上ではルイスという名前になった。ジェニーと夫のサムはレナードという名前にしたいと思っていたため、ジェニーの兄との混同を避けるために、最初から息子をレナードと呼んでいた――レナードと呼ばれることもあれば、レンとかレニーと呼ばれることもあった（バーンスタインが運転免許をとると同時に母親の車を借りてボストンからローレンスにもどり、町役場で正式にレナードと改名したのは、十六年後のことである）。

〝バーンスタイン〟という名前の由来は〝琥珀《アンバー》〟――装飾のために使用され、魔力をもつと考えられている半透明な黄色っぽく化石化した樹脂――を意味するドイツ語の名詞〝ベルンシュタイン〟と結びつけられることが多い。レナード・バーンスタインは、二十代の中頃にポピュラー音楽をピアノ曲に編曲して出版するためにペンネームが必要になったときはレニー・アンバーの名を使い、また後年、彼の仕事にまつわる業務を処理する組織が必要になったときには、その会社をアンバーソンと名づけている。ドイツやオーストリアにはベルンシュタインという名の町や村がいくつかあるが、バーンスタインの両親は、この通例バーンスティーンと発音されるウクライナ北西部のユダヤ人ゲットーの出身だった。しかし、サムは先住移民たちが採用していたヨーロッパ式の発音を採用しようと主張した。

レナード・バーンスタインの両親のうち、最初にアメリカに移住してきたのは母親のほうだった。彼女が生まれたのは一八八九年。母親であるパール・レズニックに（兄、妹、従兄弟それぞれ一名といっしょに）連れられて、三年前からアメリカに移住して家族の到着を待ちながら週給五ドルの賃金からお金を貯めていた父親のサミュエルに合流すべく、シェペトヴカの町からポーランドを抜けて一カ月におよんだ苦難の旅に出発したときには、まだ七歳だった。三等船室で荒海を渡るとき、当時チャーナと呼ばれていた彼女は、リーガからニューヨークへの悪夢のような航海のさなかに、手首を骨折している。エリス島の移民局員から、彼女はジェニーという名前を与えられた。

レズニック家はマサチューセッツ州ローレンスに家を建てた。聡明な生徒だったジェニーは、あっという間に英語を身につけて教師たちをびっくりさせた。彼女の父親は、巨大な工場がメリマック川沿いに広がるアメリカン・ウールン社で働いていた。彼は経験豊富な毛糸染めの職人だったが、妻のほうは夫を上回る商才の持ち主だった。ジェニーが十代のとき母親は、家族で引っ越してきていたパイン通りの家の一階表側の部屋に、食料品店をつくった。といっても、なかなか充分な収入にはならず、将来は教師になるために勉強したいという学生時代のジェニーの夢は打ち砕かれた。彼女は外でお金を稼いでこなければならず、工場に雇ってもらうために年齢をふたつばかり偽った。労働条件は劣悪で、なかなか貧困から逃れることはできなかった。それでも、レズニック家はいろいろな意味で幸せな家庭だった。過ぎ越しの祝いのときには、美味しいものを食べることができ、ジェニーの父親はハッガダー［ユダヤの伝承物語］の話を読み聞かせてくれ、妹たちはダンスをしたり歌をうたったりして、家は笑い声にみちていた。家族に職業音楽家がいたわけではないが、ジェニーは音楽の調べが大好きだった。「わたしの心と耳には、いつも音楽がありました。よく夜中に起き出しては音楽を聴いたものです」

ジェニーの未来の夫、サミュエルは本名をシュムエル・ヨゼフといい、一八九二年の生まれで、彼女に五年遅れてアメリカに到着した。ジェニー同様、第一子であり、ベレスティヴというゲットー村で、正統派ハシディズムの家庭に育った。キエフとローヴァスの中間、シェペトヴカからはほんの数マイル北のコヴィヒク川の岸辺にある市場町コレッツの近くである。バーンスタイン家の名前は、サミュエルの祖父ベザレルが評判高い男だったことを考えれば、レズニック家の人々の耳に入っていたとしても決して不思議ではなかった。ベザレルは、ロシアのこの地方では、ユダヤ人、非ユダヤ人を問わず、広くその名を知られた鍛冶屋だった。彼は、ドローシキと呼ばれる屋根なし軽四輪馬車をひとりで地面からもちあげ、車輪のひとつを取り外してから地面に下ろすことができたほどの怪力無双の男だった。神を敬いウォッカをがぶ飲みする職人として、はるか遠くまでその名をとどろかせていたのだ。四人の子どもをもつ父親でありながら、若くしてこの世を去ったことで、彼は伝説の人物となった。ある晩、彼が目をさますと、鍛冶屋から火が出ていた。『バーンスタイン　その音楽と家族』のバートン・バーンスタインの記述によれば、彼は毛布一枚かぶっただけで「冬の寒空に向かってまっしぐらに駆け出し、桶一杯の水をかぶると、燃えさかる鍛冶屋に飛びこんだ」。ベザレルはその数分後、「いちばん大事な財産――鉄製の道具箱を引きずって」出てきた。それからすぐに道具箱の上にくずれ落ち、必死の努力の代償に命を失った。

もしかすると、サミュエルの父ユーデルが律法学者として黙想にふける偏屈な信仰生活を選び、タルムード［ユダヤの法律と伝承の集大成］を読み、祈り、議論して日々の暮らしを送る道を選んだのは、この父の無鉄砲な行為への反動だったのかもしれない。マラマッド出身のサミュエルの母ダイナは、働き者の農婦となり、信心深い夫が家にこもり、教会堂《シナゴーグ》で礼拝しているあいだ、畑仕事に精を出した。ウクライナのユダヤ人強制集住地域の暮らしはつらく単調で、もっぱら畑を耕し、料理をつくり、乳をしぼり、安息日のロウソクをつくり、パンを焼き、鶏の卵を集め、大家族を養っていくという重労働に耐えていかなければならなかった。成人式《バル・ミツヴァ》の儀式がすんでまもなく、若き日のサムは移住する決心を固めた。小さなユダヤ人村の暮らしは重苦しく、周囲では反ユダヤ主義的な行動がひとつの流行となっており、現実問題として徴兵の時期も迫っていた。十六歳になった一九〇八年のある晩、村を抜け出した彼は、国境の歩哨たちの目を避けて、ポーランドを抜け、ダンツィヒまで歩き、そこからまず船に乗ってリヴァプールへ行き、それからニューヨークにたどり着いた。両親の意思にそむいて出てきた彼だったが、その少し前に移民となっていた叔父のハーシェル・マラマッドが積極的に支援してくれ、コネティカット州ハートフォードの新居から送金してくれた。

世紀の替わり目には、五万人にのぼるユダヤ人が毎年ロシアからアメリカにやってきていた。サミュエル・バーンスタインはユダヤ人移民の梯子のいちばん下の段でアメリカにおける生活をはじめ、ニューヨークのフルトン通り市場で魚を洗った。週給は五ドルだった。三年後、そのあいだに英語を勉強し（完璧に身につけたというレベルではなかったが）、郵便局の職員になることを夢見ていたが、名前をハリー・レヴィーと変えた叔父が、理髪店に働き口を紹介してくれ、彼を不潔で悪臭のただよう暮らしから救い出してくれた。サミュエルは懸命に働き、やがて、ボストン地域で美容院を相手に理髪・美容器具を販売していた〈フランケル&スミス〉で、もっと将来性のありそうな同種の仕事を手にすることができた。

サミュエル二十四歳の一九一六年には、そろそろ家庭をもとうかと考えられるだけの蓄えができていた。アメリカ市民となり、スリーピースのスーツはもちろん、昔ながらのきっちりしたホワイトカラーに、ちぢれた黒髪をなでつけた彼には、前途洋々の若者という雰囲気がただよっていた。そしてまもなく彼は、アシスタント・マネジャーとなった。サミュエルが、ボストンのルームメイトの遠い親戚だというジェニーと初めて出会ったとき、彼女は十八歳の美しい娘で、彼女の母親はしきりに娘を結婚させたがっていた。パールの考え方によれば、結婚は善良なユダヤ人の娘の義務であり、工場の仕事と、すし詰め状態の家から逃れさせてくれるものだった。サムは訛が完全には抜けきっておらず、それが悲惨なファッション・センスや安物雑貨屋で買った安っぽい眼鏡とあいまって、ジェニーの目にはいささかコミカルに映った。彼女をデートに誘うために日曜日に路面電車でローレンスに出かけるとき、彼は贈り物をたずさえていったが、彼女は何カ月ものあいだ、どうしてもそれを受け取ってくれなかった。しかし真剣な思いのサミュエルは、あきらめずに求愛をつづけた。ジェニーの記憶によれば、彼女の首を縦に振らせたのは、彼のユーモアのセンスだった。「彼はいつも面白い話をしてくれて、つねにジョークを忘れませんでした」

ふたりのデートがいかにロマンチックなものだったかは、バーンスタイン家の語り草となっている。サムがジュニパー通りに新しく建てられたレズニック家（パールが抜け目なく不動産を売却してから、百ドル足らずで購入された）を訪ねるとき、ジェニーの妹ドロシーは、よく二階の茶の間にある火格子から下を盗み見して、若いカップルの様子を探っていた。彼女はのちに、サムとジェニーは悪評を立てられかねない状況におちいって、結婚へと追い立てられたのだと公表している。この一家のべつの伝説によれば、もうひとりの妹は、サムからダイヤモンドの婚約指輪を渡されて、ジェニーが眠っているあいだに彼女の指にはめた。おそらくジェニーは、眠りからさめたときに自分は正式に婚約したのだと知って、サムの智略にうならされたことだろう。いずれにしても、ふたりは婚約して結婚を待つばかりとなった。

一九一七年の春、アメリカは戦争に突入し、サム・バーンスタインも徴兵を受けた。これで結婚の計画も中断かと思われたが、サムは目が悪かったおかげで除隊となり、事なきを得た。それから数カ月、十月二十八日の日曜日に、サムとジェニーは結婚した。ジェニーはのちに、彼女の母親は本人の知らないうちに婚約パーティの準備をととのえ、婚礼の日取りを決めていたと語っている。小さなシナゴーグで挙式をすませ、自宅でにぎやかに宴を催すはこびとなった。

新婚旅行は、ボストンのダウンタウンにあるエセックス・ホテルで一夜だけ眠れない夜をすごした。サウス通り駅近くを走る汽車の音で、ふたりはずっと眠ることができず、またジェニーの母親パールは、結婚式の準備に忙殺されて娘を正統ユダヤ教徒の女性が月経期の終わりに身を清める儀式、沐浴《ミクヴァ》に連れていくのを忘れていたため、彼女に床入りはまだすまさないよう約束させていた。翌日、新婚のふたりはユダヤ人労働者階級の居住地区であるマタパンの小さな部屋《アパートメント》に引っ越し、そこで床入りをすませた。そして十カ月後に、第一子が生まれた。

まだ二十歳になったばかりのジェニー・バーンスタインは、本人の弁によれば、神経質で経験にとぼしい母親だった。赤ん坊のころのレナードは、父親同様、喘息もちで呼吸器系が弱かったため、ジェニーはしょっちゅう医者に電話で相談にのってもらっていた。彼は父親の胃腸の弱さも受け継いで、よく腹痛に苦しんでいた。赤ん坊が連れ歩けるくらいに丈夫になると、サムは母子をローレンスからマタパンに連れもどした。一九二〇年、彼はマネジャーに昇進した。若い家族はケンブリッジに近いオルストンの、もっと広いアパートメントに移ることができた。これは、その後数回にもわたってつづく一連の転居の第一弾だった。引っ越しは結婚生活に余分な緊張をもたらしはしたものの、どの転居もサムが急速に地位を上昇させていったあかしであった。サミュエル・バーンスタインは、仕事がうまくいくようになると、社会的に成功しているとはいえない義理の親たちから、自分と自分の家族を意図的に切り離していった。彼らはバーンスタイン家に招かれなくなり、レズニック家がドーチェスター近辺に居を移してきたときでさえ、金曜日の夜をいっしょにすごすことはなくなっていた。レズニック家の人々も自分からは訪問しようとしなくなった。サム・バーンスタインをいらだたせたのは、レズニック家の気楽な信仰姿勢が正統派を信奉する者としては厳格さに欠けていた点だったのかもしれない。あるいは、中流の豊かな暮らしに自分を引き上げようとするサムの強い決意とは対照的に、貧しい暮らしを甘んじて受け入れようとする彼らの姿勢が我慢できなかったのかもしれない。またさらに、食べ物と歌とダンスが非常に重要な役割を占める彼らの気楽な生活様式が、腹立たしくてしかたがなかったのかもしれない。ハシディズムの祝祭に出席したとき、サムはシュナップスを何杯か口にしたこともあったが、彼は父親の堅苦しい考え方を受け継いでいた。ジェニーに話をするときを除けば、彼の後年のユーモアは、見当ちがいなものが多かった。ときに彼は、〝ユダヤ人独特の心理による〟病気に言及し、〝牛の巣［クモの巣（カブウェブ）を牛（カウ）ウェブと発音したもの］〟を取り払うことを主張した。幸運を祈るとき、彼の得意のセリフは、「キープ・フィンガー・クロスト」（中指を曲げ、人差指に重ねる）だった。

比較的裕福な部類に入る若いユダヤ人の妻、ジェニーは、学校教育を受けてきていたにもかかわらず、外に出て働くことをしなかった。彼女の人生は家庭を中心に展開した。そのため、多くのひとと顔を合わすことはなく、あまり友人もできず、生来のはつらつとした性格は、悲しいことに、翳りをおびてしまった。レナードの幼少時代、ジェニーは二度、サムのもとを飛び出してローレンスの母親のところへ帰っている。どういう理由だったかは、いまもってはっきりしない。家計の問題がからんでいたのかもしれないし――サムは握り屋だった――あるいは、サムのふさぎがちな性格と、彼がレズニック家の人々をだんだん毛嫌いするようになっていたことに関係があったのかもしれない。しかし、そのたびにジェニーの母は夫のもとに帰るよう娘を説得し、一度目のときには新しいベッド・リネンを一式、和解の贈り物として持っていった。もしかすると、レナードが生涯を通じて求めてきた、ひとに愛されたいという切なる願いは、幼少のころに父親から切り離されたことに由来していたのかもしれない。しかしレナードは甘やかされて育った。ジェニーによれば、彼はだれからもかわいがられた。バーンスタイン家がリヴィア・ビーチの友人宅に世話になっていたとき、その家の娘ふたりは日曜日になると、うれしそうにレナードのベビーカーを押して歩いた。彼女たちはレナードを〝小さな大人〟と呼んでいた。まだ一歳半だというのに、じつに流暢に言葉を話していたからだ。

　よちよち歩きのころにさえ、レナードは音楽に強く惹きつけられていた。リヴィアの友人宅には居室にピアノが一台あったが、レナードが外からドアをどんどんたたいて「モイニック、モイニック」――つまり、音楽《ミュージック》、音楽《ミュージック》と叫んでいたことは、いまでも語り草になっている。バーンスタイン家にはピアノはなかったが、ジェニーが父親から譲り受けてきたヴィクトローラの蓄音機は、レナードの日々の喜びを生み出す源泉となった。「息子はまだ小さくて、手巻き用の取っ手に手が届きませんでした」とジェニーは述懐している。「あの子はよく泣く子でした。涙でべとべとになるくらい泣くのです。そのあと、あの子は『モイニック、モイニック！』とせがみ、わたしがヴィクトローラを点けてレコードをかけてやると、ぴたりと泣きやむんです」家にあった七十八回転のレコードのなかには、一九二〇年代と三〇年代に人気を博した偉大なリリック・コロラトゥーラ歌手、ガリクルチのレコードはもちろん、ユダヤ教会の礼拝で歌われる独唱の録音や、（バーンスタインが大好きだった）『オー・バイ・ジンゴー』のようなポピュラー・ソングも含まれていた。レナードは表の部屋にすわってはヴィクトローラに耳を傾け、通行人たちをながめながら、リズミカルに音楽の拍子をとっていたため、ジェニーは息子を〝窓辺のピアニスト〟と呼んでいた。ところが、家族だけでなく、幼稚園の先生たちのなかにも、彼の特別な才能に気がつく者はだれひとりおらず、本格的な音楽の世界に彼を導こうとする努力は、どこからも払われなかった。日々の暮らしとは関係のない、面白い現象と片づけられたままだった。そして、彼が六歳から十一歳まで在学した初めての学校、ロクスベリーにあるウィリアム・ロイド・ギャリソン・スクールの教師たちも、だれひとり彼のなかにひそんでいる天与の才には気がつかなかった。後年のバーンスタインが憶えていたのは、「ミス・ドネリーという、わたしが恋心をいだいていたすばらしい先生から」音楽の基礎であるソルフェージュといって、楽譜を視唱で読んだりすることを教えてもらったことだけだった。レナードはソルフェージュでは〝クラス一〟だった。バーンスタインは、ウィリアム・ロイド・ギャリソン・スクールの教師たちのことを、大きな親愛の情をもって振り返っている。「先生たちが教えてくれたのは、楽しく学べることばかりだった。歴史も書き取りもそうだったし、クレヨンを使ったお絵かきみたいに面白くてしかたがなかった。ペン習字みたいな退屈なものまで楽しく学ぶことができた。先生たちは教えることが心から好きだったし、ぼくたちも学ぶのが好きだった。もちろん、ぼくにとっていちばんきらきらした時間は、歌をうたえる時間だった。五年生のときの担任だったフィッツジェラルド先生は、ぼくたちに何十曲も歌を教えてくれた……あのすばらしいレディたちに神の祝福がありますように。先生たちには、どこか特別なところがあった。それは、彼女たちが善良で古風なボストンのカトリック教徒だったからではないだろうか」

ラジオは若きバーンスタインのなかでめざめつつあった音楽の才能にとって、最高の道具だった。バーンスタインの子ども時代は、放送の時代の到来と歩調を一にしていた。大人になってからも、彼は好んでアトウォーター・ケントの異周波信号混合受信機《ヘテロダイン》の三つのダイヤルを合わせ、午後の音楽の時間を聴いたときのことを話した。「運が良ければ、やってるうちに放送をキャッチすることができました。雑音は多かったけれど、ルディ・ヴァリー（二〇年代後半）やジャック・ベニー（三〇年代前半）みたいなのが聴けたんです」ラジオ受信の性能は年を追って向上していき、レナードは「ボルネオに生まれたら」や「ミシガンに帰りたい」といったポピュラー・ソングの演奏の腕をみがくのに、多くの時間を費やした。彼はその後もずっと、子どものころに追いかけていたラジオの音楽番組の名前を十以上並べ立てることができ、その番組のコマーシャル・ソングを歌うことができた。

バーンスタインはたっぷりのポピュラー音楽を糧として育ち、週末ごとにシナゴーグで聴いてくる音楽を調味料としてそれに味付けをした。彼はのちに、宗教音楽こそ少年時代の自分に最大の影響を与えたものだったと回顧している。家族はミシュカン・テフィラ寺院（祈りの殿堂）でラビ・ルベノヴィッチの司式のもとで行なわれる金曜夜の安息日の礼拝に通っていた。向上心のあるほかの中流ユダヤ人家庭の多くがそうだったように、サミュエル・バーンスタインは最後には正統派の礼拝形式は内向的すぎると思うようになった。「わたしたちは保守派のユダヤ教徒でした」レナードはのちに回想している。「ふだんは見えないようにかくしてある聖歌隊席に聖歌隊とオルガンが並んで、彼らが沈黙を破ると、わたしは夢中で聴いたものでした！　わたしたちには、偉大な音楽家であり、美貌の持ち主で非常に背の高い、じつに威厳のある、すばらしい先唱者《カントール》がいました。彼は昔から伝わる曲を歌いはじめます――それは厳密にはメロディとはいえないものでした。なぜなら、きちんと書き留められたものではなかったからです。伝承され、口伝えされてきたものでした。そして彼は、じつに気持ちのよい豊かなテノールの持ち主でした。いま思い返すと、深みのあるバリトンの性質を帯びていたように思います。当時のわたしはテノールとバリトンのちがいを知りませんでした——そして、そのあとオルガンの演奏がはじまり、それから聖歌隊が自分たちの役割を果たし、とにかくわたしは合唱曲の調べに夢中になりはじめました」

　ミシュカン・テフィラ寺院の音楽責任者は、オルガン奏者であり聖歌隊指揮者であったソロモン・G・ブラスラフスキーだった。ロシアに生まれ、ウィーンで音楽を勉強した彼は、ボストンのユダヤ教徒たちからこよなく愛されていた。自分で作曲もしていたブラスラフスキーだったが、彼が演奏するのは、自分で適当なヘブライ語をあてたシューベルトや、メンデルスゾーン、ヴェルディといったクラシック音楽の作曲家たちの曲が大部分だった。ブラスラフスキーは、贖《あがな》いの日のようなユダヤ教の重要な祭日に歌われる賛美歌を神への信仰を表わす《アードーン・オーローム》頌栄の祝祭用に編曲する方式も創案した。バーンスタインの言葉によれば、「信じられないくらいの」複雑さで、「各連ごとに、オルガンによる間奏曲とすばらしい序奏がついていました。バスの独唱ではじまり、それからソプラノが——わたしは、このとき対位法というものがあることを知ったのです。すばらしいオブリガートが天の高みから響いてきました。あれは〝編曲〟という言葉だけでは表現しきれません。あれは偉大なる作曲でした。わたしは毎年のようにそれを聴いていましたから、音符のひとつひとつを熟知していました。まるでオペラのような曲でした」

　〈フランケル＆スミス〉の仕事がうまくいっていたおかげで、サムはオルストンからボストンをかなり北に外れた郊外の住宅地リヴィアに居を移した。その件で言い争いが起こり、家族の二度目の離別につながった。結局、和解が成立し、それからまたすぐ一家は引っ越しをした。こんどはマタパンという町だった。その翌年、一九二三年十月三日に、ジェニーは女の子を出産し、夫妻はこの子をジェニーの大好きだった『赤毛のアン』のヒロインからシャーリー・アンと名づけた。シャーリーが生まれたのと同じころ、サム・バーンスタインは、その職業人生における大きな決断をしている。彼は辞表を出し、独立して美容関連器具を扱う会社をはじめた。三十歳で妻と子どもふたりを養う身であったことを考えれば、この決断には勇気と確かな展望が必要だった。独立の時機にも恵まれた――おりしも、無声映画のスター、アイリーン・キャッスルが人気を博しており、彼女のボブ・ヘアをアメリカじゅうの女性がまねしようとしていた。当初は、仕事の多くは、正統派ユダヤ教徒の女性を相手とした、かつらの製造・販売だった。彼女たちはシャイトル――宗教的な意味合いをもつ、かつら――を身につけねばならなかった（ジェニーの一番下の妹ドロシーは、すばらしい腕をもったかつら職人だったといわれる。またべつの妹、バーサも、この会社で働いた。この会社は、サムがレズニック家を救済するための場所にもなっていた）。しかし、その後のサムの成功は――彼の会社はニューイングランド最大の美容器具販売業者になった――一九二七年に、フレデリックス・パーマネントウェーヴ・マシンの独占販売権を手に入れたことによるところが大きい。この機械が非常によく売れたのだ。

〈サミュエル・バーンスタイン・ヘア・カンパニー〉は大きく発展した。それにともない、引っ越しのペースも上がっていった。彼らはマタパンから気持ちのよい郊外の住宅地ロクスベリーに移ると、この町で五年のあいだに五度住まいを変わった。ロクスベリーのクロフォード通りにあったアパートメントなどは、ひと晩も眠らずに終わった。引っ越したその日のうちに、べつのところに引っ越すことになったのだ。事務所からもどってきたサムは、壁に一匹のゴキブリを見つけると、そのまま家を飛び出し、そこへは二度ともどらなかった。サムの不潔なものに対する生理的嫌悪は、三等船室で大西洋をわたったときの汚さにまで、その原因をさかのぼることができる。彼といっしょに暮らすのは生やさしいことではなかった。それでいて、彼は家事に関しては指一本動かそうとしなかったと、ジェニーは語っている。「隅から隅まで百パーセントきれいになってないとだめなひとでした」

レナードの幼年期については、ほとんど情報がない。四つか五つのころ、彼はかわいいセーラー服を着て写真に写っている。漫画のバスター・ブラウンのように髪を真ん中で分け、前髪を切り下げて、端正なすまし顔をしている。だが彼は喘息もちで、いつものどをゼイゼイさせていた。「発作が起こるたびに、わたしたちはあの子が死んでしまうのではないかと思いました。呼吸が楽になるように、やかんの湯気を立て、熱い蒸しタオルを手に、ひと晩じゅう起きていたものです……」彼は、埃アレルギーにも生涯苦しんだ。妹のシャーリーは、兄のアレルギーは彼が九歳くらいのときに起こったある出来事が原因だと指摘している。「兄は、女の子の体に興味が出てきたんです。そうなると、試してみるのにわたし以上に適当な人間がいるでしょうか？　当然、わたしは母のところに逃げこみ、『レニーがあたしのあそこに顔をつっこんでくる』と大声で訴えました。すると、母はほうきをもって兄を追いかけ、兄はベッド――鉄製の背の高いベッドの下にあわてて逃げこみました。隅のほうへ入ると、母はほうきを届かせることができません。兄は何時間もそのままベッドの下にもぐりこんだまま、あのすごい埃の渦のなかにころがっていました。兄はずっと、あそこで自分は埃アレルギーになったんだとこぼしていました。あのものすごい埃を吸いこんだことが、大きな心の傷になったのです」とはいえ、喘息もちで慢性疾患に悩まされていたことを考えれば、バーンスタインのアレルギーは、先天的なものであったのかもしれない。

バーンスタイン一族で、兄のサムにつづいて一九一一年にアメリカに移民してきたサムの妹クララほど、風変わりな人物はいなかった――一家は彼女を〝クレイジー・クララ〟と呼んでいたほどだ。後年、彼女は、車に当時はやりのベジタリアン食のための道具一式を積みこんで、バーンスタイン家の夏の別荘に押しかけてきた。彼女は太陽を崇拝するヌーディストでもあり、エクササイズの熱烈な信奉者でもあった。そして――これがいちばん重要な点だが――熱烈な音楽愛好家でもあった。彼女は耳につきさするような声の持ち主だった。きちんとした訓練を受ければ、ワーグナー・ソプラノになれたかもしれない、とのちにバーンスタインは語っている。クララはブルックリンでブライダル・ショップを経営していた。最初の夫は一九一八年に流感で亡くなった。二番目の夫は、ボストン郊外で養鶏場を営んでいる男だったが、この男は文字どおり彼女を狂わせた。彼女はしばらくのあいだ、ほんとうに目が見えなくなり、やつれはて、糖尿病になった――奇跡的に回復したあとは、ずっと栄養摂取に専念した。彼女は離婚してブルックリンにもどり、結局そこで三度目の結婚をして、自分でブライダル・ショップをはじめた。引っ越しのさい、クララはレナードの両親にソファとアップライトピアノを預けていった。「ピアノは美しいマホガニー製で、マンドリン効果のための三つめのペダルがついていたが、みんなどこに置いていいやら途方に暮れていました。両親にとってはアップライトピアノよりずっと必要度の高かったソファのために、空間を作らねばならず、ピアノはずっと廊下に置きっぱなしになりました。ピアノがやってきた日、わたしはそれに手をふれ、そっとなでただけで天に昇ったような気持ちになったものです。あの瞬間から今日にいたるまで、わたしは音楽こそ〝最高のもの〟であることを、一生をかけて追い求めるべきものであることを、これっぽっちも疑ったことがありません」

叔母のクララのピアノがやってきたのと時期を同じくして、十歳のレナードは全体的に体が強くなってきて、自分に自信もつき、一夜にしてといっていいくらい急激に成長し、近所のブロックでいちばん背の高い男の子になった。ピアノ演奏の習得は、それまでラジオで耳にしてきた音をまねることからはじまった。彼が初めて弾いた曲は、『恋人よ、おやすみ』だった。「聞きおぼえのまま、ピアノで弾いてみました――かんたんに弾くことができました。この曲にはフォックストロットの伴奏がつくはずでした。しかし、左手でどの鍵盤をたたけばいいのかわからなかったので――とにかくなんでもいいから弾いてみようと……わたしは大きな音をたてて得意になって弾きまくりました。それで父に寝室から『うるさいぞ、眠れない』と怒鳴られました。しかし、わたしは天にも昇る気持ちでした」

さっそくレナードはピアノを習わせてほしいと頼んだ。最初の先生は、近所に住む「黒髪で、信じられないくらい美しく、異国の香りのする、フリーダ・カープという」若い女性で、彼女は週一回バーンスタインの家にやってきて一回一ドルで教えてくれた。「二週間後、わたしがあまりに速く譜面の読み方をおぼえたため――おぼえの早い子でした――フリーダ・カープはもっと高度な教材をもってこなければなりませんでした。彼女と初めていっしょに弾いた記念すべき曲は、『マウンテン・ベル・スコティッシュ』でした……。一年もたたないうちに、彼女はショパンやバッハのプレリュードやショパンのノクターンをもってこなくてはならなくなりました……。変ホ長調のノクターンに夢中になってしまい、母に叱られたものです」レナードが学んだ教本のひとつは、緑色の表紙の『世界名曲一〇〇選』で、これには『ノルマ』の大行進曲や、『アイーダ』の凱旋行進曲、シューベルトの『アヴェ・マリア』、メンデルスゾーンの『春の歌』、エルガーの『愛の挨拶』などの編曲ものや、バッハやショパン、チャイコフスキーらのピアノ曲が入っていた。この教本は、バーンスタインに『ルシッド』の「アラゴネーズ」を通して、スペイン音楽の喜びも教えてくれた。この〝グリーン・ブック〟は、彼の音楽人生の友となった。晩年、彼が旅行するときには、行く先がどこであってもピアノの上には何度もめくって手あかに汚れたこの本が乗っていた。

バーンスタインは和声がどんなふうに機能するのか、あっというまに把握して、ラジオで聞きおぼえたルディ・ヴァリーの『恋人よ、おやすみ』や『ブルー・スカイズ』その他のお気に入りの曲に、正確な和音を当てることができた。『ファンタジー・オリエンタル』という作品からは、音符にうねりをつけて音に優雅な装飾を加える手法を学び取った。このころ練習をはじめたショパンのマズルカにインスピレーションを吹きこまれ、彼はこれまでになく想像力に富んだ方法で即興の腕をみがいた。十一歳になるころには、形式、旋律、和声の基礎をマスターしていた。「しかし、カープ先生はバッハはもってきてくれたものの、フーガを教材にもってきてくれなかったため、まだ対位法の驚きを知らなかった。フーガはまだむずかしすぎると判断されたのです」

レナードの子ども時代には、いろいろとうれしい出来事があったが、そのひとつに、コネティカット州ハートフォードにいる大叔父のハリーと大叔母のポリーのところへの訪問がある。二〇年代の終わりごろ、サムは初めて自動車――フォード――を購入した。彼の運転は上手とはいいがたく――その特徴は、息子も受け継いだ――道に迷ったときには頭が混乱して右にばかり曲がってしまった。だが、ハートフォードの家は、バーンスタイン一家をじつに温かくもてなしてくれたため、一日がかりになったとしても訪ねる価値があった。「彼らはかならず、大きなテーブルにごちそうを一杯に並べてくれました」ジェニーは回想している。「そしてわたしたちの従兄弟や姪、甥も含めて、どんなにたくさんの人間がやってきても、全員をもてなしてくれました」家族が楽しい集まりに全員で参加することで、レナードは家庭生活の喜びを知り、ロシアにおける母方の祖父母の親密なユダヤ的な暮らしがどのようなものだったかを知った。これは、彼自身が父親になったとき、感謝祭や過ぎ越しの祝祭のときに催すファミリー・パーティの手本となった。レナードにとっては、ハートフォードの親戚は、彼の知っているなかでもっとも健康的で、もっとも神経症的なところのない人々だった。ロクスベリーでの家庭生活の緊張とは対照的に、ここには温かみと笑い声、ごちそうと音楽と愛情があった。ハリー・レヴィーが高価な手巻き式の蓄音機をもっていたおかげで、バーンスタインはビリー・ローズのコメディ・ソング『バーニー・グーグル・ウィズ・グー・グー・グーリー・アイズ』はもちろん、『ジョコンダ』のアリア「自殺」を歌うローザ・ポンセルの歌声に夢中になった。彼は高尚なクラシック音楽と俗っぽいポピュラー音楽に区別をつけていなかった。「わたしは、あらゆる音楽を愛していた」と彼は話している。「そして、ダンスも好きだった」当時は、ゼズ・コンフリーの『キトン・オン・ザ・キーズ』のような目新しい音楽が出てきていた。ほかには『ダンシング・タンブリン』があった。「この曲をレコードで聴いて、わたしは夢中になった。ボストンに車でもどるあいだ、わたしはこの曲のとりこになっていた。頭のなかに何度も何度もあの曲を駆けめぐらせ、帰ってピアノの前で試してみるのが待ちきれなかった。しかし、あの曲を理解したのは車のなかだった。わたしは、この『ダンシング・タンブリン』はスーザの行進曲を多かれ少なかれ新しい作品に仕立てなおしたものにほかならないことに気づきました」レナードの音楽を作曲するメカニズムに対する理解度は、すでにほかの才能ある同年代の演奏者たちをはるかに上回っていた。

ほどなくバーンスタインには、もっとレベルの高い教師が必要になった。「この子には才能があります」フリーダ・カープはジェニーに告げた。「もうわたしでは、この子の力を伸ばすことができません」

「わたしは、彼女がまるで弾くことのできなかったショパンのバラードの正しい譜読みができました」とバーンスタインは回想している。「ただ譜面を読んで弾いただけではありません――ペダルは踏みっぱなし、キーもたたきっぱなし――わたしは生涯最高の時間をすごしていたのです」フリーダ・カープはレナードの両親に、ボストンのニューイングランド音楽院で自分のかわりに彼を教えることのできる指導者を見つけるようすすめた。レナードはそこに行って、自分でスーザン・ウィリアムズという教師を選んだ。

「あのときわたしは十三歳で、すでにリストの『ハンガリー狂詩曲』を練習しはじめていました。あんな曲が存在するとは想像もしなかった――音楽の複雑さに対して自分なりに想像していたレベルをはるかに超えるものでした！　あの曲はまるで水が砂に浸みこむみたいにわたしのなかに入ってきました」ひとつだけ障害があった。ミス・ウィリアムズのレッスンには一時間三ドルかかった。「父とのあいだに、突如として険悪なムードがただよいはじめました。父は、このままじゃ大変なことになると気がつきました。一回のレッスンに三ドルなんてとんでもない、というのです。こうして、ふたりの反目は、はじまりました」

2　家庭生活

「幸せな家族というものは、どれも同じようなものだ。不幸せな家族は、それぞれに不幸のありかたがちがう」

――レオ・トルストイ『アンナ・カレーニナ』

一九二九年、六年生最後の年に、レナードは三百年の伝統を誇る一流校ボストン・ラテン・スクールへの入学を果たした。同校はあらゆる生徒に門戸を開いていて、入学は厳密に実力にもとづくものだった。バーンスタインは自分と友人のサミー・コスティックが入学を許されたことを知ったときのことを鮮明に憶えていた。「あんな遠くへ行ったのは初めてでした……。わたしたちは胸をどきどきさせながら、志願者たちの長い長い列に並びました。ようやく自分の成績報告書を係のひとに見せると、そこに〝免除(Exempt)〟というスタンプを押されました。それがどういう意味なのか、わたしたちにはわかりませんでした。〝免除〟という言葉には〝除く（ex-）〟という意味合いがあるので、これは〝不合格〟ということなのだと思ったのです。すぐにラテン語の接頭辞〝ex-〟には「超過」という意味があることを知りましたが、この〝免除〟というのは〝これ以降の試験を受けなくてよい〟という意味だったんです。つまり、合格だったんです。その意味を理解したとき、わたしたちは飛び上がって喜びました」

ボストン・ラテンはハーヴァード大学より一年早く、一六三五年に創立されている。著名な卒業生には、サミュエル・アダムズ、ラルフ・ウォルドー・エマソン、ジョージ・サンタヤナ、バーナード・ベレンソン、セオドア・H・ホワイトがいた。この学校はバーンスタインに、世の中には広範囲にわたるさまざまな関心の対象が存在することを教え、大きな影響を与えることになった。ここでは六年間のラテン語教育に加え、フランス語を四年、さらにはギリシャ語かドイツ語を選択しなければならない。バーンスタインはドイツ語を選択し、その後ずっとギリシャ語の素養がないことを嘆くことになった。彼はまた、物理や歴史の洗礼も受けた。教師のひとり、フィリップ・マーソンは、バーンスタインに大きな影響を与えたが畏怖の対象でもあった実父とは対照的な性質をもった、父親がわりの存在となる人物たちの最初のひとりであった。マーソンは彼のなかに英語に対する愛情を芽生えさせ、それ以上の役割も果たしている。「先生は、四歩格とか懸垂分詞とか英詩の喜びを教えてくれただけではありません。かけがえのない、測り知れないくらい、はるかに貴重なことを教えてくれました。学び方を教えてくれたのです」マーソンは、バーンスタインは「わたしの劇や詩の授業に、二三五教室の二列目の端にすわって熱心に耳を傾けていました」と述懐している。

学校はバーンスタインのロクスベリーの家からずいぶん遠いところにあった。「朝、早い時間に起き、高架鉄道と路上の軌道を〝ガタン・ゴトン〟と音をたてて走る路面電車を乗り継いで学校に通わなければなりませんでした」ボストン・ラテンの最初の二年間は、夜に自分が通っているシナゴーグと提携しているヘブライ語学校に通うために、急いでロクスベリーにもどってこなくてはならなかった。彼はそこで五年間学んだのち、一九三一年に優等の成績で〝卒業〟している。「夕方五時ごろから学校の裏の空き地で野球の試合ができました」バーンスタインは回想している。彼は名一塁手という評判だった。「ところが、五時半になると、『ごめん、家に帰らなくちゃ！』といわなくてはなりません。そして、野次と罵声を浴び、『やーい、やーい、いくじなし！』と嘲りの言葉を受けながら——信じられないくらいの苦痛でした

――家に帰ってピアノの前にすわるんです。宿題もあったし、ヘブライ語のほうの宿題もありました……」

十二歳のとき、バーンスタインは近所の男の子で、生涯の友となるシド・ラミンと出会った。レナードに五カ月遅れて生まれたシドは、ギャリソン・グラマー・スクールの一学年下で、思春期特有の通過儀礼もいくつかいっしょに経験した。ラミンによれば、ふたりはミシュカン・テフィラ寺院から出てくると、だれかが捨てたコンドームが落ちていないか探してフランクリン・パークを歩きまわったという。彼らはスカイラー通りにある共通の友だちエディ・ライアックの家で初めて知りあった。レナードはある日の午後、エディに『恋人よ、おやすみ』のピアノ演奏を教えようとしていたが、どうも相手はのみこみが悪かった。しばらくそばで見ていたシドが、横からこういった。「ぼくにやらせてくれない?」彼はこの曲を完璧に弾きはじめた。「そうか、ぼくが教えるべき相手はきみだったんだ!」と、レナードは叫んだ。バーンスタインは自分独自の和音の教えかたを考え出していて、ラミンは彼からレッスンを受けるのに一時間につき一ドルを支払った。こうして彼は、バーンスタインの生徒第一号となった。

シドとレニーが探究したのは音楽だけではない。ふたりはプレザントン通りのバーンスタイン家のロフトでいっしょに化学の実験もやった。バーンスタインの飽くなき好奇心は、さまざまなかたちで表われた。彼は子どものころから死ぬまで、物を――時計、ライター、万年筆に蓄音機などなどを――ばらばらにするのが好きだった。どうやって動いているのか、どんなふうに組み立てられているかを理解しようとした。これは『ダンシング・タンブリン』の構造に魅せられたのと、似ていなくもない。しかし、機械に関しては、組み立てなおすよりばらばらにするほうが得意だった。

鮮烈な想像力の持ち主で、言葉に強い関心のあったレナードは、エディ・ライアックといっしょにライバーニアという架空の国――ふたりの名前を組み合わせた――からつけた、ライバーニア語という架空の言語を作り上げた。言語そのものは、残酷な話ではあるが、近所に住むソニーという言語障害の子どもの言葉をまねたものをベースにしていた。ライバーニア語の語彙は、〝妙なしゃべりかたをするひと〟に頼っていた。そのひとりが、サム・バーンスタインの従兄弟エイブラハム・ミラーの妻で、ポーランド生まれの女性だった。彼女は夫のエイブを〝猿《エイプ》〟と呼んでいた。〝エイプ〟は固有名詞、普通名詞、形容詞的名詞を問わず、重要なライバーニア語の単語となり、〝親愛なるエイプ〟は家族の往復書簡のなかに頻繁に現われている。この言葉には、東欧から移民してきた人々の英語もどきが、しばしば組みこまれていった。時刻を告げるとき、〝七時三十分前(オールモスト・ハーフ・パスト・セヴン)〟は〝スモズ・スナパス・セヴン〟となり、前置きの〝スモズ・スナパス〟はRST、すなわちライバーニア標準時の意味合いで使われるようになった。新しく英語を使うことになったひとたちにとって、もうひとつ問題になったのは、過去時制だった。〝How you gonna did it?〟という疑問文が、ライバーニア語ではよく使われていた。イディッシュ語の影響の強いものだったが、レニー(Lenny)に〝Laudü〟などとドイツ語のような奇妙なウムラウトを当てていた。Laudüをもっとはっきり発音すると〝レンヌート〟になり、これを言語障害のひとや副鼻腔炎のひとたちが発音すると〝レナード〟になる。五歳のときからライバーニア語のマスコットをつとめてきたシャーリー・バーンスタインは、当初〝Mascodu〟と呼ばれ、それがどう進化したか〝Suyanmu〟になり、最終的に〝Hilee〟に落ち着いた。バートン・バーンスタインの〝Baiüdumu〟はいちども形を変えなかった。バーンスタイン家の三人の子どもたちが異様なくらい親密だったせいか、この秘密の言語は子ども時代が過ぎ去ってもずっと使われ、今日にいたっても家族が集まったときにはシャーリーとバートンのあいだで話されている。また、レナードとバートンの子どもたちや、ふたりと仲が良かった親友たちも、同様にこの言葉を話している。

サム・バーンスタインの収入は一九三〇年代の初めに頂点をきわめた。株式を所有していなかった彼は、実業家にはめずらしく一九二九年に起こったウォール街の大恐慌から痛手を受けずにすみ、また幸運なことに、ニューイングランドの中流家庭の女性たちは大恐慌のさなかもパーマをかけつづけようとした。やがて彼は、サミュエル・バーンスタイン・ヘア・カンパニーで五十人もの従業員を抱えるにいたった。会社の販売員はニューイングランドじゅうで活躍していた。彼は自分にくらべて幸運に恵まれていなかった同業の実業家たちに寛大に接し、きびしい時代にあっても信用を拡大していったが、現金も充分に蓄え、新車を買うこともでき、一九三一年には建築家に一家が住むための大きな新しい家を設計させた。

財政的にはなにも心配することがなかったにもかかわらず、家庭内では怒りや激烈な口論が険悪な雰囲気を生み出すこともしばしばあって、レナードの心に消えることのない傷跡を残していった。一九三一年の晩秋の火曜日の朝——シャーリーの幼児学校は休日だった——あるドラマのような出来事が起こった。「みんなで朝食用テーブルを囲んで、朝ごはんを食べていました」シャーリーは回想している。「わたしは休日だからといって、母に二十五セント硬貨をねだりました……。母は部屋着姿で父に『サム、二十五セントをあげて』といいました。あまりにもあたりまえの話でした。父はそのときビジネス・スーツに着替えて出かけようとしていました。前の晩になにかあったのでしょう。なにがあったかはわかりませんが、父はいきなり激怒しました。母からまたお金を求められた——それが原因だったのではないかと思うのですが……。［ジェニーはふだんから、サムの稼ぎの一部を、運に恵まれない自分の家族に送金していた］表面上はなんの変哲もない会話だったはずなのに、父はいきなり怒りだしました。あんなに激昂する父の姿を見たのは、あのときが最初で最後です。当時わが家は瓶で牛乳を買っていました……。父はその牛乳瓶を、母に投げつけようとしてつかみ上げました……。そのとき母はお腹が大きくて［一九三二年一月に生まれるバートンをみごもっていた」……母はバーティの部屋になる予定のところへ逃げこむとぴしゃりとドアを閉めました。走ってきたレニーは、四肢を鷲のように広げた形でドアにはりつき、また父に立ちむかいました。わたしは、両手で耳をふさいで悲鳴をあげながら、家の反対側の隅に走って逃げこみました。怖かった……わたしの記憶に残っているなかで最悪のシーンでした。

父と母はまちがった組み合わせで不似合いな結婚をしたのです。ふたりともそれぞれに面白い、善良なひとでしたが、決して結婚すべきふたりではなかったのです……。不幸なことに、どちらも相手を愛してはいませんでした。また父は基本的にふさぎこみやすく、ふんだんに愛を与えられることが必要なひとでしたが、結婚生活からはそれを得ることができませんでした。愛されていると感じているときには、ほかに類を見ないくらい寛容で思いやりのあるやさしいひとでした。愛されていると感じていないときには、それは手に負えない人間になりました──母にとってで、子どもたちにとってではありませんでしたが……。父は躁鬱病タイプのひとで、ラビたちと安息日の祝祭を行なっているときや、踊ったり歌ったりしているときには、我を忘れるくらいのハシディズム教徒でした。ところが、はっきりした原因はわかりませんが、なにかでひどく落ちこんで家のなかを行ったり来たりすることもありました。そしてレニーは──わたしもですが──人格のなかにそういうところを受けついでいます」そのいっぽう、ジェニーは満たされない愛情をすべて長男にそそいだ。

コンサートや、劇場、映画館に出かけるというのは、バーンスタイン家の日常生活とはほとんど無縁の出来事だった。家族で夕食をすませたあと──ローウェル・トーマスが七時のラジオのニュースを担当していた時間である──夜の楽しみといってサムが頭に思い描くのは、居間でお気に入りの椅子に腰かけて二時間ほど読書にふけることだった。サムには本棚数個分の蔵書があったが、彼の学識はタルムード、すなわち、トーラーと呼ばれるモーセの五書に関するユダヤ教の古典に限られていた。これは生涯をかけて研究が可能なものだった。後年レナードは、自分の父親に奥ゆかしい敬意を払い、公けの場で父は立派な人物であり、学問への愛に信じられないくらいの敬意を払っている偉大なヘブライ学者だと語っている。「父にはひとつだけ欠点があります。なにかスピーチをしなくてはならなくなったとき……かならず聖書かタルムードの聖句に頼ってしまうところです。わたしは父のひざでさまざまな教えをしっかり学びとりました——わたしは、この世に生まれ落ちたユダヤ教聖典のかけらなのです」しかし十二歳と十三歳のバーンスタインは、父親のことをもっと否定的に思っていた。彼はシド・ラミンに、シドの家庭の幸せそうな雰囲気が自分はどれほどうらやましいことかと告白し、自分は父親を憎んでいると語っているが、それは父親が母親にひどい仕打ちをしていたこと（ジェニー本人はその非難をきっぱりと否定している）と、ある期間、自分が音楽の能力を向上させようとするのを父親に妨げられたことが原因だった。

　レナードと父親との衝突は、レナードが音楽教師をウィリアムズ先生に変えたときに頂点に達した。サムには相当の収入があったのだから、一レッスン三ドルの支払いを拒否する姿勢を見せたのは、授業料の捻出の問題というよりは、むしろ方針の問題だった。彼は息子をあまり真剣に音楽に取り組ませたくなかったのだ。後年、バーンスタインは、父親が自分を守ろうとしていたことに気づいたが、自分にとってまぎれもない真の幸せであることが危機に瀕しているらしいと感じたときに、父親の対応の裏に愛を見いだせといってもなかなかできることではなかった。「父がロシアのゲットーからもちこんできた職業音楽家に対するイメージは、クレズメルのそれでした。クレズメルというのは、乞食よりは少々ましといったくらいのもので、クラリネットやヴァイオリンを手に町から町へと渡り歩き、結婚式や成人式《バル・ミツヴァ》で演奏し、その報酬として数コペイカを手にする男のことです。父はシュロの木の下でピアノ・トリオを弾いている息子の未来像を頭に浮かべていたのです」

　父親同様がんこな性格で、音楽のとりこになっていたレナードは、みずからの手で必要な費用を稼ごうと決意した。新聞配達をする時間はなかったので、そのかわりに収入源としてピアノに目を向けた。「子どもたち、七、八歳くらいのちびっこたち、知りあいの子どもや近所の子どもたちにピアノを教えはじめました。授業料はワン・レッスン一ドルでした」週末には、さらに多くの収入が手に入った。「友人にサキソフォンをやっているのとドラムをやっているのがいて、三人で小さなジャズ・バンドを結成しました。結婚式で演奏しては、二ドルを手にして家に帰ったものです――指から血を流して、二ドルでした……。クラリネットやトランペット、トロンボーンがなかったので、ピアノがその穴を埋めなければなりませんでした――バンドにはそんな物がありませんでしたから……。ときには、ちょっと信じられないようなひどいピアノで演奏しました。象牙のはがれた鍵盤で、たたいているうちに指から出血し、すごく痛い思いをして……。弦に近い音を出すためにトレモロを弾き、トランペットやらなにやらをまねるためにブルーノートを弾きました……。ジャズ・バンドで演奏することで、ラジオで耳にしてきたあらゆる音楽をはるかに超えた新しい種類のポピュラー音楽と、黒人音楽の知識を吸収しました……そしてそれは、ショパンやチャイコフスキーが脈打っていた大動脈の一部となりました。大変でしたが、とてもうれしかったですね。父親の力に頼らずにすみましたから」

スーザン・ウィリアムズに師事した二年のあいだに、レナードは初めて――一九三二年三月三十日に、彼女の弟子たちのおさらい会のひとつで――聴衆の前で演奏した。彼はすでに主役扱いで、十一名の生徒によるプログラムの最後に登場した。彼はパデレフスキーの『幻想的クラコヴィアク』、シュエットの『甘い告白』、そしてブラームスの『ラプソディ・ト短調』を演奏した。だが、ウィリアムズ先生によって徐々に浸透してきたピアノの技術は、手放しで喜べるものではなかった。彼女のメソッドは、指先にいちばん近い関節が上から見えないほどに指をボール状に丸めるというものだった――少年を長いあいだ苦しませることになる技術的欠陥を処方したのである。しかし彼女は、レナードの音楽の世界に対する視野を拡げるためには、なにもしなかった――スタジオがシンフォニー・ホールと道をへだてた向かい側にあったというのに。三年間ピアノを勉強して表面的に華麗な技法は身についていたものの、バーンスタインはいまだオーケストラの生演奏を聴いたことがなかった。だがすでに作曲をはじめていた。その作品――「ジプシーとロシア人の戦争」というサブタイトルのついた本格的なハ短調のピアノ協奏曲――の形式には、ベートーヴェンのソナタ作品三一の二『テンペスト』と、リストの『ハンガリー狂詩曲』を練習した影響が表われている。「わたしはジプシー音楽に夢中になっていたような気がします」と、バーンスタインは述懐している（この協奏曲は未完成に終わっている）。

レナードはシド・ラミンと四手のための二重奏曲も演奏し、シドは低音部を担当した。ふたりはともにガーシュウィンの『ラプソディ・イン・ブルー』を知って、夢中になった。「ピアノ・ソロ用に編曲されたピースの楽譜をふたりで買ってきました」バーンスタインは回顧している。「そして、家に帰ると明け方まで涙にむせびながらこの曲を弾いていました。そのときの興奮といったら！　わたしたちは二重奏でオーケストラ演奏に聞こえるよう、自分たちで編曲を工夫しました」シドの記憶によれば、彼らの最高傑作は『セントルイス・ブルース』だった。ふたりのレパートリーのなかには、『カリオカ』を派手派手しく編曲したものや、『ミュージック・イン・ジ・エア』『アイ・ヒア・ミュージック』を含むジェローム・カーンの数曲があった。「わたしは並外れたエネルギーの持ち主でした」バーンスタインはこのころの自分について屈託なくそう語っている。そして、ピアノを弾くことができたおかげで、彼はいろんなパーティに招かれ、催しの花形となり、いつもたくさんの女の子に囲まれていた。

レナードは成人式《バル・ミツヴァ》でも、いつものようにセンターステージに上がることを快く承諾した。自分の手で英語とヘブライ語の両方でしたためた草稿をスピーチしたのだ。サミュエル・バーンスタインはそんな息子を大いに誇りに思い、もう使い古してガタガタになっていたクララ叔母さんのアップライトピアノのかわりに小型グランドピアノをプレゼントしてくれた。大人にさしかかる十三歳のころ、すでにレナードは、うぬぼれが強く、威勢がよく、魅力的で、存在感のある人物だった。また、すぐれた運動選手でもあった。この年のサマーキャンプでは走り高飛びで入賞を果たしている。またキャンプに参加した全員のなかで最優秀賞をもらったときには、音楽では経験したことのなかったほどの誇りをおぼえたという。

3　地方少年の成長　一九三二年〜三五年

「一九三二年は、わたしがかくれてタバコを吸いはじめた年であり、肉体と精神の対立による苦しみから、人生の難問と目標にめざめた年でした」
——父を称えるスピーチ（一九六二年）

バーンスタインと父親がいっしょに交響楽団のコンサートに出かけた一九三二年五月——父親にとっても、息子にとっても初めての経験だった——音楽のおかげで父と子は仲直りのきっかけをつかんだ。アーサー・フィードラーがバレスチナ労働総連合の依頼でボストン・ポップス慈善コンサートの指揮をつとめ、ミシュカン・テフィラの人々が多くのテーブルを占めていた。ポップスの季節になると、シンフォニー・ホールの階下は客席ではなくなり、そこは、有名なクラシック音楽演奏の夕べに突入する前に人々がカクテル・テーブルで飲み物を楽しみアペタイザーに舌鼓を打つ、広大なアリーナに変身する。フィードラーのプログラムには、ベートーヴェンの交響曲とか『ラプソディ・イン・ブルー』のような短い協奏曲のポピュラーな楽章がふんだんに盛りこまれていた。サムとレナードが出かけた夜の最後の曲は、当時世界を熱狂させていたラヴェルの新曲『ボレロ』だった。「とにかく生まれて初めての体験でした！　あの作品は、オーケストレーターにとってはバイブルのようなものです。そして、あの曲が重要だったのには、もうひとつ理由がありました。父があれを気に入ったのです！　父はあれを自分が聴いたなかで最高の音楽だと考えました。あの曲を聴いて、父はユダヤ教の聖歌とアラビアのメリスマを心に呼びさましたのです。わたしと父は交戦状態にありましたから、あれがなかったら暗く絶望的なものになっていたはずの人生に、おかげでひと筋の光明が差しこみました……。父からは『わたしの事業をやるつもりがないのなら、ラビになったらどうだ？』といわれたことがありました。音楽家として身を立て、家族を養うことなどできるわけがないと思っていたのです。父は作曲家たちを知りませんでしたし、ベートーヴェンを聴いたこともありませんでした。出身地のウクライナではベートーヴェンを聴けるわけがありません」

まもなくサムは、シンフォニー・ホールで行なわれる別のコンサートのチケットを手に入れた。こんどはセルゲイ・ラフマニノフのピアノ・リサイタルだった。サムが新たにクラシック音楽に関心を芽生えさせたおかげで、レナードは、父がその一員として活発な活動をしていた寺院教団員の集会でリサイタルを催すことになった。感謝の気持ちを表わすために、レナードはリサイタルのプログラムのなかに、父親がシャワーを浴びながらよく口ずさんでいたハシディズムの瞑想のときのメロディを、バッハやショパン、ガーシュウィン風にアレンジして即興で演奏してみせた。職業音楽家としての可能性についてどう考えていたかはともかく、サムは息子の才能に誇りを感じていた。その冬、父は息子をマイアミに連れていってカリブ海をクルーズし、レナードは夕食のあとで舞踏室のピアノに向かって、ここでも同じような演奏をしてみせ、ポピュラー音楽のリクエストに応えるだけでなく、ほかの作曲家たちの曲も弾いた。サムはこのクルーズに妻のジェニーを連れていかなかった。父と息子ふたりだけの時間だったのである。

十四歳のときバーンスタインはミルドレッド・スピーゲルというピアノを勉強している十六歳の学生に出会った。その何十年後かに、彼女はフィルムを巻きもどすかのような正確さで、そのときのことを思い出している。「彼は放課後になるとボストン・ラテンからわたしの通っているロクスベリー・メモリアル・スクールにやってきました。憧憬のまなざしで見守る生徒たちの小さな集団に囲まれて、大きながらんとした講堂に置かれたスタインウェイのグランドピアノで、レクオーナの『マラゲーニャ』を弾いていました。わたしは彼の演出センス、迫力、技量、［そして］並外れた情熱に目をみはりました……。彼はまるでひとつのオーケストラのようでした。たちまちわたしは魅せられました。わたしたちは音楽を通じてたちまち友だちになり、ほとんど毎週のように火曜日の午後になると、交互にハーヴァード・ミュージカル・ソサエティとニューイングランド音楽院のベートーヴェンの英雄像の下で落ちあって、連弾をしたり、二台のピアノによる二重奏曲を演奏したものです……」

バーンスタインはミルドレッドの家に遊びにいくようになり、それもいきなり訪ねていくことが多かった。階段を駆け上がると、キッチンにいる彼女の母親を抱きしめ、鍋のふたを取って、なにを料理しているのか確かめた。彼はどこに行っても、ゆったりとくつろいでいた。スピーゲル家のボールドウィンの新しいグランドピアノでよく練習をした。激しく弾きすぎてピアノ線を切ってしまうこともしばしばだった。レナードとミルドレッドはロクスベリーで人気のカップルになり、よく演奏を頼まれてパーティに招かれた。ふたりが音楽を通してパートナーシップを確立したのと同じころ、レナードの妹も音楽の才能を開花させている。シャーリー・バーンスタインは八歳か九歳のころ、クララ叔母さんのピアノで五本指で弾く練習をはじめたが、彼女は兄と同じように弾くことはできないという事実を認識していた。兄のほうはそのころ、二階にある新しいグランドピアノで練習していた。とうとうシャーリーは、母親にピアノをやめたいといった。びっくりしたものの、ジェニーは喜んだ。「ただでさえ、うちは騒がしいんだから」と母親は答えた。しかし二人とも、レナードの教授熱と、連弾のための音楽の演奏と歌唱に対する情熱を止めることはできなかった。彼は交響曲の二重奏版と音詩《トーンポエム》のスコアを図書館から借りてきて、妹に弾くように命じ、彼女がまちがえるとその手をピシャリとたたいた。シャーリーはがまんしてやりつづけ、やがてふたりは『アイーダ』や『椿姫』や『カルメン』にまで手を伸ばした。「兄はあらゆる男声をつとめ、わたしはあらゆる女声をつとめて、ふたりでありとあらゆるコーラスを歌いました。わたしは当時、細くきれいなソプラノでした。それが、あのおかげで声を使いすぎて、とても低い声になってしまいました。声帯にこぶができてしまったんです。わたしは自分がなにをしているのかわかっていませんでした。きちんとした訓練も受けていなかったし、高いハ音を声をかぎりに歌っていたんです！　でも、ほんとうに面白かった！　……また、あれでわたしたち兄弟のきずなは強固なものになりはじめたのです」この即興のオペラ・セッションは家で行なわれていたが、レナードはとうとう、バーンスタイン家が夏をすごすようになっていたシャロンの湖畔のコミュニティで友人たちとオペラを上演するようになった。

ボストンの南二十マイルのところにあるシャロンは、二十を超える裕福なユダヤ人家庭に第二の家を提供していた。一九三一年にここに家を借りたサムは、このコミュニティがすっかり気に入って、ここに根をおろすことに決めた。彼はシャロン信心会の会計係になり、マサポーグ湖から道路ひとつへだてたレイク・アヴェニュー一七番地に快適な夏のコテージを建てた。シャロンは六月から九月までのあいだ、バーンスタイン家の暮らしの中心地となった。ボストンの多くの親たちは子どもをサマーキャンプに送りこんでいたが、夏の別荘をもつのは、とりわけシャロンの湖で毎日泳げるとなれば、非常に望ましいことだった。サムは市内に通勤し、残りの家族は田舎の空気を存分に楽しんだ。とりわけここの空気は、喘息もちのレナードにはうってつけだった。ジェニーは何人かのメイドの手を借りながら、末っ子のバートンの育児に大わらわの毎日を送っていた。

シャロンでは週末になると家族全員で寺院の礼拝に出かけ、そのあと、夏のあいだ週末ごとにコミュニティの住人がかわるがわる準備を担当する楽しい祝日――キドゥーシュ――に出かけた。子どもたちは、平日にはそれぞれ自分なりのすごしかたを工夫した。レナードが一九三三年の夏にシド・ラミンに書き送った何通かの手紙のなかには、彼の十代のころの情熱と、音楽への尽きせぬ思いがしたためられていた。

三三年六月二十六日、『ボレロ』を買った！

いやあ、あの曲がピアノ一台で弾けるように編曲されているなんて知らなかったよ。もちろん買うのに必要な八十セントはパパからもらったんだけど。パパはあの曲がものすごくお気に入りだからね。だからこの一週間は、『ボレロ』『ボレロ』の一週間だった。母さんはぼくの『ボレロ』で頭がくらくらするといっている。でもぼくは天国にいるみたいな気分さ！ すべてフランス語で書かれていて、リピートだらけだ。もともとのオーケストラ・スコアには、リピートが四回出てくるけど、ぼくは一度しかくりかえさない。同じ楽器で始終そんなことをしていたら退屈だから、一度で充分なのさ……。そして、エンディングのすごさ！ その不協和音といったら！ バーンとひびくすごい音！ とんでもない轟音！ 耳ざわりな不協和音！ 衝撃音！ ブルルル!! 追伸、ぼくは母親にジャズを教えはじめたよ。へへへ！

三三年七月二十五日

レニーちゃんはお抱え運転手《ショーファー》に変身しました！ この一週間、ぼくは（母親の中古のクライスラーで）時速六十マイルでニュートンとのあいだの新しい道路を九十マイルほど往復した。なんという人生だ！ 母はぼくのことを「運転は上手だけど、ちょっと不注意ね」といっている。

この数日後、レナードはラミンに、自分は父親のところで日給一ドルで働いていると伝えている。父親の会社の発送室で二週間働いたところで、がまんができなくなった。レナードは十四歳で喫煙の常習犯だったが、彼は死ぬまでずっと、何度となくこの習慣をやめようと試みていた。

ただいま禁煙キャンペーン中。タバコを吸わないよう、悪戦苦闘の真っ最中だ。だけど昔から心理学では「ひとつの習慣をやめると、そのかわりになるものをはじめなくてはならなくなる」といわれている。だから、昔風のパイプを試している。そして、どうやらうまくいきそうだ。パイプはタバコよりは体に与える害が少ないからね。……いい女の子にめぐりあえたのはきみだけじゃないぞ……。昨晩、ぼくたちは何人かで月夜の水泳に出かけ（雷が鳴り、稲妻が走りはじめるまでは、いい晩だった）、ぼくは彼女と出会った——そして、そう、ふたりはなんというか、おたがいに興味をひかれたんだ。

ラミンには、十四歳のバーンスタインに特定のガールフレンドがいたという記憶がない。女の子たちは、昔の貴族のようなちょっと気取った優しいしぐさに惹かれていた。彼はかならず手に口づけをして、彼女たちにうやうやしくお辞儀をした。だがどうやら、そこまでどまりだったらしい。彼はシド・ラミンに、和音進行だけでなく性の神秘についても教えをたれていたが、彼は男女どちらの性にも肉体的にのめりこむことは控えていたようだ。

一九三三年六月、レナードは〝値段のわりにはまずまずの〟アップライトピアノを手に入れ、それを使ってシャロンでグリーグの協奏曲を練習した。しかし九月になると、もうこの楽器にがまんできなくなり、そのことを嘆いていた。「もうペダルさえきちんと働いてくれません」彼は先生に手紙で訴えている。「完全にだめになりました。本来の機能も果たしません。少しでも湿気が多くなると（今年のシャロンは例年になく天候がすぐれません）鍵盤が動かなくなり、うんともすんともいわなくなります」とはいっても、ピアノがあったおかげで——翌年の夏までには取り替えたか、修繕していたのだろう——レナードは翌一九三四年に、『カルメン』のパロディ作品の上演準備にとりかかった。十五歳の演出家は、デイナ・シュニットケンという「大柄で、黒髪で、ひげもじゃの、非常に情熱的で、すばらしい文学的精神をもちあわせた」ボストン・ラテンのスクールメイトと力を合わせることになった。「ふたりで、ヒットした曲だけを使って、男に女装、女に男装をさせ、あちこちをカットしてきわめて簡略化された『カルメン』滑稽版の脚本を書きました。デイナは、わたしの父のヘア・カンパニーから借りてきたかつらをかぶってミカエラを演じ——長いブロンドの髪をした彼の姿を決して忘れることはないでしょう——わたしは赤毛のかつらをつけ、黒いマンティーリャをかぶり、下着が透けて見えるようにレイク・アヴェニューの近所の家々から借りてきたシフォンのドレスに身を包んでいました。ドン・ホセを演じたのは、わたしの憧れの彼女、ベアトリス・ゴードンでした。闘牛士［『カルメン・ジョーンズ』より十年早いこのヴァージョンでは、賞金稼ぎ］はローズ・シュワーツという女性がつとめました。わたしは韻文で前口上を書き、妹にあらすじを説明する役を与えました。あれがないと、見るひとがどんな話なのかわからなかったでしょうから」

男に女を、女に男をやらせたことで、ドン・ホセの誘惑には暗く秘めやかな含みがもたらされたかもしれないが、バーンスタインとシュニットケン合作の台詞が、性的な意味合いを表現するというより、むしろ笑わせるために書かれていたのはまちがいない。「あれはシンガーズ・インという地元のホテルで催されました」バーンスタインは回顧している。「ホテルが夕食の時間が終わったあと、ダイニング・ルーム［実際には、ビヤガーデンの別館］を上演用に空けてくれたんです」「巨大な白いシーツをかけて幕にし、二十五セントの入場料をとりました」前歯が二本欠けていたシャーリーは、舌足らずな感じで前口上を物語った。ボストン・ラテンから来ていたもうひとりの生徒、ヴィクター・アルパート（のちに彼はボストン交響楽団の楽譜係になる）は懸賞試合を裁く審判役を演じた。コーラスは、長い黒ひげを生やし、ヤムルカ帽をかぶった老齢のユダヤ人男性の服装をした女の子たちで構成された。伴奏は、これも近所に住むルース・ポタッシュがつとめた。バーンスタインは自分がステージに上がっていないときには、かならずポタッシュにかわって鍵盤に向かったという。シャロンで休暇をすごすユダヤ人家庭の多くが、このショーにだれかしらを参加させており、アルパートによれば、チャリティとしておよそ五十ドルを集めたというから、少なくとも二百人は観客を集めたものと推定される。

レナードは音楽のみならず、演出と振付けの責任者でもあった。演劇や音楽の先生のような経験豊富な指導者の手を借りずになんとかやりきることができたのは、このころから大勢の集団を組織し、指導する才能をもちあわせていたからなのだろう。彼の生まれもった舞台センスは、すでにその片鱗を見せはじめていた。

一九三五年七月、バーンスタインは二度目のオペラ上演を考えはじめた。「この夏はずっと予定が詰まっていて、割ける時間がまったくなかった……。すこぶる健康で体重も増え、肉体的にも精神的にも成長している。でも、それだけじゃない。ぼくはまた去年の『カルメン』みたいなバーンスタイン流のオペラ作品を上演するつもりだ。ぼくらは『リゴレット』か『ファウスト』をやるつもりでいる」しかし、その野望は実際的な問題から実現にいたらなかった。結局、彼が選んだのは『ミカド』だった。

バーンスタインはわずか四週間で製作を終えた。冬のあいだに音楽を研究しておいて、妹のシャーリーにヤム・ヤムのパートをたたきこんだ。シャロンにいるときにストーリーを簡略化し、キャストを決め、小道具係、大道具係を組織し、演出を担当し、主要登場人物のひとり、ナンキ・プー役をうたった。ヴィクター・アルパートは、バーンスタインは「いつも人々の中心にいた。[彼の]個性が非常に強かったため、だれが一団のリーダーをつとめるかについては、議論の余地がなかった」と回顧している。リハーサルはレイク・アヴェニュー一七番地で行なわれた。「うちのリビングに、三十数人もの若い出演者が集まってきました」シャーリーは回想している。「床にだらしなくすわりこんだひとたちは、少し離れたピアノからレニーが送ってくる指示に合わせて、声をふりしぼりました」十一歳のシャーリーは、主役クラスをつとめる年齢ではなかったが、兄同様に早熟な娘だった。ヤム・ヤムの役をつとめるために、彼女は大きい赤い編み針を髪に差し、刺繡をほどこしたジャケットを近所から借りてきて、目を東洋風にメイクした。

「みんな笑いながら、楽しんでやっていました」レナードの母親は述懐している。「レナードは、みんなを引き連れていて……。みんなで練習をしていると、そこへグッド・ヒューモア［米国のアイスクリーム店］のひとがアイスクリームを届けにきます……。全員がいっせいに走りだしました……。夫はご機嫌斜めでした。じゃまだったからです。タルムードが読めなくなって……。ひどい騒ぎで、興奮にみちみちていましたから。ドアがひとの出入りでバタンバタン大きな音をたてました。サムは静かにゆったりとくつろぐのが好きでしたから。夫はよく、今日は安息日なんだ、シナゴーグへ行かんか、といっていました」

〈シャロン・プレイヤーズ〉は自信たっぷりに、『ミカド』の会場を前回より権威のある公会堂《タウン・ホール》に変えた。入場料は今回も二十五セントで、出演者にはそれぞれ七十五セントの出演料が支払われた。「その七十五セントで買えるものといえば、ホットドッグと、特上のバナナスプリット、たっぷり砂糖のかかったケーキ、そしてビッグサイズのポップコーンでした」と、シャーリーは述懐している。

シャロンでのオペラ上演は翌一九三六年にも行なわれ、作品はギルバート&サリヴァンの『軍艦ピナフォア』になった。レナードはこのときも出演者と演出家を兼任した。出演者は、四十人のコーラスに、十五人の船乗りと、ジョゼフ・ポーター卿の姉妹、いとこ、叔母たち合わせて二十五人を含む、これまでにない大規模なものとなった。バーンスタインは、強力なソプラノの持ち主であった一家のメイドを女声陣の主要な役に抜擢し、母のプリマスのロードスターに彼女を乗せて毎朝リハーサルに連れていった。このために、母親と妹の両方から反感をかいかねない状況になった。ジェニーは車がなくなり、キッチンの皿は汚れたままだった。いっぽうシャーリーのほうは、自分に歌唱能力があるのは明らかなのに、自分よりいい声をもっているとはいっても外部の人間のせいでだしぬけに出演者リストから外されてしまった。バートン・バーンスタインは、このエピソード——シャロンの夏の日々——を、グローブ紙の紙面で面白おかしく脚色しながら記事にしている。

シャーリーは踊り子のなかの主役級を与えられ、コーラスのひとりに追いやられる屈辱を免れて機嫌をなおした。「兄はわたしの機嫌をなおせるものを見つけなければなりませんでした……。それで、ジョゼフ・ポーター卿のバス勲爵士団の中級勲爵士が『踊り子たちを連れてこい』という叫び声に合わせて軍艦ピナフォアに乗りこんでくるときに、ひとつ踊りの場面をさしはさんだのです——本来この作品には、そんな場面はありません。ここでわたしは、ガールフレンドたち、カプランの双子たちといっしょに、チーズクロスに身を包み『アイーダ』の音楽に合わせて登場しました。わたしたちは兄が亡くなる日まで、あのときの振付けを踊ることができました。どこかで兄といっしょに『アイーダ』を見たおり、その「踊りの」ところにくると、顔を見あわせて『わたしたちのほうが上ね』といったものです」

バーンスタインはその後もずっと、愛情をこめてこのシャロンのオペラの日々を追憶することになる。ステージショーの脚本と監督をつとめたことは、ハーヴァードで作曲と指揮をはじめたときに、測り知れないほどの貴重な経験となった。彼は二十五年前のコール・ポーターと同じように、音楽劇場を職業の場とする運命にあったのだろう。彼のピアノ演奏もそのレパートリーの広さで人気を博していた——シャロンで行なわれる週末の集まりで、彼はしばしば父親の友人たちをもてなすよう求められた。「ハンガリーの曲を弾いてくれ」彼らはピナクルに興じながら、そうリクエストし、レナードは、じつはハンガリーの曲でもなんでもないルーマニアの作曲家グレゴラス・ディニクの新曲『ホラ・スタッカート』を喜んで弾いてみせた。

これにくらべると、ボストン・ラテンにおける音楽活動は、面白みに欠けるものだった。バーンスタインは学校オーケストラで三年間ピアノを弾いて、ハープその他の足りない楽器の穴埋めをし、学校の行事には短いリサイタルを開いた。しかし、音楽方面の指導者だったジョゼフ・ワグナーは、フェリックス・ワインガルトナーのもとで指揮を学び、ナディア・ブーランジェのもとで作曲を学んだ人物だったが、バーンスタインの才能はとりたてて大きな成長を促されることはなかった。バーンスタインの生まれもった音楽の才能を伸ばすのに、もっとも大きな働きをしたのは、彼の新しいピアノ教師だった。

一九三二年の秋、ミルドレッド・スピーゲルはレナードに、ボストンでもっとも有名なピアノ教師、ハインリヒ・ゲプハルトのオーディションを受けたらどうかと提案した。ゲプハルトは励ましの言葉をかけてくれ、ときどきレッスンをしてあげようと約束してくれた。しかし、ふだんのレッスンをつけてくれたのは、ゲプハルトの助手をつとめていたヘレン・コーツだった。彼女の授業料はゲプハルトの一時間十五ドルにくらべれば控え目な、一時間六ドルだった。近所の評判を気にするサムは、ひきつづきレナードのピアノのレッスン料を支払うことに同意した。バーンスタインは一九三二年十月十五日にヘレン・コーツに手紙を書いている。「家で話しあった結果、二週間に一度、先生のところでレッスンを受けることに決めました。初めてのレッスンにご都合のよい日を、手紙か電話でお知らせ願えますか？」

彼は次の土曜日に初めてのレッスンを受け、こうして五十年以上にわたる師弟関係ははじまった。ヘレン・コーツが、自分のピアノの技巧をみがき、音楽の視野を広げてくれる人物であることがバーンスタインにはわかった。まもなく彼女はレナードのレッスンを一日の最後にもってくるようになった。予定の時間を三時間近くにまで延長できるようにである。ふたりは二台のピアノの前に並んですわり、広範囲にわたるピアノのレパートリーを網羅していくだけでなく、専門的な勉強にも分け入っていった。そして彼女は、彼の演奏に欠けていた節度と磨きあげを教えこんだ。「彼女は、どうすれば〝激しくたたきつけるような〟弾きかたをせずにすむか、ペダルを控え目に使うにはどうすればいいか、激情に駆られたわたしの指をどうすればコントロールできるかを教えてくれました」彼女はバーンスタインのことを、自分の教え子の中で「いちばんおぼえが速い」生徒だったと表現している。彼は彼女の生徒たちが毎年行なうおさらい会では、かならずトップ奏者のひとりになっていた。彼はのちに彼女のレッスンは「経験に裏打ちされた学習プロセス」であり、ボストン・ラテンで与えられた厳格な教授内容を補ってあまりあるものだったと説明している。

ヘレン・コーツはバーンスタインの母親より一歳だけ年下だったが、彼女はレナードの才能をあますところなく理解した最初の人物だった。コーツ（折り目正しい人柄の女性だった）は、女子校で十年間教鞭をとってからボストンで個人的に教えはじめ、この町のフェンウェイ通りにある小さなアパートメントで母親と暮らしていた。長身で、後年は少々やせぎみになった彼女は、生涯を独身ですごした。高度な教育を受けてきて、いくぶんとっつきにくいところがあったかもしれないが、彼女は才能のあるこの若い弟子に母性的な強い献身の愛を注いだ。レナードは、彼女に目をかけられることに大きな喜びをおぼえた。彼が彼女におぼえた愛情は、正反対の人間のあいだに生じる類いのものだったのかもしれない。彼女の厳格で無口なところは、バーンスタインの華やかさとはまったく正反対の性質だったからだ。レナード自身も、彼女の秩序立ったアプローチの必要性を直観的に認識していたのかもしれない。

ヘレン・コーツにレッスンを受けるようになった一年後、レナードは自分の音楽に対する野心について父親を味方につけることに成功したらしい。サムはヘレン・コーツに次のような手紙を書き送っている。

息子のレナードにお寄せいただいている信頼と確信に感謝の気持ちでいっぱいです。ゲプハルト先生とのすばらしい協力により息子に多大なるお力を注いでいただいていることと信じております。

わたしのなかでレナードに実業家になってもらいたいという願いは急速に失われつつあることを告白せねばなりませんが、音楽の分野においてはいま以上にずっと多くの精進が必要となることも理解しております。しかしわたしは、レナードがいずれ、すぐれたピアニストになってくれると信じております。

レナードはその年の夏、グリーグの協奏曲の練習について、先生に手紙を書き送っている。「この曲はいくら練習しても、し足りないような気がします。こんな魅力的で練習のしがいのある作品にめぐりあったのは初めてです。もちろん、例によって即興風に〝最初のぼくなりの譜読み〟を行なってから、精力的にあの曲にとりかかりました。びっくりするくらい、すっと指になじんできます。おそらく秋がくるころには、マスターできるでしょう……。ときどき、この秋の二台のピアノによる演奏リハーサルの日が待ちきれなくなって、妹にもうひとつのパートを教えこもうとしています。もちろん、さんざんな失敗に終わっていますが。しかし父はこの秋にラジオでぼくの演奏を聴きたいといって、励ましの声をかけてくれています。おかげで、先々が楽しみでなりません」（サミュエル・バーンスタインは、ラジオの話をついに現実のものにした。一九三五年、彼はボストンのWBZという放送局に週三百ドルを支払って、エイヴォルというサムの会社が扱っていた化粧品ブランドをスポンサーに、十五分間のピアノ・リサイタル番組を放送させた。レナード・バーンスタインの演奏が放送されたのは、これが初めてだった）

一九三三年の秋、バーンスタイン家はシャロンからもどると同時にニュートンの新しい赤れんが造りの家に引っ越した。ジェニーはそこを〝箱舟〟と呼んだ。バーンスタイン自身の口から六十年近く前に出てきた表現によれば、そこは「まさしく上流階級の家」だった。この引っ越しは、サムにとっては社会的地位の向上を強調するものだったが、レナードの学校の授業料の増加をも意味する出来事だった。ボストンの外に住んでいる生徒は一学期あたり百ドルを納めなければならないという規則があったからだ（サムはのちに、シャーリーがボストン・ラテン女子校に入学するかどうかという話になったとき、同額の授業料を支払うのに尻込みを見せた。彼女は試験に合格したものの、入学は果たせず、これも名門のニュートン・ハイスクールに行くことになった）。

三〇年代のニュートンは牧草地に囲まれ、道路もまだ舗装されてはいなかったが、バートン・バーンスタインの描写によれば、ここは上流の非ユダヤ人が住む町で、古くからある町並みには、年月をへた優雅な大邸宅の建ちならぶガス灯通りがあった。パーク・アヴェニュー八六番地のバーンスタインの家は、これもミシュカン・テフィラのシナゴーグに通っているマーカス家が所有する家と隣接した小区画にあった。両家は車道を共有するかたちになっており、これが原因で、道路に関する権利や、木の伐採、砂利や雪の吹きだまりの移動などをめぐり、争いが絶えなかった。双方の親どうしは十年ほどのあいだ頻繁にもめごとを起こしていたが、子どもたちのほうはちがった。――バートンは、クリスタルのラジオやバッテリーを動力にした通話装置を組み立てる、サムナー・マーカスの技術にあこがれをいだいていた。また兄のレナードは、マーカス家の長女で、詩人であり画家でありオスカー・ワイルド――すなわち、退屈なインテリ――であったグレースに夢中だった。

一九三三年の秋、レナードはボストン交響楽団のコンサートに通いはじめた。彼とミルドレッド・スピーゲルは、二十五ドルで土曜の夜のコンサートに二十四回行ける会員券を購入した。ふたりの席は「ギリシャ人男性の裸像のひとつの下にある」第二バルコニーにあった。ある夜、観客がいっせいに立ち上がってオーケストラの音楽監督セルゲイ・クーセヴィツキーに万雷の拍手をおくっているとき、レニーは小さく手をたたいて「座席にすわっているだけ」だった。「『どうしたの？』と、わたしはたずねました。『気に入らなかったの？』と訊くと、彼は『気に入らなかったかって？　大いに気に入ったとも！　そいつが問題なんだ。あんな音楽を作り出せる人間が、ねたましくてたまらないんだ』といいました」だが、バーンスタインはシャロンでの素人オペラの上演以上に、なにかを指揮したり監督したりしようという野心を、まったく見せていなかった。彼はのちにインタビューに答え、自分は子どものころ、指揮というのはめずらしくて、エキゾチックで、トスカニーニやストコフスキー、クーセヴィツキーみたいな外国人だけがやるものだと思っていた、と語っている。シンフォニー・ホールの第二バルコニーから見る指揮者の姿は、非現実的なミニチュア人間のようだった。バーンスタインにインパクトを与えたのは、彼が作り出した音楽そのものだった。ミルドレッド・スピーゲルは、レナードはヤン・スメテルリンのピアノ・リサイタルが終わったあと、ひどく興奮して、「わたしたちはジョーダン・ホールを出ると、マズルカを踊りながら、ハンティントン・アヴェニューのクロー・レストランの前まで行きました」と述懐している。

バーンスタインの母親は、いつも息子の味方だった。「近所からよくわたしのところへ、電話がかかってきました」彼女は回想している。「『息子さんに大きな音でピアノを弾くのをやめさせてくれませんか。眠れないんですよ』と……そんなとき、わたしがどんなふうに答えたと思いますか？　『いつか、みなさん、ご自分からお金を払ってあの子を聴きにいくことになりますわ！』と答えたんです。そして、わたしのいったとおりになりました」

その気になれば完璧にブルジョワ層の人間になりきれたレナードだったが、彼は芸術家を気どるのが好きで、ボヘミアン的なふるまいをしては父親を怒らせた。しかし、父と子の関係が、のちに彼がぼやいたようなところにまで緊迫することはまれだった。それどころかサミュエルは、一九三三年にレナードが〈ボストン・トラヴェラー〉主催の音楽クイズで準優勝して新聞に写真が載った数日後、また息子をマイアミへ連れていった（レナードは「この場所は筆舌に尽くしがたい。ここは、ぼくのあらゆる期待を満たしてくれています。ぼくはピアノで大騒ぎを起こしていますが、コンサートを催すことにまでなりそうです」という報告を添えて、かなりけばけばしい、フロリダ州エヴァグレイズ湿地の絵はがきを、ヘレン・コーツに送っている）。

一九三四年五月、サムはレナードがボストン・パブリック・スクール・オーケストラとグリーグのピアノ協奏曲の第一楽章を演奏したコンサート――彼のソロ奏者としてのデビューであり、それゆえに将来性豊かなコンサート・ピアニストにとっては重要な機会だった――に来ることができなかった。ヘレン・コーツは自分の生徒が失望しているのを感じとったのだろう。彼女はサミュエルに、お越しいただけなかったのは残念ですと手紙を書いている。サムからの返信には、息子が音楽を職業とすることに、ふたたび反対する気持ちになっていることがうかがえた。

七月十六日にお手紙をいただき、息子のレナードを音楽家にしようと親身になってお骨折りいただいていることに感謝申し上げたく、ペンをとった次第です。

ご指摘にあるとおり、わたくしはコンサートに出席することができませんでしたが、わたくし自身も残念でなりません。あの日はどうしても外すことのできない所用がございまして、出かけることができなかったのです……。息子の音楽の腕前が上がっていることは確信しております。またこれに関しては、理想主義的な見地からいえば、息子にはこの技能をずっと大事にしていってもらいたいと思っています。音楽の世界で身を立てるというのはすばらしいことだと思いますが、にもかかわらず、現実的な見地に立ったとき、息子には音楽を将来の生活の糧と考えてほしくありません。

レナードはボストン・ラテンの最後の年である一九三四年の秋に、フィリップ・マーソンに提出した論文のなかで自分の立場を詳細に検討している。「たしかに堅実この上ない仕事がぼくを待っていてくれる――発展と生活向上のための手段を提供してくれる、十年以上の実績のある仕事が。ところが、それはぼくにとっての関心事ではない。ぼくは音楽に並々ならぬ関心をいだいている。それどころか、ピアノを弾くこと以上に面白いと思える仕事や娯楽には、いままでめぐりあったことがない。家族の反対はあるが、にもかかわらず、というよりそれゆえに、ぼくはなおさら音楽家人生への切望に満たされている」このあと論文は、彼が実業家と音楽家のどちらを選ぶにせよ、自分が次にとるべきステップは大学進学である、と主張している。「超一流の音楽学部があるから、ハーヴァードに挑戦してみたい気がする。いまあそこでは、確固たる理由があって祖国を離れてきた［フーゴー・］ライヒテントリットのようなドイツ人の教授が数名、指導にあたっている。また同時にぼくは教養課程の勉強も切り捨ててしまいたくない。どんな分野においても広範な知識は成功に欠かすことのできないものだからだ」レナードはクラスでも、もっとも優秀な部類の生徒だったが、たとえ奨学金を手にすることができたとしても（のちにバーンスタインは毎年奨学金を手にしている）、ハーヴァードの学生になるには相当なお金がかかった。レナードは、父親が彼の計画を許可してくれたとき、ほっとした。

ボストン・ラテン時代を振り返るとき、バーンスタインはたびたび〝楽しい〟という表現を口にしている。オヴィディウスとキーツの詩の美しさを発見すること、シェイクスピアの史劇と、プランタジネット王家やチューダー王家が出てくるイングランドの実際の歴史とのつながりをひもとくことは、彼にとっては楽しいことだった。レナードが一九三四年から三五年にかけて使った学習帳に走り書きされた題名リストからは、彼が最終学年の必読書にあげた書物の幅広さがうかがえる。『哲学史』『創造における精神』『なぜ人は戦うのか』『自由への道』『芸術』『自由教育の意味』……。これは、一般に思い浮かべられる未来の指揮者や作曲家の読書傾向とは異なる。しかし、バーンスタインは幸運だった。まずひとつは、自身学者でもある父をもったこと。そしてふたつめは、学校の選択において。ボストン・ラテン・スクールは、学習と知識の蓄積に情熱をそそぐ学校だった。その古典的な厳格さはおそらくフランスに由来するものであったが、言語や文学を重視するところは明らかにイギリス的だった。この両面をバーンスタインは取り入れていったのである。

ボストン・ラテンの最終学年に書いたべつの論文で、バーンスタインはずっと自分の心をとらえて放さなかったテーマを論じている。同性の人間との友情と愛についてである。論文は旧約聖書の「箴言」一七・一七〝友はいついかなるときも愛す〟を引用しながら、〝友人とフロイト〟という主題を根幹にしている。

大方の人間は、思春期のどこかで友情に関し、身を焦がすような心理学的昇華を経験しているものだ。ローランの『ジャン・クリストフ』を読み、主人公とオットーの関係に共感をいだいた人間なら、ぼくが論じているのがどういうタイプの友情であるか、理解できるはずだ。同性のふたりのあいだに芽生える愛、と空論家のフロイトが大げさに理論づけてみせたものは、ぼくのいっている親しい交わりのことなのだ。

……フロイトは必要もないのに、若者どうしの関係に破壊的な悪影響を及ぼしがちな、薄暗い光のなかにその主題をおいたようにぼくには思われる。友情というものは、それとは逆に、建設的なものになりうるはずだ。たとえば〝G〟は、ぼくの仲間だが、彼には音楽に関して教えられることが多く、彼は哲学に関してぼくから学ぶところが多いという。また〝A〟は、現実離れした考えにおちいりがちなぼくの両足を、大地にしっかりつけておいてくれる。だからぼくは、自分の人生にとってかけがえのない友人たち、そのひとたちにとってぼくが同様の存在になっている友人たちの名前を、ひとつひとつ挙げることができる。なぜこういった美しい関係が異常だなどといわれてゆがめられてゆくのか？

こういった親密な友情の悲劇は、めったに長続きしないことだ。ぼくは自分が知っているだけで、ここ二、三年のうちにこういったタイプの友情が失敗に終わったケースを三つ挙げることができる。不運なことに、大部分のケースにおける長続きの法則は〝ギヴ・アンド・テイク――そしてギヴ！〟なのだ。どちらか片方だけだと、いずれ破綻をきたすだろう。

ほんのちょっとした誤りで、こういった神聖きわまりないきずなを崩壊させてしまうとしたら、運命の女神はまぎれもない策謀家《マキャヴェリアン》ではないだろうか。フロイトの名を使った介入となれば、なおさらである。最近「正義の女神の目隠しをとったら、彼女がウインクしているのがわかるだろう」といったのはウォルター・ウィンチェルではなかっただろうか？

フィリップ・マーソンはこの論文の書き出しの部分についてコメントしている。「引用と遠回しな言い方が多く、その結果、きみ自身の言葉で意見を述べている部分があまりに少ない」しかしバーンスタインは、先生が認めた以上に性に関する方向性についていだいている疑問をはっきり表現している。だが彼は、友だちのあいだでは自分の感じていることを胸のなかにしまったままでいた。芸術にたずさわっている若い男性ならだれもが、この寛容さに欠け、理解に欠ける時代には、〝ゲイ〟のレッテルを貼られる危険にさらされていた。ボストン・ラテンのクラスメイト、ロバート・ルーベルは、友人のレナードには性に関して異常な好みはなにひとつなかったと記憶している。「わたしから見てゲイかもしれないと思われるひとたちで、彼が親しくしていたのが何人かいたことは確かですが、当時はゲイであることを公然と認めているひとはいませんでした。わたしはレニーとすごく親しかったけれど、ゲイの形跡はまったく見られませんでした」

レナードがボストン・ラテン時代に女の子と肉体関係をもったことがあったかどうかは知られていないが、ガールフレンドが何人かいたこと、単なる女の友だちもたくさんいたのはまちがいない。シャロンで闘牛士のコスチュームを着てドン・ホセを演じたベアトリス・ゴードンとの交友は、音楽上のつながりという域をはるかに超えるものだった。ふたりともロマンチックな人間で、詩や歌詞をこよなく愛していた。レナードは彼女（Beatrice Gordon）を〝錦織りの虎（Tiger on Brocade）〟（彼が若いころアナグラムに凝っていた証拠）とか〝薔薇の微笑み〟と呼んでいた。『カルメン』の公演にいたる数週のうちに、バーンスタインは八日のあいだに四つの夜想詩を走り書きしている。ひとつめは、〝ぼくのような人々について思う〟という題名のもので、そこには次のようなくだりがある。

彼らの魂はいたずらに道を外れようとしているのか。
彼らの思い、彼らの情熱は決して衰えることはないのに
彼らはみずからの炎の秘密を語るのをいさぎよしとしない……

おそらく『カルメン』の歌詞を彼自身が翻訳したもののなかに、さらに純粋なバーンスタインの心情が表われている。レナードが「ハバネラ」を英訳した手書きの原稿が、一九八三年に亡くなったベアトリスの書類のなかから見つかっている。

おお、愛するひとよ——わたしのかけがえのない憧れの君——

おお、愛するひとよ、いままでどこにいたのか？

さあ、おいで、わたしのところを訪ねておくれ

わたしはシンガーズ・インでダンスしながら待っている

一九三五年、レナードのお気に入りのガールフレンドは、小柄で活発なエレイン・ニューマンという女の子だった。妹のシャーリーは彼女を次のように評している。「黒髪にダークブルーのすてきな目をした、この世のものとは思えないような女の子でした。ロレッタ・ヤングみたいな感じで……。レニーは彼女に夢中でした」彼はエレインを「シルクハット・ガウンの少女」と呼び、自分の初恋のひとだと語っており、のちのちまで彼女のオーデコロンや彼女が手紙を書き送ってきた紫の便箋を憶えていた。ふたりがパーティで習慣のようにいっしょにしていたことのひとつに、『プライヴェート・ライヴズ』のワン・シーンを演じるノエル・カワードとガートルード・ローレンスのパロディがあった。夏にシャロンに出かけていなくなるとき、レナードはエレインをボブ・ルーベルに紹介し、彼女はボブともデートしはじめた（結局、彼女は一九四二年にボブと結婚した）。

彼は女の子たちと友情をあたためてご機嫌だったが、バーンスタインが一九三五年にシャロンからヘレン・コーツに宛てた手紙のなかの以下のくだりには、率直な気持ちがしたためられている。「先生がぼくの友人や交際にどれほど関心をもっていらっしゃるか、ぼくは知っています。ですから、ぼくにはすばらしい友人ができたことをお知らせしなければなりません……。彼の名前はローリー・ベアソンといって、知識の粋を集めたような、芸術に関しても共感するところの多いひとです。ぼくたちはこの一週間で親友になりました。まるで、ふたりが魂の兄弟であったかのように。ぼくらはおたがいを完全に理解しあっています。彼は劇作品に強い関心をいだいていて、日曜日の夜の放送をしばらく担当していました。ぼくよ

り四つ年上ですが、いっしょに話をしているときにはそんなことはまったく意味のないことに思われます。もちろん、障害となるものはかならず存在するもので、今回の場合、それは彼が仕事でニューヨークに行くことになったことです。彼は今朝ここを発って、なんだか山がどっとくずれ落ちたような気分です。でも定期的に手紙を出しあうことになるでしょう」

シャロンから、ミルドレッド・スピーゲルに宛てて書かれた手紙は、バーンスタインにとってもっとも重要だったのは友情――両性との友情――だったということを教えてくれる。今回のような孤独を感じたとき、彼はひどい鬱状態におちいった。「ああ、ぼくは訪問を待ちわびて苦しまねばならないのだろうか?」

一九三五年六月、バーンスタインは、堂々たる業績を残してボストン・ラテンを卒業した。ボストン・ラテンは創立三百年記念に特別に立派な卒業記念アルバムを創った。そこに掲載されているバーンスタインの学業リストを見ると、のちに彼がボストン・ラテンにおける「音楽生活はゼロにひとしかった」といい、学校にはグリー・クラブがなかったと発言したとき、彼の記憶がいかにいいかげんなものだったかがわかる。「現代文学賞(一九二九~三〇年)、特別講読賞(一九二九~三〇年)、古典文学賞(一九三二~三三年)、フランス語クラブ(一九三四~三五年)、物理学クラブ(一九三四~三五年)、グリー・クラブ(一九二九~三一年、三三~三五年)、学校オーケストラ(一九三一~三三年)、学校オーケストラの独奏者(一九三三~三五年)、一九三五年クラス・ソングの共同制作者(一九三五年)」バーンスタインによれば、このクラス・ソングは「わたしが書き留め、複縦線を引いた、初めての完成作品だった……」という。「クラス・ソングというのは、卒業するクラスが歌う卒業歌でした……この歌は〝みなはひとりのため、ひとりはみなのため〟と呼ばれていました。もともとのタイトルはどうだったかな?……あの歌で、わたしにすばらしいものまねの才能があったことがわかります――このときには、アーサー・サリヴァン卿の雰囲気とスタイルを吸収していました」

　卒業祝賀会でレナードは、（すこし前にピアノ・コンテストでレナードが負けてしまった）エドワード・ゴールドマンとピアノ二重奏を共演し、（のちにボストン交響楽団の一員となる）ヴィオラ奏者のジェローム・リプソンの伴奏をつとめた。著名な来賓として、ジョゼフ・P・ケネディがこの卒業祝賀会を訪れている。

　六週間後、彼は卒業試験の結果を受け取った。英語の成績はトップだった。歴史は六十パーセントとかんばしくなく、ちょっとがっかりしたが、全科目を平均すると八十二パーセントという数字だった。「りっぱな推薦状をもらいましたから、ハーヴァードには合格できるはずです」と、彼はヘレン・コーツに語っている。

4　ハーヴァード

「彼は十代の後半に、自分もいつか恋をして、結婚して、子どもを作りたいと話していました。また、生きているあいだにあらゆることに挑戦してみたいとも話していました」
――レナード・バーンスタインの少年時代の友人、ミルドレッド・スピーゲル・ザッカー

成人期にさしかかっていたレナード・バーンスタインは、音楽家になりたいという気持ちを自覚していたが、彼はかならずしも将来性ある有望な音楽家候補とはいえなかった。ピアノ演奏に対する情熱はあったし、コンサート・ピアニストになれる可能性は残っていたが、当時成功していた大部分の演奏者が十七歳の時点で到達していたレベルには、まだとうてい及ばなかった。彼のレパートリーは、協奏曲はわずかに二曲、リサイタル用にも、ありふれたロマンチックな曲目がひと握りあるだけだった。ピアノ以外の楽器は弾くことができなかったし、モーツァルトやメンデルスゾーンのように作曲家として神童とうたわれたわけでもなかった。実際の話、彼はスタートラインにつくのが遅かった。十代にピアノ協奏曲を完成したことはいちどもなかったし、現在も残っているのはグノー風の音楽のなかにかすかに詩的イマジネーションが顔をのぞかせている学生時代の曲で、一九三五年に詩篇一四八をもとにした声楽とピアノのための、ほんの四分ていどのものだけである。

音楽の世界に求めることのできる道として、ほかにも音楽教育や音楽批評などはあったものの、サミュ

エル・バーンスタインが息子の音楽家としての将来に不安をいだいたとしても無理からぬところだった。長い目で見れば、ハーヴァードで音楽を専攻したことは最善の選択だった。たとえばニューヨークのジュリアード音楽院やフィラデルフィアのカーティス音楽院のような演奏者の訓練に情熱をささげている音楽専門学校では、レナードが一九三五年の秋に新入生用の学寮のひとつ、ウィグルズワースに入ったときに受けたような知的な刺激を与えることは絶対にできなかっただろう。それでも将来音楽家を目指す者にとっては、大学の講義時間はおどろくほど限られたものだった。「ハーヴァードで作曲は勉強できませんでした」バーンスタインは回想している。「またピエリアン・ソダリティという一八〇八年創立のオーケストラや、ギルバート&サリヴァンなど伝統的な合唱曲をとりあげていた、かの有名なハーヴァード・グリー・クラブはありましたが、いわゆる音楽を学ぶことはできませんでした……。音楽館を二時間ほど歩きとおしても、音符は黒板の上にしかなく、あるいは声を殺したささやき声で議論されているだけでしたから、それを耳で聴くことはまったくありませんでした。わたしたちはエドワード・バランタインというすばらしい新入生顧問の指導のもと、音楽クラブを組織して、そういった風習を改めにかかりました……。みんなで彼の屋根裏に集まりました。バランタイン夫人がお茶を運んできてくれました。みんなで意見と自分自身の音楽を交換しあうことができ、新しい音楽も聴くことができました――わたしたちは連弾用にアレンジされたストラヴィンスキーの『春の祭典』を演奏しました……。だれかがアルバン・ベルクの『抒情組曲』のレコードをもってきて、みんなでこの秘教社会さながらの驚くべき作品に耳を傾けました。わたしの目の前に、突如として新しい世界が開けたのです」

一九三五年には、大学で高等教育を受けるというのは、ひとつの特権だった。ローズヴェルト大統領がニューディール政策を打ち出してはいたが、失業問題はまだ深刻だった。アメリカで、子どもを大学にやれるだけの経済的な余裕のある家庭は、全体のわずか二十パーセントほどで、これらの家庭も多くは支払いに汲々としていた。バーンスタインは知的特権を受けてもいた。ボストン・ラテンで教育を受けたおかげで、ハーヴァード大学に入学することができ、しっかりした歴史観と、事実を知的に把握する能力を身につけたのだ。創立三百年をむかえていたハーヴァードで、彼は政治活動にも積極的に参与し、集会に参加し、宣言書に署名し、中国やスペイン、チェコスロヴァキアのために基金調達コンサートでピアノを弾き、ときには大学当局が表明した方針に公然と反抗することもあった。

ボストン・ラテンは人種のるつぼだった。この学校の子弟は、学力を基準にきびしい選抜を受けて入ってきていた。東部の裕福なWASP家庭の子息たちは、ほかの授業料の高い私立校で教育を受けていた。バーンスタインはハーヴァードに来て、初めて特権階級の権力と偏見に出会った。一九三〇年代のハーヴァードでは人種により学生数が決まっていた――ユダヤ人は全学生の十パーセントまでという制限を受けていたのだ。また、ハーヴァードにおける偏見は人種による割当て数だけの問題ではなかった。ユダヤ人であるがために、バーンスタインは芸術に関心をもつ人々が集まってくるキャンパス・グループ、シグネット・ソサエティに入会を許されなかった。また、エンターテイナーとしての才能をもちあわせていたにもかかわらず、英ケンブリッジ大学のフットライツ・クラブに似たハーヴァードのレヴューで、愉快なミュージカルを上演しているヘイスティ・プディング・ショーのステージにも、いちども招かれることはなかった。しかし、ハーヴァードで出会った反ユダヤ的な態度に怒りをおぼえはしても、バーンスタインはそれでくよくよしたりはしなかった。彼は後年、ハーヴァード時代の特別な喜びについて、よく熱狂的に語った。チャールズ川でひとり乗りの小型ボートを漕ぐ喜び、スカッシュに興じる喜び、三年生の食堂室で夕食後にピアノの弾き語りをする喜び、グリー・クラブでギルバート&サリヴァンの曲の伴奏をつとめる喜び――彼はリハーサルに何度も遅刻したため、結局この役目を外されている――である。

またバーンスタインは、ボストンで多忙な音楽生活と社会生活をつづけていた。しばしば実家に帰ってはシナゴーグへ出かけ、洗濯をすませ、ピアノを教え、もちろん、母親や妹のシャーリー、弟のバートンら愛する家族とも顔を合わせていった。彼はハイスクール時代の何人かの友人たちと、ひきつづき友情をあたためていた。ミルドレッド・スピーゲルによれば、彼女はウィグルズワースの学寮を訪ね、いっしょに『フィンガルの洞窟』やシューベルトの交響曲を弾いたという。またシド・ラミンは、バーンスタインのところへジャズを教えてもらいに行っていた（バーンスタインは彼に、ハーヴァード風のアクセントをもっとみがくつもりだと打ち明けている）。

一年生は、さまざまな学科のなかから科目を選択することができた。すでにフランス語は流暢にこなしていたバーンスタインは、英文学とイタリア語を選択し、美術とドイツ語の半期コースもとった。「『ファウスト』をドイツ語で読みたかったし、ダンテをイタリア語で読みたかったんです」音楽では一般課程をとっただけだったが、大学の外ではたっぷりとピアノの勉強にいそしみ、ボストンのピアノ教育の第一人者であるハインリヒ・ゲプハルトのところでは正規のクラスに進んでいた。彼はゲプハルトのもとでさらに四年間学んだ。ゲプハルトはまだ十代だった一八九九年に、ボストン交響楽団と演奏している。その後ミュンヘンにも行って勉強している。彼のスタジオで行なわれるレッスンは、ひとつひとつが一大イベントのように感じられた、と何年かのちにバーンスタインは書いている。「わたしたちは古いけれどすばらしいメイソン&ハムリンの二台のピアノにそれぞれ向かいます。わたしが弾き、先生が弾く。先生はヘラジカのように軽やかに、エネルギッシュに立ち上がり、わたしの肩ごしに手を伸ばしてピアノを弾いてみせます。わたしが先生を喜ばせることがあったとしても、それはすべて先生の情熱が奇跡に導いてくれたものです。わたしの失敗は最小限に抑えられ、熱心に修正してもらえました。すべてが、驚きの光に満たされていました。ショパンの金色に輝く音の流れ、ベートーヴェンの繊細で神秘的な力、シューマンの熱っぽいイメージの喚起力、そしてドビュッシーの落ち着いた印象など、絶え間ない驚愕と興奮に満たされていました。気持ちがさめきってしまうことはいちどもなかった。音それ自体が情熱だったのです。ピアノのために音を星座のようにちりばめることは、生命の活動そのものでした。わたしは自分の二本の足でスタジオを出たことはいちどもなかった。ふわふわと宙をただよいながら出ていったのです」

ハーヴァードでは、アーサー・ティルマン・メリット教授から音楽の指導を受けた。彼はメリットからモンテヴェルディの手ほどきを受け、そのあとナディア・ブーランジェにかわいがられた。「わたしたちは、腰掛けてピアノを弾き、歌い、感激の声をあげたものです……。神よ、初めて『オルフェオ』を歌い、連弾したときのことは生涯忘れることはないでしょう！」

十七歳のレナード・バーンスタインは、端正な顔立ちをした物腰のていねいな若者で、身長は五フィート六インチ、スリムな体つきにウェーブのかかった豊かな黒髪の持ち主だった。スマートに衣服を着こなし、ふだんはボウタイを気取り、エレガントなホルダーにタバコをしのばせていた。「レニーにはスポットライトを浴びたがる性向がありました。また自分の才能を慎ましやかにかくすということは、決してしませんでした」ミルドレッド・スピーゲルは回想している。「ひとを魅きつけるところがあり、社交的で、楽しいことを愛し、おおぜいの取り巻きに囲まれ、あらゆる方面に知りあいの多いひとでした」もしかすると、彼がたえずエネルギッシュでもあり、友人と教師の両方を引き寄せる一種の伝染性の情熱を発散していたのは、心の底に満たされないものを感じていたからかもしれない。彼はとめどない多様性をつねに必要とした。「彼は画一的なものにはすぐ飽きてしまいます。個性豊かな人々や芸術関係のプロジェクトに惹かれ、いちどに多数のプロジェクトを進行させる必要のあるひとでした」

一九三六年の夏、バーンスタインはシャロンにおける楽しい上演もこれが最後となる『軍艦ピナフォア』の監督を務めた。そのあと九月に、ミルドレッド・スピーゲルの日記によれば、彼はメイン州アルフレッドのエルムトップ・ファームで短い休暇をすごした。「彼は農場からトラックを借りて、わたしが三重奏団と演奏をしていたヨーク・ハーバーのエマーソン・ハウスにやってきた。うれしくてびっくり」バーンスタインはそこで感銘を受けたのにちがいない。のちに、ミルドレッドと彼女の仲間のためにピアノ三重奏曲を書いているからだ。その曲は一九三七年にハーヴァードで演奏されている。

バーンスタインは残りのハーヴァードの日々を、ティルマン・メリットがいたエリオット・ハウスですごすことにした。エリオット・ハウスはジョージ王朝様式の美しい建物で、三百人ほどの学生がいた。五年前の一九三一年にオープンしたばかりで、ティルマン・メリットの記憶によれば「芸術的な建物」だった。毎年クリスマスには大食堂でシェイクスピア劇が上演される。バーンスタインは居間とふたつの小寝室、浴室からなる小さな続き部屋で、やはりボストン・ラテン・スクールの卒業生であるノーマン・ブリッソンと同室した。ふたりは折り合いが悪かった。バーンスタインはブリッソンの実際的な性質を賞賛し、彼のことを「システムと予算があらゆる行動の基準となる……。[彼といっしょにいれば]ぼくはきっと成功するだろう」と語っているが、ブリッソンはのちに、バーンスタインには反動家だとかファシストだとか呼ばれたと語っている。

大学二年のときにとった講義のなかには、ソクラテスとプラトンの研究があった。「これは、父の影響によるものです。父のタルムードの研究は、哲学的追究の性質を帯びたものでしたから」と、彼は語っている。彼は英文学の勉強にも励み、シェイクスピアの劇作品はすべて読破したといい、さらにはシェイクスピア学者のジョージ・ライマン・キットレッジの最後の講義も聴講している。バーンスタインの成績――Aがひとつと B がふたつ――は、哲学と文学に対する関心の強さを示している。彼は音楽のふたつの科目にも同様に優秀な成績をおさめた。当時ハーヴァードの音楽学部で専門課程の教授をしていた作曲家のウォルター・ピストンから上級和声学と対位法を学んでいたのだ。ピストンはナディア・ブーランジェの弟子で、和声学とオーケストレーションについて定評のある教本を書いていた。しかしバーンスタインのお気に入りだったのは、ハーヴァードで最高の人気を誇る講師で、美学をテーマにした著書が二冊あったデイヴィッド・プロールの美学の講義だった。音楽の熱烈な愛好家でもあるプロールは、バーンスタインの強力な支持者となった。

もうひとつの重要な交友——四半世紀にわたってつづくことになる——は、一九三七年の一月にはじまった。「ひとがちょっと考えつかないような、魅惑的で神秘的でぞくぞくするおとぎ話なんだ」バーンスタインは友人のベアトリス・ゴードンへの手紙のなかで、ディミトリ・ミトロプーロスとの出会いは、神話のなかの一シーンといえるほど重要なものだったと書き記している。この有名なギリシャ人指揮者は、四十歳を超えたところだった。長身で、鋭い青い目をした威風堂々たる人物だった。大きな頭はすっかり禿げあがっていた。彼が前のシーズンにボストン交響楽団でアメリカ・デビューを果たしたときには、大きな反響を巻き起こし、再度招待を受ける数少ない一流指揮者の仲間入りをした。クーセヴィツキーはほとんどすべてのコンサートを自分ひとりで指揮した。バーンスタインは彼の土曜の夜のコンサートに行って、彼の言葉を借りれば、興奮に「うち震え」た。

ハーヴァード・ヘリコン・ソサエティのギリシャ人の学生たちが、ミトロプーロスのために歓迎の準備をととのえていた。バーンスタインはそのレセプションに招かれてマエストロのために演奏を頼まれた。名指揮者はバーンスタインの情熱と作曲の才能に大きな感銘を受け（バーンスタインが演奏した曲目のなかにはハインリヒ・ゲプハルトの即興リサイタルのために書いたピアノ・ソナタも数曲含まれていた）、翌朝からはじまる予定だったオーケストラのリハーサルに来てみないかと熱心にすすめ「入場を断わられたら、わたしを呼べばいい」と念を押した。バーンスタインはふたりの出会いを『オカルト』と題するほとんど脚色のないフィクション風の文章のなかで描写している。そのなかで、ミトロプーロスは、耳慣れない、コスモポリタンな話しかたをしていたと描写されている。

学年半ばの試験が迫っていたが、ミトロプーロスのリハーサルと指揮を見にいくためにバーンスタインはまるまる一週間、大学を休んだ。この指揮者のふたつのプログラム――それぞれ何度か公演された――のひとつめには、ミトロプーロスがピアノを弾きながら指揮する、レスピーギのピアノとオーケストラのための『トッカータ』、ラヴェルの『スペイン狂詩曲』、ベートーヴェンの弦楽四重奏曲嬰ハ短調作品一三一をミトロプーロスが編曲したものが含まれていた。ふたつめのプログラムにはローベルト・シューマンの交響曲第二番があったが、バーンスタインはその後もずっとこの作品に、自分のなかにある情熱と同じものを感じることになった。

ディミトリ・ミトロプーロスは一八九六年二月十八日生まれ。五つの言語を流暢にあやつる彼は、音楽家の道を選ぶまでは聖職者になるための教育を受けていた。彼は一流のピアニストで、一九二〇年代前半にはベルリンでフェルッチョ・ブゾーニに師事し、ときおりピアノを弾きながらピアノ協奏曲を指揮していた。バーンスタインは、とりわけ『ラプソディ・イン・ブルー』とベートーヴェンの協奏曲ハ長調の演奏にかけては、ミトロプーロスにもひけをとらなかった。ミトロプーロスは偉大なるエーリヒ・クライバーの助手をつとめたのち、世界に名だたる魅力的な指揮者のひとりとなった。二〇年代と三〇年代にはヨーロッパじゅうを渡り歩き、祖国ギリシャのオーケストラが楽器を購入できるよう出演料を寄付してくることもしばしばだった。一九三六年にボストンで行なったコンサートは、町じゅうのうわさになった。つづくミネアポリス――ドイツ人の多い街――訪問も大成功に終わり、一九三八年にはそこのオーケストラの首席指揮者にむかえられた。

指揮台の上のミトロプーロスは、炎のような迫力にみちた人物だった。彼は指揮棒をもたずに指揮をしていたが、体全体を使ってすばらしい表現力を見せていた。クーセヴィツキー同様、彼は現代音楽の熱心な擁護者で、クーセヴィツキーがストラヴィンスキーやプロコフィエフと同じように好んでいたアメリカの作曲家たちよりも、中央ヨーロッパの作曲家たちを好んだ。ひとを魅きつける大きな磁力の持ち主で、肉体的にも力強く――彼は熱心な登山愛好家でもあった――自分の芸術に人生をささげつくしている人物だった。バーンスタインは彼との出会いに大きく心揺さぶられた。「わたしは初めて指揮者がどんなことをするひとなのか、指揮者をつとめるにはどういう勉強が必要かを知りました。彼は信じられないくらいの記憶力の持ち主で、スコアなしでリハーサルをやってのけるほどでした……。すさまじい情熱の持ち主であるがために、ときにはリハーサルでヴィオラのセクションに突進し、奏者たちの肩をつかみ、揺すぶって、自分の思いどおり演奏させようとしたほどです」『オカルト』のなかで、バーンスタインはミトロプーロスのリハーサルを、自分の人生でもっとも強烈に記憶に残るとともに、もっとも当惑させられたときだったと表現している。

月曜日の朝、「カール」は……オーケストラとともにエロス・マヴロ［・ミトロプーロス］の到着を待ち受けていた。彼が十時きっかりにステージに上がると、オーケストラのメンバーたちから大きな拍手があがった……。音楽はすばらしかった。とどまることを知らない興奮にみちたマヴロは、いきなりディミヌエンドに入ることを知らせるために、あの鋼鉄の体で椅子に思いきり飛び下りて、二脚を壊してしまっている。最初のときは、籐製の部分をぶち抜いてはまりこんでしまった。コンサートマスターが駆けつけて、彼を救出した。二度目になるとオーケストラはくすくす笑っていた。マヴロはそれでも指揮をつづけながら体を引き上げた。音楽が体じゅうにみちあふれ、いっときたりとも動作を止めることができなかったのだ。カールはこの男に大きな、すさまじい愛を感じはじめた。

ミルドレッド・スピーゲルはバーンスタインといっしょにリハーサルのひとつを見学しているが、リハーサルのあと、ミトロプーロスはふたりを近くのカフェ・アマルフィへ連れていって、昼食をごちそうしてくれたという。ミトロプーロスは誘惑するような身振りで自分のフォークの先にカタツムリを乗せ、それをレナードに差し出して食べさせた。バーンスタインが自分で選んだ料理は、もっと平凡なもの——トマト・ソースのスパゲッティだった。このときのことを振り返ってミルドレッドは、ミトロプーロスはその上にパルメザン・チーズをやたらと振りかけたと述懐している。

バーンスタインは自作の短い物語のなかで、自分はそのコンサートで「誇りと落胆がないまぜになった不思議な気分」を味わったと書いている——クーセヴィツキーのコンサートの終わりにミルドレッド・スピーゲルに吐露したのと同じような嫉妬を、彼は体験したらしい。しかしミトロプーロスとの出会いで彼の気持ちにとって重要だったのは、この指揮者の技術を知ったことより、むしろバーンスタインの人生で初めてミトロプーロスほどの著名人から創造力あふれる人物と認められたことだった。「『この少年をひとめ見た瞬間［マヴロが『オカルト』のなかで語っている］、わたしは——なにかを』——彼はふさわしい表現を必死に探し求めた——『偉大さを——そう、なにか天才のひらめきのようなものを——感じた』」

おそらくミトロプーロスはバーンスタインの作曲の才能というよりは、むしろ人間そのものに魅かれるものを感じたのだろう。しかし、バーンスタインのフィクションの記述が事実だとすれば、ミトロプーロスはバーンスタインをひとでごったがえしている自分の楽屋へ連れていき、きみには作曲家として成功するだけの才能も力もあると告げた。「きみは理想的に感受性が強い——わたしにはわかる、黙って聞きなさい。勉強に励むんだ、一生懸命に頑張るんだ。きみの時間のすべてを自分の芸術をみがくことに捧げなさい。わが身を汚さないように守れ。友人からちやほやされても思い上がったりするな。きみには偉大になるためのあらゆるものがそなわっている。天から与えられた使命を果たすことだけを考えろ」

二年半後の一九三九年九月に、ミトロプーロスは同じ忠告をくりかえしているが、こんどはひとつ大きな違いがあった。彼はバーンスタインに、きみは作曲家ではなく指揮者になることに人生をささげるべきだ、といったのだ。少年のころにさえ、バーンスタインには名声への憧れがあった。だが彼に、自分は偉大な音楽家になれるのだという自信を植えつけたのは、ミトロプーロスだったのかもしれない。

レナードは前年までは、夏はシャロンで家族とすごし、ゆったりとくつろいで、例のギルバート&サリヴァンのオペレッタの製作に熱中していた。一九三七年の夏、彼は初めてアルバイトをした。マサチューセッツ州北西部のピッツフィールドのすぐ外にあるキャンプ・オノタで音楽指導員をつとめることになったのだ。キャンプファイヤー・ソングを教えたり、食事の前に二部や三部の輪唱をしたり、スイング・バンドのメンバーを集めてリハーサルを行なったり（打楽器のかわりに洗濯桶のふたを使った）、週に一度キャンプでちょっとした演し物を上演した。本人の説明によれば、その合宿所は、ニューヨークから来ていたユダヤ人の子どもがいっぱいいて、特別な注意が必要だったという。

七月十一日、日曜の父兄面会日に、バーンスタインはキャンプの監督から昼食会のときにピアノの演奏をしてほしいと頼まれた。騒々しい食堂で演奏を聴いてもらうのがどれほどむずかしいことか知っていたので最初は断わったが、そのあとラジオでガーシュウィンがロサンジェルスで急死したことを知った。昼食会の真っ最中にバーンスタインはみんなの注意をうながすために大きな音で和音を鳴らした。食器類のぶつかるカチャカチャいう音がやんだとき、彼はアメリカでもっとも偉大なユダヤ人作曲家が亡くなったことを告げた。そして、演奏が終わっても拍手をしないでほしいとあらかじめ断わってから、ガーシュウインの前奏曲第二番を弾いた。曲が終わったとき、食堂には重苦しい沈黙がたちこめていた。「ピアノからはなれたとき、わたしは自分がガーシュウィンになったような気がしました」

夜に仕事がないとき、バーンスタインは女の子を求め、キャンプ・オノタと湖をはさんで反対側にあるキャンプ・アレグロをよく訪ねた。そこでも彼は鍵盤の前にすわってピアノを弾いてみせた。キャンプ・アレグロの監督から、だれか音楽指導員を紹介してくれないかと頼まれたとき、彼はミルドレッドに電報を打ち、彼女はその仕事を引き受けた。「おたがいのキャンプを訪ねあって、すごく楽しい時間をすごしました」彼女は回想しながら、「レナードはたくさんの女の子に取り囲まれていました」と、ちょっぴりねたましげに付け加えた。

その夏のハイライトは、キャンプ・オノタでの『ペンザンスの海賊』の上演だった。バーンスタインが音楽監督をつとめ、海賊の王様の役はアドルフ・グリーンという青年がつとめることになった。ハンガリー人の両親をもつグリーンは、ブロンクスで育った。十七歳でド・ウィット・クリントン・ハイスクールをやめており、カレッジへ進めるだけの単位もとっていなかった。しかし彼は口が達者で、音楽に関しておどろくべき記憶力をそなえていた。交響曲まるまる一曲とフランク・クラミットの歌を、どちらも同じようにみごとに口ずさんでみせるのだ。子どものころはアマチュア劇団で活躍していたこともあり、劇場イベントは大好きだった。十代にキャンプでガンガ・ディンを朗唱し、アル・ジョルソンのものまねをしたことはあったが、まだ仕事としてエンターテインメント・ビジネスにたずさわったことはなかった。グリーンはバーンスタインとの出会いは自分の人生のなかの画期的な事件だったと説明している。「海賊の王様をつとめることになった、血色が悪いくせにぶくぶく太った（一八五ポンド）職もないハンガリー系アメリカ人は、キャンプ・オノタの食堂のステップに降り立つと、恩師――学校劇の指導者モニター・R・ワイルー――に迎えられた。彼は……わたしがアンクル・レンズ・ヘヴンリー・ヘイヴンで発揮した異才を、栄養充分で健康そうな若いユダヤ人たちに控え目に説明していた」グリーンはすでにレナード・バーンスタインの武勇伝は耳にしていたが、そんなすごい人物がいるはずはないと思っていた。ぺてん師のたぐいにちがいない、と。同様にグリーンのことを疑っていたバーンスタインは、ステップを勢いよく降りてきて、彼を迎えると、建物のなかに入れて音楽について質問した。彼は食堂のピアノの前にすわって、グリーンにこれから弾くショスタコーヴィチの曲名を答えてくれといった。グリーンは初めて聴く曲だと答え、その時点でバーンスタインは飛び上がって相手を抱きしめた。その曲はバーンスタインがミルドレッド・スピーゲルの二十一歳の誕生日にささげるために最近作曲したばかりの『舞踊のための音楽』という曲だった。さて、こんどはグリーンのほうが質問する番だった。彼はドビュッシーの『パックの踊り』という作品をリクエストした。どんな曲でも弾けると豪語していたバーンスタインだったが、その曲は知らないと認めた。彼はグリーンのお気に入りの交響曲のひとつ、シベリウスの第五番も知らなかった。バーンスタインは好敵手を得て大いに喜んだ。彼のうきうきした反応は、グリーンのなかにも同じくらい生き生きとした反応をうながした。

百万もの窓がいっせいに開いて新鮮な空気が入ってきたように感じた。自分の人生はひとつの分岐点にさしかかろうとしていて、いまようやくそこに到達したのだという気分だった……。その晩、ふたりでオノタの丘陵を何時間も何時間も歩きまわった。時計のところまで行って、キャンプ・ゲートまでもどってきて、宿舎のまわりをそぞろ歩いた。一瞬一瞬が、新しい奇跡を生み出す時間だった。ここのところずっと音楽を聴いていた。この出会いにそなえ、何人もの独唱者を同時に投入して、滑稽で風変わりなフル・オーケストラの蓄音機の音を作っていたが、あの夜は、きみに完璧な演奏を聴かせようとシベリウスの第五番を入念にリハーサルしてきていた。

グリーンは三十年後にふたりの出会いを振り返り、ふたりで分かちあった喜びをいくつか挙げてくれた。フランク・クラミットの歌う『ボルネオ』、T・S・エリオット、『不思議の国のアリス』、『兵士の物語』、W・H・オーデンとスティーヴン・スペンダー〔早くも一九三七年に！〕、ギルバートとサリヴァン、古い昔の映画など――

いっしょに歩きながら歌ったり話をしたりするうちに、きみ――すなわちLBという少年は天才以外のなにものでもないことがわかったが、それを知ったのも、うれしい事実のひとつにすぎなかった――いまもふたりのあいだにつづいている対話の魔法の一部にすぎなかった。

その同じ夏、キャンプ・オノタは大統領選を描いたガーシュウィンの滑稽ミュージカル『オヴ・ジー・アイ・シング』を上演した。前年秋にローズヴェルトが圧勝で二期目の当選を果たしたところだったから、当時の話題に即した選択だった。そのあとバーンスタインはアドルフを実家に連れていって家族に紹介した。「レニーがグリーンをシャロンに招いたとき」バートン・バーンスタインは書いている。「ふたりは外に出て、ベートーヴェンのスケルツォなどをもちだしてはクイズを出しあったり、才気あふれるミュージカルのパロディを作り出したりして何時間もすごしていた。そのあいだサムはいらだたしげに歩きまわっていた。『何者なんだ、あいつは？　早く出ていってもらいたいな！』彼は同じように当惑しているジェニーにそんなふうにいっていた」

バーンスタインとグリーンの友情は、この上なく楽しいものだった。ミトロプーロスとの衝撃的な出会いには笑いはなかったし、ふたりの新しい友人はこれ以上ないほどに異なるふたりだったことはたしかだが、しかしひとつだけ共通点があった。それは両者ともバーンスタインを天才だと確信したことで、バーンスタインには、ひとからそういわれることが、なによりも必要だったのである。

5　広がる地平線

「この作曲家はイスラエルの長老のような容貌で、もしかするとホイットマンのようなひげを生やし、きっとモーゼそっくりにちがいないと、予想していた。そのあと少しして、その長老に会ってみたら、ひげはきれいにそってあり、にっこりと笑みをたたえ、年齢は三十七歳だった」
――『ピアノ変奏曲』を聴いたあと、コープランドについてバーンスタインが語った言葉。

一九三七年の秋、ハーヴァードの第三学年がはじまった。この年のバーンスタインの活動はプロの音楽家としてのデビューにひとしいものだった。十月三十一日、彼はケンブリッジのサンダーズ・シアターにおいて、連邦基金によるステート・シンフォニー・オーケストラとラヴェルのピアノ協奏曲を共演した。一年生のときにも、古風な趣をたたえた一八〇八年創立のピエリアン・ソダリティ――ハーヴァード＝ラドクリフ・オーケストラの前身――で独奏用の曲を二、三曲弾き、ジョゼフ・ワグナーの曲をボストンのコンサートで弾いていたが、今回のコンサートははるかに重要な一歩をしるすものだった。

ラヴェルの協奏曲を初めて聴いたのは一九三二年のことだったが、これはボストン交響楽団の五十周年のために委嘱された曲だった。バーンスタインの出番は二番目だったが、ボストンの何人かの新聞批評家たちの注意をひいた。クリスチャン・サイエンス・モニター紙は、バーンスタインはまだ十代だが、「並々ならぬ才能を示す絶妙な演奏を堂々としかも軽々とやってのけた。小気味よい響き、その指さばきが生み出す美しく明快な響き……」と評している。ボストンのヘラルド紙は、彼は「真の才能の持ち主にふさわしい自信と技量を」身につけていると書いている。コンサートの終わりに、彼は万雷の拍手にむかえられた。観客のこういった積極的な反応を見て、バーンスタインは、スタートを切るのは遅かったが、ピアニストへの道は閉ざされたわけではないと自信を深めたにちがいないし、彼がハーヴァードにおいて注目を集めつづけていたのは、ピアニストとしてだった。彼はエリオット・ハウスの社交室や学期末のパーティで人々の耳を楽しませる、音楽サークルの重要な一員だった。グリー・クラブからは脱会させられたものの、合唱グループの伴奏者としてひっぱりだこだった。ときには、ハーヴァード・フィルム・ソサエティがリバイバル上映する有名なサイレント映画のためにピアノを弾くこともあった。「コープランドの『ピアノ変奏曲』、『ペトルーシュカ』からの抜粋、バースタイン本人がロシアの民謡をパラフレーズした音楽をバックに、〝戦艦ポチョムキン〟は進み、ついに停泊した」と、作曲家のアーヴィング・ファインは記憶している。

アーロン・コープランドの『ピアノ変奏曲』は、十五分もかからないが、ひと筋縄ではいかない手強い作品で、バーンスタインにとっては重要な曲になった。デイヴィッド・プロールは、バーンスタインに『変奏曲』のピースの譜面をくれて――「高くてぼくにはとても手が出なかったからです」と、バーンスタインは述懐している――バーンスタインはプロールの美学の授業にこの曲をテーマにした論文を書いている。「この作品で、わたしの眼前には新しい音楽の世界が開けた――過激で、予言的で、騒音を鳴り響かせ、すさまじい不協和音を盛り込み、ひとを酔わせる曲」本人の記憶によれば、ひとたびこの曲をマスターすると、バーンスタインは演奏を頼まれたときにこの曲を弾いて、ハーヴァードの多くのパーティをぶち壊しにしている。「二分あれば、ぼくはまちがいなく部屋を空っぽにすることができた」と彼は豪語している。

この一九三七年の秋にはアーロン・コープランドと実際に対面することになった。バーンスタインは、後年ハーヴァードの科学史学部の部長になるI・バーナード・コーエンという大学院生の友人と、マーサ・グレアムのところから独り立ちをしようとしていたアンナ・ソコロワのボストン・デビューを観にいった。バレエの熱狂的ファンふたりがサインを求めにバックステージに行くと、ソコロワはニューヨーク・デビューとなる十一月十四日の公演にも来てほしいといった。コーエンは友人で詩人のミュリエル・ルーカイザーに電話をして、ふたりぶんのチケットをとってもらった。「わたしたちはギルド・シアターの第一バルコニーの最前列に陣取った」バーンスタインは回想している。「われわれはいわゆる経験者だった、ボストンでいちど見てきていたから……。最前列の人々はわれわれを除いてはアンナの踊りを見るのは初めてだったから、この連中はアンナのレパートリーにくわしい様子だが、といぶかしげな好奇の目を向けていたようだ……。わたしの右側に、その見知らぬ男はいた……異様な顔立ちをした三十代らしき男で、大きなわし鼻の上に眼鏡を乗せていた。大きく口を開いてミュリエルのほうににやりと笑うと、歯がむきだしになった。彼女は男に会釈して、わたしたちを紹介した。『アーロン・コープランドよ……』。こちら、レナード・バーンスタイン』わたしは危うくバルコニーから転げ落ちそうになった」彼の音楽に対する予備知識があったために、コープランドはひげを生やした旧約聖書に出てくる予言者のような外見をしているものと思っていたのだ。「たまたまその日は彼の誕生日だったのだが、笑顔をたやさずくすくすと忍び笑いをしているこの若々しい人物がコープランドだと知って、ほんとうにびっくりした」

リサイタルが終わると、コープランドは最前列にいた全員を、ニューヨークの西六十三丁目（現在は、リンカーン・センターのステート・シアターが建っている）にある自宅のロフトで行なうパーティに招いた。地方のユダヤ人少年は、詩人や写真家、映画監督、作家、作曲家たちといっしょに、ニューヨークの知的エリートたちの社交場のひとつに足を踏み入れた。招かれた客のなかには、ヴァージル・トムソンやポール・ボールズもいた。その夜、バーンスタインがその才能を認められるのに長くはかからなかった。コープランドに、あなたの大ファンで『ピアノ変奏曲』をマスターしていると告げると、彼は弾いてみてほしいといった。バーンスタインは「でも、あなたのパーティをめちゃめちゃにしてしまいます……」と答えた。

「『このパーティにかぎっては大丈夫』と彼はいいました。

それであの曲を弾きました。すると全員――とりわけコープランドは――仰天して口をあんぐり開けていました。そして、部屋は空っぽにはなりませんでした」それから彼は、ラヴェルの協奏曲の一部を弾いた。「はっきり憶えています。みんなが腰をおろしていたスタジオのベッドのようなものに大の字になっていたポール・ボールズが彼独特の鼻につく間延びしたフランス語で『ああ、レニー、もうラヴェルはやめにしよう！』といったんです。じつにウィットに富んだひとでした」

このパーティが十九歳のハーヴァード大生に与えたカルチャー・ショックは、筆舌に尽くしがたいものがあった。バーンスタインはアメリカ音楽界の巨人の何人かと知りあうことになったのだ。たとえば、作曲家のヴァージル・トムソンは長いあいだパリで暮らしていたが、かつてあの伝説的な音楽教師ナディア・ブーランジェに師事していただけでなく、彼女とは固い友情で結ばれていた。彼はオペラ『四人の聖者の三つの行為』をガートルード・スタインと共同製作している。パーティのとき、彼はシアター・ギルドのいくつかのプロジェクトで、ジョン・ハウスマン、オーソン・ウェルズと仕事をしてきたところだった。また最近では、バレエ用のスコアをひとつと、映画音楽をふたつ書いていた。

ポール・ボールズも、じつに興味深い人物だった。当時は作曲家としてしか名を知られていなかったが、彼はトムソン、コープランド両名に師事し、一九三〇年にコープランドについてベルリンに行ったときは、クリストファー・イシャーウッド、W・H・オーデン、スティーヴン・スペンダーとも顔を合わせている

（イシャーウッドの『キャバレー』のヒロイン、サリー・ボールズは彼から名前をとったもの）。作曲による収入は、主に劇場用の付随音楽を書くことで手にしていた——彼が依頼された仕事のなかには、リリアン・ヘルマンの『ラインの監視』や、テネシー・ウィリアムズの『ガラスの動物園』『青春の甘き小鳥』が含まれていた。

たちまちボールズはバーンスタインを気に入り、二、三日後、エリオット・ハウスに葉書をよこして、自分の歌を何曲か送ると約束してきた。バーンスタインはかねてからボールズのクールで控え目な音楽と、エキセントリックなところに感心していたが、彼以上に教師として、父親的存在として、友人としてバーンスタインの気持ちを強く惹きつけたのは、このパーティのホスト、コープランドだった。表面的には、コープランドはこの当時から派手だったバーンスタインとは対照的だった。淡々とした物腰、快活で、思いやりがあり、率直であると同時に如才のない人間だった。ヴァージル・トムソンによれば、コープランドの身体的特徴は一九二一年以降、大きく変わっておらず、だぼだぼのスーツとよれよれのネクタイも、禁欲的な習慣や上品なしぐさも、昔から同じだった——トムソンは、彼の「そういった全然自分を飾らないところが、王子のような優雅な雰囲気をかもしだしていたのだ」と、的確な表現で結んでいる。

コープランドは一九二一年から二四年にかけて、ナディア・ブーランジェに師事し、彼女を通じて二四年にセルゲイ・クーセヴィツキーと出会っている。このロシアの偉大な指揮者がボストン交響楽団の指揮者に就任したとき、みずからに課した使命は、アメリカ独自の音楽作りを発展させることだった。コープランドも一九二五年の『オルガン交響曲』をはじめとして、しじゅう激励を受けていた。一九三七年、彼はちょうど子ども向けのオペラ『セカンド・ハリケーン』を完成したところで、初めての本格バレエ作品『ビリー・ザ・キッド』にとりかかっていた。三十七歳のとき、コープランドはすでにアメリカ最高の作曲家という評判を得ていた。彼は作曲家連盟や当時の新しい音楽をとりあげたコンサートのオーガナイザーーとしても積極的に活動し、音楽の世界の人々に対する気前の良さと現実的支援は広く知られていた。

それでもアーロン・コープランドの人となりについては、現在にいたるまで一種、謎めいたところが残っている。彼の友人のなかには、自分はホモセクシュアルであると臆面もなく口にする者もいたが、彼がホモセクシュアルを自認したことはいちどもない（ニューヨーク在住の主要な音楽家で左寄りのインテリ層にはホモセクシュアルの人間が非常に多かったため、アメリカ作曲家連盟はコミンテルンをもじって、ホミンテルンと呼ばれていたことがある）。彼は自分の情緒にもとづく問題を慎重にコントロールしながら、生涯を通じて若い男性たちと、周囲のとまどいをさそう関係を楽しんでいた。いちばん長くつづいた相手は、彼が一九三二年に「弟子であり、仲間であり、秘書であり、友人である若いヴァイオリニスト」と述べたヴィクター・クラフトだった。

バーンスタインは一時的にクラフトのかわりとなってコープランドの寵愛を受けたのだろうか？　ふたりが恋人の関係にあったのかどうかを知る者はいないが、初めて出会ったときバーンスタインが『ピアノ変奏曲』を弾いたさいに見せたすさまじい説得力を見て、バーンスタインが魂の縁者であることをコープランドが察したのはまちがいない。ふたりはその後六年のあいだ、頻繁に顔を合わせ、手紙のやりとりをしている。バーンスタインはコープランドと結んだ友情によって、彼からの大きな支援を手にし、プロの音楽家の人生とはどういうものであるかについて多くのことを実地に学ぶことができた。コープランドは、バーンスタインの作曲のアドバイザーとなり、批評家となった。「たしか、あのハーヴァード時代に［正確には一九四〇年に］、わたしはヴァイオリン・ソナタと、二台のピアノのための作品、四手のための作品と弦楽四重奏曲を書いていました。三重奏曲もひとつ作っています。できたものをアーロンに見せると、『こいつはまずい……これではスクリャービンそのものではないか。頭を空っぽにして、最初からやりなおせ……この二小節はいい。この二小節をとりだして、そこからはじめるんだ……』といいます。わたしは彼から、音楽に対する審美眼、様式、一貫性といったものについて多くのことを教えられました」

コープランドに初めて出会った数週後、バーンスタインはもうひとり、注目すべきアメリカの作曲家に出会う。ウィリアム・シューマンである。コープランドの勧めでクーセヴィツキーがシューマンの交響曲第三番を指揮することになり、当時二十七歳の作曲家はリハーサルのあいだエリオット・ハウスの卒業生用スイートに滞在してほしいという連絡を受けた。I・B・コーエンとバーンスタインは、この作曲家を駅まで迎えにいき、宿泊中の世話をするよう命じられた。「エリオット・ハウスに行って、いっしょにビールを飲みました」シューマンは一九九二年に述懐している。「そして、音楽と聖書と野球の話など、思いつくあらゆることについて話をしました」バーンスタインは新しい交響曲のスコアが見たいから、ひと晩貸してもらえないかと頼みこんだ。シューマンは翌朝早い時間にめざめたが、スコアが見当たらない。リハーサルは十時からで、その時間が迫っていた。バーンスタインは自分の部屋でぐっすり眠っていた。シューマンがスコアをとりもどしに部屋に入っていくと、バーンスタインは目を開けて「シベリウスがお好きなんですね」といい、またすぐに寝入ってしまった。この交響曲はコンサートで多くの聴衆から容赦のないやじを浴びたが、バーンスタインとひと握りの友人たちは第二バルコニーからブラヴォーと叫んだ。シベリウス発言にもかかわらず、ふたりは固い友情で結ばれ、それは半世紀のあいだずっとつづいたのだった。

一九三八年、バーンスタインはハーヴァードの「アドヴォケイト」という学内誌で音楽欄の編集を担当し、ミンナ・レーダーマンの編集によるニューヨークの「モダン・ミュージック」という雑誌に非公式のボストン通信員として寄稿するようになった。彼の文体は、性格同様エネルギッシュで、その批評はおどろくほど率直だった。作曲者みずからが指揮者をつとめたプロコフィエフ作品のコンサートを聴いた彼は、

「演奏は彼のバレエ音楽『道化師』からの組曲で華々しくはじまった。まさしくこれは、〝如才なさ〟の極致といえよう……。最近のコンサートには、ホールを去るときに口笛を吹くことのできるフィナーレの曲があるのに感謝したい」プロコフィエフのピアノ協奏曲第一番にはきびしい批評をしている。「率直にいって、いい作品ではない……唯一の主題がめちゃめちゃにいじくられて終わる。……統一性に欠け、まるで学生の習作でも聴いているようだった」自作の協奏曲ひとつ完成させられずに引き出しのいちばん下に突っ込んでいたハーヴァード大生にしては生意気千万な論評である。だがバーンスタインの図太さはすでに広く知られていた。

しかし、彼がアーロン・コープランドに宛てて五月二十二日に烈火のごとき怒りをこめて一気に書き上げた手紙を見ると、バーンスタインの注意は音楽だけに向けられていたわけではなかったことがわかる。おりしも、ヒトラーがウィーンに乗りこんできて、オーストリア併合によりドイツの国土が拡大したことを祝福する群衆に迎えられたところだった。「アーロン、この一週間でぼくは気分が悪くなって、息もできないくらいです。こういうときには、芸術など不必要なものではないのか、芸術に時間を費やすというのは不毛な行為なのではないかという思いにさいなまれます。ぼくは芸術に真剣に取り組んでいます――自分が死ぬ日まで芸術とともにありたいと思っているほど。しかし、なぜ？　何百万という人々が狂気に走り――最大の狂人がゆうゆうと国境を超えようとしているために、狂気はますます高まり――人間の生命の営みを磨いてきたと思われるすべての要因、われわれが文明と呼んでいるものが積極的に忘れ去られる、じっと眼をこらして見ればまるで鉄道のレールさながらのこの状況で、いったいなにができるのでしょう？」

次のほとばしるような心の叫びは、カーラ・ヴァーソンというピアニストが、よりによってコープランドの変奏曲に挑んだボストンでのリサイタルを受けて発せられたものだ。「あそこであの曲が演奏されることをご存じだったかどうかは知りませんが、もしご存じだったとしたら、どうしてあんなものを許可なさったんです？　早い話、彼女はまったくなにも演奏していなかった。下手な演奏ならがまんできますが、演奏をしていないのは許せない。彼女は初めからなってなかった。二小節ほど弾いて、いくつか変奏をすっ飛ばし、またやりそこない、五ページほど飛ばし、二、三小節テンポを狂わせた——まったく認識というものがなく、リズムというものをひとつも考えてない——そして、コーダに達するまで（すばらしい変奏の入った小節を好き勝手に弾きながら）ずっとその調子でいったのです。そのあと彼女は半分ほどでおしまいにしてしまった。それで演奏会をしたつもりなのです。ぼくは激怒しました——どんなにひどい代物だったか、あなたに教えたいくらいです。愚か者の所業にほかなりません。ぼくはそこを立ち去ったあと、ジョージ王朝風のカフェテリアで皿を割ってしまいました……。こんなふうに怒りを爆発させて申し訳ないと思いますが、腐りはてた破壊的なことがつづいて、ぼくは怒りと失望に包まれています。ハーヴァードでは、こともあろうに悪質な音楽人形どもがはびこっていて、やりきれない気持ちにさせられます。もうがまんできないほどに。あなたの存在を神に感謝します。ぼくたちの最後の望みは、あなたのお仕事のなかにあるのです」

　コープランドはすぐに、エンパイア・ホテルの小さな寝室から同情と激励をこめた返事を書き送ってきた。

　　親愛なるレナード。

　　なんという手紙！　なんという〝怒りの爆発〟！　きみはなんという少年だ！……。当地で『変奏曲』を弾いた「カーラ・ヴァーソン」の話は聞いた。わたしはわざと聴きにいくのをやめたのだ。あれがひどい代物だったのはわかる、彼女はあれを〝遊び《プレイ》〟つづけているのだからね。しかし、哀れな一介の作曲家になにができよう？　いちど出版された曲を、演奏禁止にするわけにもいくまい？　人々が三大Bたちにしていることを考えてみたまえ。どうしようもないことなのだ。きみの芸術、人類、人生に対する総体的な〝失望〟について、わたしが忠告できるのは、見通し、見通し、さらに見通しでしかない。いまはまだ一九三八年だ。人類にはまだまだずっと先がある。芸術もまだまだ若い。人生には人生の論法がある。きみはいつだって、明日がなにを運んでくるか知りたくてたまらないのではなかったかな？

バーンスタインはディミトリ・ミトロプーロスに初めて出会ってから一年がたったころ、また彼に手紙を書いている。彼は『オカルト』のなかで、メロドラマ的な熱をこめて、その体験を記述している。

彼は、マヴロが手紙をくれると約束したこと、作った曲をいくつか送るとさえ約束したことを物悲しく思い出していた。だが彼からはなんの便りも届いていない。彼は自分でその理由をいろいろと考え出してみたが、もしかすると彼との関係は……偉大な人間にはあらゆる人間に愛を与える必要があり、自分もそのひとりとして恩恵をこうむったにすぎなかったのではないか、という思いを禁じえなかった……［だが］彼が手紙を書きはじめたとき、あの体験はすべて彼のなかで美しく再現され、彼の手紙は――四度目の下書きを終え――信頼の宣言を連綿とつづるものとなった。

事実は、バーンスタインが大学時代に書いた小説より奇なり、である。ディミトリ・ミトロプーロスがハーヴァードの若き信徒にミネアポリスから送った実際の返事は、真心のこもったものだったが、バーンスタインが小説で描写しているものにくらべれば、情熱に欠けるものであったし、あからさまにセクシュアルなものでもなかった。

親愛なる、親愛なる少年よ、きみの手紙にわたしの心は強く揺すぶられた。きみのことを忘れたことは片時もない。この一年間、あまりに忙しかっただけのことで、その状況はいまも変わらない。しかし、いまわたしはきみを以前より身近に感じ、それがきみに手紙を書く勇気を与えてくれた。

さて、親愛なる友よ、きみはほんとうに、わたしのことをそこまで信じていてくれるのか？ほんとうにそうなのか？本当は、最後に会ってから、わたしに失望したのでは？わたしに物足りなさを感じたのではないか？そう考えると、狂おしい気持ちになるが、そう考えずにすめば、こんなうれしいことはない。ほかのだれからも、こんな手紙はもらったことがなかった！

ミトロプーロスは危険な孤独にさいなまれていた。彼がバーンスタインに恋していたかどうかは、いまもってはっきりしない。六カ月後、彼はギリシャの友人カティ・カツォヤニスに手紙を書いている。「わたしはこの深い淵が全世界と自分を切り離しているのをずっと感じてきた。だからいつもいつもひとりぼっちで、これからもそうだろう。たとえ自分を愛してくれる人々がそばにいるときでも」バーンスタインに出した手紙のほとんどが主題にしているのは、彼の孤独とパートナーを切望する気持ちだった。「わたしは全人生を芸術にささげている。また、わたしは苦行僧のような暮らしをしている。わたしを愛してくれるひとはたくさんいるし、友人もたくさんいるが、それだけに失望させられるのだ――自分がどうしても自分の愛を与える必要があると信じることのできる、かけがえのないひとを見つけられないということに。わたしのなかには愛が満ちみちているため、それをずっとあらゆる人間に向けて発している。きみの手紙はわたしにとってほんとうに大事な贈り物だった……」アーロン・コープランドと友人たちを心酔させたわずか数週後に、世界でもっとも偉大な指揮者のひとりからこういった反応を受けたとすれば、バーンスタインはさぞかし自分に大きな力がそなわったような気分になったことだろう。

ミトロプーロスは、メトロポリタン歌劇場の独唱者たちといっしょに全ワーグナー・プログラムの指揮をつとめることになる四月末にまた会おう、とバーンスタインを誘った。ミトロプーロスは十日後に電報で、ボストン駅で受け取れるよう、チケットを送っておくと知らせてきた。バーンスタインはまもなくミネアポリスを目指して一路西へ向かった。地理的な意味だけではなく地元をはなれてこんなに遠くまで来たのは初めてのことだった――。

ふたりがいっしょにすごした一週間で、指揮者の控え室《グリーン・ルーム》で行なわれた長いセッションのあいだに、ミトロプーロスは愛弟子の音楽の才能を確認することができた。グリーン・ルームでバーンスタインは、オーケストラのスコア、なかでも『春の祭典』を初見でやってみせ、ラヴェルのピアノ協奏曲を演奏してみせた。ふたりの友情の性質がどのようなものであったかについては、バーンスタインがハーヴァードにもどったときに受け取った手紙以外にカギとなるものはない。「そう、きみがわたしのことを心配するのはもっともだ。きみの最初の手紙には答えることができなかった。きみはわたしに、あまりに多くを求めすぎている。憶えていると思うが、きみはわたしについてもっと多くを知りたがった。しかし、思うに、わたしのことはきみが思いたいように思えばいいのではないか……。ひょっとしたら――もしかしたら、きみはがっかりすることになるかもしれない。親愛なる少年よ、わたしにはきみの賞賛が、きみの尊敬が、きみの愛が必要なのだ！」

この発展途上の関係は、親愛の情にもとづくものだった。ミトロプーロスはホモセクシュアルだったが、バーンスタインは彼のタイプではなかった。ふたりの友愛は、本質的に精神的な友愛だった。

ミトロプーロスはバーンスタインに、来るヨーロッパ旅行に持っていけるような小さな写真が欲しいといった。「きみの写真はじつにすばらしい」ポートレートを受け取ったとき、彼は手紙を送ってきた。「想像できるとは思うが、しばらくわたしは、きみの愛を失ったと思い、それから胸のなかで、自分はだれかになにかを期待できる人間ではないのだ、わたしは自分自身と芸術だけに生きる孤独な運命を背負っているのだ、と自問自答していた。だけどわが親愛なる友人よ、きみはそうじゃないといってくれた、わたしはきみにとってかけがえのない存在なのだと。そう……わたしを忘れないでいてほしい」

ミトロプーロスの手紙は、演奏芸術家の精神的使命がいかなるものかを、徐々にバーンスタインに教えこんでいった。芸術家の気質という主題について、彼は書いている。「芸術家の精神と生活全体の背後には、受難の魂が存在しているのかもしれない……。もしかしたら、きみ自身――きみが、わたしが信じたいと思っているような魂の持ち主だとしたら――なんの説明もなしに、ただ感じるだけで物事の本質を見通せるようになる瞬間が、いつの日かやってくることだろう」指揮者としての黎明の時代から、バーンスタインの解釈は専門的な技量と同様、読みこみの深さにおいても傑出していた。

しかし、次の年までにミトロプーロスの〝天才少年〟に対する思いには、ある種の冷却があったようだ。「きみが懸命に励んでいると聞いて、うれしいことこの上ない」一九三九年の二月にミトロプーロスは手紙を書いている。「しかし、きみがピアノをおろそかにしているというのは残念なことだ。あれは音楽家としてのきみにとって大きな助けになると思うのだが。どうやらきみもいろいろと、つまり音楽に、芸術に、社会的に、精神的に――そしていちばん厄介なものだが、性的に――問題を抱えることになったようだ。残念だが、わたしは遠く離れていて、手を貸してあげることが、忠告をしてあげることができない。だが、きみは聡明な青年で、自分自身に対する大きな責任を、その重要さを理解できると思う……。またきみと、霊感にみちた交友のときをもちたいと願っている」

性的な問題に対するミトロプーロスの言及は、バーンスタインが自分の性衝動について感じていた困惑を裏書きしている。ハーヴァードの最終学年、彼はこの困惑にずっとつきまとわれることになる。

バーンスタインのミトロプーロスやコープランドとの交友、そして作曲や演奏に対する最新の考え方を実地で学んだことは、大学の講義室や個別指導で学んだどんなものより彼に甚大な影響をもたらした。後年、彼はハーヴァードで身につけた学際的精神を称えている。だが、乱暴になぐり書きされた彼の大学ノートを調べていくと、バーンスタインの書いた文章の平凡さに驚かされる。彼を受け持った個別指導者たちも、とりたてて強い印象はいだいていなかった。「きみは人称代名詞を頻繁に使いすぎる……くどくどしく、冗長で……文才があるのに、こういった点で損をしている」バーンスタインの生まれもった知的才能は、音楽に振り向けられるまでは規律に欠けていた。「アドヴォケイト」でやっていた音楽評論は、美学やシェイクスピアについて書かれた苦心のエッセイにくらべると、明らかに生き生きとしている。前者を見たある試験官は、バーンスタインの力強い文章は高く評価できるが、彼がなにをいわんとしているのか、自分には理解できないとコメントしている。

全体的に見て、彼の三年生の学業記録は印象に残るものではなかった。成績表を見ると、Aは英語だけ、Bも比較文学だけとなっている。音楽科目はひとつBをもらっているが、アーサー・ティルマン・メリットからは残念ながらCをつけられている。「才能のあるなしで成績をつけていたわけじゃありませんから」ずっとのちに、メリット教授は述懐している。「きちんと課題をやってこないのに、どうしてAをつけられるでしょう? わたしはそういう方針でやっていましたし、どんな学生にもその方針にもとづいて成績をつけていました。だから彼にはCをつけました。彼が有名になったせいで、その話はタイム誌にまで載りました」

ニュートンでバーンスタインの目と鼻の先に住んでいて、ハーヴァードで彼より一年後輩だった作曲家のハロルド・シャピロも、バーンスタインの対位法の授業に対する傲慢な接しかたについて語っている。「レニーは全然、授業に出てきませんでした。わたしは従順でまじめな学生でした。パレストリーナの課題をきちんとやって、Aをもらっています……。レニーは一学期の終わりに姿を見せると、ピアノの上に作った曲を提出していきました。乱暴に書きなぐった合唱曲といった感じのもので、美しくもないし、耳障りなものでした……。十六世紀の対位法とはまったく関係のない代物だったのです。大声を発する典型的なハーヴァード・スタイルで、メリットは『レナード、これはこのクラスでやっていることとはちがう』といいました。するとレニーは、拳をたたきつけて、『でもぼくはこれが好きなんだ!』といったのです。びっくりしました……。彼の自分の音楽に対する自信のほどがうかがえる事件でした」

バーンスタインの体内時計はすでに夜の時刻に合わされつつあった。午前九時に講義に出席するのはしだいに面倒になってきた。深夜すぎまで話しこむのが、ふつうの生活になってきた。新しい交友関係も、バーンスタインの夜型の傾向を助長した。一九三八年の初め、レナードとルームメイトのノーマン・ブリッソンは、エリオット・ハウスのべつの続き部屋に移った。ここは三人部屋で、ひとりあたりのコストを抑えることができた。バーンスタインは父親が財政難に見舞われたために生活費を切りつめなくてはならなくなったのだと話してはいたが、おそらくもっと気の合う仲間を引き入れる必要を感じて気転をきかせたのだろう。新しくルームメイトに加わったのは、ハーヴァードで「アドヴォケイト」の編集にあたっていたアルフレッド・アイスナーだった。ニューヨーク生まれで頭が切れ、ハーヴァード大学の共産党支部で活躍していたアイスナーは、バーンスタインと夜遅い時間まで、T・S・エリオットやプロレタリア文学や表現の道具としての音楽と言語の相対的なメリットについて果てしなく議論をたたかわせた。いっぽうブリッソンは、「ハーヴァード・スクエアに近いある通りに、気むずかしいが自分から進んで男になびいてくるような未亡人」を見つけた。

一九三八年の夏、バーンスタインはピアノを弾くことに集中した。彼の弟はまだ六歳だったが、八月一日に初めてレナードが催した標準的な長さのリサイタルのために、ボストンとプリマスのあいだにある豪奢なシチュエイト・ヨットクラブに行かなくてはならなくなった。プログラムには、ヒンデミットのピアノ・ソナタ第二番（二度弾いた）や、バーンスタインがアンナ・ソコロワに着想を得て作曲した『舞踊のための音楽』第一番、そしておなじみの十九世紀の作品――シューマンのノヴェレット、リストの『ハンガリー狂詩曲』二曲、ショパンのマズルカがひと握り――が盛りこまれていた。

またバーンスタインは、ニューイングランド弦楽四重奏団との共演で、シチュエイト・ヨットクラブで三つのコンサートを開き、リンとブルックラインでステート・シンフォニーといっしょにガーシュウィンの『ラプソディ・イン・ブルー』を演奏した。百五十ドルの収入を手にしたが、その大半は、一九三八年に卒業したエリオット・ハウスの友人、ケン・エルマンを訪ねるカリフォルニア旅行に費やされた。エルマンはサンフランシスコに近いアサートンに暮らしていたが、バーンスタインはこの地域とそこの食べ物にすっかり魅了された。エルマンはこのあと何年ものあいだ、クリスマスになるとアーティチョークという野菜を送ってくれた。「カリフォルニアは、西海岸を熱烈に愛しているひとが自慢できるすべてであり、いくら自慢しても自慢しきれるものではありません」バーンスタインはヘレン・コーツに書き送っている。「ぼくはすっかりこの土地に魅了されてしまいました――壮麗な褐色の丘陵――霧が多く――とびぬけて青い空――印象的な樹皮をもつユーカリの樹が立ち並び、親切な人々――熱っぽい空気。ベイブリッジをわたるたびに生まれ変わったような気分になります」

オークランドのミルズ大学で音楽の教授をつとめており、姉といっしょにバークレーに滞在しているデイヴィッド・プロールを訪ねたのを含め、エルマンとバーンスタインは何週間かかけてカリフォルニアを旅行している。ある友人の家に行くと、そこの弟が音楽のレッスンが近づいてきたのがいやで泣いていた。

「レニーはその子をピアノ用の長椅子に腰掛けさせると、五分もたたないうちにピアノは野球のリトル・リーグより面白いものだとその子に確信させていました」と、エルマンは回想している。その夏、バーンスタインが手をつけなかったことに作曲があった。何週間か作曲に専心することのできるマクダウエル・コロニーの創作用コテージに来ないかというアーロン・コープランドの熱心な誘いを、彼は断わっている（マクダウエル夫人は十代の作曲家たちを警戒して気を許さなかった）。

東部にもどってハーヴァードの最終学年がはじまると、バーンスタインは彼の将来に結びつく多くの難題に直面した。性の問題も小さくはなかった。ホモセクシュアルの多いニューヨークでの一年間で、外から束縛を受けない自由な精神の持ち主なら、たえず罪の意識をおぼえることなく同性愛者として生きていけることはわかったものの、彼はなにものにも縛られない自由な精神の持ち主ではなかった。また彼は、ゲイの生きかたに――少なくとも、それだけに――身をまかせようとしたわけでもない。一九三九年四月、彼はケネス・エルマンに、「すばらしい女の子にめぐりあった。ぼくはふたたび性生活を送ろうとしている。また勇気が湧いてきたよ」と語っている。ミルドレッド・スピーゲルには、自分はどちらの性を選ぶことになるかわからないと告白している――「振り子はあっちへ振れたりこっちへ振れたりしていました」

バーンスタインは心の底ではまだ善良なユダヤ人の少年で、家族と、ピアノ教師と、心酔していた――ケネス・エルマンによれば――デイヴィッド・プロールと、音楽の教授たちと気持ちよく接していきたいと強く願っていた。きっと、ゲイであると宣言するのが恐ろしかったのだろう。彼は自分の性癖と正面から向かいあうのに尻込みしていた。また、自分のなかの関心事はいくつもに分かれていたが、学校に見切りをつけてやめようという気にもなれなかった。彼はハーヴァードについてコープランドに「大いなる浪費」だと説明しているが、彼にとって大学がどれほど〝しかつめらしい〟〝ハイスクール並みの〟場所だったとしても、世間体をかなぐり捨ててドロップアウトするだけの覚悟はできていなかった。まだ必要な技量もなく、コンサート・ピアニストになりたいという気持ちも固まっていなかったし、家にこもって、コンサートで使えるような充実した作品を作曲しようという気概も意気込みもなかった。少なくともハーヴァードは、なにかを作曲するための刺激だけはもたらしてくれた。彼はハーヴァードのグリーク・ソサエティからアリストファネスの『鳥』を上演するために付随音楽を書いてほしいと依頼を受け、その指揮も依頼された。

一九三八年十月、アーロン・コープランドは、『エル・サロン・メヒコ』のアメリカ初演を監督するためにボストンを訪れた。この曲はクーセヴィツキーとボストン交響楽団によって演奏される予定だった。コープランドとバーンスタインはハーヴァードで楽しい夜をすごし、バーンスタインは、コープランドの出版社が〝アメリカの『ボレロ』〟と呼んだ彼の新曲にすっかり魅了された。「だんだん、この手紙をファン・レターにせずにいられない気分になってきました」彼は演奏を聴いたあと、手紙を書いた。「頭のなかに［冒頭のテーマの］音が鳴り響いて、いまだによく眠ることができません。とにかく、アメリカにはひとりの巨匠《マエストロ》が存在することがわかって、ほっとした気持ちです。心の底からそう思っているのです（ふきださないでください）。あのしっかりした構成力には仰天しました。拍子の扱いも完璧です。余分な拍はただのひとつもありません。内容に最適の長さ。そのうえ、オーケストラの扱いもみごとです。新しい工夫にも目をみはる思いです。にもかかわらず、あれだけの技巧を重ねながら、ジェットコースターのごとくスリル満点でした。それは、（［ジャン・］フランセなどとはちがい）人を疲れさせるたぐいの巧みさでもありません。

すぐにもあなたのもとで勉強する機会を手にしたいと、真剣に考えています。もうそのことばかり考えています。これほど音楽の素材をすぐさま吸収することができ、同時に、批評を――うまく――言葉にする能力をそなえた、すばらしい批評センスをもつ人物には、いまだにめぐりあったことがありません。本気でそう思っています。あの、ぼくの初期の作品にちょっとした実演を示していただいたとき、ぼくは確信したのです……。『エル・サロン・メヒコ』みたいな作品を作ることを考えると、身ぶるいがします」

バーンスタインの熱烈な賞賛は、べつの角度からも見ておく必要があろう。『エル・サロン・メヒコ』はわずか十二分間の作品なのだ。コープランドはすばらしい批評眼をそなえた友人の熱情に感激した。「もちろん、ニューヨークに来てくれれば、喜んでわたしの知っているすべてを伝授しよう。だが、その前に対位法をみっちり学ぶことだね。この方面でピストンをしのぐ者はいない……。ボストンではほんとうに楽しかった。それは、きみのおかげでもあるよ」バーンスタインはもうピストンのもとで勉強してはいなかったが、四年生のときに、これもナディア・ブーランジェの弟子だった「最上の天才ではないが、オーケストレーションの名手で、ドビュッシーを愛した老練のニューイングランド人」エドワード・バーリンゲイム・ヒルのオーケストレーションの授業もとっていた。

課外活動には熱心なバーンスタインだったが、ほかの勉強ではおそろかにしていたものもいくつかあった。妹のシャーリーによると、政治科学の期末試験は、ほとんど授業に出ていなかったため、一夜漬けで猛勉強しなければならなかった。四年生の最終試験で、ある科目を落とすと卒業が危ないという事態になった。その科目の二時間にわたる試験の主要な問題は、「一八四八年以前と以降のヨーロッパを比較して論ぜよ」というものだった。「まったく解答が思いつかなかった彼は、詩の引用、イラスト、音楽の断片などなど、およそ非伝統的な材料の数々で答案用紙を埋めました。なんとか答案らしいかたちができあがりました。その結果、試験の成績はAプラス。教授からのコメントには、レニーが提出したようなきわだってすばらしい答案にはいまだかつてお目にかかったことがないと書かれていました」妹として誇らしそうにシャーリーは書いている。

しかし、それ以上に意味深いのは、四年生のときに書いた卒業論文である。『アメリカ音楽がとりこんだ民族的要素』と題し、アメリカの作曲家たち、なかでも彼のお気に入りだったふたりの作曲家、ガーシュウィンとコープランドがアメリカ独自の音楽形式を創り出すためにジャズやラテンアメリカの影響にどう対応したかを鮮やかに論じている。この卒論には一九三八年十二月から三九年の三月まで、かかりっきりになった。作業の初期に、彼はアーロン・コープランドにアドバイスを求める手紙を書いている。

卒論では、昔のひとたちが作り出したもの（チャドウィック――コンヴァース――シェパード――ギルバート――マクダウエル――キャドマン（！）などなど）が、なぜアメリカ独自のスタイルも楽派も音楽も発展させることができなかったかを説明しようと思っています。それは彼らがとりあげた素材（黒人、アメリカ・インディアンなどなど）が一般に共通したものではなかったからです――アメリカは人種のるつぼだという、昔ながらの問題です。ゲルマン的発展による環境に取り囲まれたインディアン音楽のもろさを容赦なく暴いたあと、ぼくは民族的な素材ではなく、同じ国土に培われた精神（あなたの音楽のように、そしてたぶん――確信はないけれど――ハリスやセッションズの音楽のように）、あるいはブリッツスタインのような、新しいアメリカの様式をよりどころにする新しい音楽には、アメリカならではの独自のものが存在することを示そうと思います。筋道を立ててこの主張を通すことができるかどうかはともかくとして――それがぼくの書こうとしている卒論であり、石にかじりついてもやってのけるつもりです。

では、そのためにはどうしたらいいか？　近年のアメリカ的なものを調べ上げ、きちんとした根拠があってアメリカ的に思えるもの、そのアメリカ的な音を音楽言語に訳してくれるものを見つけだすことです。そういったものが存在することをぼくは確信していますし、そうでなくては、なぜ『変奏曲』［コープランドの『ピアノ変奏曲』］が古臭いヨーロッパ的な乾いたものでなく、新鮮で生き生きとしたものに聞こえましょう？

できるものなら力をお貸しいただきたいのは、そこなのです。あなた以外にアメリカのどんな作曲家のどんな音楽が、ぼくの論点を支持してくれるでしょう？　どこでぼくを支持してくれる音楽を手にすることができるでしょう？　ハリスの音楽がそうしてくれるでしょうか？　あるいはアイヴズの音楽が？　あるいはシューマンが？　ピストンが？　ベレゾフスキーが？　なにしろぼくは、アメリカ的な音楽というものをほとんど知らないし、ほとんど聴いたことがありません。今回は、それがわかるようになり、そこになにかを発見する絶好の機会です。そこにはきっとなにかがある、そしてそれは、はっきりと言葉で教えてもらうことができるものだという思いが、ぼくのなかでどんどん強くなってきています。どんなことでも教えていただければ、無上の幸せに存じます」

コープランドは例によって、分別にみちた答えを書き送ってきた。

きみの手紙を見ていると、自分は絶対に正しいといっているみたいに思える……自分の考えについても、作曲家の名前についても。ギルバートのような人物が黒人を素材に使ったという、ただそれだけで、そこにはアメリカらしいものはなにひとつなかったと考えるような誤りをおかしてはいけない。素材のいかんにかかわらず、〝アメリカらしい〟特質が見られる可能性はつねに存在する。それと、証明することにこだわりすぎるのはやめたほうがいい。きみの考えはどうあれ、この国における作曲の歴史はまだまだ浅いのだ。

書きおえた卒業論文の序文のなかで、バーンスタインはプロール教授とメリット教授の「測り知れないほど貴重な援助」に感謝の言葉を述べ、友人のI・B・コーエンの文体に関する提言に謝意を表わしている。アーロン・コープランドにはふれていないが、それは論文に引用した実例のなかで、コープランドの音楽が広範囲にわたって重要な役割を演じていたからかもしれない。バーンスタインは力強い筆致で、本質的に、そして純粋にアメリカ的な音楽様式は、一九二〇年代と三〇年代に出現したものであるという命題を証明するために、おびただしい数の楽譜を手書きで添付している。論文はあざやかなくらい洞察にみちていた（コープランド以前の世代の作曲家たちを軽んじる傾向が見られるが）。一九七三年のノートン講演をべつにすれば、これは彼が書いたなかでもっとも中身の濃い論文である。

おどろいたことに、バーンスタインは優等――第三優等――の成績で卒業している。恥ずかしくない平均以上の成績であり、ハーヴァード時代に行なってきた数々の課外活動を考えれば、彼にとっても家族にとっても、よくぞという感じだったにちがいない。彼の成績がそこ止まりだったのは、ハーヴァードのドイツから亡命してきた音楽学者のひとり、フーゴー・ライヒテントリット博士があの卒論に異議を表明したためでもあった。「わたしはミスター・バーンスタインの傲慢な意見と、尊大ぶった姿勢をどうしても認めるわけにはいかない。あれさえなければ、あの現代風表現形式の分析は、あんなに未熟で子どもっぽく不当な評論とならずに、すばらしいものとなっただろうに。信用上、わたしはこの但し書きつきでこの論文を受け入れるが、わたしの異議があったことは、まちがいなく彼に伝えてもらいたい」

ハーヴァードで上々の成績をおさめたものの、卒業の数週間前に自分の将来の展望を頭にめぐらせたとき、バーンスタインは暗澹たる気持ちだった。特別研究員として研究奨励金をもらえる可能性はない――彼はケン・エルマンに報告している。ミルズ・カレッジに夏の勤め口の話があったが、だめになった。「来年になれば、あるダンサーのところで仕事がもらえるかもしれない。『モダン・ミュージック』で［ライターとして」仕事をするという道もある。シャロンで、ということも（それだけはごめんだ！）……。いまのぼくは気力もわかず、情けない状態なんだ。お金もなければ職もなく、どうすればいいのかという考えも浮かばない」

グリーク・ソサエティが『鳥』を上演することになって、彼の気分は高揚した。四月二十一日と二十二日にサンダーズ・シアターで上演され、チケットにはプレミアがついた。バーンスタインはヘレン・コーツに、もうこれ以上は手に入れることができなかったのでハインリヒ・ゲプハルトとごいっしょにどうぞという謝罪文を添えて、チケットを二枚送っている。後援者のリストにはハーヴァード大学の学長が真っ先に名を連ね、チェイス学生部長と十三名の教授も後援者になっていた。

アリストファネスの風刺劇のなかで、鳥たちは神に姿を変え、本当の神たちを降伏に追いこむ。彼らは天国と地上のあいだにネフェロコッキギア（雲時鳥国《クラウド・クックー・タウン》）という名の町を作った。台詞の部分が二十（ギリシャ語で演じられた）と、コーラスの部分が十三。バーンスタインが、弦楽四重奏団（二つのヴァイオリンとヴィオラとチェロ）と、管楽四重奏団（フルート、オーボエ、クラリネット、バスーン）、ハープと打楽器（三名）で構成される小オーケストラのために作った音楽――全部で約四十分――は、管の短いフラリッシュとファンファーレから、「前奏曲」や「フープー・セレナード」など〝ロマンティシッシメンテ〟と指示された主要楽曲まで、全十八曲で構成され、「ミー・アンド・マイ・シャドウ」という、あとで出演者全員が口笛を吹く歌が主要部分に組みこまれていた。

バーンスタインの指揮者としての堂々たるデビューを見届けた人々のなかには、ヘレン・コーツとアーロン・コープランドの姿があった。だが『鳥』の成功も、ハーヴァード時代最後の冒険の前には影が薄くなった――少なくとも、公けの注目度という点においては。一カ月後、彼はマーク・ブリッツスタインの『ゆりかごは揺れる』を上演した。バーンスタインはのちに、初めて出会ったときに三十四歳だったブリッツスタインを「魂を魅了する」男だったと語っている。

アーロン・コープランドにつづいて、ブリッツスタインは作曲家として、またひとりの人間としてバーンスタインの成長に最大の影響を与えたアメリカの作曲家である。『ゆりかごは揺れる』は、合衆国のスティールタウンという架空の町を舞台に、労働組合を作ろうとする労働者たちとそのボスたちとの熾烈な戦いを描く物語。ジョン・ハウスマンが製作し、オーソン・ウェルズが演出したこの作品は、ニューヨークで百八回のロングランとなり、ブリッツスタインみずからピアノを弾いている。一九三七年六月に初演されたときには政府からの圧力でストップがかかり、オープニング予定の夜、ハウスマン、ウェルズ、ブリッツスタインに率いられた一団が上演予定だった劇場からべつの劇場までの二十ブロックを行進するという合衆国政府の意表をつく行動に出て、劇場史にのこる事件となった。圧力に屈するどころか、『ゆりかご』は新聞・雑誌の一面を飾り、ブリッツスタインはアメリカじゅうにその名をとどろかせ、この国における音楽劇場の指導的存在となった。

バーンスタインは一九三八年にブロードウェイでこのショーの公演を見て、ブリッツスタインがアメリカの言語に曲をつけた、ときには簡潔で直接的な歌、ときには韻律的な台詞を駆使する機敏な手法に魅了された。バーンスタインは『ゆりかご』が、ムソルグスキーやオッフェンバック、モーツァルトをパロディ化し、ベートーヴェンの『エグモント序曲』をほのめかす――ベートーヴェンのテーマは『巴里のアメリカ人』風に車の警笛で演奏されている――大胆不敵さ、エネルギー、ウィットも気に入った。オーソン・ウェルズの演出も魅力のひとつだった。舞台中央と後方に何列かに並べられた椅子に腰掛けた出演者たちは、自分のパートが回ってくると正面に出てきた。ブリッツスタインは毎夜、観客に背を向けてピアノを弾き、ショーの場面が変わるときには振り向いて場面の題名を高らかに告げた。ＮＢＣのレッド・ネットワークでこの劇を論じたアリステア・クックは、ブリッツスタインを激賞した。「彼は、インテリぶった建前もアカデミックな愚劣さもいっさいなしに、ギリシャ悲劇の形式にもっとも近く、効果の上でもギリシャ悲劇に勝るとも劣らない劇を上演する方法を見つけだしたのである」ヴァージル・トムソンは『ルイーズ』以来、オペラの形を借りてこれほどひとの心に訴えることに成功した社会主義活動はない」と語っている。

レナード・バーンスタインがハーヴァードで『ゆりかご』を上演しようと決意したさい、後援者探しには苦労せずにすんだ。スポンサーのなかには、詩人であり劇作家でもあるアメリカ国会図書館員、一九三九年にはハーヴァードのナイマン・コレクション・オヴ・ジャーナリズムの館長をつとめていたアーチボルド・マクリーシュがいた。マクリーシュは『ゆりかご』初公演の初日の夜にヴェニス・シアターで、第二幕の初めに観客と一般大衆とのあいだの垣根を壊すことを宣言する感動的なスピーチを行なっている。大学職員ではほかにも、アーサー・シュレジンガー・シニアとデイヴィッド・プロールが後援者になっている。

バーンスタインとハーヴァード・ドラマティック・クラブの仲間たちは、バーンスタインがニューヨークで見たのと同じ演出スタイルを選んだ。演出はバーンスタインと、一九三九年にハーヴァードのクラスメイトだったアーサー・ザスメリーが担当した。リハーサルには十日しか使えなかった——オリジナルの初演のときにはプロが二カ月もの時間をかけていたというのに。それでも彼らは自信たっぷりで、ブリッツスタインに初日の招待状を送っている。「東ボストンに彼の飛行機を出迎えにいきました」バーンスタインは回想している。「あの当時はまだまだ飛行機に乗るにはかなりの勇気が必要でした！……あの日の朝、彼はわれわれの衣裳合わせにやってきて、そのあとわたしといっしょに夕方までチャールズ川のほとりを散歩しました……。あのときのことを思い出すと、胸がおどります。チャールズ川の土手に寝ころんで話をするマークから、わたしは彼の知識と洞察力と温かな人柄を感じていました」

ボストンのポスト紙で劇評を担当していたエリオット・ノートンは、五月二十六日の公演を「小紙の演劇担当部がこれまでに見たなかで、もっとも才能ある学生キャスト」と賞賛している。バーンスタインは、ブリッツスタインがニューヨークで上演したときのやりかたそっくりに、最初から最後までステージに上がりっぱなしで、暗譜でピアノを弾き、場面の変わるところではシーンのタイトルを大声で告げた。さらに、端役ではあったが事務員と記者の二役までこなしている。十五歳になっていた妹のシャーリーは、売春婦役に雇われたプロの女優が適役でないことが判明したとき、この役を引き継ぐことになった。学校が終わると毎晩、母親の車を運転してハーヴァードまで出かけ、リハーサルに参加した（彼女が出かける前の夕食の席で、父親は憂鬱そうに、警察が娘を未成年の無免許運転で捕まえてくれないものかとこぼしていた）。彼女はみごとな演技を披露した。マーク・ブリッツスタインは、ニューヨークにもどってから書き送った手紙のなかで、とりわけ彼女を褒め称えている。彼は、シャーリーはオーソン・ウェルズが発掘してきて一九三七年に同じ役をつとめたオリーヴ・スタントンに匹敵すると語った。この劇のベスト・ナンバーのひとつ「ニッケル・アンダー・ザ・フット」を自分のためにレコーディングしてほしいとまでいっている。シャーリーが十五歳だなどと考える人間はどこにもいなかったし、彼女の舞台名、シャーリー・マンに秘められた意味も気づかれることもなかった。〝マン〟は、十八歳未満の女性がいかがわしい目的でひとつの州からべつの州へ移動することを禁じた〝マン法〟を意図的にあてこすったネーミングだった。

ブリッツスタインは、若いレナード・バーンスタインに、彼と同年齢のとき〝生意気で自信たっぷり〟だった自分の姿を重ねている。彼はあるジャーナリストに、バーンスタインのピアノは自分より上だと話し、ボストンの評論を受け取ったお礼の手紙には、ブリッツスタインの賛辞がちりばめられていた。「わたしは断言できる。あそこにはわたしの心をわくわくさせるものがいっぱいに詰まっていた――ニューヨークで初演したときのオープニングをべつにすれば、あれ以上のステージはなかったと思う。ああいうステージを自分でそっくり再現してみたい。そしてあれだけのものを作り上げたあなたのスピードと能力と才能に驚嘆しつつ大きな拍手を送りたい（オヴィディウスのどこで使っていた表現か、忘れてしまった）。また、あなたという人物を知ったのは大きな喜びだった。あのときまで、あなたの音楽をまったく聴いたことがなかったとは、なんと情けないことだろうと自分を責めています。ですから、また近々お会いしなければ」

ボストン・ラテン時代にバーンスタインが傾倒していた詩人オヴィディウスの名前を挙げていることから、ふたりの音楽家がそれぞれの受けてきた教育や身につけてきた教養について話しあっていたこと、ふたりのあいだにどれだけ多くの類似点があるかを理解しあっていたことがわかる。ふたりには、裕福な家庭に生まれ育ったという共通点があった。ブリッツスタインの父親――こちらもサムという名前で、ロシア出身のユダヤ人――は、二九年に大恐慌が起こるまではフィラデルフィアの銀行家だった。バーンスタイン同様、ブリッツスタインも一流のピアニストだった。彼はハイスクール時代に、フィラデルフィア管弦楽団とリストの変ホ長調のピアノ協奏曲を演奏している。その後、短期間ヨーロッパにわたり、ナディア・ブーランジェ、アーノルド・シェーンベルクの両師から作曲法を学んだ。

ブリッツスタインの訪問に、バーンスタインはびっくり仰天した。ブリッツスタインは、ショーが終わると、ハーヴァード・スクエアにあるレストランで開かれた出演者たちによるパーティでピアノを弾き、とりかかっている最中の『ノー・フォー・アン・アンサー』という新しいミュージカルのなかから何曲かを歌った。彼はウィットに富んだ皮肉屋で、ひとを虜にしかねない魅力の持ち主で、バーンスタインは彼のようにひとつの歌を人々の心にしみとおらせることのできる人物は初めてだった。彼のひたむきな生きかたは、バーンスタインにとっては生きたお手本だった。この人物は、数かぎりない職業の選択肢を前にして、きっぱりと自分の信じる作曲家の道を選んだ男だった。対照的に、多芸多彩なバーンスタインは、作曲に専念していてもおかしくなかったはずの昨年の夏を、無為にすごしてしまっていた。『鳥』のために書いた音楽はかなりの力作となったが、あれはほとんどが付随音楽であり、短い曲の寄せ集めであって、じっくりと腰をすえた観賞に耐えうる、長い作品ではなかった。バーンスタインはブリッツスタインと出会ったあと、夏の一部を作曲に費やし、十五分ぶんの声楽とオーケストラのためのエレミアの「哀歌」を作ったのが偶然の出来事であるはずはないが、永遠の信仰を表わす主題を選択したのは、やはり彼が本質的に保守的な人間であったことの証明である。ブリッツスタインの最新のプロフェッショナリズムの洗礼を受けたことが、音楽劇場で上演するたぐいの作品ではなく、霊的なものに向かわせる引き金となったのだ。

このころになると、バーンスタインは自分の天与の才をますます意識するようになっていた。『ゆりかご』のようなブロードウェイ・ミュージカルに挑戦することができたし、二週間を切る時間で舞台をまとめ、三十人もの人間をひとつにまとめあげることができた。劇場用に四十分にもわたる音楽を書くこともできたし、ピットのオーケストラを指揮することもできた。協奏曲を演奏することができたし、才気にみちた評論を書くことができ、哲学を論ずることができた。しかし彼には、選択を迫られたとき、どれが最高の天職であるかを判断し、作曲家になるだけの勇気があっただろうか？　彼は天賦の才能の持ち主だったのだろうか？

マーク・ブリッツスタインによってバーンスタインのなかに頭をもたげたホモセクシュアリティは、さらに深度を増していたにちがいない。ブリッツスタインはたしかにハーヴァードでは行儀よくふるまい、この自由の学府のゆりかごにいる信徒たちを飛行機で訪ねてきた一流の作曲家らしくしていた。だが、高感度の感情のアンテナをそなえていたバーンスタインが、年上の男がかくそうとしてもかくしきれない真の姿を見過ごすはずはなかった。はたして彼は、同様の自己認識にめざめ、自分のなかに安らぎを見いだすことができただろうか？

6　ニューヨーク、ニューヨーク！

「大都会に飲みこまれた田舎の少年です」
――バーンスタインからヘレン・コーツへの手紙、一九三九年七月八日

六月十七日、ハーヴァード大学を卒業したバーンスタインの未来は、白紙のままだった。デイヴィッド・プロールから、ハウス・ゲストとしてカリフォルニアにあるプロールの姉の家に招かれた。「でも、ぼくは愛玩犬なんかになりたくない、仕事につきたいんです」バーンスタインはアーロン・コープランドに宛てた手紙に書いている。プロールはかねてからバーンスタインに強い関心を示しており、大学二年生のときには、彼にピアノを買い与えたほどだった。バーンスタインは、コープランドがグリーン・マンションズというもうひとつの創作用別荘に仕事を見つけてくれるのではないかと、なかば期待していたのだが、それは期待外れに終わった。彼には仕事が、あるいは作曲のできる仕事小屋《キャビン》が、そして六月の終わりにシャロンからコープランドに自嘲ぎみに報告した、卒業後の意気消沈した状況から抜け出させてくれる刺激が必要だった。

アーロン――

辛抱してずっと待っていました。雨が何度も降り、やみました。太陽も月も、新しいサイクルに入

りました。千年の月日が過ぎ去りました。ぼくは大学を優等の成績で卒業しました。あらゆる種類の卒業祝賀会、学位授与式、卒業礼拝に出席しました。年もとりました。なのにキャビンのお話はどうなったのでしょう？　調べていただいたのでしょうか？　キャビンはあるのでしょうか？　それはアメリカにあるのでしょうか？　ぼくのことをお忘れになったのですか？　なにか不都合なことがおありなのでしょうか？　二の足を踏んでおいでなのですか？　こんなことや、そのほかにもいろんなことが頭に浮かんで、それが——キプリングじゃありませんが——いまのわたしの忠実な相棒たちなのです。

ぼくは失ったエネルギーを必死にとりもどそうとしています。自然の法則によれば、エネルギーはどこかに保存されているはずですが、どこにあるのか探しているところです。何度も立ち上がっては、倒れるだけです。やたらと簡単に眠れます（ふだん眠れないのがあたりまえの人間にとっては赤信号です）。背中にかすかな痛みがあります。しきりに健康が気になってしかたがなくなる神経症におちいったのです。あなたからのお便りを待ちながら時をすごしています。どうか——ぼくが田舎町で朽ち果ててしまう前に、結果をお知らせください。上記の住所まで。

彼はいつまでも返事を待ってはいなかった。七月の初旬、バーンスタインはニューヨークに出かけた。うちの会社で仕事をすれば百ドルの週給を出すという父親の申し出を決然とはねのけた彼のもとに、アドルフ・グリーンから東九丁目にスタインウェイのグランドピアノがついたアパートメントを又貸ししてくれるところがあるという話をもちこまれ、彼はそれに乗った。バーンスタインはさらに高度な教育を求めてハーヴァードに進学したが、グリーンのほうはニューヨークで、まだ名前も知られていなかった四人の演奏者と〈レヴュアーズ〉という風刺的なステージを演じる小さなグループを結成していた。メンバーには、ジュディ・ホリデーやベティ・コムデンがいた（アドルフ・グリーンは、マーク・ブリッツスタインとの偶然の出会いから、レナード・バーンスタインとの友情をよみがえらせたのである。〈レヴュアーズ〉はショービジネスのサークルでは広く名前を知られるようになっていた。「ショーの合間に、あるパーティに行ったんです」グリーンは回想している。「するとそこに、『ゆりかご』で前々から大ファンだったマーク・ブリッツスタインがいました。『〝ゆりかご〟といえば』ブリッツスタインはいいました。『わたしはこっちにもどってきたばかりでね。ハーヴァード大学にいたんだが、ある若い学生が指揮をしていた――』」そこでグリーンは「レナード・バーンスタインでしょう」と横から口をはさんだ。「どうしてわかった？」ブリッツスタインはたずねた。「そんな気がしたんですよ」グリーンは答えた。「レナード・バーンスタイン以外には考えられなかったので」ブリッツスタインは意表をつかれて、びっくりしていた。自分のほかにレナード・バーンスタインを知っている人間がいるとは夢にも思わなかったからだ。グリーンはこの出会いに興奮して、バーンスタインに手紙で知らせてきたのだ）。

バーンスタインは東九丁目のゴキブリが這いまわる屋根裏部屋で、ボヘミアン作曲家の暮らしに身を投じ、絵に描いたような極貧にあえごうとしていた。彼は以前に、ヴァイオリンとピアノのためのソナタを作曲する計画があるとアーロン・コープランドに告げている。しかし彼は、ヘレン・コーツには、紋切り型のヴィジョンしか伝えていない。ハーヴァードにおける長い沈黙を破って、ピアノの練習にきちんととりくむつもりだという点を、彼は強調した。ところが問題が起こった。東九丁目でバーンスタインがピアノを弾いていると、周囲から苦情が舞いこんできた。彼は「家主と近所の人々からの猛烈な抗議」に悩まされたと書いている。「弾いていると、かならず文句をいわれるんです。――あれだけの立派なスタインウェイのグランドピアノを置いておきながら、なにもできないというのは、矛盾もいいところじゃないでしょうか。どうか、ぼくがいい仕事を手にすることができ、怒り狂う連中から遠く離れた、思う存分ピアノが弾けるような快適なペントハウスが見つかるようお祈りしてください」

バーンスタインの手紙には誇張があったようだ。アドルフ・グリーンはその夏、彼は一日じゅう上機嫌でピアノを弾いていたと回顧している。第一、バーンスタインがニューヨークに来たのは、仕事を見つけるのが主な目的だった。しかし、アメリカ音楽家連盟（八〇二支部）は、六カ月以上当地に住まないかぎり連盟員証を発行してくれず、最悪の状況だった。この陰鬱な街に差す明るい光といえば、自分を精神的に支えてくれる三人の作曲家がいることだ、とバーンスタインはヘレン・コーツへの手紙のなかに書いている。すなわちロイ・ハリス、ウィリアム・シューマン、アーロン・コープランドは「ぼくを〝アメリカの偉大な指揮者〟に仕立てようともくろんでいます。秋にはジュリアード音楽院の奨学金の話まで出ています」と、彼は説明している。

文書のなかに指揮者の仕事に就く話が出てきたのは、この手紙が初めてだが、ヘレン・コーツからは大賛成の反応が返ってきた。「あなたには指揮者になるためのすばらしい才能が生まれつきそなわっているとわたしは思います——もちろん、わたしがそう思う根拠は、あなたがギリシャ劇を指揮したのを見た、たった一度のパフォーマンスだけなのですが」

だが、バーンスタインがニューヨークに出てきたのには、グリニッチ・ヴィレッジにあるヴィレッジ・ヴァンガードというクラブで、グリーンやレヴュアーズの友人たちと楽しい時間をすごすためでもあった。ベティ・コムデンの記憶によれば、バーンスタインは「とてもハンサムで、能弁で、威勢がよく、情熱と陽気さにみちあふれていました。わたしたちのショーを見ただけで、たちまち端から端まで憶えてしまい、最初から最後までわたしたちの前で演じてみせることができました……。［最終公演のあと］午前三時ごろ、彼はピアノの前に座って弾きはじめました。わたしたちは、彼があらゆるもの——バッハ、ベートーヴェン、ブラームス、そして最後にはブギウギまで——を演奏するのを、六時だか七時までずっと聴いていました。あの夜、わたしはこの恐るべき男に、まだ年若い、美貌の青年に、心底まいっていました……そして、この男の存在を知ったことで、自分の人生は変わってしまうだろうと思いました。わたしは家に帰ると、寝ていた母親を揺すぶり——揺すぶり起こして——こういいました。『ママ、わたし、天才というものに初めて出会ったわ』すると母は、『あら、すてき』といって、また眠りにもどっていきました」

その夜以来、バーンスタインはヴァンガードの常連のようなものになった。レヴュアーズのウィットに富んだ邪気のない快活さは、アッパー・ウエストサイドにあったアーロン・コープランドのロフトのインテリ臭い雰囲気とはきわだった対照をなしていった。長く暑いニューヨークの夏は、バーンスタインにとっては二カ月にわたる遊山旅行であった。その間にヨーロッパに押し寄せてきた危機には、彼はほとんど気づかずにいたらしい。ヘレン・コーツへの手紙は楽天的で、自己中心的な話に終始している。「世界の最前線での暮らしは悪くありません。買物に出かけ、自分で食事を作るのもけっこう面白いものですね——ぎりぎりの予算でやりくりし、安く買物のできるマーケットを歩きまわっています」彼は、アーロン・コープランドがときたまラジオの司会者をつとめていたマンハッタン北部にある夏の野外イベント会場、ルイゾーン・スタジアムで催されるコンサートに、何度か足を運んだ。もっとも注目すべきは、バーンスタインが「エレミアの哀歌」の一部に曲をつけたメゾソプラノとオーケストラのための作品の草稿であるヘブライの歌を作曲しはじめていた点だ。彼はまた、コープランドの『エル・サロン・メヒコ』のピアノ編曲用の草稿と『罪の街の風景』と題する自作のピアノ二重奏曲のスケッチもいくつか書いている。しかし、又貸しで借りた部屋の期限が切れる八月の終わりには、ふところにはわずか四ドルしか残っていなかった。その四ドルも、質屋で質流れのクラリネットを買うために使ってしまい、仕事もなくすかんぴんの状態で彼はシャロンにもどっていった。九月一日には、ナチスがポーランドに侵攻したというニュースが入ってきた。

三週間後、ディミトリ・ミトロプーロスから、あるプロジェクトを検討したいからニューヨークに来てもらいたいというメッセージが届いた。バーンスタインは、ミトロプーロスの不意の連絡を、天の声と思ったらしい。一文無しだったので、ボブ・ルーベルに助けを求め、メッセージを受け取ったその夜に、車でニューヨークまで送ってもらった。

翌朝、ビルトモアで、ミトロプーロスはバーンスタインに、きみは指揮者になるべきだと告げた。バーンスタインの指揮を見たことがあったわけではないが、ふたりが交わした話の内容とミネアポリスでともにすごした一週間で、ミトロプーロスは、バーンスタインには指揮者の仕事に要求される並外れた音楽的才能と幅広い教養がそなわっていることを見抜いていた。バーンスタインはおそらく、少し前に『鳥』を上演して成功したことを話し、コープランド、ハリス、シューマンら作曲家の友人たちからかなりの好評を博したことも話していたにちがいない。バーンスタインが大丈夫でしょうかと不安を口にすると、ミトロプーロスは絶対に大丈夫だと励まし、彼を勢いよく指揮台へと追いやった。

以上は、指揮者になった顛末について、長年にわたりバーンスタイン自身が語ってきた内容である。あらゆる雑誌のインタビューや伝記のなかに、またバートン・バーンスタインの著書『バーンスタイン　その音楽と家族』のなかにも、そう記されている。しかし、バーンスタインにプロの指揮者になるための修練を積む決意をさせたのは、じつはアーロン・コープランドだったらしい。ニューヨークから送った一九三九年七月三十日付けの手紙のなかで、バーンスタインはアーロン・コープランドに、自分はアルバート・ステッセルのもとで特別研究員として勉強できるかどうか確かめにジュリアード音楽院に行ってきたが、すでに申し込みの期限は一カ月前に終了していたと告げている。「なにか手を打てるものでしょうか？　それとも、やけくそでカーティスにもあたってみましょうか？」コープランドは八月一日に、有用な助言にみちた返事をよこした。「ジュリアードのほうは、わたしの思ったとおりだ。ハリス［ロイ・ハリスはスタッフのひとりだった」に動いてもらって、あとから追加登録できないか確かめてもらってみてはどうかね？　決して不可能な話ではないはずだ」運のいいことに、カーティス音楽院で指揮の指導にあたっていた指揮者は、これもルイゾーン・スタジアムで一連のコンサートを開いていたコープランドの友人、フリッツ・ライナーだった。コープランドは、バーンスタインにきわめて重大な指示を与えはじめた。「七回目か八回目のコンサートのあたりに話ができるよう（チケットを同封してある）彼に言い含めておこう。そのころには、控え室《グリーン・ルーム》の〝友人諸氏〟も数が減っているだろう――そう願いたいものだ。彼に、どうしてもあなたのもとで指揮の勉強をしたいと、そして、どうすればいいかあなたにたずねるよう、わたしにいわれたといいなさい。彼がまともな状態なら、ちゃんと答えてくれるはずだ」

バーンスタインはコープランドのいうとおりにした。「ハリスはとても気持ちよく話を聞いてくれました……あそこに入ることができるかもしれません。それと、彼から、名前を変えてはどうかと熱心にすすめられました。きっとロイ・ハリスみたいなアングロサクソンぽい名前に、ということなのでしょう。彼は、ぼくなら外国音楽家がもてはやされる風潮に対抗する先鋒になれるのではないかと考えています。このあとの二十年は、かならずそういう時代になると彼は考えているのです。ただし、彼はユダヤ人問題（！）についてはふれようとしませんでした」ここにも、バーンスタインの神話に対する反証が出てきている。初めてバーンスタインに名前を変えるよう促したのは、クーセヴィツキーではなくロイ・ハリスだったのである。

「昨晩、スタジアムでライナーに会いました（チケットありがとうございました）が、事務的な対応でした。指揮者志望の件を話すと、両手を上げてそりゃ大変だ、といいました。だけど、カーティスに手紙を送ってくれれば、自分がテストしようといってくれました。あくまで事務的にですが」ジュリアード音楽院のアルバート・ステッセルのクラスがすでに定員に達していたこと、フリッツ・ライナーが彼をしのぐすぐれた教師だったことは、バーンスタインにとっては幸運だった。コープランドはバーンスタインに、カーティス音楽院に宛てて熱意のこもった推薦状を書いてくれた。バーンスタインは試験の題材となるベートーヴェンの交響曲第七番とリムスキー・コルサコフの『シェヘラザード』の練習用スコアを買って、週末にコープランドのところに泊まりこんだ。「列車の席でスコアを前に置いて暗譜しようとしたこと……そして、『うわ、こいつは大変だ』と口にしたことを思い出すことができます。ウッドストックに到着しましたが、アーロンは家に二、三匹猫を飼っていまして、わたしは猫アレルギーなんです。花粉症の季節でした……ウッドストックのありとあらゆる花粉が飛び散っていて……涙は出るわ、くしゃみは出るわで、目がはれぼったくなり、ひどい状態になりました——勉強するつもりでいたスコアの音符がほとんど読めないくらいに」

カーティス音楽院にフリッツ・ライナーの試験を受けにいったとき、バーンスタインは不安にぶるぶる震え、まだ花粉症に苦しんでいた。「そして、あのいかめしい表情をした、ずんぐりとした体形の男が、冷酷そうな小さな眼鏡の奥からわたしをねめつけて『さて、指揮者になりたいということだが』といったその瞬間、わたしは自分がほんとうに指揮者になりたいのかどうか確信がもてなくなりました……。ライナー博士にピアノのところへ促されると、中ほどのページを開いた大きなオーケストラ・スコアが乗っていました。『これが、なんという曲かわかるかね?』と、彼は質問しました。その黒い音符の森をじっと見つめてから、わからないと答えました。『うーん』彼はうなり声をあげました。『これをピアノで弾けるかな?』震えながら、やってみますと答えました。幸運でした。天の恵みか、うまく花粉症の目が開き、なにかにとりつかれたようにわたしはその曲を弾きました。そして、ふいに自分が弾いているその曲が、グラマー・スクールで何年か前にみんなと歌っていたフォークソングに似ていることに気づきました。

屋根でカタカタ鳴る音は
せかせかとした足音は
サンタクロースにちがいない
みんな大好きサンタクロース

そのとき頭のなかで、カチリとなにかが音をたてました。そして何年か前、グラマー・スクール時代にラジオでこの曲を聴いたことがあるのを思い出しました。このメロディを自分は知っている。アナウンサーがいったのを聞いたはずだ。『ただいまの曲は、ブラームスの大学祝典序曲でした』と。そして、この運命の瞬間、わたしはくるりとライナー博士のほうを振り向いて答えることができました。『もちろん、この曲は知っています。これは〝大学祝典序曲〟です』こうして、わたしは彼のクラスに入ることができました」

ミトロプーロスがバーンスタインをニューヨークに呼び寄せたとき、どんな計画を胸にいだいていたのかは不明だが、彼が解決してくれた問題は、経済的な問題だった。サミュエル・バーンスタインはすでにボストン・ラテンに六年間、ハーヴァードに四年間、授業料を支払ってきた。彼は最初、レナードの授業料をこれ以上払いつづけるつもりはないと拒否した。指揮者というのは、サムの考えでは、アメリカ人がする仕事ではなかったし（一九三九年の時点では、彼の見方は正しかった）、経済的に困難な時代に、あとふたり子どもを大学に行かせなければならなかった。レナードのカーティスへの入学が文句なしとなれば、授業料を払えるだけの標準的な奨学金は手に入るだろうが、それだけで暮らしていけるものではない。ミトロプーロスは、バーンスタインが必要としていた援助を申し出てくれた――月に七十五ドルという金額を。バーンスタインは、このいかにも彼らしい太っ腹な行為に対する恩を決して忘れなかった。だからこそ、実際以上に、自分の職業を決定する上で大きな役割を果たしたのはミトロプーロスであると語ってきたのである。

指揮者になるための勉強をしようという突然の決意は、バーンスタインの音楽人生には数多い方向転換の第一弾だった。わずか一カ月前には、作曲に専心しようと考えていたはずだった。彼はそのあと、コープランドに報告している。「メゾソプラノとオーク［オーケストラ］のためのヘブライの歌を完成したところです。これまでで最高の（選択肢は多くありませんが）スコアになったと思います。すばらしく面白い仕事でした……。いずれこの歌は、曲集かなにかに入れるか交響曲のひとつの楽章になるでしょう……あなたからあまり辛辣な評価を下されなければの話ですが」コープランドは暖かい反応を示した。「これまでに見たきみの作品のなかでは最高傑作だ。これまでにくらべて、形式が首尾一貫している——それに、いろんな意味で成長が見られる」二ページにわたる批評がつづき、最後に追伸として指示が出されている。「もっと音楽を書きなさい」

しかしバーンスタインは、彼こそはアメリカ楽派の作曲家たちにとって理想の解釈者だと判断した師たちの祝福と激励を受けて、まったく未体験の分野へと軌道修正しようとしていた。

7　カーティス音楽院　一九三九年〜四〇年

「昔からいう時の流れとの闘いです。けれど、その闘いなくして、ひとはなにかを手にすることはできません……。自分の心を鍛えねばなりません」

――バーンスタインからヘレン・コーツへの手紙、一九四〇年一月

フィラデルフィアのカーティス音楽院《インスティテュート》で勉強するというのは、バーンスタインにとってはずいぶんと思いきった決断だった。彼はハーヴァードであらゆるものを学んできたはずなのだから。ボストン・ラテンを卒業した少年たちは、三世紀のあいだ、ハーヴァードには文学を学びにいくのが通例だった。メアリー・カーティス・ボクによって一九二四年に創立されたカーティス音楽院は、音楽界では比較的新しい存在であり、バーンスタインがコープランドやミトロプーロス、ハーヴァードの教授連との交友を通じて親しんできた音楽の世界との結びつきは、皆無に近かった。ただひとつの例外は、フィラデルフィア生まれで、カーティスと、それ以前に創立された姉妹校ペンシルヴェニア大学の両方で学んできた、マーク・ブリッツスタインだった。バーンスタイン本人の口から語られたわけではないが、どうやらブリッツスタインとのつながりゆえに、カーティスはより魅力的な選択になったらしい。

音楽院はリットンハウス・スクエアにあり、豪奢な絨毯と天井の高い大きな部屋をそなえた優雅な十九世紀の建物に入っていた。学校の名前は、サタデー・イヴニング・ポスト紙の設立者、サイラス・カーテ

ィスからとっている。ボク夫人――サイラスの娘――は、自分が創立したこの音楽院に、さらに個人的に一千二百五十万ドルを寄贈している。半世紀後ならばとうてい周囲が耐えきれなかったと思われるくらいの強引さで、音楽院を動かし、雇用・解雇の人事を取り仕切った。バーンスタインが入学したのは、カーティスのカシミール・ホールの名前の由来であるピアノのベテラン・ヴィルトゥオーソ、カシミール・ホフマンのあとをついで、作曲家のランドル・トンプソンが新しい学長に指名されたのと同じころだった。

この音楽院は、作曲家と演奏家、両方のための学校だった。サミュエル・バーバーやジャン・カルロ・メノッティが、もっとも有名な作曲方面の卒業生だった。彼らを教えたロザリオ・スカレロは、バーンスタインの在学中にもまだカーティスに残っていた。一九三〇年の後半にカーティスが輩出したすぐれたピアニストには、ホルヘ・ボレットとシューラ・チェルカスキーがいた。バーンスタインと同時期の若き未来のスターたちのなかには、ピアノ部門の長ルドルフ・ゼルキンと、ミエチスラフ・ホルショフスキーに師事した当時十四歳のユージン・イストミンや、当時わずか十一歳で、すでにバーンスタインが教わったイザベル・ヴェンゲローヴァに三年間師事していたゲーリー・グラフマンも含まれていた。カーティスは幼い天才たちを育て、その未来に向かっての成長を助ける役割にとりわけ重きをおいていた。フリッツ・ライナーが一九三一年から指揮科の長として指導にあたっており、一九三九年の時点では、ルーカス・フォスが十七歳にして将来を嘱望されていたものの、まだこの学校からは、アメリカ人指揮者はひとりも生まれていなかった。

カーティスではあらゆる楽器を学ぶことができた。楽器関係の教授のなかでは、フィラデルフィア管弦楽団のベテランで首席オーボエ奏者の、マルセル・タビュトーがもっとも有名で、学生オーケストラのたぐいを作れるだけの演奏者がそろっていた。フリッツ・ライナーの弟子たちは一学期に一、二度くらいしか指揮することを許されなかったが、それは、演奏者にとっては、名のあるプロの指揮棒のもとで勉強をするほうが貴重な体験だからだ。カーティスの生徒は全員、授業料をまかなえるよう奨学金をもらっており、ボク夫人は、才能ある若者たちがそこで勉強することで益を得られるよう、家族でフィラデルフィアに引っ越してくるくらいなんでもないことだと思っていた。二十世紀のアメリカで最高のオーケストラ・オーボエ奏者、ラルフ・ゴンバーグとハロルド・ゴンバーグのふたりは、ともに小さなころから音楽院に入学している。しかし、落ち着いた住宅環境は望むべくもなかった。カーティスの学生住居リストには、歩いて通える距離にある寄宿舎がたくさん載っていた。そのみすぼらしさは、ハーヴァードのエリオット・ハウスの現代的な優雅さとはまったく対照的だった。カーティスが楽器演奏の技術をみがくことに――学科と、たっぷりと時間をかけた練習に重きをおいて――やっきになっていたのは、ハーヴァードのリラックスした雰囲気とは大違いだった。カーティスには、バーンスタイン以外に大学卒業者はおらず、政治について議論をたたかわせる機会は皆無だった。初めてのことではなかったが、後年の彼の表現によれば、〝いまだに半ズボンをはいているヴィルトゥオーソ養成所の学生仲間たちよりも、教師たちとのほうが通じるところが多かった。カーティスの知的環境は、週ごとに行なわれる学生たちのお茶会で、バーンスタインのことを卑下するように「わが校の、小さなユダヤの奇跡」と表現したといわれるボク夫人の唱導する、孤立主義によって支配されていた。

しかし、ランドル・トンプソンが学長に指名されたのは、ボク夫人が学生たちの知性に広がりを与えたいと望んでいるしるしだった。作曲家でありかなりの知識人であるだけでなく、トンプソンは聴講自由の講義を通じてカーティスの生徒たちに複数分野にまたがる音楽の主題を紹介した、進歩的な自由主義者であり、教育の大家だった。バーンスタインにとっては、トンプソンにはハーヴァード出身者というもうひとつの魅力があった。この教師と生徒には、ともにクロスワード・パズルの愛好家という共通点もあった。

このあとカーティスの馬鹿げた校風にさまざまな疑念を生じることになるものの、バーンスタインは意気揚々とこの音楽院に入ってきた。ライナー博士に受け入れられ、つづいてボク夫人とそのスタッフの前でピアノのオーディションも受けたが、すべて数日のうちに終わった。ボストンに帰ったときに、サム・バーンスタインは自分の息子は誤った方面に努力を払おうとしていると考え、それに対しては最低限の支援しか与えるつもりはないとの意思表示をしていた。ミトロプーロスからの経済援助があってさえ、レナードはこれまでに教育を受けてきたどの時期よりも、サムの悪夢のイメージ、貧困にあえぐ音楽家のイメージに近かった。同期生たちは、彼のみすぼらしい服装や、物心両面で友人に頼っていた様子についてコメントしている。家から遠く離れて暮らすのは初めての経験だった。ニュートンは、ハーヴァードとはわずか数マイルしか離れていなかったが、フィラデルフィアからは一日がかりの旅になり、旅費も高くついた。

「埃と砂と恐怖の街」とみずから表現しているフィラデルフィアで生活に苦しみながら、バーンスタインは指揮こそ自分の天職であり、運命なのだという内なる確信に支えられていた。指揮者の道を選ぶことで彼は脚光を浴びる方向を選んだのだと指摘するひとがいるが、それは結果論もいいところだ。決断の瞬間には、彼にもわかっていたはずだ。作曲家の道に、より大きな栄光が待ち受けていたのはまちがいない。彼は、アーロン・コープランドの作曲家としてのキャリアが、まずバレエで、そしてそのあと主要な映画作品で、花開くところを見てきていた（バーンスタインがカーティスに入学した週、コープランドは『二十日鼠と人間』のスコアを書くためにハリウッドに向かっている）。またマーク・ブリッツスタインからは、社会問題に関連した劇場作品を作曲することで得られる芸術的満足を学んでいた。『鳥』でおさめた成功と、ずっと最近ではメゾソプラノとオーケストラのための「ヘブライの歌」がコープランドに褒められたことから、彼が作曲家への道を突き進む可能性があったことはまちがいない。にもかかわらず、彼は作曲ではなく、二年という年月を指揮法の勉強に——ピアノ、オーケストレーション、スコア・リーディングに――費やす道を選んだのだ。

バーンスタインは、カーティスにおける自分の進歩状況を、指揮者の道を真剣に考えるよう早くからアドバイスしてくれていたヘレン・コーツに、定期的に手紙で報告している。「長い登り坂になりそうです」彼は最初の手紙に書いている。「ぼくの師事しているミスター・ライナーに対する悪意にみちた攻撃もそこかしこで耳にしますが、しかし、ひるむことなくひたすら前進します。実際、あるぼくたちの授業で（生徒はわずか三名です）、彼は子羊のようにおとなしかった。羊の皮をかぶっているだけなのかもしれないけれど……。ぼくは［ルドルフ・］ゼルキンに師事するための［ピアノの］オーディションにパスしましたが、彼のもとで勉強するつもりはありません。まず第一に、彼はまだこの国に来ていないからです。そしてふたつめは、自分は年をとりすぎて（！）いるような気がするのです。学校は試験的に、自分の手で一から自分の型にはめて育て上げられるよう、彼に十六歳の少年と十三歳の少女を割り当てています。それに、ぼくはすでに学院のお歴々をうならせています（ピアノと指揮法の両方を専攻していますから）。それで学校は、話によれば――真偽のほどはわかりませんが――アメリカ最高の、ゼルキンより百万倍もすぐれたピアノ教師とかいう、マダム・［イザベル・］ヴェンゲローヴァに、ぼくを教えてみるかと打診したのです……。学校は今朝、スタインウェイのグランドピアノをぼくの部屋に運んできました――これは、カーティスの昔からの慣習にすぎません――マダムが、ぼくが練習するにはそのピアノでなければならないと主張しているからです。まったく非の打ちどころのない、すばらしいピアノです――つまり、これ以上ないうれしい状況です。

ぼくは勉強に打ちこんで、打ちこんで、打ちこんで（一日に三時間から五時間くらい練習しています）、ほかには、たっぷり睡眠をとること以外なにもしていません。社交生活はゼロ――話をする友人はひとりもいません」

バーンスタインがカーティス音楽院で研鑽を積むあいだ、ディミトリ・ミトロプーロスは約束どおり経済的な支援をしてくれた。バーンスタインはヘレン・コーツに、自分は「ミトロプーロスの援助を快く受け入れました。苦しまぎれにではありません。喜んで受け入れたのです。ぼくの心は激烈な変化をとげています——彼の好意に感謝しながら甘えようと思っています」と書いている。ミトロプーロスは二百二十五ドルの小切手を送ってくれると同時に葉書も書き添えてきた。いつもならゆったりとしている彼の筆跡が、小さな葉書のサイズに合わせてちぢこまっていたが、彼の寛容で指導者らしい精神は相も変わらずなのは明白だった。「その学校でみながきみを歓迎しているようで、うれしく思う。ミスター・ライナーから耳にした悲観的な警告はべつにしても……。心配しなくていい。とくに、こういった勉強の次のステップが、きみの実際の芸術的目的を達成する機会に、つまり指揮をする機会にただちに結びつかないのではないかと気に病んだり、つらい思いをしたりする必要はない。とにかく、わたしたち芸術家の真の目的は、まず自分の準備をととのえ、芸術のあらゆる表現の場においてみずからを表現できるようにすること、そのただひとつの目的のために、どんなときにも現在の自分に可能な、あるいは不可能な専門技術を、最大限に伸ばす努力ができるようにすることだ」

バーンスタインのピアノの勉強には、努力が要求され、フリッツ・ライナーのもとでの指揮の勉強よりもはるかに大変だった。バーンスタインは十月、ヘレン・コーツに、かつての教師ハインリヒ・ゲプハルト同様、レシェティツキーの弟子であったイザベル・ヴェンゲローヴァと初めて会ったときのことを手紙で報告している。「木曜日のことです、彼女は以下のような指示をよこしました。〝来週の水曜日に、ベートーヴェンの田園ソナタとショパンのエチュード嬰ハ短調を弾いてもらいます。以上〟と。悲しいかな、どちらもやったことがありません。なんだか、どきどきします」

ロシアに生まれ、ロシアで音楽の訓練を受けた、胴回りの大きなイザベル・ヴェンゲローヴァは、当時五十代の前半だった。保守派の権威主義者で、彼女の教えかたに疑問を投げかけようとした学生は、ひどい目にあうことになり、じつをいえば、はっきりと物をいうハーヴァード大学卒業生のバーンスタインもその口だった。ルーカス・フォスは、ヴェンゲローヴァが教師として成功した秘訣は、彼女が徹底的に練習を主張したところにあると考えていた。「われわれが準備しないで授業に臨むと、彼女は心臓発作を起こしかねないありさまでした。あまりの激昂ぶりに、倒れでもしないかと心配になるくらいでした」

バーンスタインの初めての授業で、彼女はその何週か前にカーティスでのオーディションで演奏したバッハのフーガを弾くよう求めた。「何小節か弾いたあと、彼女はストップさせ、こういいました。『なぜそんなに激しくたたこうとするの？　なぜペダルを蹴っているの？　そもそも、どうしてペダルを踏むの？　あなたはバッハを弾いているんですよ。左手の音をよく聴きなさい。右手の音がかき消されてしまっています……。あなたは、自分が弾いている音をちゃんと聴いていません。指揮台でオーケストラの音に耳をすますときのように、しっかり自分の音を聴いて、自分を批評できなければいけません、それと……』彼女はぼくを恐怖におとしいれ、それがために、ぼくは授業が恐ろしくてたまりません！」

翌週彼女の前にもどってきたとき、彼はあえてペダルにふれないよう努めながら、勉強してくるよう命じられたベートーヴェンのソナタを弾いた。彼女はストップを命じた。「『そこは、ピアノでしょう？』『そこはレガートじゃないの？』ぼくは、『そうです、でもペダルを踏んじゃいけないと思って』と答えました。彼女は『そうですか、では指でレガートにしなさい』ぼくは『できません、この四本の指しかありませんから！』といいます。そして彼女は『いいえ！　レガートを作るために必要な指は全部そろっています。それじゃ、指だけでできないときに、どこでペダルを踏めばいいか、やってみせましょう』といいました」

ヘレン・コーツへの手紙のなかで、バーンスタインはヴェンゲローヴァの教授法を詳細に分析してみせている。例によって自信たっぷりに、自分は「びっくりするくらい上達しています」と述べたあと、彼は以下のように告白している。「ぼくはマダムのことで考え違いをしていました。ヴェンゲローヴァは次々と作品を詰めこもうとします――あなたのお話では、ジュリアードではそうらしいですね。彼女に教わりはじめてから、ショパンのエチュードをふたつやってきましたが、ベートーヴェンはまさしく音色《トーン》の実験学習でした――そして、いまやっているショパンのノクターンも同様です。ひとつの曲を仕上げたことはまだありません――すべて、彼女の〝メソッド〟への最大限の集中が問題なのです。彼女はひとつには、ぼくの〝激しい演奏法〟に終止符を打ち、レシェティツキーの〝歌うテクニック〟をマスターさせるために、ぼくをリラックスさせようとしているのです。だけど、これはハインリヒ［・ゲプハルト］に師事したときに経験したものとはまったくの別世界です――彼女は、細部にまでわたる完璧さに情熱を燃やす、まぎれもない奴隷使いです――細かいところまで完璧でなければ、彼女を喜ばせることは絶対にできません。実際、彼女の授業が終わったときにはへとへとになるくらいです。そう、これこそぼくに必要だといわれていたもの――鉄の教師です。ユーモアのかけらもなく、ぼくを抑制のきいたピアニストに仕立ててくれる人間です。少なくとも、コープランドはそういっています」

バーンスタインは、指揮法の授業についてはピアノのほうほど詳細な記録を残していない。初めて会ったとき、フリッツ・ライナーはちょうど五十歳を超えたところだった。彼はブダペストに生まれ、二十年ほど前から合衆国で仕事をしてきていた。週に一度、カーティスのオーケストラを指揮し、学生たちを教えるために、ピッツバーグから出てくる。最初のころ、バーンスタインはそれまでの自分の慣行にしたがって、彼を「フリッツ」とファースト・ネームで呼ぶ無礼をはたらいた。ライナーは「イエス、ミスター・バーンスタイン」と、冷ややかに答えた。ライナーは、飛び抜けて天与の才に恵まれた学生以外には、冷酷になりかねなかった。授業で、ひとりの生徒が四苦八苦しながらむずかしいモーツァルトのレチタテイーヴォをうたい、いっぽうでべつの生徒がピアノに向かってオーケストラの代理をつとめているあいだ、彼は腰をおろして自分のスコアに目を落としている。やがてライナーは怒りもあらわに顔を上げ、食いしばった歯のあいだから「もういい！」と吠えるのだ。

ライナーは、なによりも予習を重んじた。彼の教えるところでは、指揮者たるものは、自分の指揮するものを完全に把握して最初のリハーサルに臨まなければならなかった。指揮者は頭のなかにしっかりと音のイメージを構築し、オーケストラのあらゆるパートのあらゆる音符を自分のものにしていなければならない。ライナーはいきなり、リハーサルをストップし、学生にここで第二クラリネットはどうしているかね、とたずねる。はったりで切り抜けようとする生徒には、災難が待ち受けていた。指揮台に上がったとき、彼はしばしば目の動きで多くを指揮した。彼は指揮をするさいには必要最小限のアクションしか使わなかった。金管楽器の演奏者たちに絶対に目をやるな、大きな音を出されてしまうだけだ、というリヒャルト・シュトラウスの言葉を念頭においていたのかもしれない。

カーティスで重要な存在となった三人目の教師は、ルネ・ロンジー・ミケルで、バーンスタインは彼女のもとで移調とスコア・リーディングを学んだ。彼がこれらの科目で優秀なことは、すでにハーヴァード時代に明らかだった。このなかには、ピアノに向かって半ダースもの異なる音部記号を読み分けながら、オーケストラの木管、金管と弦楽のパートを瞬時に把握する能力も含まれていた。オーケストラ作品のスコア・リーディングは、プロフェッショナルと才能あるアマチュア音楽家とを分かつ技術である。たとえば指揮者は、フレンチホルンには多くの異なる記号が表われること、ヴィオラは普通、アルト記号で記譜されること、イングリッシュホルンの実音は記譜されているものより五度低くなること、バスーンとトロンボーンでは、あまりに多くの加線を使用しなければならないので写譜係の手間をはぶくために高音域ではテノール記号が使用されることを熟知していなくてはならない。学生は印刷された楽譜の読みかたをひとたびマスターしたら、二十くらいあるかもしれない楽器パートがさまざまなハ音記号で記譜されているフルオーケストラ・スコアを開き、それを鍵盤の上に広げた両手の指で演奏する能力を、つまり、音楽において他の分野では見られない、頭脳を酷使する瞬時的読解力を、みがきあげなければならない。

バーンスタインは驚異的なスコア・リーディングの才能に恵まれており、二年以上マダム・ミケルの手でさらに磨かれた彼の能力は、当然ながら、周囲の学生たちのあいだに嫉妬の渦を生じさせた。学生たちは「わたしを、ハーヴァード出のうぬぼれ屋で、知識を鼻にかけて偉ぶった、気取り屋の目立ちたがり屋だと思っていました」と、彼は当時を振り返って語っている。学生たちのなかには、彼はハーヴァード出の気取り屋であるだけでなく、ペテン師で、前もってオーケストラ用のスコアを用意しておいて、それから初見で読んでいるように見せかけているだけなのだと信じている者もいた。スコアの暗譜に四苦八苦していた学生たちのひとりが、ライナーのクラスでバーンスタインの離れ業を見て激昂し、銃を買ってきて、ランドル・トンプソンに、自分はバーンスタインを――そしてライナーとトンプソンも同様に――撃ち殺すつもりだと宣言した。トンプソンは警察に通報し、その生徒は連行された。

バーンスタインのうぬぼれにみちたふるまいは、多くの人々の怒りをかきたてたが、しかし彼には自信をもつだけの理由があった。彼といっしょにピアノを学んでいたフィリス・モスは、彼とリヒャルト・シュテール博士との対立について回想している。シュテールは、二年前にハーヴァードの対位法の講義でウォルター・ピストンが省略したらしい純理論的な技法、スピーシーズ対位法を教えていたのだが、バーンスタインは授業にやってきて、すぐにシュテール博士の授業に異論をさしはさみはじめた。最初はいきなり現われた生徒に不快を表わしたシュテールだったが、最後には授業の半分を明け渡し、彼に自分流のやりかたで対位法を教えさせてみた。「ふたりはじつにうまくやっていました」モスはいう。「あの授業は、わたしのお気に入りのひとつでした」

また、バーンスタインはマダム・ミケルのお気に入りにもなった。それどころか、やがてバーンスタインに〝ルネ〟と呼ばれるようになる――彼だけに特別に許された――彼女は、この才気にあふれる教え子に夢中になり、彼もそれに応え、ふたりの関係は肉体関係にまで発展した。ミケルは彼を車でニューヨークに連れていったり、ワシントンで行なわれる音楽祭に連れていったりした。彼女はふたりの年齢――二十二歳と四十四歳――は、均整的にも数秘的にもしっかりからみあっていると断言していた。ずっとのちに、彼はある友人に、ルネ・ロンジーは、彼の言葉を借りれば「洗練された」異性愛の喜びを自分に教えてくれた女性だった（彼女の熱烈な愛情は、のちに彼を困惑させることになった）。マダム・ミケルを通じて、バーンスタインはふたりのアーティスト――少し前に結婚したばかり――と知りあった。ふたりはミケルと同じく、現代音楽の熱烈な愛好者だった。ジャニス・レヴィットはまだ、美術史を勉強するカレッジの学生だったが、貴金属装身具類を手作りしていた。夫のハーシェルは画家であり、イラストレーターでもあったが、後年バーンスタインの『タヒチ島の騒動』のスコアが出版されたとき、そのカバーを描いている。バーンスタインは、カーティスに社交施設がなかったためになかなか友情を結ぶのが困難だった学生仲間たちより、レヴィット夫妻のほうが話が合った。夫妻は、バーンスタインの住居のすぐ近所にある、奥行三十フィート、天井高十四フィートの貸しスタジオで暮らしていた。南二十二丁目の、暗くて汚くて住み心地の悪い下宿で暮らしていたバーンスタインにとって、そこは天国だった。美しいピンク色のタイルを敷きつめた浴室があって、彼はそこを自分の部屋にし、立派な蓄音機を並べ、それで増加の一途をたどっていたレコードのコレクションを聴くことができた。

そこは、バーンスタインの家から遠く離れたもうひとつのユダヤ人家庭であり、十代のときミルドレッド・スピーゲルの母親が自宅を開放してくれたのと同じようなものだった。彼はしょっちゅうレヴィット夫妻のところで食事をするようになった。「うちでは彼を、レオナルド・ダ・ヴィンチと呼んでいました。

ハーシェルはときどきレニー・レナペイと呼びました。レニー・レナペイというペンシルヴェニア地域のインディアンたちがいたからです」

ずっとあとになって、バーンスタインはジャニスに、自分は夫妻両方に魅力を感じていたのだが、自分の感情をひたかくしにしていたと語っている。「彼に、両性愛者と思われる徴候はまったくありませんでした」と、ジャニスは述懐している。彼女の心にはそんな考えは一度もよぎったことがなかったそうだが、夫のハーシェルのほうは、ある日レニーの部屋でバーンスタインと彼の新しい友人デイヴィッド・ダイアモンドとのあいだになにか奇妙なそぶりが見えたのに気づいていた。

フィリス・モスは、バーンスタインはカーティスにやってきた当初、非常に孤独だったという。「フィラデルフィアをいっしょに何度か散歩したことがあります。彼はそのとき、わたしに胸の内をすっかり話して聞かせました。わたしはあまりおしゃべりじゃなかったので、ほかのひとたちにはいえないことでも話せると思ったのでしょう。噂によれば、彼がゲイの暮らしを送るのはニューヨークにいるときで、フィラデルフィアではそうじゃないということでした。彼が鬱々としていた理由のひとつはそれだったのかもしれません。彼はよくわたしに、結婚したい、とりわけ子どもがほしいと話していました」

一九三九年秋のニューヨーク行きを、バーンスタインは、「自由で、必要欠くべからざる解放のとき」とヘレン・コーツに説明している。ニューヨークは、アドルフ・グリーン、ベティ・コムデン、ジュディ・ホリデーのホームタウンだった。ニューヨークにいたもうひとりの偉大な友人、アーロン・コープランドは、ハリウッドに出かけていて不在だったが、それでもコープランドの仲間たちがいたし、ホモセクシュアルの多い世界に身をおいて、彼が思う存分自由を満喫したことは充分に考えられる。バーンスタインの孤独は、彼が一九四四年に作ったミュージカル『オン・ザ・タウン』に出てくるコニーアイランドの夢のバレエの場面で奏されるヴァイオリンのメロディのような、かすみのかかった美しさをたたえた音楽へと変わっていった。ときに、孤独は耐えられないほどふくれあがり、パニックにおちいることもあった。経済的にそれだけの余裕ができた一九四二年の九月には、精神分析医にかかりはじめるのだが、学生の身であったこのころは、フィリス・モスのような友人たちに心の内を打ち明けるのが精一杯だった。とはいうものの、ルーカス・フォスは当時を振り返って、「実際に彼が哀れな姿をさらして、わたしを驚かせたことはいちどもなかった。彼に、きみがあんまり大げさに情けなさそうなそぶりをするものだから、ぼくには全然哀れに映らないといったことを憶えています……。レニーのことを心配したことは、いちどもありませんでした」と語っている。

一九四〇年二月二十四日は、カーティスにおける経歴のなかで、バーンスタインに自分はまだ指揮を学ぶ人間であると同時に作曲家でもあることを思い出させる、忘れられない日となった。ランドル・トンプソンは、オスカー・レヴァントやサミュエル・バーバーの作品も入っていた放送用のプログラムに、バーンスタインがオーケストラの練習課題に書いた、ふたつのクラリネットとふたつのバスーンのための四つの練習曲を入れることにした。バーンスタイン本人がピアノを弾くことになった。「あまりきびしい目で見ないでください」彼はヘレン・コーツへの手紙に書いている。「――作曲作品として聴いてもらうために作ったものではありませんから」しかし、三つめの作品の合唱曲は、その後バーンスタインの最初の交響曲に組みこまれている。

アーロン・コープランドはその放送を聴くことはできなかったが、バーンスタインに「マーク・ブリッツスタインが、あの番組のなかでは文句なしに一番の出来だったといっている」と手紙で知らせてきてくれた。ハリウッドからもどってきたコープランドは、ぼんやりと、しかし確実に形ができあがりはじめていた画期的な大文化事業、バークシャー・ミュージック・センターの初めてのシーズンのために、作曲の学生たちの選考をしている最中だった。コープランドは構内寄宿の作曲家としてセンターに滞在し、指揮のクラスはセルゲイ・クーセヴィツキーの手にゆだねられることになっていた。新しい冒険の話を耳にしたバーンスタインは、興奮に我を忘れた。カーティスの六カ月で、実際にオーケストラを指揮することはめったになかったが、バークシャーでは、選ばれた指揮の学生たちは特別編成の学生オーケストラと六週間のあいだ毎週活動をともにすることができる。さっそく彼は、フリッツ・ライナー、ロイ・ハリス、ウィリアム・シューマンからの推薦状をとりつけた。ミトロプーロスは応援の電報を送ってきた。アーロン・コープランドも、クーセヴィツキーに口をきこうと約束してくれた。

三月の中頃、バーンスタインはボストンに出かけ、シンフォニー・ホールの指揮者用控え室《グリーン・ルーム》でクーセヴィツキーと初めて対面した。クーセヴィツキーのロシアなまりをそっくりにまねながら、この出会いのときの話をするのがバーンスタインは好きだった。「もちろん、わたしのクラスに入ってもらう」ほんの数分話をしたところで、クーセヴィツキーは明言した。バーンスタインは狂喜した。

クーセヴィツキーが即座に受け入れてくれたのは、バーンスタインの心を何カ月もやきもきさせていたミトロプーロスの計画とは好対照だった。その計画とは、ミネアポリスから届いた一通の手紙からはじまった。「非常に重要な話があるので、きみに会いたい。運が良ければ、このあとのきみの将来を左右することになるかもしれない大事な話だ。手紙には書けない。じっくり説明を要する話なのだ。そのときに、今後の生活と勉強に必要なもの［原文まま］をもっていく」

バーンスタインはニューヨークにおもむくと、まずミトロプーロスの話を聞き、すぐにそのことを家族に伝えている。

親愛なるみなさんへ――

これ以上ないすばらしい夜をすごしてきたところです――もちろん、あのマエストロと。たしかに彼はぼくの将来に関する計画をもってきました。だれにもいわずにおくつもりですが——もちろん、神様はべつです——でもどうか、このことは絶対に他言なきようお願いします！　ぽろりとでも洩らされては困ります。しっかり憶えておいてください。

　ディミトリはぼくに、カーティスで今年を終えてほしいとのことです——できるかぎりの勉強をして。そして次のシーズン——以下の方法で、ミネアポリスに来てもらいたいというのです。もちろん、副指揮者としてではありません。まだぼくは指揮者でもなんでもありませんから。しかし、そこでぼくを副指揮者に仕立てあげてくれるそうです。ソロ（つまり協奏曲で）と、オーケストラのピアノ・パート両方を弾くピアニストとして、オーケストラに合流することになるでしょう。彼のリハーサルにすべて出席して、スコアを手にリハーサルを追い、いつでも彼の代わりにオーケストラを指揮できるようにならなければなりません。そして、彼のいうには、そういうことは何度もたくさん出てくるだろうとのことです。彼はオーケストラのマネジャーにたびたびその話をして、優秀な指揮者だからと説得しました。そしてマネジャーは同意してくれたのです。びっくりするくらいの報酬を週給でもらえます（もちろん、まず最初に組合に入らなくてはなりません）。換言すれば、彼はぼくをミネアポリスで、ピアノ独奏者、作曲家、楽団員、批評家、そして指揮者として、売りこんでくれるのです——来年、ぼくが正式に副指揮者の称号を受け継ぐことができるよう、全力を挙げて。そして、そのあとは——神のみぞ知る、です。ぼくは、父さんがよくいっていたように、この仕事を一から学んでいくつもりです。

　それこそまさしく、ぼくのやりたいこと、ぼくに必要なことなのです——だけど、いまだに、これが正真正銘の事実なのか信じることができません。これ以上のすばらしい状況は考えられません——仕事と、勉強と、ミトロプーロスを助けることを、すべて兼ねているわけですから。ほんとうに、すばらしい話です。

ミトロプーロスは計画を真剣に考えていたのだが、オーケストラのマネジャーに自分の愛弟子がまだ学生の身だということをはっきり伝えていなかったらしい。バーンスタインは手紙でミトロプーロスに、自分はまだ組合に加入していないと伝えた。ミトロプーロスは、ミネアポリスに来たときにメンバーになれるよう、ボストンかフィラデルフィアでAFM（アメリカ音楽家連盟）の組合に加入するようすすめた。だが、バーンスタインは、ニューヨークで組合に入ろうとしたときの苦い経験から、ミトロプーロスの秘密の計画は現実的なものではないことに気がついたにちがいない。彼はボストンに在住していたわけではないし、フィラデルフィアの一学生にすぎなかった。四月十三日に、ミトロプーロスから句読点なしの電報が届いたとき、ミネアポリスの夢は、はかなくついえた。

来シーズンもカーティスに残るように　今回はむずかしくなった　わたしはニューヨークに仕事の契約がある　一カ月のあいだオーケストラは演奏旅行に出る　客演指揮者に招かれているところもいくつかある　どう転ぶかわからないシーズンのために学業をストップするのは賢明ではない　ほんとうにすまなく思っている

ディミトリ

バーンスタインは大きなショックを受けた。「今日は最悪の一日だった」彼はいちばん最近に親友になった、ヴァイオリン奏者で作曲家で三歳年上のデイヴィッド・ダイアモンドに手紙で訴えている。バーンスタインの手紙に見られる一風変わった言葉づかいは、華麗なるホモセクシュアル、ダイアモンドとの

〝強烈な一体感〟を反映したものである。

きみがいないのがやけに寂しくてしかたがない。四月は最高に残酷な月だ。ディミトリから電報が届いて、ぼくの世界は完全に崩壊した。来シーズンのミネアポリスのことについては、ずっといやな予感がしていたんだ。怖いくらいに気持ちの通じあうきみなら、きっと理解してくれるはずだ。今日は、その予感が、現実のものになってしまった……。ぼくは一日中、足もとがおぼつかず、死人のような青い顔をして、流れるのをやめたがる血液と格闘していた……。

……どうか、ぼくがうろたえてわめき散らしているなどとは思わないでほしい。その前にクーセヴィツキーのクラスで夏をすごすことにはなるが、来年ミネアポリスに行けるという見込みがあったからこそ、いろいろと頑張ってきた。ぼくがとったあらゆる行動、研究したあらゆる楽譜、捨てた計画、愛したひと、無視された希望――すべて来年につなげるための準備だった。勉強するために選んだスコアから、あきらめたセックスまで――なにもかも。

あの電報を送ってきたディミトリもつらかっただろうが、ぼくがこの手紙を書くのも、同じくらいつらい。

バーンスタインが修道僧のような禁欲の誓いを立てたというのは注目すべき点であるが、その自嘲的なトーンには彼らしからぬヒステリックなところがうかがえる。

三日後、ミトロプーロスは、かねてからの約束を果たせなかったことを詫びる手紙を書き送ってきた。彼の説明によれば、問題は組合にあった。組合は州外の人間を雇うことを許可しようとしなかった。また、オーケストラのマネジャーも、学生を副指揮者として受け入れようとはしなかったのだ。ミトロプーロスは、ふたりの計画がともに打ち砕かれたことに、心を痛めていた。

バーンスタインはすぐに不運なミトロプーロスに同情を示していた。「彼はいいかげんな約束をする人間ではない」バーンスタインはダイアモンドに断言している。「彼は誠実さにかけては比類のない人間だった。強大な組織の壁に阻まれただけのことなのだ」と。何週かするうちに、バーンスタインはダイアモンドに、あの一件についてはだんだん気にならなくなってきたと告げることができた。「人生、悪いことばかりじゃない」なかでも大きかったのは、指揮者としての自信をさらに強めたことだった。

カーティスで一年目が終了する前に、バーンスタインはワーグナーの『タンホイザー』序曲と、ブラームスの交響曲第三番で、カーティスのオーケストラを指揮した。彼は、ヘレン・コーツに書いている。「こんなすばらしいことが、世の中にあるでしょうか。いまだに興奮さめやりません――もちろん、指揮者として自分が考えていた音楽にその場で反応が返ってきて、すっかり仰天し、間違いもたくさんやらかしたことでしょうが、なんとかうまくやり通しました。ぼくはいま、心底夢中になっています。世界最高の楽器で望むままの音楽を実感できたとしたらどんなふうに感じるだろうか――それを、ほんのちょっぴりだけ味わうことができたのです。この先のことを考えると、わくわくします。これが、いずれきちんと実をむすぶことができる、現実的なものであってほしいと願っています」

学期が終了すると、バーンスタインはシャロンの家にもどった。そこでラヴェルのピアノ作品『クープランの墓』を練習し、来るべきクーセヴィツキーのクラスに向けてスコアを精読し、断続的に新しいヴァイオリン・ソナタにとりくんだ。夏の真っ盛りにニューヨークへ行って、アドルフ・グリーンやレヴューアーズの面々と友情をあたためた。二、三カ月前には彼らといっしょに、現在ではレコード・コレクターの垂涎の的になっている『二本の左足をもつ娘』というレヴューアーズによる二十分間の笑劇のなかで、ピアノを弾いていくばくかのお金を手にしていた。この録音では、ベティ・コムデンとジュディ・ホリデーが目立って面白く、バーンスタインの完全無欠のサウンドトラックには、ブギウギ・ピアニストとしての、ホンキートンク・ピアニストとしての彼の卓越した才能をまざまざと見てとることができる。「ヴァラエティ」誌の短い論評には、「五人の才能あふれる若者たちによって書かれ、作曲され、演じられた、ハリウッドに対するしたたかな皮肉……」とあった。バーンスタインが次にレヴュアーズといっしょになったのは、NBCテレビの実験スタジオで、彼はある草分け的なテレビ〝特番〟のためにピアノを弾くことになった――これを見たのは、受信機をもっている数百の家庭だけだった。ニューヨークのゴシップ・コラムニストで、相当な音楽通だったレナード・ライアンズは、鍵盤で楽譜のページをくっていたのは、ほかならぬアーロン・コープランドだったと報告している（バーンスタインの名前は外されていた！）。

七月の初め、バーンスタインは彼の人生のなかでももっとも刺激にみちた六週間、タングルウッドの音楽学校という夏の夢に旅立つため、マサチューセッツ州レノックスにおもむいた。

8　タングルウッド——一九四〇年

「若さと喜びにあふれ、青々とした肥沃な樹木茂れる山」
——レナード・バーンスタイン

タングルウッドは、マサチューセッツ州北西部にあるバークシャー山地の村、レノックスの中心部から西へ一マイル半ほどのところにある、タッパン一族の私有地の名称である。ナサニエル・ホーソーン、ハーマン・メルヴィル、イーディス・ウォートンが暮らし、作品を書いた地域である。一九三七年にタッパン家が、マーキーナク湖の北岸まで優雅になだらかな起伏を描く芝の牧草地をボストン交響楽団に与え、タングルウッドは夏の音楽活動の永遠のメッカとなった。

一九二四年からボストン交響楽団の音楽監督をつとめていたセルゲイ・クーセヴィツキーが、総指揮にあたった。一九三八年にタングルウッドが初めてむかえたシーズンには、前年に近くの土地を使ってやったときと同じく、オーケストラは天幕の下で演奏を行なった。ところが、激しい雷雨にあって、全曲ワーグナーの最終日のコンサートはだいなしになった。さっそく資金が集められ、次のシーズンまでに、タングルウッドのバークシャー音楽フェスティバルには、クーセヴィツキーが大西洋をわたったときに知りあったエリエル・サーリネンの設計を下敷きに、コンサート・ホールができあがった。サーリネンの設計案は費用がかかりすぎると判断され、地元の建築技師ジョゼフ・フランツが、鉄製の梁で屋根を支えるという、原案にくらべると洗練度に欠ける設計で建築を進めた。「こいつは、コンサート・ホールというよりは、小屋《シェド》だな」サーリネンはそうコメントし、以来今日にいたるまで、この建物は〝小屋《シェド》〟の名で親しまれている。シェドは、周囲の自然とみごとに調和した、簡素ではあるが優雅な施設に対するボストンの住人たちの誇らしい気持ちを、控え目に表現した愛称なのである。演奏者は巨大な扇形の小屋のかなめにあるステージで演奏する。地上には壁がひとつもなく、おかげで観客たちは、昼は芝生を、夜は星を――そして、地平線にあるときには月を――目にすることができる。平らな屋根の下には、五千人が入り、その外側には少なくとも一万人以上が入れる空間があって、背の高いモミの木が演奏エリアに自然の背景幕を投げかけている。

一九三八年にはこの新しいシェドで催された六つのコンサートに合衆国の四十の州から三万六千人の聴衆がつめかけた。タングルウッドは、ザルツブルクに肩を並べる国際的な音楽祭の開催地という芸術的、社会的な魅力を帯びはじめた。しかし、クーセヴィツキーは自分の業績に満足してはいなかった。一九三九年の音楽祭――六回のコンサート・シリーズ――が終わったあと、彼は、翌年タングルウッドはヨーロッパにもアメリカにも類を見ない教育プロジェクトを開始すると宣言した。七月と八月の六週間、バークシャー・ミュージック・センターは三百人を超える学生に、集中的な訓練をほどこす、と。

音楽祭と教育の総合施設タングルウッドを創設したことにより、クーセヴィツキーこそ二十世紀で最大の影響力をもつ指揮者であるという評価は固まった。彼は帝政ロシアと一九二〇年代のパリで、ストラヴィンスキー、スクリャービン、プロコフィエフといったすぐれた作曲家たちの曲をコンサートでとりあげ、楽譜を出版した。アメリカでは、ボストン交響楽団用の作品を委嘱し、冬季の予約コンサートにクラシックだけでなく新しい音楽を紹介することで、時代の先端を追求した。だが、バークシャー・ミュージック・センターは、クーセヴィツキーが内容紹介のパンフレットで説明したように、「崇高なことこの上ない活動のなかで、音楽のことを考え実践するあらゆる人々に特別な機会を」提供するがゆえに、これまでとはまったく次元の異なる試みだった。学生たちは学位免状や単位をもらうことはできなかったが、当代一流の芸術家や学者たちと、ぜひとも交流をもちたいと思った。タングルウッドは、「最高峰の音楽とそれに関連する技術を身をもって体験することで知性と人格を活性化したいと切望する人々のための場所になるだろう」と、彼はつづけている。

クーセヴィツキー博士のブロークンな英語は語り草になっていたが、彼が活字の上で雄弁に物語ったサマースクールの概略説明はアメリカじゅうの音楽カレッジに興奮の渦を巻き起こした。一九四〇年、バークシャー・ミュージック・センターは、作曲、指揮、オーケストラ演奏、オペラの各学科に、上級クラスを設けた（これにくらべるとレベルの落ちる合唱や音楽一般の学科は、音楽院の名のもとに切り離されたかたちで組織され、一九四一年になってセンターに編入された）。教える側のスタッフも、ボストン交響楽団のコンサートマスターと副指揮者を兼任するリチャード・バーギン、アーロン・コープランド、ニューヨーク・タイムズの音楽担当編集者オーリン・ダウンズ、メトロポリタン歌劇場の舞台監督ヘルベルト・グラーフ、ドイツの作曲家パウル・ヒンデミットという、そうそうたる顔ぶれだった。講師陣には、作曲家のロイ・ハリスや、カーティスでバーンスタインが師事していたランドル・トンプソンの名前もあった。ボストン交響楽団からも二十九名がスタッフ・リストに名を連ね、彼らは個人やグループを相手に、ヴァイオリンから打楽器まで、ありとあらゆる楽器の指導にあたった。有能な奏者たちでオーケストラを作り上げるのが、この学校の目標のひとつだった。この学生オーケストラは、週にいちどシンフォニー・コンサートを催し、そこでは学生が指揮をすることもあれば、クーセヴィツキーやリチャード・バーギンが指揮をすることもあった。こうして学生奏者たちは、最高の腕をもつプロフェッショナルたちのもとで腕をみがく恩恵にあずかることができた。七月の終わりには、クーセヴィツキーが三つの週末に九つのコンサートを指揮する、この年の音楽祭のコンサート・シリーズを催すために、ボストン交響楽団の残りの団員が合流する。

オーケストラのクラスに次ぐ大所帯は、ヘルベルト・グラーフの指導する〝オペラ・ドラマティックス〟のクラスだった。一九四〇年のオペラのクラスには歌手が二十人いて、弦楽セクションは比較的小さいが、木管、金管、打楽器のセクションに必要にして充分な人数をそろえた学校《インスティテュート》オーケストラには、六十六人の奏者がいた。作曲のクラスは生徒が十三人で、そのなかにはルーカス・フォスとハロルド・シャピロがいた。指導には、クーセヴィツキーの代理をつとめるアーロン・コープランドと、当時その能力と評判の絶頂にあったパウル・ヒンデミットが分担してあたった。これだけ名のあるヨーロッパ人の協力をとりつけられたのは、まさしく大成功だったといえよう。クーセヴィツキーは開校の挨拶で、ヨーロッパの風景はこのタングルウッドと同じくらい美しいが、いまそれは戦争で破壊されようとしている、と語った。「音楽を語るにふさわしいときがあるとすれば、それはいま、この新世界においてでありましょう」彼はなにか奇跡が起こって、アメリカがこのまま戦争に巻きこまれずにすむよう願いたいと語った。「芸術と文化が存在するかぎり、人類には希望があります」と。

一九四〇年の学生数は三百十二名だったが、その三分の二はマサチューセッツ州とニューヨーク州から来ていて、二十五歳以上が半分以上を占めていた。食費と授業料（一般授業料が百ドル、特別クラス二十ドル）をまかなうための奨学金制度があった。バーンスタインは奨学金の五十ドルに、NBCでレヴューアーズの伴奏をつとめたときの収入を足して補った。

宿舎は、質素そのものだった。バーンスタインの宿舎は、レノックスのイエズス会が経営するクランウェルという大学進学予備校だった。ルームメイトが四人いて、全員が同じ空間で勉強しなくてはならなかった。四人のうちのひとり、ハロルド・シャピロは、楽器をやっている三人のルームメイト——クラリネットのデイヴィッド・グレイザー、ヴァイオリンのラファエル・ヒリヤー、チェロのジェシー・エアリック――のために、「五十七号室」と題する作品を書いている。シャピロの記憶によれば、バーンスタインは隅っこの机の前で大声をあげながら、リムスキー・コルサコフの『シェヘラザード』のリハーサルの予習をしていたという。その夏、彼の口から作曲に対する抱負はひとことも聞かれず、彼の楽譜がコンサートで演奏されることはいちどもなかった。彼がタングルウッドに来たのは、指揮の技術を学ぶためであり、彼はもっぱら指揮の勉強に打ちこんだ――朝も、昼も、夜も。

バーンスタインは、クーセヴィツキーの指揮のクラスで積極的に活動するよう選ばれた五人のうちのひとりだった。その他大勢の何ダースかの学生たちは、授業を聴講する側に回った。選ばれた五人の残りは、ルーカス・フォス（作曲と並行して指揮も学んでいた）、リチャード・ベイルズ、ソーア・ジョンソン、ゲイロード・ブラウンだった（ブラウンを除く全員が指揮者として成功した）。

クーセヴィツキーの夏の生徒のひとりになるということには、どんな意味があっただろう？　これに似たものを探すとすれば、すぐれたひとりの外科医が、起きているあいだじゅう先生の一語一語に必死に耳を傾ける学生たち――学生友愛会の貴族階級――を連れて巡回する、大学付属の教育研究病院が適当かもしれない。しかしタングルウッドの場合、若い指揮者たちはわずか数日のインターン期間が終われば〝手術〟を実践するチャンスを与えられるという、大きな違いがあった。といっても、ボストン交響楽団という貴重な体を使って実践できたわけではない。その特権を与えられているのは、クーセヴィツキーと副指揮者のミスター・バーギンだけだ。学生たちの〝執刀〟の対象は、新たに編成された学生オーケストラだった。

バーンスタインは七月十二日金曜日に行なわれたバークシャー・ミュージック・センターで初めてのインスティテュート・オーケストラによるコンサートで、オープニングにランドル・トンプソンの交響曲第二番を指揮することになった。勉強は、個人レッスンにはじまり、オーケストラのパートが横に並べた二台のピアノ——弦楽を一台目が、管楽を二台目が——で演奏されているあいだに、彼はトンプソンのスコアを指揮する動きを練習した。一九四〇年の出演者たちの多くは、それまでいちどもレッスンをつけたことがなかった六十五歳のクーセヴィツキーがバーンスタインの才能に惹きつけられて興奮の度合いを深めていった様子を口にする。クーセヴィツキーは報道関係者に、自分のところのミュージック・センターは五年のうちに五人の天才指揮者を、そして二十人の一流指揮者を輩出すると公約している。その一日目に、彼はまぎれもない天才を教えていた。バーンスタインは初めのころのレッスンを鮮明に憶えており、終生その話を伝えていた。「指揮棒のひと振り《ビート》と次のひと振り《ビート》のあいだに準備するんだ。……［秘訣は］ひと振り《ビート》とひと振り《ビート》のあいだにある。大切なのは、内なるビートだ。そして、クーセヴィツキーはわたしに、どうすればいいかを教えてくれた。『ランドル・トンプソンの交響曲の緩徐楽章を指揮するときには、朝日が昇るときのように暖かく……。暖かく、そして二と三と四と一……』」

　振付師としてのクーセヴィツキーにとっては、旋律線をはっきりさせることが不可欠だった。ダンスになぞらえるのは、たまたま思いついたからではない。指揮者もまた、体を使って表現する職業だからだ。「第一週の終わりに」バーンスタインは回想している。「クーセヴィツキーは全員に、彼のいう〝造形〟のレッスンが必要だと判断し、アクションのレッスンのために近くのジェイコブズ・ピロウ・ダンス・フェスティバルから一流の舞踊家［のちに有名な振付師となるエリック・ホーキンズ］を招聘し、動きのレッスンを受けました。みんな、ある種の姿勢で立って、ある種のエクササイズをすませるんです。鏡のなかの自分と向きあいながら、それをやらなくてはなりませんでした。わたしも一日だけやったけれど、もうおかしくて笑いころげてしまい、二度とやりませんでした。鏡を前にして指揮したのは、あとにもさきにもこの時だけです」

ルーカス・フォスも同様に、クーセヴィツキーの鏡を使ったレッスンには懐疑的だったが、このカーティスの学生ふたりは指揮棒の使用についてはべつべつの道を選んでいる。フォスはライナーにすすめられた大きな指揮棒に固執した。バーンスタインは、どんな指揮棒も使おうとしなかった。ミトロプーロスがなにももたずに両の手で――ときには、拳を振りまわして――雄弁に指揮しているところを見てきたため、この点については自分のあこがれのひとに倣《なら》おうと心に決めたのである。「クーセヴィツキーは、彼のいうところの〝バゲット〟を使ってくれと、しきりにいってきました。『ほら、これなら鉛筆みたいなものだ、レニューシュカ、こいつを使えばぐんと鮮明になるんだよ!』と」だが、バーンスタインは自分のやりかたを貫いた。初めて指揮をすることになったコンサートの前夜、彼はシャロンの家族に手紙を書いた。

お元気ですか。

……こんなすばらしい学校は初めてです。毎朝、オーケストラを指揮しています。明日の夜、初めてのコンサートがあります。クースは、ぼくの初めての指揮のために、いちばんむずかしくて長い曲をくれました――ランドル・トンプソンの交響曲第二番で、所用時間は三十分という現代アメリカの作品です――クースはぼくの指揮をとても気に入ってくれています。ぼくのことを気に入って、個人レッスンでもすごく熱心に指導してくれます。こんなすばらしいひとがいるかと思うと――すばらしい精神の持ち主で、決してくじけたり傷ついたりすることはありません――すごく勇気づけられます。ぼくにはすばらしい才能があると、彼はいいます。ぼくを偉大な指揮者に育て上げるつもりなのです(今日はクースの車に乗せてもらったんですよ!)。彼は教師としてもすばらしい才能の持ち主で、これほどとは思いませんでした――喜ばせるのがむずかしいひとです――だから、よくできたといわれたら、それは彼の本心からの言葉なのです。そんなときは、ぞくぞくするくらいうれしくなります――

―これほどの喜びと満足は味わったことがありません。オーケストラのひとたちも、ほかのどの指揮者よりぼくを気に入ってくれていて、リハーサルのときの反応も上々です。もちろん、明晩のコンサート（安息日ですが！）は、本番になってみないと落ち着いてやれるかどうかわかりません。みんな一生懸命に練習してきました――ここにいると、気が変になりそうです。疲れたとか、睡眠不足だとか、考えている時間はありません――このセンターには、気持ちを燃え上がらせてくれる何かがあって、まったく睡眠をとらなくても大丈夫なんです。明日の夜のことを考えると、わくわくします――家族全員で聴きにきてくれるとうれしいです――ぼくにとっても重大なコンサートですが、クースはこのコンサートで、自分が正しかったことが証明されると考えています――うまくいったらの話で、保証のかぎりではありませんが……。

どうか聴きにきてください――ぼくは毎週金曜日に指揮をして、毎朝リハーサルに行くことになると思います――どうか、いらしてくださいますよう――

愛をこめて
レニー

このコンサートでは、ベイルズとジョンソンも指揮をつとめ、成功に終わった。マサチューセッツとニューヨークの新聞の評論家たち、とりわけタイムズ紙のハワード・タウブマンは、前々からこの学生オーケストラの業績をたたえていた――アメリカにあるセミ・プロのオーケストラのなかでは最高のレベルにある、と。オーケストラの驚異的レベルの技術は、毎年短期間であっというまに達成され、これはタングルウッドの不朽の業績のひとつになっている。

バーンスタインの両親は、マウント・ホールヨーク大学入学間近のシャーリーと、八歳のバートンを連れて、車でシャロンから会場に駆けつけた。クーセヴィツキーのもとで三週間近く指導を受けたあとも、バーンスタインは彼の注目を浴びることに大きな喜びをおぼえていた。「ぼくのことを、ますます気に入ってくれてるようです」彼はヘレン・コーツに手紙で報告している。「いまも、この冬はボストンにいて自分のところで勉強しないかといわれています。今日は、一生懸命に頑張りさえすれば、かならず最高の（！）指揮者になれるといわれました。三年間――それだけ頑張れば。彼は自分の手でぼくを創り上げたいのです。ぼくには、偉大な指揮者になるためのあらゆるものがそなわっていると、彼はいいます――もちろん、ぼくは例によって、そんなたいした人間ではありませんと答えていますし、これほどまでの信頼を寄せられるとちょっと気が重いけれど、この学校のあまりのすばらしさに、そんなことも気にせず、練習に励み、秋に待ち受けていると思われる徴兵の恐怖もまったく頭に浮かんできません。いずれにしろ――勉強できるあいだに勉強しておかなければいけません」

後年、バーンスタインは、タングルウッドの思いわずらうことのない有頂点の日々を、明るい表情で振り返っている。「全然、睡眠をとっていなかったような気がする」彼は回想している。「まさしく、日々興奮の連続だった。ぼくらはひたすら練習しているか、でなければずっと楽器を弾いていた。それは、同じひとつのことだったからだ。音楽を演奏すること、たがいに演奏しあうこと、セックスをすること、作曲をすること、これはみんな同じひとつのことであって、不朽のものであり、不変の強さをもつものだった。そして、そのあらゆるものの上には、クーセヴィツキーの精神があって、それがすべてをひとつにまとめ、すべてに重要な意味をもたせていた。ぼくらの行動は、すべて――音符のひとつひとつ、楽句のひとつひとつ、ぼくらの歩きかたにいたるまで――クーセヴィツキーの影響を受けていないものはなにひとつなかった。使い古された言葉を使うなら、彼のカリスマはあまりに強烈で、たとえば、リハーサルの場に彼がいるだけで――ぼくが学生オーケストラとリハーサルをしているところを、彼はよく見守っていた

——絶対に最高の力を出さなければいけないという気持ちになった」

実際、クーセヴィツキーはリハーサルのときに正面に腰掛け、ときに指揮者や演奏者に注意を与えるために電灯のフラッシュ・シグナルを使って進行をストップさせることもあった。影響を受けやすい学生たちにとっては大きなプレッシャーだったかもしれないし、ときには精神的なダメージを受けることさえあったかもしれないが、学ぶ姿勢ができている者たちにとっては——バーンスタインはしばしば、自分のことをスポンジのような人間だと話していた——この経験はひときわ刺激にみちたものだった。ランドル・トンプソンの交響曲第二番だけでなく、バーンスタインは七月二十日の土曜日にはバッハの二つのヴァイオリンのための協奏曲、七月二十五日にはリムスキー・コルサコフの『シェヘラザード』の第二、第四楽章、八月六日にはハイドンの協奏交響曲、八月十三日にはブラームスの『ハイドンの主題による変奏曲』、そして八月十六日にはアーロン・コープランドの『野外序曲』を指揮している。バーンスタインの歩みはバラ色の道ばかりではなかった。かねてからの派手派手しい指揮スタイルは、ときに仲間の学生たちの嘲笑を浴びた。リムスキー＝コルサコフの『シェヘラザード』のとき、彼は両手でシンバルをたたく身振りをした。「あとで彼は全員からこてんぱんにこきおろされました」ハロルド・シャピロは述懐している。「あんな滑稽な動作で、わかりきったことをまねして見せたんですから」

バーンスタインは『兵士の物語』も練習していたが、これはコンサートでは演奏されなかった。そのかわりに、シーズンの終わりに、タングルウッドの真北にあるボールドヘッドと呼ばれる山腹に新しく家を購入したクーセヴィツキーの新築祝いに、この作品は演奏された。この年、ナターリャ・クーセヴィツキーは心臓発作を起こしてこのときもまだ伏せっていたが、室内楽の一団が『徒弟の物語』と題したパロディを演じている正面の芝生を見下ろせるよう、セルゲイ・アレクサンドロヴィチといっしょに寝室からバルコニーに出てきた。指揮をしたのはバーンスタインで、すでに彼はタングルウッド版に改変した新しいストーリーを作ってあった。ちょうど五年前に『カルメン』を、シャロンを思わせる設定に書きなおしたのと同じように。兵士のかわりにヒッチハイカーが〝埃の舞う灼熱の道を踏みしめて〟やってきて、タングルウッドを通り過ぎるとき、奇妙な音楽を耳にする。ラグタイムのようなサウンドが、森のほうから聞こえてくるのだ。このときに撮った何枚かの写真――バーンスタインが指揮をしている場面では最古のもの――には、その場面をにこにこした表情で見守っているクーセヴィツキーの姿が写っている。

一九四〇年の八月一日から十八日のあいだにクーセヴィツキーはボストン交響楽団と九つのコンサートをリハーサルし、指揮して、七万人の観客を楽しませ、学生たちに自分の指揮の技術を学ぶ機会を与えた。三つに分かれたシリーズのふたつめは、チャイコフスキー生誕百年を記念するチャイコフスキー／ベートーヴェン・チクルスとされた。あとのふたつの週末は、クラシックと現代作品を織りまぜたものだった。バーンスタインにとっては、後年彼が卓越した才能を見せる指揮者の技術のひとつ、プログラム構成の勉強にもなった。

クーセヴィツキーは、さほど天与の才に恵まれた技巧家ではなく、リハーサルに入るときも、かならずしもスコアを完全に把握しているわけではないし、正確にどこで演奏をはじめるかという基本的なポイントについての意図を演奏者たちに明快に指示できないこともある、と口にするひとたちもいた。「わたしが空気にふれたときに演奏するんだ」と、彼はよくいった。しかし、彼の解釈の力と現代世界における包括的な芸術家観については、疑問をさしはさむ余地はまったくなかった。

バーンスタインがのちにクーセヴィツキーに送った賛辞のなかには、さまざまな主題が認められる。彼の教授法はひとにインスピレーションを吹きこんだ。「彼は音楽の本質と音楽の心を教えてくれました」彼は、輝きを放射する男であり、「音楽に――音楽の主題と理想にとりつかれたひとでした……その、とりつかれたようなところが宇宙線のように、われわれに向かってくるのです」彼は音楽に、自分の仕事に専心することを教えた。「彼は〝中枢線《セントラル・ライン》〟という言葉を使っていたように記憶しています……つまりそれは、芸術家がいかなる犠牲を払っても追求すべき線、そして永遠に変わらないものの発見につづく線、音楽という芸術のなかに表われてくる真理につながる神秘の線、という意味合いでした」彼の根本にある不滅の教えは、一九六三年にバーンスタインが行なったスピーチに要約されている。「まず最初にくるのは作曲家です。初めに音ありき。音は神とともにあり。そして、高みに手を伸ばしてその音にたどり着いた者は、だれもが高みに達し、それを地上のわれわれのもとに、地上のわれわれの耳に運んでくる――彼は作曲家であり、彼の手の届くところまで、神の性質を帯びる。この到達力、この跳躍力、大志、推進力――これこそ、クーセヴィツキーのもつもっとも神聖な性質です。そして彼は、自分の活力と集中力を可能なかぎりひとに捧げました。つまり、彼は音楽を指揮しただけでなく、ほかの人々に自分と同じ盲目的な情熱をもって指揮することを教え、一般聴衆には耳を傾けることを教え、作曲家たちには、どんな機会も逃さずに高いところに手を届かせるよう激励したのです。彼は、確立されたレパートリーに惜しみなく注ぎこんだのと同様の熱烈さと、注意と、絶妙さをもって、新しい音楽を世に広め［妻の財産を使って、帝政ロシアに出版社を作っている］、新しい作品を委嘱し、そしてもっとも重要なことですが、演奏によって新しい作品を世に送り出したのです」

　ひとからこれほど大げさな賞賛を引き出すことのできる人間には、暗い側面もあるのがふつうであり、クーセヴィツキーも例外ではなかった。ハロルド・シャピロは彼を、信じられないくらい虚栄心の強い人間であり、指揮者・式典執行者の制服であるケープと礼服――法衣と呼ぶ者もいるかもしれない――に夢中になっている人間だと考えていた。バーンスタインですら、百年祭のスピーチで、その点には言及せざるをえないと感じたらしい。「われわれだれしもと同じように、彼にも彼なりの虚栄心がありました。わたしたちがタングルウッドで彼に師事していた三十何年か前、彼は九十足以上も靴をもっているという意地の悪い噂をよく耳にしたものです！　彼は美しく着飾るのが好きでした。控え室《グリーン・ルーム》でリップサービスを受けるのも嫌いじゃなかった。しかし――それと強いつながりのあることですが――そういったことはすべて、音楽を演奏するさいに血となり肉となっていました。とにかく彼は、みずからを、作曲家の意図をこの上なく汲み取る器に、作曲家と聴衆をつなぐ完璧な掛け橋にするために、どんな苦労もいといませんでした」

バーンスタインがクーセヴィツキーから学んだものは、ほかにもある。祝祭《ガラ》のセンスである。「クーセヴィツキーがステージに出てきて、器用に指揮台に向かって右向け右をし、運命に向かうように台に歩を進め、彼のバゲットを上げるとき（きわめてゆっくりと――それは重要なことだった）、その音楽がどんなふうになろうと、演奏しているのが彼であるがゆえにその音楽は重要なものになったのです。それを理解できない聴衆はひとりもいなかったし、彼らは気持ちを高揚させて耳を傾けていました……その音楽のあらゆる構成要素に、慈愛にみちた調べに、音調の変化に、休止に、耳を傾けていました」また、祝祭の感覚に加えて、のちに師と遊び好きな弟子の言い争いの種になる問題、社会的責任についても学ぶことができた。指揮者は共同体における指導者であると、クーセヴィツキーは主張した。したがって当然、その言動や服装においても範を示さなくてはならない、と。「ステージに立ってオーケストラを指揮するときに、自分に向かって心から『そう、たしかにわたしには、すぐれた音楽を愛するこの人々の前に立つ権利がある。楽員がわたしに指揮されることを、恥ずかしく思うことはまったくない。わたしにここに立つ権利があるのは、生活にも仕事にもまったく汚れたところがないからだ』といえるくらいに品行方正でなくてはいけない」彼は指揮を学ぶ学生たちに、指揮台の上で自分を可能なかぎりの高みに引き上げることから仕事をはじめ、それからいくばくかの時間をかけて――後年、バーンスタインがかならずそうしていたように――主要な奏者たちの目をひとりひとりまっすぐにのぞきこんでみなさいとアドバイスしていた。

「トロンボーンを忘れないようにな」と、彼は付け加えた。トロンボーンは伝統的に、オーケストラの悪戯者だからだ。

タングルウッドの初めてのシーズンが終了すると、バーンスタインはシャロンにもどってきて、冬にボストンのクーセヴィツキー博士のもとで勉強することを検討した――夏の初めにマエストロから提案があったように。まず彼は、当時からこの師に連絡するときに採用していたヴィクトリア朝時代かと見まがうようなスタイルで感謝の手紙を書き送った。「……この夏は、わたくしにとって、かけがえのない時間でした――勉強においても、目的意識の強さにおいても、ひとと力を合わせるという観点からも、すばらしい時間でした。あの時間のなかに、あれほどたっぷりと浸かることができたことに対する、恐れ多い気持ちと感謝の気持ちでいっぱいです。この六週間は、わたくしの人生で最高の喜びにみちた、最高に生産的な時間でした。初めて、俗世間から完全に切り離されて、自分の大きな目的にひたすら打ちこむことができました……。あなたの創造力にみちたエネルギーに、真実を見通す直観力に、教師と芸術家を信じられないくらいみごとにミックスさせておられることに、ささやかながら感謝の気持ちを捧げたいと思います。あなたのなかでわたくしという人間が大きくなっていくのを見ることが、わたくしの目標であり、ぜひともあなたという偉大なる魂のなかにそれを実現したいと願っております」

九月五日にレノックスから、月の中頃に会おうと日時を書いてよこしたメモのなかでも、クーセヴィツキーは野心的なトーンをくずさなかった。「今夏の勉強で、きみにすばらしい時間をすごし、能力を高め、自然がきみに与えた才能をこれまで以上に認識したことを知って、これほどうれしいことはない」

バーンスタインは、すでにミトロプーロスに、ボストンに来ないかという誘いについてアドバイスを求める手紙を書いていた。若い友人の音楽家としての成功を知って喜んだミトロプーロスは、九月四日に返事をよこした。「クーセヴィツキー博士がきみに大きな関心を寄せているのは、うれしいかぎりだ……。

わたしは、この冬カーティスにもどる必要はないのではないかと思う。いまやるべきことは、一生懸命研鑽に励みながら、じっと我慢して、かならずや訪れるはずの大きなチャンスを待つことだけだ」バーンスタインは師からアドバイスをもらうために、車でレノックスを訪ねた。その十日後にバーンスタインがずっとボストンにとどまろうという気持ちになっていることから見て、師が楽観的な対応をしたのはまちがいない。彼はボストン地域でクーセヴィツキーの庇護のもと、見習いオーケストラを編成し、指揮することになるだろうと考えていた。「厚かましいやつとお思いにならないでください。ただ、現実を見つめようと懸命に努力しているだけのことなのです……。こんな手紙を書いてあなたのプライバシーに立ち入ることは申し訳なく思っております。しかし、わたしは最近ニーチェを読んで大胆になっているのです。彼のツァラトゥストラのように、〝大いなる頂き〟に向かいあおうと思うなら、いま以上にいささか大胆にならなくてはいけないことを学びました」

絶頂期はいきなり過ぎ去った。以前に、フリッツ・ライナーはバーンスタインに、タングルウッドに行ってクーセヴィツキーに師事するのなら、もどってきても歓迎はされないだろうが、カーティスは卓越した能力をもつ指揮の学生を手放すつもりはない、と告げていた。レノックスとフィラデルフィアのあいだで、熾烈なやりとりがあったにちがいない。十月一日にクーセヴィツキーは、バーンスタインに次のような電報を送ってきているからだ。

ランドル・トンプソン博士から聞いて、きみのカーティスにおける奨学金が来年度も継続されることを知った。率直にいって、きみは学校に対する義務をまっとうしなければいけないと思う。それで翌年にはいかなるプランも除外されることになるが、これはわたしの意思とも一致するところである。みなさまによろしく。

S・K。

バーンスタインは抵抗をあきらめた。彼は二、三日中にフィラデルフィアで新しい住居に移り、すこぶる楽しげにヘレン・コーツに手紙を書いている。「ぼくがもどってくるかどうかで、大変な騒動がありました……。ライナーは(クーセヴィツキーに対して)かんかんに怒っていました。耳にタコができるくらい〝道義〟という言葉を聞かされました。トンプソンがあいだに入ってくれたのですが、彼は調停の天才です。彼は、ぼくがもどってこないようなことになれば、ふたつの学校の関係には致命的かつ、破滅的な亀裂が生じるだろうと主張したのです。カーティスにはどんな小さなことでも大げさに誇張する風潮があります。でもぼくは、学校からの月四十ドルと昼食代の無期限の貸付を手に、ライナーとヴェンゲローヴァのもとにもどります。なんとかやっていかねばなりません。いまやぼくは、音楽学校と軍の両方の駆け引きのなかで踊るチェスの歩《ポーン》になっています」(国会は、ちょうど〝徴兵〟の法案をめぐる審議中だった)

勉学活動を一時休止していた九月のあいだ、バーンスタインは、ヴァイオリンとピアノのためのソナタの作曲にもどった。タングルウッドの時期が終わった何週間かあとにシャロンからコープランドに送った日付の入っていない手紙の追伸で、彼はそのことにふれている。「ヴァイオリン・ソナタが完成しました。エンディングのところには、聴く者を惹きつけるすばらしいものがあります、まちがいありません――円熟したといっていいほどに。あなたにすぐにも見ていただきたいと思います――これまでのものより、ぼくは気に入ってます」だが、このソナタはのちに公開演奏されてはいるものの、バーンスタインがこれを出版するほど気に入ったことは、いちども なかった。彼は主題に使われた材料を『ファクシミル』(一九四六年)と『不安の時代』(一九四九年)のなかに転用することになる。

バーンスタインとコープランドの友愛はタングルウッドの充実した六週間のあいだにさらに深まり、べつべつの道に分かれたとき、バーンスタインはぽっかり穴があいたような気持ちを痛感した。「あなたの姿が見えないのは、大きな心の痛手です――おわかりのことと思いますが。この夏はその意味で天の啓示でした。ふたりとも(願わくば)たがいに飽きることなく(あなたの気持ちがお変わりになったかも、と思うと、ぞっとします)、さらに、さまざまな意味でわたしはあなたを頼りにするようになりました。いまあなたに感じているような思いをいだいたのは、初めてのことです。あなたといっしょにいると気持ちが楽で、いつもゆったりとした気分になります。これはラヴレターではありませんが、わたしはあなたを狂おしく求めています」バーンスタインはまだ二十二歳、コープランドは四十近い年齢で写真家のヴィクター・クラフトといっしょに暮らしていたことを考えると、これはなにか、心に迫るものがある。

タングルウッドにおいて深まったもうひとつの友情は、トーマス・〝トッド・〟ペリーとのものだった。バーンスタインは、カーティスで学生のためにラジオやコンサートの契約をとりまとめる仕事をしていたこの男とは、すでに顔見知りだった。ペリーは、バーンスタインよりも十五センチほど背が高かったが、よくコンサート用の燕尾服を貸してくれた。「背に腹は代えられませんから」バーンスタインはすまし顔でコメントしている。ペリーは音楽の世界の管理法を学ぶためにタングルウッドに来ており、のちにボストン交響楽団のマネジャーになっている。

タングルウッドのインスティテュート・オーケストラには、ボストン時代からの友人たちもいた。ドロシー・ローゼンバーグは、夏にシャロンのシンガーズ・インで演奏した三重奏団のヴァイオリン奏者だった。ボストン・ラテンの同学年で、卓越した才能にめぐまれたヴィオラ奏者、ジェローム・リプソンは、シャロンでオペラを上演したときのメンバーだった。彼はカーティスに入学し、のちにボストン交響楽団の代表的な奏者となった。

最後になったが友人たちのなかで軽んずべきでない人は、気まぐれな作曲家でバーンスタインのルームメイトだったハロルド・シャピロである。彼は早く曲を書く方法を学びたいがために、ヒンデミットに師事することにしたのだという話だった。シャピロとバーンスタインはとても気が合って、ガールフレンドまでいっしょだった。「ある週末と次の週末に、ふたりが同じ女の子とデートしたことがありました。ボストン交響楽団のイングリッシュホルン奏者ルイ・スパイヤーの娘、キキ・スパイヤーで、彼女はまさしく魅惑のパリジェンヌでした……ユダヤ人の血が半分入っていて……じつにほっそりとしなやかで、気品にみちた女の子でした。彼女がぼくたちの性的欲望をそそることができないとしたら、どんな女の子も不可能だろうと、ふたりでいいあっては面白がっていました。彼女はレニーに首ったけで、けっこう長い期間つきあっていました。あのふたりに性的な結びつきがあったことを、わたしは知っています。あの当時、そういう話をよくしたものでした……。ふたりは仲睦まじくつきあっていたと思いますが、いさかいもありました。結局、うまくいきませんでした」

半世紀前のことだけに、シャピロが時期や場所を混同していたとしても、それはしかたのないことかもしれない。バーンスタインがキキ・スパイヤーと親密になったのは、おそらく一九四一年のタングルウッドのシーズンで、その年、シーズン終了後、バーンスタインはボストンですごし、そこでシャピロとの友情が最高潮をむかえたのである。強調すべきは、バーンスタインの性的指向は決してホモセクシュアルにかぎったものではなかったという点である。彼の気持ちは、まだ揺らいでいた——あるいは、勉強に没頭することで、その問題に結論を出すのを先延ばしにしていた。シャピロは次のように語っている「タングルウッドでは、セックスは重要な関心の対象ではありませんでした。音楽作りに忙しかったですから」バーンスタインはこの当時には、さほど熱烈な恋愛をしていない。こんなふうにいうと陳腐に聞こえるかもしれないが、彼が人生をかけて愛したのは、音楽だったのである。

9　仕上げの一筆

「……混乱して、頭がくらくらします」
――バーンスタインからヘレン・コーツへの手紙

一九四〇年九月になると、ナチス・ドイツとの戦争の可能性が増大してきたように思われた。フィラデルフィアにもどってきたとき、まず最初にバーンスタインがしなければならなかったことは、新たに確立された徴兵制のために登録をすませることだった。徴兵の脅威は冬のあいだじゅう彼の心に重くのしかかり、勉強にも虚しさをおぼえたが、にもかかわらず一九四一年の四月末まで勉強はすさまじいペースでつづけられた。

ウォルナット通り二一二二番地に借りた新しい部屋は、どっしりした立派な家具がいっぱいに並んだ巨大な部屋で、窓からごみ入れだらけの裏通りが見晴らせた。彼はジャニスとハーシェルのレヴィット夫妻との友情を新たにし、コープランドの『エル・サロン・メヒコ』のピアノ・スコアを夫妻のアパートメントで完成した。彼らのところにあったおんぼろのアップライトピアノは、メキシカン・バーのピアノのような音がすると、彼はいっている。コープランドはバーンスタインの代わりに編曲料二十五ドル（一カ月ぶんの家賃に相当した）を受け取り、出版社のブージー＆ホークスにきれいに筆写したものをわたせるよう、細かいところにまで気を配るように促した。「付点、スタッカート記号、強弱法、その他もろもろに、細心の注意を払いなさい――あとでゲラ刷りを校正する段階になって、際限なく時間をとられずにすむように」教え子の労作がニューヨークに届いたとき、コープランドは満足しなかった。「作品が届いた――以来、わたしは例のものをきちんとした形にしようと悪戦苦闘している。あれで原稿を〝印刷所に入れられる〟と思ったようだが、残念なことだ。上述の主題について、わたしにできる最上の講義のひとつを聞かせようと思う。何時間かかけていくつかポイントを話す必要がある……じかに会って話をするまでは、教えられない」これは、添えてあった説明書きのなかでバーンスタインが行なった批判に対する答えにちがいない。「とくに、真ん中のセクションの終わりのほうの、ちょっと派手なオッシア〔代案〕をごらんください。お気に召さなければ、消してしまってください。こうしたのは、あそこには大げさに注意をひくところが必要だと思っただけの話です（あそこはちょっと退屈ではないでしょうか――オーケストラのなかにあっても）。あまりお気になさらないでください」バーンスタインが彼の作った曲を批判したのは、このときが最後ではない。一九四二年、彼はコープランドに面と向かって、師が新しく作ったバレエ曲『ロデオ』のワルツ・セクション――まだ原稿の段階だったが――を「きわめて退屈」だといい、振付師のアグネス・デ・ミルを仰天させている。『エル・サロン・メヒコ』の編曲は一九四一年に出版された。バーンスタインの名前が音楽出版物に登場したのは、このときが初めてである。

タングルウッドで指揮者としてデビューしたときの興奮がまだ耳に残っているうちに、レナード・バーンスタインという名前が不都合なのではという話が、ふたたびもちあがろうとしていた。クーセヴィツキーは、すぐにユダヤ人とわかってしまう平凡な名前を嫌って彼を改名させたいと思っていた。レナード・S（サムの息子、サミュエロヴィチを表わす）・バーンズという名前はどうかと、彼は提案している。バーンスタインは、頑として承知しなかった。クーセヴィツキーのアドバイスを受け入れて名前をハロルド・バーンズと変えたもうひとりのバーンスタインという音楽家は、第二次世界大戦後のヨーロッパで、そこそこの成功をおさめている。

バーンスタインが、すぐれたピアニストになった十六歳の美しい高校生、シャーリー・ゲイビスとの仲を発展させたことは、この年の秋に活気を添えた。ふたりが初めて出会ったのは、前の年、南二十二丁目のバーンスタインの部屋の一階にあったデリカテッセンでのことだった。「レニーは、まるで親の形見でしかたなく着ているのかと思うような、ぶかぶかの大きなコートを着てカウンターにいました」ゲイビスは回想している。「彼はデリカテッセンの経営者、ミスター・レシンに、フランクリン・ローズヴェルトのまねをして見せていたんです。『わたしは戦争が大嫌いだ！ ローズヴェルト夫人は戦争が大嫌いだ。うちの愛犬のファラは戦争が大嫌いだ！』って」やがてふたりは、十五セントでツナサンドとコーヒーがボックス席で食べられて、一日中いつでも「ニューヨーカー」が読める〝カーティスの学生のたまり場〟、ディランシー・ファーマシーで待ち合わせるようになった。

ふたりの仲は一九四〇年の秋に急速に進展した。バーンスタインは、シャーリー・ゲイビスの初めての恋人だった。彼女は彼に心をときめかせもしたが、同時にとまどいをおぼえてもいた。彼女はバーンスタインを家に連れていって、離婚してひとり身だった母親のレイに紹介した。彼女は魅力的な女性で、カーティスの若い音楽家たちを招いて楽しい時間をすごしており、とくに当時十五歳だったピアノの名手ユージン・イストミンは大のお気に入りだった。「何年かしてからでも、レニーはよくわたしに『いつか、ユージンみたいに弾けるようになりたいもんだ』といっていました」レイ・ゲイビスは、フィラデルフィアの高級住宅地メインラインに美容院を経営していた。美容関係の同業者であるサム・バーンスタインは、彼女のところを訪ねている。シャーリーの記憶によれば、彼は彼女の母親の美容院に来て「どうしてレニーが音楽家になりたいのか、よくわからない。うちの仕事を手伝えば、週に百ドルの収入があるというのに」といったそうだ。バーンスタインはシャーリー・ゲイビスに、父は鬼のように恐ろしいひとだったと話している。子どものころは、あんまり怖くて、父親が家に帰ってくるとテーブルの下にかくれたものだった、と。

バーンスタインにとって、ゲイビスの家は、実家同様にくつろぐことのできる憩いの場所だった。シャーリーの祖父が蓄音機の卸売業をしていたせいで、地下にはレコードをおさめた棚がいくつもあった。シャーリー・ゲイビスは、かつてシャーリー・バーンスタインがつとめたピアノの連弾のパートナーを引き継ぎ、しかもピアノの腕はレニーの妹より相当上だった。ふたりでいっしょに弾いたヒンデミットの『二台のピアノのためのソナタ』の影響は、バーンスタインがカーティスにいるあいだにとりかかっていたクラリネット・ソナタの第一楽章に見ることができる。「彼はよくいろんなブギウギを弾いていました。それから、もちろん、コープランドの『変奏曲』も。あんまり激しく弾きすぎたために、とうとう下の部屋のシャンデリアを壊してしまい、母は立ち退きを勧告されるはめになりました」

その冬、レナードとシャーリーは、いっしょにいろいろなことをした。「ふたりともジャズが大好きで、よくジャム・セッションに行ったものでした。レニーに連れられて、わたしは初めてバーレスク・ショーを見ました。初めて『ラ・ボエーム』を見たときも、いっしょでした。シェーンベルクのヴァイオリン協奏曲の初演を聴きにいって、ストコフスキーがざわざわと落ち着かない女性客たちに説教を垂れたところも見ました。それと、レニーはよく詩を読んで聞かせてくれました」彼女は、レニーが「輝く星よ、そなたのごとく泰然とありたいもの」とキーツのソネットを朗誦したときの雄弁さを決して忘れなかった。

カーティス時代のバーンスタインは、やさしく思いやりがあったという。ある晩、彼女は代数の宿題をすませるまで、フィラデルフィアにやってきたボストン交響楽団をクーセヴィツキーが指揮するコンサートに行かせてもらえず、レニーは宿題を手伝った。彼女は、楽屋にマエストロを訪ねたときのレニーは、恩師の前では恥ずかしがりやの高校生みたいだったと話している。彼女はまた、バーンスタインといっしょに、当時『ファンタジア』で名声の頂点にあった、あの偉大なストコフスキーの家を――招待されたわけではないが――訪ねている。ちょうど、彼の〝アメリカの青少年のための〟コンサートを聴きにいったばかりだった。そのコンサートでは、観客全員が立ち上がり、シベリウスの『フィンランディア』に合わせて感動的な歌詞をうたった。ストコフスキーは、ふたりをなかに入れようとしなかった。「来てくれてありがとう」彼はフィラデルフィアの家の馬車置き場の階段の上から、そういった。「そうかい、くそったれ」バーンスタインは小声でそういって、きびすを返した。

二十一歳のとき、すでにバーンスタインは、発作的な憂鬱病に襲われていた――シャーリーは当時を振り返って、あれは「心理的葛藤」だったのだと説明している。レニーがシャーリーに性的な魅力を感じていたのはまちがいない。「ふたりは、たがいに夢中でしたから」と、彼女は語っている。バーンスタインは彼女のことをコープランドに話していたにちがいない。ある手紙（日付はない）のなかで、「十六歳の女の子と知りあいました。どうなることやら」と簡潔に書いているからだ。しかし彼は男性にも性的に惹かれるものを感じていた、そのなかには、短い期間ではあるが師とあおいだ若い芸術家もいた。これまたコープランドに書いたべつの手紙のなかでは、シャーリーのときほどの慎重さは見られなかった。「アーロン、すばらしいひとと出会いました。若い画家――二十一歳――で、なんと、ぼくに絵を教えてくれるというのです。絵を習うこともそうですが、彼が先生であることをうれしく思います。すごく気持ちが通じあいます。それがうれしくてなりません。しかし、疲れるし、やせ細る思いです。朝の六時になって、ようやくベッドに入れるんです」こうして彼は、ダブルデートを楽しみながら、シャーリーに結婚しようかといってからかったりしていた。

後年バーンスタインは、学位授与式で学生たちへのスピーチに、『ハムレット』でポローニアスがレアティーズにいった「汝自身に忠実であれ」というフレーズを使っている。しかし、学生時代の若きバーンスタインは、自分の本心がどこにあるのか理解するのに苦労していた。数年後、彼は「ぼくは、だれだ」と題する歌を作詞作曲している。それは自分のなかにいる子どもへの賛歌であり、彼が大事に慈しんできて、すっかりなくしてしまってはいなかった、ある一面への賛歌だった。しかし、彼の自我のなかには暗い側面もあった。まだ卒業するかなり前に、彼はシャーリー・ゲイビスに自分の胸のうちを打ち明けている。「彼は、はっきりと自分の考えを述べました。彼の語った言葉を、わたしは憶えています。彼は『ぼくは魂を潰瘍に冒されている』といったのです」

それはともかく、バーンスタインのカーティス最終学年は、忙しくも実りあるものだった。十一月、彼はヘレン・コーツに自分の活動を書き連ねたものを送っている。すでにカーティスのインスティテュート・オーケストラを二度、指揮していた。曲目は、シベリウスの交響曲第二番、ベートーヴェンのピアノ協奏曲第四番、そしてドビュッシーの『祭り』だった。彼が〝大君〟とニックネームをつけた専制君主的なイザベル・ヴェンゲローヴァのところのレッスンは、すばらしい進展を見せていた。だが彼がもっとも誇りに思っていたのは、学外活動のほうだった。彼は一時間五ドルで、彼いわく「金持ちのガキども」にピアノのレッスンをし、メドウブルック・スクールでは少年合唱団の指導にあたっていた。また、少し前に、フィラデルフィア・ピープルズ・コーラスの監督になっていた。「先週行なわれたコンサートで、指揮の代演を頼まれたのですが、大変なリハーサルを二回やっただけでものすごく進歩したため、このままつづけてほしいといわれ、ぼくもなにかが成長するところを見守ることができるのはうれしいので、つづけることにしました。もちろん彼らはアマチュアで、労働者階級の人々でしたが、意気ごみと情熱にはすばらしいものがありました。今夜、リハーサルがあります。ゼロからはじめて、正しい音で、正しいテンポで、ピアニッシモで、正しい歌いかたで歌うことを教えなければなりません。こともあろうに、バッハのコラールを！」全米黒人議会によって組織される全員黒人の交響楽団を指揮してくれないかという話もあったし、まもなく開催されるフェスティバルで彼の作品をいくつか演奏したいというフィラデルフィアの進歩的な若い美術家、音楽家、舞踊家、作家のグループ、〈青年芸術フォーラム〉の前で講義もした。「というわけで、自分のヴァイオリン・ソナタの準備とリハーサルにてんてこまい。また——よりによって——月を主題にした曲を何曲か完成したところです。このフェスティバルの舞踊のために音楽を書くことにもなっているし、フィラデルフィアの傑出した舞踊家、マール・マーシカーノのためのバレエ曲を作ってくれと頼まれてもいます。こんな具合に、ひとつなにかやると、あとは芋づる式です」

フリッツ・ライナーの指揮のクラスの学生たちは、十一月の終わりに一週間、『ばらの騎士』のリハーサルに参加するために、費用はすべて学校もちで、シカゴに送りこまれた。ここで、アーロン・コープランドがアメリカじゅうにもっていた音楽・舞踊関係のネットワークとのつながりができた。バーンスタインは、コープランドが一九三四年に初めてバレエ曲のスコアを書いて提供したルース・ペイジとディナーをともにし、大きな影響力をもつ批評家、セシル・スミスといっしょにバレエを見にいった。彼は、ノース・ミシガン・アヴェニュー沿いにある四十四階立ての魔天楼ビル、シカゴ・タワーズの最上階という粋な住所からコープランドに葉書を出している。「リハーサル、人々、音楽、どれもすばらしい！」リハーサル、人々、音楽！　彼は自分の見たものを列挙している——『ドン・ジョヴァンニ』、『カルメン』、バレエ音楽の夕べ（ヘンリー・ブラント、クルト・ヴァイル、チャイコフスキーの曲）、フレデリック・ストックの指揮したコンサート、そしてなんといっても『ばらの騎士』。フィラデルフィアにもどってくると、彼はコープランドに、シュトラウスのオペラについて手紙を書いた。「『ばらの騎士』は大げさに褒められすぎというところはありますが、びっくりするくらい美しい楽節がいくつかありました。ライナーは天才です！　音楽というのはむずかしい仕事です。こういったことすべてを、シカゴでの一週間から学びました。ああ豊かな自分自身よ！」

帰ってくるなり、彼はシベリウスの『ヴァイオリンのためのソナティナ』のラジオ演奏に参加していた。その翌日、ボストンのヘレン・コーツから手紙が届いた。「母とわたしは、昨日の放送を夢中で聴き、大きな喜びをおぼえました。半分をすぎたあたりで母は『神のご加護がありますように』と祈りました。母はそのくらいあなたのことを思っているのです」母親たちは彼にとって大きな存在だった。ときに手紙も書かずにいたことはあったにせよ、自分の母親も大事にしていた。ジェニーは手紙を書くのがあまり得意ではなく、母親的な役割のいくつかはヘレン・コーツが引き継いでいた。「きちんとしたものを、きちんといつも食べなければだめよ」彼女は学期の初めに彼をさとしている。「きちんとした服装で（どんなに朝早い約束でも）行くという点も含めて、教えてあげた、ひとに会うときのポイントは全部、頭に入れておきなさい」

その秋バーンスタインは、大変な出来事に対処しなければならなかった。十月に、デイヴィッド・プロールが五十代半ばという若さでこの世を去ったのだ。かけがえのない最高の友人のひとりを亡くしたショックから立ち直るには何週間もかかった、とバーンスタインは話している。また、その三カ月後には、エリオット・ハウスで二年間ルームメイトだったアルフレッド・アイスナーが、脳腫瘍で亡くなった。バーンスタインはコープランドに手紙を書いている。「これまでずっと変わりなく音楽が脳に及ぼしてきた現象が、停止してしまいました。ぼくの頭は、乾いて褐色にひび割れた樹木のようになっています」

アイスナーが亡くなった数日後、ポール・ボールズが、付随音楽を書いていた政治ものの新作ミュージカル『リバティー・ジョーンズ』の試験興行のためにフィラデルフィアにやってきた。彼はアントン・ドーリンのために、十八世紀の作曲家プーニとチマローザの曲を下敷きにしたバレエ音楽のスコアをふたつオーケストレーションしてほしいという依頼を受けていた――だが彼は、劇場用音楽の書き直しで時間がなかったため、名前は自分のままで、バーンスタインに三百ドルでバレエ曲を作ってほしいと依頼した。ボールズからの何通かの手紙には、迅速に仕事を片づけてくれたバーンスタインに対する感謝の言葉がちりばめられていた。しかし、自伝『あくなき前進』で、ボールズは「バーンスタインは楽器編成をいじくって楽しんでいたのだ……彼はその曲を、じつにひねくれた好ましからざるかたちで試し、弦楽器のものであるべきいくつかの楽節を金管楽器に与えた。そして彼は、これはバレエ団の欲しがっていたものではない、と楽しげに（スコアに載るのはわたしの名前だけだからだ）告げたのだ。彼らはこのふたつのバレエ曲のオーケストレーションをやりなおさなくてはならなかった」

こういった学外活動のあいだに、バーンスタインは、同じくヴェンゲローヴァの教え子であるアネット・エルカーノワと、NBCラジオのストラヴィンスキー・コンサートで『二台のピアノ協奏曲』を弾いた。バーンスタインはこの話を前もってミルドレッド・スピーゲルに手紙で知らせ、きみがもう一台のピアノを弾いているところを想像しながら弾いた、とコメントしている。ヘレン・コーツはその放送を聴いて、熱をおびた感想を書いてきたらしい。「少々、ひいきめにすぎるようですね」彼は二月七日に返事を書いている。「すぐに考えなおして、苦言を呈さなくてはと思うようになることでしょう。けれど、あれは実際いい出来でした。放送を録音したものを聴きましたから、わかるんです。ほんとうにすばらしかった（自画自賛をお許しください――最近は、うまくやれることがめったにないものですから）」二月の終わりに、バーンスタインはヴァージル・トムソンの『四人の聖者の三つの行為』からの「聖者の行進」と、ランドル・トンプソンが〈青年芸術フォーラム〉のために書いたオーケストラ作品を指揮した。彼は週に一、二度、〝罪の街〟と呼ぶニューヨークへ出かけ、コンサートに行ったり、コープランドを訪ねたり、あるいは単にフィラデルフィアの日常を逃れ、アドルフ・グリーンやベティ・コムデンと夜の街に出かけ、ときには彼をかわいがってくれるもうひとりの母親がいるコムデンのアパートメントに泊まっていった。

すでにバーンスタインは、多くの異なる人々にそれぞれ惹かれるものを感じていた。彼はフィラデルフィアで出会った友人たちに深い愛情を感じていた。レヴィット夫妻には、彼らの熱い思いとボヘミアン的な家庭生活ゆえに。ポール・ボールズには、情熱的で、ロマンチックな神秘さゆえに。デイヴィッド・ダイアモンドは、移り気で荒々しい気性ゆえに。そして、シャーリー・ゲイビスは、彼がのちに書いているように、いつも落ち着いた気持ちにさせてくれていたから。しかし一九四一年の春には、ゲイビスは、彼女自身の言葉を借りれば、「とても身構えた、自己防衛的な状態」になっていた。「わたしは男性がホモセクシュアルであるということが、どういうことなのか、理解しはじめていたのです。そして、フィラデルフィアのレニーは、自分ひとりの体ではないということが、はっきりわかりました。彼はすでに、ものすごい多忙の身でした。ふたりで通りを歩いていると、彼は、道で出会った五人のひとに腕を広げて、キスをし、挨拶をします。そのあと、わたしは『あなた、リン・ウェインライトに夢中だっていう話だけど、本当?』というのです」答えはイエスだったにちがいない。一九七五年にカーティスの創立五十周年の式典のために学校に帰ってきたとき、彼は、学校がときにどれほど退屈なものだったか、ときにどれほどばからしく思えたかについては、ひとことも口にしていない。しかし、当時を振り返って、「学生たちによる秘密のアンチ・バーンスタイン・クラブが存在したが、メンバーの何人かは――ジュリアン・ルーツ、レオ・ラスキン……。リン・ウェインライト――のちに自分のもっとも親しい友人になった」と述懐している。

情熱は、彼の魅力の秘密のひとつであり、その情熱ゆえに彼には抵抗しがたいところがあった。バリトン歌手のセオドア・アップマンの回想するところによれば、彼がカーティスの学生用控え室でシューベルトの『冬の旅』を練習していると、バーンスタインが近づいてきたという。「ものは、なんだい? 『冬の旅』か」「まだやったことがないんだ……。すこしいっしょにやってくれないか?」そしてふたりは練習室に行って、シューベルトの連作歌曲を通しでやってみた。三月の中頃にロシア・アメリカ協会のためにコープランドの『ヴィテブスク』ピアノ三重奏曲を弾いたとき、彼は興奮ぎみにコープランドに手紙を書き、『ビリー・ザ・キッド』のピアノ版を作らなくてはいけないのではないかと提案している。「一種それはリストのスタイルで（もちろん、形式だけですが）パラフレーズしたようなもの、おそらく主題を複雑に並列したものになるでしょう。しかし、すこしいじくりまわせば、うまくやれると思います。どうお考えですか？」コープランドは、賛成とはいいかねるようだった。「リスト風のパラフレーズなんて、もうだれもやりはしないという点は、頭に浮かばなかったのかね？ それにはしかるべき理由があるはずだ！ しかし、止めるつもりもないから、やってみたらどうか」しかし、この提案はもう話題に出ることはなかった。

三月の終わりに、バーンスタインはベンジャミン・ブリテンの新作『シンフォニア・ダ・レクイエム』をニューヨーク・フィルハーモニックが演奏したのを放送で聴いて大きな感動をおぼえ、この作曲家に手紙を書いて、自分がどれほど感動したか説明している。バーンスタインの手紙は現存していないが、ブリテンが出した返事から見て、バーンスタインはブリテンの初期の作品にケチをつけるという過ちを犯している。「きみの話から判断して」ブリテンは書いている。「きみはきっとわたしの書いたものを〝手に入れ〟て、わざわざご親切にも、手紙でそう教えてくれたわけだ。わたしはあれは〝あれを書いた時点での最高傑作〟だと確信している——そして、あれは最新作だから、当然これまでのところの最高傑作ということになる。わたしの初期の傑作についてのきみの意見には、ひとつふたつ反論したいところがある——しかし、きみのいうことにも一理あるかもしれない。ただひとついっておくべきことは、きみのあげつらった欠点は、わたしが思いつくことのできるほかの悪徳——タブーとか、不妊とか、オリジナリティに対する意識過剰な考えかた——にくらべればたいしたことはないが、そのことを議論するつもりはない！」

ポール・ボールズが、ブルックリンハイツのミダフ通りにあるブリテンの部屋――オリヴァー・スミスや、ウィスタン・オーデン、ジプシー・ローズ・リー、ポールとジェインのボールズ夫妻、「ハーパーズ・バザール」のジョージ・デイヴィス、ゴロ・マンらの住まいと同じ建物にあった――のテーブルに目をやると、そこにバーンスタインの手紙があった。ボールズはそれで思いついて、手紙でバーンスタインに、夏にメキシコで合流しようと熱心にすすめてきたが、三百ドルしか貯金がない状態ではメキシコは現実的な計画ではなかった。バーンスタインは、目前に迫っていたカーティスの学位免状以外のことを考えることはできなかった。学位免状を手にするのは、ステューデント・ユニオン・シアター・グループに五月の公演用に音楽を書いてほしいと頼みこまれて、ハーヴァードに短期間もどったあとのことである。そのあとは二度目のタングルウッドの夏が待っており、その先は――不確定の無限の闇だった。

カーティスを卒業する時点で名前を売っておくことは重要なことだったが、彼はそれに成功した。一九四一年四月二十六日に初めてラジオでインスティテュート・オーケストラを指揮してブラームスのセレナード・イ長調を演奏した。忠実なヘレン・コーツはボストンから葉書を書いてよこした。「ブラヴォー!――一千回!――すばらしい作曲と、すてきな演奏。わたしは、わがいとしい指揮者をどんどん好きになっていきます。いまカクテル・パーティから帰ってきたばかりなので、あなたの末長い立派なお仕事に乾杯します」同じ演奏が二十八日にもういちどカーティスで行なわれ、そのときにはライナーも『町人貴族』を指揮し、バーンスタインはオーケストラのピアノのパートを受けもった。シャーリー・ゲイビスは、フリッツ・ライナーが、拍手に答礼するときいぶかしそうな表情でボク夫人の特別席を見上げていたのを記憶している――彼女はランドル・トンプソンとともに彼をクビにしたところだった。

二日後、バーンスタインはイザベル・ヴェンゲローヴァの卒業生たちによるコンサートに登場した。彼は何カ月もかけて取り組んできたラヴェルの『クープランの墓』からの「前奏曲」と「リゴドン」、そしてスクリャービンのソナタ第五番を演奏した。五月三日に、バーンスタインは学位授与式において、ようやく指揮法の学位免状を手にした。成績は、驚異的というには一歩及ばない、というところだった。ピアノがAプラス、楽式論とオーケストレーションと指揮がA。ライナーがAをつけたのは、ただひとりだったといわれる。バーンスタインといっしょに卒業したピアニストのフィリス・モスは、今後成功する見込みの高い非公式の賞を彼が獲得しなかったことに自分がどれほど驚いたか、回顧している。この賞は、最終的にはフィラデルフィアで発声法を教えることになる、ある声楽家に贈られた。

コープランドはキューバからニューヨークにもどる途中で、この卒業式に立ち寄った。シャーリー・ゲイビスの記憶によれば、彼女は駅で自分のすばらしいボーイフレンドを手を振って見送ったという。彼はコープランド、チェロ奏者の友人とともに、アトランティック・シティの週末に出かけた。バーンスタインは数日後、ハーヴァードから彼女に手紙を書いている。ハーヴァード・ステューデント・ユニオンがたくさんの時事的なほのめかしを取り入れ、最新の情報をからめて上演するアリストファネスの反戦風刺劇『平和』のために、オーケストレーションしているさなかだった。彼はハロルド・シャピロと野球をしているときに手を怪我した。これは、二日間指揮をつとめるだけでなく、ピアノ演奏の契約もふたつ入っていたため、心配の種となった。「もう、このところ、てんてこまいの状態だ。きみがその手でぼくの手を落ち着かせてくれるといいんだが。いま振り返ってみても、きみの手はほんとうにぼくの手を落ち着かせてくれたものだ。うら若きガラテイア［ギリシャ神話に登場する海の精］のものとは思えない不思議な力だ。でも、だからこそきみらしいのだろう。

もちろん、ぼくたちがアトランティック・シティでばか騒ぎをしたのは、ビルから聞いているね（ビルはカーティスの学生にはたいてい話していた）。これからきみは、代数を勉強し、アイヴィー・ボール［舞踏会］に出かけていくのだろう……。エスコートしてくれるひとに合わせて、髪を上げたり下ろしたりして、チェロ奏者のサプテッリといっしょに食事する——そして、ぼくのことなんかすっかり忘れてしまった。ほらね？　ぼくのいったとおりだろ？」

しかし、彼女は彼のことを忘れてはいなかった。ひとたびバーンスタインときずながで きれば、彼のことを忘れるのは不可能だった。ふたりは生涯、友人だった。

10　タングルウッドふたたび　一九四一年六月〜一九四二年八月

「ああ、ぼくの人生にはクースとキキとクースとキキとキキとクースとアレックスとオリガとテッドが、そしてあなたの思い出が、ぎっしりと詰まっている」

――バーンスタインからコープランドへ、一九四一年十一月三日

一九四一年六月、タングルウッドの二度目のサマースクールのはじまりを待ちながら、バーンスタインはボストンのヘラルド紙が主催する音楽クイズに参加した。最終ラウンドに、競技者たちはボストン・ポップス管弦楽団とボストン交響楽団が録音した音楽の曲名を当てなければならなかった。バーンスタインは準優勝だったが、優勝者のジェローム・パスティーンがレコードのバイヤーの仕事をしていて参加資格がないことが判明し、くりあがり優勝になった。賞品は、タングルウッド一週間の滞在旅行だった。バーンスタインはすでにクーセヴィツキー博士の弟子だったため、現金百五十ドルの賞金に加えて特別賞が贈られることになった。チャールズ川に接する公演用地にある巨大な野外施設、エスプラナードで、ボストン・ポップス管弦楽団を指揮する機会を与えられたのだ。バーンスタインが初めてプロのオーケストラを指揮したのは、七月十一日の金曜日、推定二万二千人の聴衆の前である。彼はリハーサルもせずに、リヒャルト・ワーグナーの楽劇『ニュルンベルクのマイスタージンガー』の前奏曲を、バランスをとるのがむずかしく、テンポが激しく入れ替わるという厄介な問題に冷静に対処しながら、堂々と指揮してみせた。

「才能ある若い新人が出てきたものだと、わたしたち全員が思いました」と、ヴァイオリン奏者のハリー・エリス・ディクソンは述懐している。

タングルウッドで、彼はふたたび、ずばぬけた才能をもつ音楽家たちと寄宿舎をともにした。そのなかには、指揮者に転向する前にジュリアード弦楽四重奏団の創立メンバーになった、すばらしい才能とウィットの持ち主であるアーサー・ウィノグラード、のちにボストン交響楽団の首席コントラバス奏者になるヘンリー・ポートノイ、そしてカーティス音楽院出身でハロルド・シャピロによれば「朝のアンブロシアのような」最高に美しい音を出すクラリネット奏者、ネイサン・ブルシーロフがいた。

バーンスタインは六人の指揮の学生のうちで、いちばん若かった。新しく来た人々のなかには、その無茶苦茶な拍子の感覚のおかげで、クーセヴィツキーからブロークン・イングリッシュでタングルウッド史に刻まれる命令――「ダンキン、ダンキン、アテンポそのまま！」――を投げかけられた、リチャード・ダンカンがいた。一九四一年のオーケストラは前年より大きくなっていた。弦セクションの奏者数は一九四〇年の三十六人に対して五十三人、木管セクションも拡大して、より多くの奏者がソロをやれるようになった。火曜日から金曜日までは朝三時間のリハーサルを行ない、金曜日の夜にはコンサートで演奏した。このパターンは、三週間後にボストン交響楽団による九つのフェスティバル・コンサートがはじまるまでつづいた。当時も現在と同じく、これらは資金調達のための活動だった。ボストン交響楽団のファイナル・コンサートには一万三千人の観客が詰めかけた。タイム誌は、もっとたくさんの観客を入れることのできる会場はほかにいくつもあるが、タングルウッドは、そのみがき抜かれた演奏の完璧さゆえに、合衆国で最高の音楽イベントである、と書いた。

アーロン・コープランドとパウル・ヒンデミットは、それぞれ作曲の学生を八名受け持った。コープランドのクラスには、バーンスタインが八月八日のインスティテュート・オーケストラによるコンサート最終日に指揮をつとめた『前奏曲とトッカータ』の作曲者、ガートナー・リードがいた。何年もあとになって、リードは、「レニーが解釈したような興奮と熱情をもって行なわれた演奏は、あのあとひとつもなかった」と書いている。バーンスタインは初めてのコンサートのことを、ニューヨークで新しい教授に師事してピアノを勉強していたミルドレッド・スピーゲルに説明している。「大成功の二週間だったが、じつは昨日乗馬をやって、さんざん泳いだおかげで、それと金曜の夜に人生最高の成功をおさめ、昨晩はなかなかロマンチックな夜だったおかげで、今日は棚卸し状態で、ものすごい倦怠感に襲われている。金曜日のことを話すと、ぼくはクースが『ファウスト交響曲』を［コンサートの最初のほうで］指揮したその同じプログラムで、ウィリアム・シューマンの『アメリカ祝典序曲』をやって拍手喝采を浴びた。歓声と、立ち上がっての大喝采だ。クースはみんなの前でぼくにキスをした。ビル・シューマン本人も来ていたんだが、こんなすばらしい演奏は初めてだといっていた。アーロンはアヒルのようにぴょんぴょん跳びはね、ぼくはクースよりふたつよけいにお辞儀をすることになった」これは、クーセヴィツキーがリストの交響曲の最初の二楽章しかやらず、客の喜ぶメフィストフェレスを省略したせいかもしれない。「うぬぼれに聞こえるかもしれないが」バーンスタインは、つづけている。「複調性と得体の知れないものが詰まった現代アメリカの音楽を演奏しきることができるというのは、奇跡にほかならない。だからお客さんは最後に『ブラヴォー』と叫んでくれたんだ。すばらしい。あの子どもたちが、やりおった！　みんなあの曲には心底びっくりしていた。あんなに興奮したのは初めてだ。指揮台の上で、途方に暮れてしまったほどだった」

〝なかなかロマンチックな夜〞というのは、美しいキキ・スパイヤーとの仲をほのめかすものかもしれない。のちにバーンスタインは、シャーリー・ゲイビスに、クーセヴィツキーまでふたりの仲に声援を送っていると語っている。

さらに刺激の強い事件もあった。タングルウッドにほど近いストックブリッジの夏期公演で舞台に上がっていた女優のタルラ・バンクヘッドが〝シェド〟を訪れた。ビッグ・コーラスとの仕事は初めてだったが、バーンスタインは、コンスタント・ランバートの『リオ・グランデ』を、ずっと上体を揺らしながら指揮していた。タルラは物憂げな口調で〝レニューシュカ〟のさざ波のように揺れ動く背中の筋肉をほめたたえ、ストックブリッジでの夕食に誘った。話によると、彼は午後八時までなにも食べず、「〝したたかに酔って〟バンクヘッドのお抱え運転手の世話にさえなりながら、なんとか演奏時間までにタングルウッドにもどり、落とし穴の多い難曲『リオ・グランデ』を指揮した」。この何度もくりかえし話に出てくる物語には、但し書きをつけなければならない。何冊か出ているタルラ・バンクヘッドの伝記は、この事件にはまったくふれておらず、そうしてみるとこの事件はバンクヘッドにとってよりバーンスタインにとってのほうが大きな意味があったのだろう。

バーンスタインは、次にコンサートに姿を見せたとき、ブラームスのピアノ協奏曲第一番の第一楽章を指揮した。ソロ奏者は、のちにニューヨーク・フィルハーモニックのマネジング・ディレクターになるカーロス・モーズリーだった。バーンスタイン個人は、脇役に〝追いやられ〟たかたちになったが、べつだん腹立たしく思ったわけではなく、この協奏曲の叙事詩的スケールから指揮者としてなすべき多くのことを学んだ。ニューヨーク・タイムズのハワード・タウブマンはこの解釈をほめたたえ、選ばれた学生たちのなかでも〝もっとも驚かせてくれた〟のはバーンスタインだったと語っている。モーズリーも、バーンスタインの姿勢に魅せられていた。「わたしが彼を見ながら弾きはじめると、彼はどうすればまちがいなくもっとよくなるかを指示しはじめた」

一九四一年の夏は暑い夏で、あのエレガントなクーセヴィツキーがリハーサルで頻繁にジャケットを脱ぎ捨てるほどだった。これはボストンでなら、絶対に自分にもひとにも許さなかったはずの行為である。

当時はまだチェロを学ぶ年若い学生だったウィニフレッド・シェイファーは、クーセヴィツキー師が随行者の一団（従者のヴィクターと、学生指揮者たち）を従えていつものようにドラマチックに登場した、ある晴れた暑い日のことを回想している――タングルウッドの構内にビュイックで乗りつけるのを許されていたのは、彼だけだった。ヴィクターが優雅なケープをとると、彼は指揮台に上がった。学生たちに『もっとやさしく』とか『いいか、きみたち』と声をかけながら、丹念に作業を進めていった。ところが、彼はいきなり悲鳴をあげて指揮棒を落とし、手をぱっと顔にやった。「蜂だ！　蜂にやられた！」彼は叫んだ。なるほど、彼はたしかに、大きな蜂に鼻を刺されていた。彼はつづけることができず、急いでケープにくるまれ、随行者たちの手で運ばれていった。

八月にバーンスタインは室内楽に目を向け、コープランドの『ヴィテブスク』三重奏曲のピアノのパートを弾いた。この年に入って、これで三度目だった。『ユダヤの主題による習作』という副題のついたこの三重奏曲は、アンスキーの劇『死霊』に使われる民間伝承の主題にもとづいて作られた曲である。バーンスタインにとって、この曲は、ユダヤ人作曲家が自分のルーツへの誓いを守り、それでいて自分の使う言葉において現代的であるにはどうすればいいかのお手本だった。自分が初めて作る交響曲のなかで実践すべき教訓だったのである。

一九四一年夏のコンサート・シーズンは、一九四〇年のシーズン同様、米軍サービス機関と英国戦時慰安局のための資金を調達する大規模な特別興行をもって終了した。その一週間後、バーンスタインは家族のいるシャロンの家にもどった。迫りくる苦難の時代を危惧していた父親のサムは、ニュートンの屋敷を売却して、一年中シャロンを生活の場にしようと決意していた。バーンスタインは充実した夏をすごしてきて意気揚々だったが、自分の未来のことを考えると暗澹とした気分になった。すぐに仕事につける見込みはまったくなかったし、軍から徴兵の通知も届いていた。彼はクーセヴィツキー博士に手紙を書いた。

「今年も輝かしいインスピレーションにあふれた勉強をすることのできたすばらしい夏をあなたに感謝できるのは、わたしの特権です。上達とともにそれにともなう責任も大きくなってきましたが、にもかかわらず、謙虚で感謝にみちた気持ちになっています。この前進の道をどう進みつづければいいのかについて、いまわたしはいささか確信のもてない状態にあります。ご存じのように、すでに徴兵委員会から調査票が届いています。そして、わたしの知るかぎり、絶え間なく襲ってくる喘息と、花粉症をのぞけば、まったく問題はありません。それゆえ、冬の計画を立てるのは困難な状況にあります。いきなり入隊でいなくなる可能性のある人間が、責任ある地位を任されるはずはないからです」

合衆国が戦争に突入する可能性はますます強まってきていた。日本は太平洋の脅威となりつつあった。ロシアはそこかしこでナチス・ドイツの攻撃に後退を余儀なくされていた。「しかし、世界で起こっている出来事を見るにつけ、母国に対する義務を回避することだけは絶対にしたくありません。ですから、国防に奉仕することができ、自分の努力目標である分野にとどまることが可能な米国サービス機関（USO）で、奉仕に努めるというやり方も考えられると思っています……。この問題について、先生はどうお考えでしょうか？　どうぞお聞かせください。わたしは道義的に見て、また現実的に見て、適切な道を選びたいのです。そして、先生のご指導に沿っていけば、絶対にまちがいはないと信じております」

すでにクーセヴィツキーは、ワシントンとニューヨークの有力者たちに紹介状を書いて、軍のなかでバーンスタインが音楽の仕事に携われるよう働きかけていた。ボク夫人にも、彼女ならフィラデルフィアの徴兵委員会に影響力を駆使できるのではないかと考えて、手紙を書いていた。ところが、彼の努力は徒労に終わった。バーンスタインは身体検査の結果、喘息のために4F［兵役免除者］に分類されたのである。

バーンスタインが一九四一年のタングルウッドから四二年のタングルウッドまでボストンですごした一年間は、キーウエストでの短い休暇ではじまった。彼がコープランドに話したところによれば、「まわりの人々とキキから逃れるため」の休暇だったという。フィラデルフィアを通って南に向かうフロリダ行きの列車のなかで、バーンスタインはシャーリー・ゲイビス宛てに、自分の計画についてユーモラスな文章を走り書きしている。「キーウエストの休暇《レスト》、残り《レスト》は見当《ゲスト》がつく、最上《ベスト》のものは神聖なり《ブレスト》、お客様《ゲスト》には最高《ベスト》のものを、キーウエストの休暇《レスト》。それから、こっそり船でハヴァナへ密航するかも。ひとりっきりで《アローン》。電話《フォーン》する相手はひとりもいない。タングルウッドの悪癖が消え《ブローン・オーヴァー》ていてくれて、なにもかもが豊か《イン・クローヴァー》なことを願いたい。キキはというと、恐ろしかった《フリーキー》。そしてひどく打ちひしがれて《ブリーキー》。そしてまったく生意気《チーキー》だった。次に出すときは、もっとまともな字で書く。列車がものすごく揺れて、ひどい字になってしまった。レイ母さんやほかのみなさんにもよろしく。ぼくはあのキーウエストに向かっている（どうしても必要な休暇《レスト》のために）。きみは、これほど自然に韻を踏んだ手紙にお目にかかったことがあるか？」

キーウエストで彼は合衆国最南端の家屋の二階に宿泊し、そこでクラリネットとピアノのためのソナタにとりかかった（彼は翌年にボストンでこの曲を完成している）。ラジオ・ハヴァナからキューバの楽団が奏でる音楽を聴いて、バレエ曲に使えるかもしれないと思っていた曲を、またたくまに書き上げた。彼はそれを「ほら貝協奏曲」と呼んでいた。この曲の終楽章はリズムの交錯する〝ウアパンゴ〟で、『ウエストサイド物語』に出てくる「アイ・ライク・トゥ・ビー・イン・アメリカ」のメロディの源泉となった。

バーンスタインがコープランドに、自分はキキ・スパイヤーから逃げようとしているのだと主張した件については、この師弟の特別な関係と、バーンスタインが自分の性的指向についていまだに断を下しかねていたという事実を背景にして考えなければなるまい。ある月に指揮に没頭していたと思ったら、次の月には作曲に打ちこんでいたのと同様で、彼はある週に「前年の夏、タングルウッドの切符売場にいた魅力的な少年」と戯れていたかと思うと、次の週には美しいキキと結婚の話をしたりしていた。コープランドへの手紙の最後には、以下の意味ありげな一節がしたためられていた。「ぼくは心を鬼にしてキキにすべてを打ち明けました。夏の大失敗の顚末と、もういまは正常にもどっているということを。彼女は、とにかくぼくと結婚したい、二重生活に順応するか、あるいはぼくが治るように努力する、といいます」

バーンスタインは秋にシャロンにもどった。新年をむかえると、キキ・スパイヤーは彼の愛を獲得しようという努力をあきらめ、バーンスタインがコープランドにした報告によれば、「シーズンいっぱい」メキシコに行った。その後何カ月か、彼の手紙はとまどうくらいにトーンが変わり、話題も音楽のことから新しい関心事に移って、上機嫌で最新の恋愛関係についての心情を報告し、同時にコープランドの愛情こそ自分にとってはいちばん大事な愛情であると断言していた。「これは言葉にするつもりはありません。あなたは、言葉を超越した存在だからです。けれど、ぼくにいちばん近しい人間はあなた以外に存在しえないことは知っていていただかなくてなりません。そして、ぼくは永遠にそうであってほしいと願っています――誓いの宣言には奇妙な瞬間ですが、ぼくは、ふたりがかつて非常に個人的な状況で交わした話のことをずっと考えつづけています。あのときあなたは〝やむなく〟あのお話をしてくれました。思い出してください、アーロン――ぼくの幸運と幸福を祈ってください。そして、この手紙のことはすべて忘れてほしい。この手紙は、不謹慎で未熟で、あなたの大きな思いやりと知識に対する侮辱にほかなりません。しかし、『遊星からの物体X』はちょっとすごいと思っています。それと、あなたはあの夜、スパイヴィーズ［ニューヨークのナイトクラブ］で楽しそうじゃなかったですね。疲れていただけですか？　それから、ヴィクターはどうしました？　アーロン、こんどだけはちゃんと教えてください」

コープランドは例によって、冷静な返事をよこした。やんわりとなだめるような調子だったが、今回にかぎってはバーンスタインに使ういくつかのニックネームをひとつも使っていない。バーンスタインの書いた手紙と、この冷静な返事から見て、コープランドは、バーンスタインがだれかほかの人間と親密になるまで彼の友人と人生を分かちあおうと考えていたようだ（バーンスタインは短期間、ジャン・ミドルトンという若い男性作曲家と恋に落ちていた）。

「親愛なるレニー、きみの手紙にしかつめらしい返事を書けるようになりたいものだし、またそうあるべきなのだが、わたしにはきみに告げるべき内容を書くことができない。どうしても書くことができない――口で伝えることしかできないのだ。もちろんある意味で、きみが、あの手紙を書く必要を感じたというのは、すばらしいことだ。スパイヴィーズでふさぎこんでいるように見えたのは、申し訳なく思っている。わたしは、曲げることのできない事実に直面して考えこんでいたのだと思う。もうそれは問題ない――そして、これからは二度とふさぎこんだ様子は見せないと約束しよう。もちろん、わたしの願いはきみの願いであるし、きみがそれを真に大切なことだと考えているなら、わたしにとってそれ以上に喜ばしいことはない。それは見た目には、正しいことに思えるにちがいない。やはりここで、しかつめらしいことをいわせてもらうことにしよう。わたしがまず第一に望むものは、ふたりがいつでもたがいの気持ちを打ち明けあうことができるという感触なのだ……」そして、ふたりは以後の長い年月にわたり、その感触を分かちあった。

一九四一年の冬にバーンスタインが心をかき乱したのは、彼が人生でただ一度だけ、ありあまる時間を手にしていたことが原因だった。彼は自分の運命を探しにニューヨークに行くべきだったと、あとになって後悔していた。彼がボストンにとどまっていたのは、経済的に頼るようすがどこにもなかったことと、ボストン交響楽団での仕事を手にできるかもしれないという、はっきりしない見込みがあったためである。クーセヴィツキーから話があって、カルロス・チャベスのピアノ協奏曲で独奏者をつとめるチャンスをもらったが、頑なに組合への加入を拒んでいたボストン交響楽団の理事たちと、チャベスも加入していた音楽家組合とのあつれきが原因で、キャンセルとなった。バーンスタインも組合のボストン支部に加入していた。ジャズを演奏したり、ナイトクラブのギグの仕事を手にするためだった。

厄介で緊迫したシーズンのハイライトは、ウィリアム・シューマンが十月に初演される予定の、彼の交響曲第三番のためにやってきたときのことだ。この作品に失望したクーセヴィツキーは、バーンスタインにアドバイスを求めた。「レニーは、わたしがとりかかっているときから、あの作品を知っていました」のちにシューマンは語っている。「五十七丁目のカフェテリアで、最終楽章のスネアドラムのリズムを、彼に弾いてあげたことがあったのです」バーンスタインは何カ所かカットすることを提案し、シューマンもそれを受け入れることができた。こうしてクーセヴィツキーも本腰を入れてこの交響曲に取り組むことになった。

十一月四日に、バーンスタインはボストンから南に六十マイルほど行ったニューベッドフォードで、アーサー・フィードラー指揮による全米青年局オーケストラの演奏会で独奏者をつとめた。モーツァルトの協奏曲変ロ長調K四五〇とラヴェルの協奏曲を彼が弾くのを聴こうと、ハイスクールの講堂には千二百人の観客が詰めかけた。ラヴェルの協奏曲は、バーンスタインがきちんとストップをかけなかったら、さんざんな結果に終わっていただろう。ニューベッドフォードのスタンダード・タイムズ紙は、ハイスクールのピアノはバーンスタインの天与の才をきちんと引き出したとはいえない、と報じていた。「彼はこの夜の演奏のあいだ、ずっと配慮の行き届いた姿勢をくずさず、ラヴェルのピアノ協奏曲の中頃に、かなり強烈な弾きかたに耐えてきていた鍵盤のひとつがふいに機能しなくなり、それを直すためにフィードラー氏に指揮をストップしてもらわなければならなくなったとき、彼はまず驚きを示し、それから危険の合図をした」

その二週間後、バーンスタインは、ボストンのコープリー・プラザ・ホテルで午前中にピアノ・リサイタルを催した。プログラムの目玉は、みずから編曲した『エル・サロン・メヒコ』だった。ヘレン・コーツは、この編曲が出版されるという知らせが初めてもたらされたとき、感慨深げに手紙を書いてきた。

「何年も前のことのように思えますが、あなたがロシアとユダヤの主題をアレンジした曲をいくつか聴かせてくれようとし、あなたにそれを書き留めておくようすすめたことがあったことを思い出しました。あなたは、きちんと書き留める方法を知らないといって、わたしにやりかたをたずねたのでした……わたしのところへピアノを弾きにやってきて、ふたりで汲めども尽きぬお話をしていたあのころから、月日はなんという駆け足で流れていったものかと、信じられないような思いにとらわれています」

クーセヴィツキーは、ボストンを去って（そうなったら、タングルウッドを引き継いでくれたであろう）ニューヨーク・フィルハーモニックに乗り換えようかと考えていた。ボストンは結局、組合と和解した。しかし、合衆国が戦争に突入すると、ボストン交響楽団は財政的困難を理由に一九四二年のタングルウッドのフェスティバルをキャンセルした。クーセヴィツキーは、一九四二年一月に他界した妻のナターリャの思い出のためにみずから作った音楽基金から財政的援助を得て、自力でタングルウッドを継続させる決意を固めた。学生オーケストラはフェスティバルの核に押し上げられ、レナード・バーンスタインはクーセヴィツキーの副指揮者に任命された。

しかしバーンスタインの暮らしは、一九四二年の夏まで、父親の手で支えられていた。サムは息子のために、ハンティントン・アヴェニューにピアノ付きのスタジオ・アパートメントを借りてやった十二月五日に、立派なカードを注文した。「レナード・バーンスタイン、音楽スタジオをオープン。ピアノと音楽分析を教えます」これは、いいタイミングとはいいかねた。その二日後、日本軍の戦闘機が真珠湾の合衆国艦隊を襲撃したのだ。バーンスタインの教室にやってきたのは、バーニーという男の生徒だけで、それも、郊外から週に一度レッスンを受けにくるだけだった。

彼は一九四二年の一月に、ボストン交響楽団の首席チェロ奏者、ジャン・ベデッティの伴奏者として、初めてボストンのシンフォニー・ホールでピアノを弾いた。二月には、作曲家連盟のコンサートで、ハロルド・シャピロとピアノの二重奏をするために、ニューヨークに行った。シャピロ本人のソナタ作品が初演された。彼はその曲を「レニーとわたし自身に」捧げた。この前代未聞の自分への献辞は、のちに「L・BとH・Sに」と改められた。

一九四二年四月、バーンスタインは夜な夜なボストンのフォックス&ハウンズに現われ、エリック・スタインという歌手の伴奏をつとめた。職業人生のなかで彼が正式にナイトクラブと契約したのは、このときだけである。

この年の春、彼はボストンのインスティテュート・オヴ・モダン・アートのために三つの音楽イベントを企画・構成し、演奏もしている。ひとつめのコンサートでは、またシャピロと二重奏をやった。ふたつめの、クラリネット奏者デイヴィッド・ダイアモンドが目玉の「イヴニング・ガウンとディナー・コートのミニ・コンサート」では、バーンスタインのクラリネット・ソナタが初演された。ボストンのある音楽評論家は、「ジャズ風のロッキングリズムがぎっしり詰まった」曲と評している。

一九四二年五月二十一日に上演されたアーロン・コープランドの『セカンド・ハリケーン』は、インスティテュート・オヴ・モダン・アートのコンサート・シリーズの悼尾を飾った。この二幕ものオペラは、上演時間九十分で、七人の歌手と、三人の俳優、三十人のオーケストラ、二組のコーラス——児童合唱団と、大人たちの合唱団——を必要とした。オーソン・ウェルズが一九三七年に製作したオリジナル版は、およそ百五十人で構成されており、そのなかには飛行機操縦士を演じたジョゼフ・コットンも含まれていた。バーンスタインはシャロン時代のように、ボストンじゅうから軍団を集め、製作のあらゆる側面にみずからを投入した。「作業はとどこおりなく進行しています」彼はコープランドに手紙で報告している。「ありがちな厄介事——そして多くの異常な厄介事。そして、いまなおぼくは、野外観覧席の高さのこと、そして野外観覧席を設けた場合のことを心配しなければならない。また、衣裳合わせの日までに観覧席を運ばねばならないし、ホールに拒否されて衣裳合わせがキャンセルになるかもしれない。それに、カーキ色のキャンヴァスでできたゴム・ボートを使えるのだろうか。また、クースはなぜか知らないのですが入院しています。そしてオリガ〔クーセヴィツキーの秘書で、のちに彼と結婚する〕は、あのスコアを完成させろと金切り声をぶつけてきます。そしてチャーリーはあの曲を複写しろと金切り声をあげてきます。そして弦楽はまだ不充分で（質、量ともに）、クラリネットはもう今日の午前中は、大人のコーラスとのリハーサルができません」

この手作りの『セカンド・ハリケーン』は、バーンスタインにとっては、コープランドの前で彼の音楽を演奏することによって、きわめて直接的に彼への献身的愛情を示すチャンスだった。ボストンのジョーダン・ホールでおさめた大きな成功のおかげで、すぐにケンブリッジのサンダーズ・ホールにおける次の公演が決まった。今回は、フル・オーケストラではなくピアノだけだった。WCOPというラジオ局はこの曲を一日中流し、バーンスタインに長い時間をかけてインタビューしている。彼はコープランドの経歴について語った――彼がメディアを使って音楽教育をしたのはこれが最初だった。「ボストンは意識にあふれ、うずうずしている。なんと能力ある人々！　子どもたちよ、きみたちは書け、わたしが演じてみせよう」

バーンスタインとコープランドはその月の終わりにコープランドの夏の別荘でいっしょに二、三日すごし、心のきずなをさらに深めることができた。「すばらしかった」バーンスタインは書いている。「もうひたすら、すばらしかった。帰ってきてトルストイを読むと、真実は（あるいは嘘でもいいが）ふたつの心に同じ形で現われるものではないとあった。しかし、とりわけ音楽となにかを分析する場合に、わたしたちの心には同じ真実が現われ、そこには大きな喜びがある」「最高だった、もうひたすら最高だった」とコープランドもふたりですごした時間について、唱和している。「だがいまは、悲しく、いやになるくらい静かで、楽しくもなんともない――仕事があるだけだ。二週間すると、きみはイン・デル・ナーエ［近くに］いる――そう思うと慰められるが」

その夏、タングルウッドに行く前に、バーンスタインは家財道具を移し、ハンティントン・アヴェニューのスタジオを貸し出した。彼は、どんな未来が自分を待ち受けているにせよ、それはボストンにおけるものではないと判断した。戦時のタングルウッドは、彼に失望ももたらした。彼はクーセヴィツキーの副指揮者として招かれたが、ぎりぎりになってのことだったため、パンフレットの教授陣のなかに彼の名前は入っていなかった。クーセヴィツキーは第一オーケストラを指導し、ショスタコーヴィチの交響曲第五番のような作品には、学生奏者を百五人にまで増やした。この曲の演奏は、だれに聞いても、最高にすばらしかったとの評判で、レノックスとバークシャーの人々は、ガソリン配給制をものともせず、相乗りをしたり、ヒッチハイクしたり、干し草の運搬車を徴発までして、数千人がコンサートに詰めかけた。バーンスタインは、彼にいわせると未熟で、オーバーワーク気味だった第二オーケストラを指揮した。彼には落胆のムードがただよっていた。「今シーズンは、これまでのシーズンには及びません」彼はヘレン・コーツに手紙を書いている。「とびとびにしか指揮をしてこなかったし、あの未熟なオーバーワーク気味のオーケストラでは……。『ポーギーとベス』のふたつのシーンは非常にうまくいって、ロシア人慰問局で再度やることになりました」

このシーズンのクライマックスは、八月十四日に行なわれた、もうひとつの超大規模な〝タングルウッド・オンパレード〟の慈善演奏会だった。ここで行なわれたビッグ・イベントは、ショスタコーヴィチの交響曲『レニングラード』で、これはアメリカのコンサートで初めて演奏されるものだった。この曲の大部分は、この前年に包囲攻撃を受けたロシアの街で作曲されたものである。バーンスタインはオーケストラの打楽器セクションで、バス・ドラムを割り当てられた。当時、指揮を学んでいた学生のフレデリック・フェンネルは、彼らがいかにして第一楽章で大きなクレシェンドを作り上げるよう手を尽くしたか、説明している。「ふたりで、クーセヴィツキーの——額に青筋を立てて——もっともっとという絶え間ない要求に乗って全セクションから耳に轟いてくる音に負けないよう、演奏しながら口を開けていました」

その夏、オーケストラで演奏した若いクラリネット奏者に、デイヴィッド・オッペンハイムがいた。彼とバーンスタインは親しくなって、タングルウッドが終わったあと、ふたりはいっしょに、すこしヒッチハイクをしてニューイングランドへの旅に出かけた。バーンスタインは新しい恋について——ほかのどんなことも、そうしていたが——アーロン・コープランドに手紙を書いている。

二日間、輝かしい時間をすごしました。まるで映画のように、ぼくたちはさまざまなものをともにし、そのいっぽうで自分たちの関係を、その状態のほとんどあらゆる細部にいたるまで手きびしく分析してきました。あなたのいうとおりでした——本能の支配する領域では、言葉はかえって有害なのですね。でも、ぼくたちはすばらしく幸せです。楽しくヒッチハイクをして、車がつかまらなくても、どうってことはありませんでした。昨晩（ピッツフィールドでベティ・デイヴィスの映画を見たあと）、レインズボロにたどり着いて、農家の入口にあるハンモックで眠りました。今朝は、湯気の立つ朝食を食べ、それから百二十マイル、ヒッチハイクしてヴァーモント州ヴァージェンズにやってきました。

午後いっぱい、ホイットマン風にチャンプレイン湖畔で素裸になって、松林や、粘土と粘板岩のビーチを、魅惑的な水のなかを、駆けまわりました。なにもかもが新鮮な体験でした。そして太陽、そして友情、そして気さくなヴァーモントの人々——親切で、誠実で、誤解を受けている——そしてそのあと今夜は、バーリントンに来て、『ミニヴァー夫人』を観ました。いい映画でした。

この牧歌的な文章を書いたあと、バーンスタインは簡潔に、オッペンハイムが若いカップルと親しくなり、女の子の家に行って一種の聴罪司祭のようにふるまったと報告している。そのあとに、短い反省がつづいている。「なぜぼくは、自分自身を創造できる状況に憤慨したりするのでしょう？　ぼくと、ぼくという小さな人格のなかには――この瞬間から――自分を支配する力が存在するにちがいありません」にもかかわらず、オッペンハイムとの友情は深まった。〝D・O〟は、バーンスタイン二十四歳の誕生日の前後に、数日シャロンに泊まり、ふたりは月の終わりにいっしょにニューヨークへ行った。バーンスタインは彼を、レインボー・ルームでひと仕事したあとヴァンガードにもどってきたレヴュアーズに紹介し、ここでオッペンハイムは魅惑的なジュディ・ホリデーと出会った。戦後、ふたりは結婚している。

ニューヨークからヘレン・コーツに送ったきた九月一日付けの葉書のなかで、バーンスタインは「とうとうぼくは、自分の運命を探しにこのビッグ・シティにやってきた」と書いている。そして彼は、自分の選んだ街を生地以上に愛するニューヨーカーになるのであった。

11　ニューヨークのボヘミアン

「グリニッチ・ヴィレッジはメッカだった。仕事は見つからなかったが、そのかわり、非常にボヘミアンな夏をすごすことができた！　とにかくすごかった！　お金はなかったし、ものすごい暑さで、いたるところにゴキブリがごまんといた。苦しかったたか？　もちろんだ！　しかし、その夏のあいだ、わたしはショナールから、苦しみを芸術の形に変える方法を学んだ。わたしはグリニッチ・ヴィレッジのショナールだった」

――レナード・バーンスタイン（一九八八年の『ラ・ボエーム』の録音の前書き）

神話作りの趣味のあるバーンスタインはのちに、ニューヨークの一年目を〝ヴァレー・フォージ［独立戦争時、ワシントン率いる軍隊が冬季兵営したペンシルヴェニア州の村］のとき〟と呼んでいる。とはいっても、ジョージ・ワシントンは一七八七年の寒風吹き荒れる冬に敗北の一歩手前にあったが、バーンスタインは一九四三年にはピアニストとして、また作曲家としていくつかの成功をおさめ、夏になるころには、指揮者になるための展望がひらけてきていた。交響楽団を指揮することがなかったことと、正規の指揮者でなくてはという姿勢が、この期間についての記憶に影響を与えていたのだろう。ときおりべつの分野で成功をおさめたことを報告すると、アーロン・コープランドは彼に急ブレーキをかけた。「きみの人生を行き交うあらゆる申し出、関心、接触、人格に、ずっとわたしは相応の感銘を受けている。しかし、わたしたちの基本方針を忘れてはならない――きみは偉大な指揮者への道を邁進しているのだ――そして、そこにつながることのないあらゆる人間、あらゆる事柄は、無用の長物なのだ」

一九四二年から四三年にかけての冬、第二次世界大戦は連合軍が優勢に転じたが、勝利をつかむにはまだ絶望的なくらいに長い道のりがありそうだった。一千二百万人のアメリカ人が軍服に身を包んでいた。バーンスタインは、自分が軍人でないことを〝ひどく気にして〟いた。コープランドは彼に、思い悩む必要はないと告げた。「きみは喘息もちであって、それはしかたのないことなのだ」ニューヨークの最初の九カ月、バーンスタインは四つの異なる住所で暮らした。母親から世話されるのが好きな家庭を愛する青年にとっては、つらいことだったはずだ。しかしその事実は、この大都会でおちぶれかけているというバーンスタインの自分自身に対するイメージを裏書きするものではない。

「ニューヨーク市にやってきました」彼は街に到着したその日に、アーロン・コープランドに手紙を書いた。「今回はほんとうにやってきたのです。ぼくは楽しく〈仕事〉探しをするつもりです。D・Oがいて、あらゆることを美しく、より困難にしてくれます」翌日、また葉書が届いた。「『ヴィクトリー・ジャイヴ』という曲を書いているところで、もう夢中になっています。明日から精神分析医のところに行きます。栄光あれ。ぼくには睡眠が必要です。今朝、身の毛のよだつような四十二丁目のホテルの忌まわしい部屋で、あなたに葉書を書きました。廊下をへだてた向かいの部屋の太った男がぼくを誘惑しようとしました」彼はすぐに、五十八丁目にあるパーク・サヴォイ・ホテルの地下の、週八ドルの部屋に移った。

コープランドは、自分のコック、ロバートが読んでしまうかもしれないような汚い葉書に愛とレイプの話を書いてきたといって、バーンスタインを叱責している。「ニューヨークの垢が染みついてきたみたいな感じだ」彼はつづけた。「眠れない、肝臓を酷使する、精神科医にかかる、などなど。仕事を探している健全で自分に自信のある人間のすることではない」バーンスタインは前もってコープランドに、最近コープランドの『リンカーンの肖像』を注文してきていた指揮者のアンドレ・コステラネッツと連絡をとらせてほしいと頼んであった。「いったいどうしてコステラネッツなどを仕事探しの要《かなめ》などと思ったのだ？非現実的なことはなはだしい……。彼がきみのために仕事を見つけてくれると思うなんて、どうかしているぞ」と、コープランドはつづけている。そういいながらも、彼はバーンスタインのためにコステラネッツに熱心な推薦状を書いている。「彼の得意は、指揮です……。またピアノの名手でもあります――ジャズ・スタイルも含めて。編曲も作曲もできるし、歌手の指導も、合唱団の指導もできます――実際、こと音楽に関しては、万能です」この推薦状はなんの結果ももたらしてはくれなかったが、コープランドはてっとりばやく金を稼ぐためにナイトクラブの仕事をやってみてはどうかと、現実的なアドバイスをしている。「奇跡を期待してはいけないし、しばらくうまくいかなくても、落ちこんだりしないように。そこはニューヨークなのだから」

バーンスタインはその秋、ときどきレヴュアーズのためにカフェ・ソサエティやヴァンガードでピアノを弾き、興行主のマックス・ジャコビーはブルー・エンジェルの演奏者として彼を欲しがったという話だが、彼はカーネギー・ホールの最上階にあるスタジオのひとつでダンス教室の伴奏をして、ささやかな家賃の支払いにあてていた。彼は歌手やフリーのダンサーたちのコーチもしていた。そのなかには、映画スターのラモン・ナヴァロの妹、カルメン・ナヴァロもいた。だが、リハーサル・ピアニストの仕事は、ハーヴァード時代同様、このニューヨークにおいても、彼の適職ではなかった。アグネス・デ・ミルは、ダンス教室が必要とする一定の拍子や、八分の五拍子や八分の七拍子でピアノを弾くことに彼がどれほどうんざりしていたか、記憶している。そういった気の入らない態度をとったために、首になったこともあった。

二、三カ月すると、ベテラン作詞家のアーヴィング・シーザーのしっかりした事務所を通して、もっと定期的に仕事をもらうことができた。シーザーのブロードウェイにおける経歴は長く、二十五年前にはジヨージ・ガーシュウィンが『スワニー』で初めてチャンスをつかむのに力を貸していた。ふたりは、前年に、シーザーのミュージカル『マイ・ディア・パブリック』に出演していたコムデンとグリーンのためにバーンスタインがボストンでパーティを催したときに、知りあったのだ。このショーは失敗に終わったが、それでも冷静なシーザーは、まわりの人々のなかに才能の持ち主を見つけることができた。コムデンの記憶によれば、バーンスタインが椅子に腰掛けてピアノを弾いたとき、シーザーは完全に舞い上がっていたという。彼は大きな葉巻をくわえたまま、バーンスタインがニューヨークに来るなら仕事を世話しようと約束してくれた。彼は約束をたがえなかった。バーンスタインは仕事を求めて、ワーナーズが所有するニューヨークの音楽事務所、ハームズ＝ウィトマークで出版部長をしていたハーマン・スターを訪ねた。彼が手にした仕事は、サックスのコールマン・ホーキンズのような有名なジャズ・ミュージシャンたちの録音した即興を出版用に書きとり、オーケストラのために〝目新しい〟作品を書いていたレイモンド・スコットの音楽を連弾用の——二台のピアノによる連弾用というのもあった——ピアノ曲に編曲することだった。バーンスタインはこの仕事がレニー・アンバーというペンネームで出版されることには、とまどいをかくせなかった。だが、当時よくニューヨークにやってきていたハロルド・シャピロは、じつは、あれはバーンスタインにとってはなにものにも代えがたい仕事だったのだと指摘している。「なぜなら、彼はティン・パン・アレーのシートミュージックの専門技術を、真の職人たちの仕事を、のこらず学ぶことができたからです」彼が手にした報酬は週二十五ドル、彼の父親が美容機器の仕事に提示した額の四分の一だった。一九四三年の四月には収入が倍増した。洞察力にみちた編集長フランク・キャンベル・ワトソンの進言で、ハームズ＝ウィトマークが、彼のクラリネット・ソナタをすぐ出版し、印税の前渡金を週給で支払う五年契約を提示してくれたのだ。彼の相談相手であるアーロン・コープランドがバーンスタインを自分が懇意にしていた出版社、ブージー&ホークスにすすめなかったのは、ちょっと奇妙なことに思える。

コープランドはバーンスタインの作曲家としての才能にさほど信頼をおいていなかったのかもしれない。おそらく、彼は自分の教え子に指揮者の道を突き進んでほしかったのだろう。しかし、ニューヨークの最初の数カ月で、バーンスタインが指揮をしたのはたった一度で、それは残念な結果に終わっている。十月に、彼はクーセヴィツキーの推薦でアメリカの指揮者を対象とした第一回アリス・T・ディトソン賞に出場したが、優勝することができなかった。「いまはきっと試練のときにちがいありません」彼はクーセヴィツキーの秘書、オリガ・ナウーモフに報告している。「この調整と困難の時期を乗り越えることができれば、すべてはうまくいくでしょう」

じっとチャンスを待つあいだ――アーロン・コープランドは、かならずチャンスは訪れると断言してくれた――彼は恩師から叱責を受ける危険をおかして作曲のほうに目を向けた。十月に、彼は西五十二丁目に、アドルフ・グリーンのひとり目の妻リズ・ライテルの友人であったイーディス・メリルという芸術家と共同でアパートメントを借りた。彼女とバーンスタインはいい友だちになったが、決して恋人の関係にはならなかった。バーンスタインがいちばん大きな部屋に居座り、メリルはそこを通ってバスルームに行かなければならなかった。コープランドが支払いを引き受けてくれて、スタインウェイのレンタル・ピアノを最上階の部屋に引き上げた。一九四二年の秋、このピアノでバーンスタインは連作歌曲『音楽は大嫌い』の作曲をはじめ、初めての交響曲を完成した。

彼はこの作品をイーディス・メリルに捧げているが、これは彼女の説明によれば、バーンスタインがオペラ歌手の指導をしたりレヴュアーズと即興をやったりおどけまわったりしているあいだ、彼女は両手で耳をふさいで居間を歩きまわりながら「音楽は大嫌い」と金切り声を出していたからだった。彼はコープランドに『音楽は大嫌い』は「多少コープランドの影響を受けている」と告白している。それに対し、コープランドは、「コープランドも、ヒンデミットも、ストラヴィンスキーも、ブロッホも、ミヨーも、バルトークも入っていない曲を書いたという知らせを聞きたいね。そのときには、きみと話をしよう」と答えた。

クーセヴィツキーが審査員長をつとめるニューイングランド音楽院主催のコンクールがあるという話を聞いて、彼は処女交響曲『エレミア』を出品することにした。彼の胸のなかにはつねに、「ユダヤ人の嘆き」を大作のなかに取り入れたいという思いがあった。彼はこの曲の前に「予言」と「瀆神」という題のふたつの楽章を加えた。コンクールの締め切りである十二月三十一日に間に合わせるために、彼は狂ったように疾走した。「わたしは休暇でニューヨークにやってきたのですが」彼の妹は回想している。「レニーは原稿にひざまで埋もれていて、睡眠不足で目は真っ赤でした……。彼はまだ三つある楽章の最後にかかっている最中で、スコアの作成はまだ半分しか終わっておらず、作品を最初からきれいに清書するという単調な手間のかかる作業も残っていました。締め切りまでわずか三日で、それだけの作業を全部終わらせなければなりません。それを成し遂げるには、べつの手がもうひと組、必要でした。機械的な作業を片づけるために、わたしと友人の一個小隊が投入されました。わたしはせっせと音部記号と拍子記号をインクで書きこみ、ふたりの友だち［ハロルド・シャピロとデイヴィッド・ダイアモンド］は完成したオーケストレーションをインクで清書にかかり、もうひとり［デイヴィッド・オッペンハイム］はそれが正確に清書されているかチェックにあたって、この困ったときの友人軍団が三十六時間の作業に目を開けていられるよう、当時のレニーのガールフレンドだったひとが、全員にコーヒーを入れてまわりました」その〝ガールフレンド〟イーディス・メリルは、バーンスタインは作業の途中で激しい喘息の発作を起こしたと述懐している。シャーリー・バーンスタインの記憶によれば、彼女の兄は、イーディスとシャロンにやってきたとき、彼女とデイヴィッド・オッペンハイムをくっつけようとしたという。スコアは作者名を伏せて審査されることになっていたため、ニューイヤーズ・イヴにボストンのクーセヴィツキーの家にいたオリガに曲を手渡したのは、イーディスだった。

バーンスタインはコンクールに優勝することはできなかったが、一九四三年の二月には運が向いてきた。タウン・ホールで行なわれた公開討論形式のコンサートで、彼のもとに（クリフォード・オデッツの委嘱によって作られた）アーロン・コープランドのピアノ・ソナタを弾いてもらいたいと、ぎりぎりになって依頼が舞いこんだ。コープランド本人は、サム・ゴールドウィンとの映画契約に縛られて、来ることができなかった。一日しか練習時間はなかったが、にもかかわらず、バーンスタインは「みごとな成功」をおさめた、とヘレン・コーツに報告している。彼はディスカッションの最後に二度目の演奏をしたが、ニューヨークのポスト紙によれば、「如才なく」聴衆の質問に答えていたという。ヘラルド・トリビューン紙は、このソナタは「みごとな解釈をされていた」と書き、ヴァージル・トムソンは演壇から喝采を送った。「なんとすばらしい夜だ！　あまりに突然かつ偶発的だったため、わたしの友人はほとんど来ることができなかった。わたしの父はニューヨークを通り抜けようとしていたところだったおかげで、思いがけなくこの場に居合わせることができた。わたしはこれをこそ、鮮烈なるデビューと呼びたい！」

その夜、やはり聴衆のなかにいたルーカス・フォスの記憶によれば、バーンスタインの父親は拍手のあいだに彼のほうに顔を向け、「これだけの拍手喝采をいただくのは、たしかにけっこうなことだ。しかし、これがお金になるか？」といったという。
二、三週間後、バーンスタインは自分の部屋にもどり、彼がこの曲を捧げたデイヴィッド・オッペンハイムと自作のクラリネット・ソナタを練習していた。そこへ、ネッド・ロレムという若い作曲家が訪ねてきた。ロレムは、カーティスの学生で、フィラデルフィアのシャーリー・ゲイビスとその母のところに部屋を借りていた。彼は週末にニューヨークに行こうと決めていた。「しょっちゅう酔っ払ってごたごたを起こしていた」彼は、シャーリーにレニーに会いにいくようすすめられたのだ。「わたしは内気な美貌の十九歳でしたが、それでも彼の部屋をノックできないほどシャイではありませんでした。彼は『きみは、母親からマナーというものを教えてもらわなかったのか？　ニューヨークでは、いきなりひとの部屋をノックするものじゃない』といいました。『ええ、でも電話番号を知らなかったんです』というと、『電話帳を見ればわかるだろう。まあいい、とにかく入りなさい』といってくれました……」

ロレムと話をしているうちに、ほかにも共通の友人がいることがわかった。ポール・ボールズである。彼は父親といっしょにメキシコに旅行したときに、ボールズと出会っていた。「バーンスタインはメキシコに行ったことがなく、わたしがその話をするとちょっぴりうらやましそうでした……。その日にどんなことがあったか、はっきりとは思い出せませんが、デイヴィッド・オッペンハイムが帰ってもわたしはそのまま泊まりこんで、ずっと酒を飲んでいました。午前二時ごろに、イーディスが入ってきました。レニーとわたしは表の居間のマットレスの上に寝ころがっていました。彼女は親しげに『だれと寝てるの？アドルフなの？』といいました——アドルフ・グリーンのことでした。彼は『いや、ネッドだ！』と答えました」グリーンとバーンスタインは特別な仲だったわけではなく、いい友人だった。イーディス・メリルによれば、彼女が知りあったころのバーンスタインには〝仲間〟がたくさんいたが、どちらの性にも決まったパートナーはいなかったという。

オッペンハイムとバーンスタインがニューヨークのラジオ放送局WNYCでクラリネット・ソナタを演奏したとき、フランク・シナトラが来ているという噂が流れたために、ひと目彼を見ようというひとたちがスタジオの窓に鈴なりになった。このときの放送には、バーンスタインが作ったピアノ独奏用の「六つの作品」（のち『記念』と改題）と、「アドルフ・グリーンによる主題の延長」と題するクラリネットとピアノのための小品も含まれていた。この曲は、ある日アパートメントでグリーンが浴室にいるあいだに、グリーンがピアノに向かって即興で弾いていたメロディをもとにバーンスタインが作ったものだった（この主題は、のちにバーンスタインの初めてのバレエ曲『ファンシー・フリー』のなかに組みこまれた)。

三月十四日、このクラリネット・ソナタは、作曲家連盟のニューヨーク・パブリック・ライブラリーにおけるコンサートで公開演奏された。コープランドは「六つの作品」をやったらどうかと提案したが、それはバーンスタインの思惑とはちがった。「連盟のコンサートで初めて作曲を披露するのなら、もうすこしスケールの大きなものにしなければ、と思ったのです……あのソナタなら、少なくとも、大作に近い。それに、ひとりで演奏するより楽しかったから」彼は追伸のなかで、ヘラルド・トリビューン紙のポール・ボールズの評は、ヒンデミットにはまったく言及していない、と述べている。それに対し、コープランドは「あの曲は、まだヒンデミットの匂いがぷんぷんする」と、きびしい反応を見せていた。ボールズは、このソナタは「やさしくシャープで歌謡性があり……生き生きとして、それでいてまとまりがある」と称えている。

バーンスタインは一九四三年三月三十日、このシーズンのアヴァンギャルド界の一大イベント、ポール・ボールズの『風は帰る』で、ついに指揮者としてニューヨーク・デビューを果たした。この曲は、ガルシア・ロルカのシュールレアリズム作品にもとづいて作曲されたオペラで、歌のパートはふたつ――ソプラノとテノール――だけだった。台詞、踊り、コーラスが、スペインの伝統的な歌劇、サルスエラを土台にして撚り合わされていた。そもそもボールズはこの作品はブロードウェイにかけたいと思っていたのだが、結局、近代美術館で行なわれた五つの「秀作セレナード、古代と現代」の第三弾として、一回だけの上演となった。若かりしころのマーサ・カミンガムが振付を担当し、オリヴァー・スミスが舞台装置のデザインにあたった。ヴァージル・トムソンは記事のなかで、バーンスタインの指揮は「堂々とした、音楽家らしいものだった……プログラムは斬新で、聴衆の反応も上々だった」と書いている。

ボールズとバーンスタインの共同作業は、これきりだったが、バーンスタインはずっとボールズの音楽を賞賛していた。一九七七年に彼を称える文章のなかで、彼は「ボールズは天才だけがもつ生まれながらの才能に恵まれ、伝統的な素材を〝現代的に料理〟する、きわめて独創的な感覚の持ち主だった。それは作詞においても同様で、正確な、あたかもヴィクトリア朝に匹敵する厳格な手法で、素朴で衝撃的なものを提供していた……。彼からは学ぶところが多かった。わたしの音楽には、いまだにときおり〝ボールズ〟スタイルが現われる、とコープランドはいう」と書いている。ふたりが共同作業にあたったころには、バーンスタインは、彼の熱烈な支持者だった。「ポールのことを悪くいう世間の通説を、ぼくは理解できません」彼はコープランドへの手紙に書いている。「悪い人間じゃない。彼は人間関係を避けて通っているだけで、それがために冷淡に見えるだけのことなんです。しかし、人間関係を避けて通るというのは、じつに人間的な行為ではありませんか！」

ニューヨークの音楽情報網ではニュースはあっというまに広まる。ニューヨーク・フィルハーモニックの新しい音楽監督に就任することになっていたアルトゥール・ロジンスキーは、すぐに、次のシーズンの副指揮者候補の短いリストにバーンスタインの名を挙げていた。ロジンスキーは彼に私信を送ってきた。「来シーズンのご予定と、軍隊における身分を教えていただけますか？」彼は四月にまた手紙を送ってきた。「4Fと聞いて、うれしいことこの上ない。現在ニューヨークのおかれている気違いじみた状況のおかげで宙ぶらりんにならざるをえない先々の計画にとって、非常に喜ばしい。それが片づいたら、すぐにも連絡をとって、じっくり相談したいと思います」その春、ヴァージル・トムソンとロジンスキーが昼食をともにしたとき、ロジンスキーは事実上、バーンスタインに副指揮者を任せることにしたと思ってもらっていいと話している。「ぼくはひとことも聞いていません」すぐにコープランドに投函した手紙のなかで、バーンスタインは慎重にコメントしている。「でも、期待しすぎないようにします」マックス・ゴーバーマンとダニエル・セイデンバーグも、候補者にあがっているという点も、彼は付け加えていた。「すごいトリオになるでしょうね……ゲッベルスの三つの誇り、でしょうか」

ロジンスキーは、それ以上なにもいってこなかったが、彼の指揮者としての未来はかなり明るく思われた。六月、彼はセントラル・パークのノームバーグ野外音楽堂でゴールドマン・バンドを指揮した。八月初めにボストンのコンサート・シーズンのために特別に編成された室内オーケストラの指揮者に、ボストン交響楽団のトップ奏者たちから招かれたときには、さらに自信を深めた。そうするうちに、彼の出版社、ハームズから感激のニュースが飛びこんできた。彼の『エレミア』交響曲を目録に入れたいというのだ。また自信を深めた彼は、指揮の恩師ふたりに総譜を送った。クーセヴィツキーは熱心な反応を見せなかったが、気むずかしいハンガリー人、フリッツ・ライナーのほうは、コネティカット州ウエストポートの自宅から電話を入れてきた。バーンスタインはコープランドに報告するさい、喜びをかくせなかった。「彼は、ぼくの交響曲を来秋にピッツバーグでやりたいといってくれてます。あれをすごく気に入ってくれて、いずれにしてもぼくにプログラムをひとつ指揮してもらいたいとのことで、自分の手で交響曲を指揮することになるかもしれません。なんというれしいニュースでしょう！　しかし、彼は第四楽章のことをひどく心配しています。あまりに悲しく敗北主義的だというのです。同じ批判を父もしていました。それで父を大いに見なおしました。第四楽章には、割ける時間もエネルギーもまったくありませんでしたから」

コープランドの答えは、いかにも彼らしかった。「自分の成功にびっくりしてもらいたいのはわかるが、きみの身に起こったことでわたしをびっくりさせられることはなにひとつない。残念ながら。作曲家としての成功などは論外だ。しかし、ライナーがピッツバーグできみに指揮をさせたいというのは、喜ばしい話だ。クーシーは先を越されて、やきもちを焼くことだろう。たぶん、きみは生粋のアメリカ人で初めての客演指揮者として、指揮者人生をスタートさせることができるだろう」

何週かして、バーンスタインはクーセヴィツキーとセントレジス・ホテルで朝食をともにした。「二、三日、レノックスに来てほしいと頼まれました。ボストンで彼に『交響曲』を弾いて聴かせたときには、部屋がひとでごったがえしていて、きちんと聴けなかったからといって。ライナーが強い興味を示したことが彼に火を点けたのだと思います。しかし、やきもちうんぬんという話はあなたのおっしゃったとおりでした（あなたはいつだって正しいのです）」八月の初めにクーセヴィツキーと週末をすごしにやってきたとき、バーンスタインは完璧な勝利をおさめた。「クースはぼくの『交響曲』に夢中になりました！　あげく、われわれには偉大なるユダヤの音楽があるのだと、とうとうとまくしたてる始末です！　いったいぼくはどうなるのか？　今秋はボストンで、冬にはピッツバーグであの曲を指揮することになるでしょう」しかし、バーンスタインとクーセヴィツキーがライナーはおとなしく引き下がると思ったとしたら、あまりに愚直だった。ピッツバーグは一九四四年の一月に初演をもってきた。つづいて二月にはボストンが。

唯一の気がかりは、バーンスタインの徴兵審査による等級だった。彼は七月に合格者の等級である1Aに分類しなおされ、入隊審査を受けることになった。時期的に厄介な話だった。ニューヨークで副指揮者になれるかどうかは、身体検査で免除になれるかどうかにかかっていた。ピッツバーグの指揮についても同様だった。クーセヴィツキーは一九四一年のとき同様、ふたたび教え子を守ろうと、合衆国軍の健康審査官に手紙を書いた。「検査におもむくことになっておりますレナード・バーンスタイン氏のことで、お願い申し上げます。わたくしの考えますところ、大げさな話ではなく、彼は若い世代の音楽家のなかで最高にすぐれた、類いまれな天与の才の持ち主です……。アメリカの音楽芸術のために、このかけがえのない若い才能を守っていただきたいのです。もちろん、国民ひとりひとりが母国の防衛に貢献すべきことは充分に承知しておりますが、未来の音楽文化のためにこういった才能を保護することも、アメリカの繁栄にとって重要なことであると、わたくしは信じております」だが、バーンスタインが喘息に苦しんでいたのはまちがいなく――1Aに分類しなおされたのは、手続き上の間違いだったにちがいない――八月に、彼はふたたび軍役には不適格という烙印を押された。サム・バーンスタインがのちに語ったところによれば、彼の息子はこの結果を嘆き、涙にくれたという。一九七八年には、バーンスタイン本人が、母国のために役に立てないのだという思いにさいなまれたと回顧している。彼の言葉に疑念をさしはさむ理由はどこにもないが、彼の意気消沈した状態が長いあいだつづいたと考える必要もまったくない。

バーンスタインがニューヨークの一年目を〝ヴァレー・フォージのとき〟と表現したのを正当化する理由があるとすれば、それは私生活の領域においてだった。四〇年代には、フロイト学説による精神分析の人気が全盛をきわめていた。ところがバーンスタインは、ニューヨークに到着するなり、彼が〝フラウ〟というニックネームをつけたユング心理学の分析医にかかりはじめた。彼女はドイツから逃れてきた難民で、診察料のかわりに彼は彼女に英語を手ほどきした――しかし、イーディス・メリルの記憶によれば、受話器の向こうから聞こえてくる彼女の発音には、ドイツなまりが強く残っていた。診察の主な対象は、彼の孤独感だった。ヘレン・コーツと家族は遠くにいて、抑制的な影響を与えるものがなかった彼は、対人関係をころころ変化させることが多くなっていた。熱烈で情熱的なものもあったが、多くはその場かぎりのものだった。アーロン・コープランドとの手紙のやりとりを見ていくと、表面的にはおどけているように見せかけていたが、その下にはある種の絶望感がうかがえる。さまざまな名前が浮かんでは消え、コープランドはときにぎょっと息をのむこともあったが、ときには、みずから心地よい刺激にみちたニュースを提供せずにいられたわけでもなかった。一九四三年の盛夏に『北極星』のスコアにとりかかっていたころ、コープランドはバーンスタインに、ヴィクター・クラフトがメキシコに行っていないあいだ、ハリウッドで落ち合おうと熱心に誘った。「第二ヴァイオリン［ナンバー・ツー］は趣味じゃありませんが、あなたとなら悪くないかもしれません」とバーンスタインは応じたが、ボストンで指揮をする契約が迫っていたため煮えきらない態度をとっていた。それに対し、コープランドは、「親愛なる第二ヴァイオリンの黒魔術師よ。ほんとうに残念でならない——来てもらう絶好のチャンスなのに」と書いている。

彼の性生活と社交生活の全容は、バーンスタインとコープランドの書簡をサンプルすることから拾い集めることができる。

バーンスタインからコープランドへ。一九四三年四月、『風は帰る』後の出演者たちによるパーティの説明——

夜どおしの大騒ぎ、ぼくはしたたかに酔っ払い、コンスタンス［・アスキュー］は労を惜しまずにぼくをひと晩じゅう楽しませようとし、実際ぼくは楽しみました——彼女は楽しいひとです。そしてダイアモンドはパーティに招かれたわけではないのにやってきて、実際の話、コンスタンスに叱られていました。ぼくはフランス語でマルキーズやらアルファンドやらとお近づきになりました。なんとも奇妙な話ですが、ぼくはいまでもD・Oを愛しています。どうしたらいいのでしょう？　わかっています——新しいガールフレンド［この当時、十代だったローダ・セイルタン］と結婚すればいいのです——彼女はすてきな女の子です——いまかかっている歯医者の娘です……。ファーリー・グレインジャーによろしくお伝えください。デートの手配をしていただけませんか？［グレインジャーは『北極星』の若手スター］

二週間後、バーンスタインからコープランドへ——

昨晩、アーサー・バーガーのところで底抜け騒ぎのパーティがありました――ジーン［・ミドルトン］とヴィクターとポールとヴァージルとデイヴィッド、その他もろもろ。ああ、コリン［・マクフィー］とポール・モリソンもいました。ポール・モリソンといっしょに帰って、昔を思い出しました……。ジーンも非常に印象的な人物でしたが、早めに帰りました。こんな世界には手だしは無用！しかし、ぼくは相変わらず困惑しています。新しい友人『風は帰る』のテノールで、奥さんのいる男性」やら、新しいガールフレンドやらで。彼女を不当に巻きこんでしまうのが心配です。イーディスとのルームシェアを打ち切ろうと決めたことで、いろいろと厄介な問題が出てきています。ふたりのどちらが引っ越すのか、というような問題です……。

コープランドからバーンスタインへ――

D・D［デイヴィッド・ダイアモンド］から、ある土曜日の夜、きみを負かしたと勝ち誇った手紙が舞いこんだ。きみたちの〝果てしのない〟乱交ぶりがまざまざと伝わって、身ぶるいしている。そちらにもどっても、どろどろずたずたの骨抜きになった人間しか見つからないだろう。

バーンスタインからコープランドへ――

彼［デイヴィッド・ダイアモンド］の「ぼくを負かした」などという話を真に受けていただいては困ります。あの兵士（かわいかった！）は、ぼくにくっついてきたかったんですが、D・Dが手練手管をフルに使ったものだから、兵士は修羅場を招いてはと心配になったんです。でも結局彼は、次の日の夜、愛と楽しみをいっぱい抱えて、ぼくのところへやってきました。

コープランドからバーンスタインへ――

最高にすばらしい手紙を書いてもらいたい――受け取って狂喜乱舞するような手紙、つまり、頽廃の雰囲気がただようなかで船乗りや海兵隊員が飛び交っているところを背景に〝あなたがいなくて寂しい、あなたを深く敬愛しています〟という感じのものを。

七月、バーンスタインは精神分析医とこの年最後の面談を行なった。当分は、心の葛藤以上に差し迫ったずっと優先順位の高いものが存在したからだ。探し求めてきた〝仕事〟が、現実のものになろうとしていた。

12　一夜にしてセンセーション

「さあ、はじめるぞ」
――レナード・バーンスタインがヘレン・コーツに送ったメモ。彼がニューヨーク・フィルハーモニック・オーケストラの副指揮者に指名されたことを報じた記事の切り抜きに走り書きで。

アルトゥール・ロジンスキーとの出会いに関するバーンスタインの話は、長年のあいだに大きく潤色されていった。彼はずっと、ロジンスキーからの申し出は、彼の二十五歳の誕生日である一九四三年の八月二十五日に、だしぬけにやってきたという意味のことをいってきた。「副指揮者が必要になる」ロジンスキーは彼に告げた。「知っている指揮者の名前をずらりと頭に浮かべていったあげく、神様にだれを選べばいいかとたずねてみたら、神様は『バーンスタインにしなさい』とおっしゃった」推薦状ならアーロン・コープランドやロイ・ハリスといった著名人たちからいくつももらっていたが、いわゆる全能の神様からはもらったことがなかった、とバーンスタインにいわせたのは、大ぼら吹きの才能だった。さらに、ニューヨーク・フィルハーモニックの資料館は、一九四三年の五月の時点でロジンスキーはバーンスタインでよしとしていたことを明らかにしている――ほかにひとりだけ候補者に残っていた人物は、アメリカ人でないという理由ではねられた。あとの候補者たちはみな軍隊にとられてしまった。しかし、ロジンスキーは指名を決定する前に、いちど会ってみなくてはと主張した。バーンスタインはというと、アーロン・コープランドへの手紙のなかで自分の計画を話題にした七月には、自分で決定だと思いこんでいた。「九月にはメキシコ……それからもどってきて、そのあとなにごともなければ、フィルハーモニックの副指揮者になります。すごくすてきな二十五歳をむかえられそうです」

バーンスタインがレノックスのクーセヴィツキーのところに世話になっていると、八月の終わりにロジンスキーから、夏の別荘にしているストックブリッジにほど近い農場まで来てほしいと連絡があった。ふたりの出会いは、奇想天外な未来を分かちあう以上のことをもたらした。食事法の改善に大きな関心を寄せていたロジンスキーは、若いころに羊や乳牛を飼っていたこともあり、田舎の農夫を演じるのが大好きだった。バーンスタインを迎えに道に出てきた彼は、半ズボン姿に養蜂家の帽子をかぶっていた。ガソリンが配給制だったために、ツー・サイクル・エンジンの旧式のモーター付きスクーターに乗っていた。ふたりで干し草に寝ころがったさいに、神の声がバーンスタインに伝えられた。

バーンスタインはホワイトゴート・ファームで数日をすごした。「夕食がすむと、アルトゥールは暖炉のほうを向いたレザー・チェアに体を沈め、レニーは反対側の毛皮の絨毯の上に大の字になりました」ロジンスキーの未亡人、ハリーナは回想している。「ふたりは何時間も話しこんでいました。アルトゥールは自分の育ってきた背景や、家族のこと、受けてきた教育について、話して聞かせていました。アルトゥールは、あれだけの才能をもった若者が手書きの楽譜を写譜して生計を立てているとはと、ひどく気の毒がっていました」一八九二年にポーランド人を両親に生まれ、ウィーンで音楽の研鑽を積んだニューヨーク・フィルハーモニックの新しい音楽監督は、経験豊富な指揮者だった。一九二六年、フィラデルフィアでレオポルド・ストコフスキーの副指揮者をつとめるためにアメリカにやってきた彼は、当地のカーティス音楽院で指揮科の教授をつとめたライナーの前任者だった。そしてクリーヴランド管弦楽団を十年近く率いていた。一九三七年には、トスカニーニのオープニング・シーズンに向けて、NBCの新しい交響楽団を微調整した。向こう見ずな性格で、指揮するときにかならず尻ポケットに弾をこめたリヴォルヴァーを入れるような奇矯なところはあったにせよ、ロジンスキーが当代最高の指揮者のひとりであることに疑問の余地はなかった。マーラー、シュトラウス、ショスタコーヴィチの音楽に対する解釈は群を抜いているというのが定評だった。

バーンスタインにとって、これ以上のスタートは考えられなかった。ロジンスキーの胸のうちにあった計画は、一九四〇年にミトロプーロスが申し出たものを上回るものだった。彼の仕事は、あらゆるリハーサルに参加して、ロジンスキーや客演指揮者たちになにかあったときにはすぐに代わりをつとめられるよう、そのときどきのスコアを自分のものにしておくことだった。またロジンスキーのもとにもちこまれてくる新しいスコアの山をふるいにかけて、彼の眼鏡にかなうものを選び出すのも、副指揮者の仕事だった。単調でつらい仕事は、シーズンの終わりにカーネギー・ホールで行なわれたコンサートでニューヨーク・フィルハーモニックを指揮することになって報われる。ロジンスキーはバーンスタインが指揮するところを見たことはなかったが、ふたりで何度か議論を重ねたあと、フィルハーモニックは、ロジンスキーは彼の副指揮者としての並々ならぬ才能に〝舌を巻いた〟と公式発表している。コープランドは、ハリウッドから興奮ぎみの手紙をよこした。「今回は、しかるべき価値のある人間がしかるべきものを手に入れることのできた、きわめてめずらしいケースである。また、その手に入れることができた人物が二十五歳というのはじつに痛快である。いや、わたしにはわかっていたはずだったね——ずっときみにそういってきた——辛抱しなさいといってきた——そしていま、自分の指摘があまりにみごとに正鵠を射ていたことに、いささかびっくりしている」

バーンスタインは何日かシャロンで、家族や友人たちとお祝いをしてすごし、それからニューヨークにもどって、〈コロンビア・アーティスツ・マネジメント〉のマネジャー、アーサー・ジャドソン、アソシエイト・マネジャーのブルーノ・ジラートの両名（このふたりがニューヨーク・フィルハーモニックのマネジメントを仕切っていた）と、契約の話しあいを行なった。会合ののちにバーンスタインが恩師に送った手紙から察するに、クーセヴィツキーは月額一千ドルの報酬を要求してみるよう提言していたらしい。

親愛なるセルゲイ・アレクサンドロヴィチ

いまどれほどあなたと、この大いなる喜びを分かちあいたいことか！　興奮してうまく手紙が書けないほどです。なにもかも、すこぶるうまく運びそうな感じです。

今朝、ようやくジャドソンとジラートと話しあいをしました。なんともすてきな御仁たちで、きわめて高圧的でした。話しあいの場の主導権を握っているのは彼らであって、わたしの希望する条件を聞くのではなく、彼らの考えている条件を通告されるだけなのだと、すぐに悟りました。この仕事をすること、この仕事に最善を尽くすことで頭はいっぱいですから、そんなことは、べつになんでもありません。ですから、かりに報酬がまったくのゼロだったとしても、わたしは情熱に駆られて引き受けるでしょう。

まず問題は、どうやら契約というものがまったく存在しないらしいことです。ジラートにいわせると、契約は信用がおけないからということです……。報酬は週百二十五ドルだそうです。たいした額でないのはたしかだし、一シーズンは二十八週しかありません。それでも、わたしは大いに満足しています。とりわけいまは、出版社が週ごとの印税前渡金を週五十ドルに上げてくれましたし、それが一年はつづくことになりますから。とにかく、自分の価値をフィルハーモニックと世間の人々に証明するまでは、自分にはどんな要求を出す権利もないのだという気持ちになりました。しかし、契約がないことにもそれなりの利点があります。夏は自由にやれるし、なにかあったときにも拘束を受けずにすみますから。もちろん、そうなると収入のほうは少々おぼつかなくなりますが、大丈夫です。そうなっても、わたしはすこぶる幸せですから。わたしの立場をご理解いただけることを願っております。いえ、ご理解いただけると信じております。とにかく、この国にごまんといる指揮者たちがお金を払ってでも手にしたがっている仕事に、一万二千ドルとかそういう額を要求することは、できるものではありませんでした。わたしがソサエティにとってまぎれもなく貴重な人間であると示すことができたときには、要求を出す余裕もあることでしょう。いまは世間知らずに思われようと全然かまいません。自分が世間知らずに見えることをやっていると、わきまえているかぎりは。大事なのは、仕事をすることです。きちんといい仕事ができれば、そしてそれにともなう大きな責任にすべて耐えることができたなら、あとは自然にうまくいくと信じています。ご心配は無用です。ジャドソンの事務所に行ったときには、クーセヴィツキーになったような気持ちでいこうと懸命に努力しましたが、わたしはやはりレナード・バーンスタインでしかありませんでした。あそこでしたようなふるまいしかできなかったのです。それが、最上のやりかただとお思いになりませんか?

部屋であなたの写真さえ見ていられれば、それで大丈夫です。過ちも含めてわたしのすることをすべて理解してくださる最高の友人がいるのだと思えば、なんの不満もありません。すぐにまたお会いしたいと思います。お体に気をつけて。そして、わたしの愛がいつもあなたとともにあることをお忘れなく。

レナード

もともとはカルーソの秘書としてアメリカにやってきた、大柄でがっちりしたナポリ人、ブルーノ・ジラートは、出会ったときから好意的だった。ふたりはすぐに親しくなり、ジラートはバーンスタインがカーネギー・ホールの八〇三号室を借りられるように手配してくれた。「部屋はひとつだけだった」バーンスタインは回想している。「景色も全然よくなかった。壁に簡易キッチンがあって、眠るのはソファの上。折り畳んであるソファを広げると、ベッドになるんです……。自分の部屋から廊下を行くと、大きなダンス・スタジオがありました。ずっとそこにいて勉強していました。五十六丁目にあった小さなレストランに夕食に出かけ、テーブルにぽつんとすわって、そこにいるあいだずっと本を読んでいました。少しずつ友だちも増えていきましたが、最初のころはまったくのひとりぼっちでした……。この地域でいちばん親しみのあったのは、五十七丁目と七番街の交差するあたりにあったカーネギー・ファーマシーというドラッグストア——のちにネディックスになりましたが——そこに行くと、顔見知りの住人と会えるんです。朝食はそこで食べていました」

デザイナーのオリヴァー・スミスの記憶によれば、このカーネギー・ホールの部屋は、不気味な灰色の部屋だった。バーンスタインに頼まれて、スミスは部屋を明るくするために、デパートのメイシーズからストライプ模様の壁掛け用カーテンを買ってきた。しかし、このところ幸せに酔っていたバーンスタインは、べつに文句をいうでもなかった。新聞に記事が載ると、かならずといっていいほどそれを切り抜いてヘレン・コーツに送った。「この宣伝というやつが、だんだんすごいものになってきました」彼は彼女に語った。「ぎょっとするくらいです」シーズンに入ってまだ一週間というのに、名前がコンサートのプログラムに印刷されているし、コロンビア・レコードのパーティでウィリアム・P・ペイリーにも会った、と彼は付け加えている。また、この世界に大きな影響力をもつ裕福なフィルハーモニック・レディたちの姿も初めて目にした。

バーンスタインはこの当時、「楽屋に来ていた客たちとの社交活動に精を出した」ため、ロジンスキーの指示でブルーノ・ジラートが、コンサートが終わったあと控え室《グリーン・ルーム》に入ってこないようバーンスタインに通達しなければならなくなった。

フィルハーモニックに新しい秩序を作り上げようとしていたロジンスキーだったが、なかでもバーンスタインの若さは話題を呼んだ。彼が推し進めた進歩的な方針のなかには、新しいアメリカの音楽の「スコア・リーディングによるリハーサル」も含まれていた。この新しい試みは費用がかさみ、長くはつづかなかったが、この作業のためにバーンスタインは多くのスコアをえり分けただけでなく、スコア・リーディングによるリハーサルも行なった。「ときには前日の夜に［スコアを］見ることができることもありましたが、見ることができないこともありました……。ものすごく勉強になったのは、想像にかたくないと思います……。あの指揮台に立ってフィルハーモニックを指揮するというのがどういうことか、わかりました。だれもいないホールで、いるのはロジンスキーだけ。彼はじっとスコアに耳を傾け、上演するに足る作品かどうか判断していきます」実際には、何人か評論家がいたのだが、作曲家たちは締め出されていた。あるセッションでバーンスタインがデイヴィッド・ダイアモンドをこっそり入れたところ、たちまち雷を落とされた。

新しい友人ジェニー・トゥーレルが十一月十三日の土曜日の夜にタウン・ホールで行なわれる彼女のニューヨーク・デビューのリサイタル・プログラムに『音楽は大嫌い』を入れることにしたとき、バーンスタイン自身の作曲家としての運命も大きくひらけた。昨夏にクーセヴィツキーから紹介されたとき、ふたりはたちまちおたがいに夢中になった。ロシア人として生まれたトゥーレルは、彼女が戦前にパリ・オペラ座で演じ、やがてシティ・センターの最初のオペラ・シーズンにセンセーションを巻き起こした最高のあたり役、カルメンのような激しい気性の持ち主だった。彼女はバーンスタインの『エレミア』で使われる言語、ヘブライ語も含めて、六つの言語で歌うことができた。すでに二度結婚を経験し、バーンスタインより十歳ほど年上だった彼女は、すでに八月にレノックスで行なわれたアメリカにおける初めてのリサイタル——バーンスタインが伴奏をつとめた——のアンコールで『音楽は大嫌い』を紹介し、好評を博していた。

この作品はわずか七分の曲で、デイヴィッド・ダイアモンドの新曲数曲とともにプログラムの終わりに近いところに置かれていたが、バーンスタインにとっては両親を週末のニューヨークへ呼び寄せるにふさわしい機会だった。十一歳でニューヨークにやってきた彼の弟によれば、サムは家族を連れてボストンのバックベイ駅にやってきたが、列車が出発するまでにたっぷり二時間はあったという。ホテルに着いたと思ったら、すぐに出発してコンサートがはじまるずいぶん前にタウン・ホールに到着した。リサイタルの開始を待つあいだ時間があったため、レナードはボスのアルトゥール・ロジンスキーは新しいシーズンの緊張にみちた最初の月が終わって休みをとっていると説明した。かわってブルーノ・ワルターが、二週間に七つのコンサートでオーケストラの指揮をし、これまでの十日間で演奏されたさまざまな作品を集めてカーネギー・ホールからCBSで生放送される翌日の午後に、クライマックスをむかえることになっていた。ワルターのプログラムはバーンスタインが学ぶべき多くのレパートリーを予定していたが、当時六十代後半でグスタフ・マーラーとも直接のつながりがあった世界に名だたる伝説的な指揮者の技術とスタイルを、間近に勉強できる機会でもあった。

バーンスタインはブルーノ・ジラートから聞かされたばかりのニュースを自分の胸だけにしまっておいた。ブルーノ・ワルターが病気になり、コンサートで指揮をつとめられなくなるかもしれないというのだ——そうなれば、バーンスタインが代演をつとめねばならなくなる。ジラートは、雪に閉ざされたストックブリッジにいるロジンスキーに、急いでニューヨークに——車で四時間かかる——もどってきてほしいと電話を入れたことは、バーンスタインに話していなかった。「バーンスタインを呼びなさい」と、マエストロは答えた。「そのために彼を雇っているんだ」病気がちだったストコフスキーの代演で一九二六年にニューヨークで初めてチャンスをつかんだロジンスキーの、粋なはからいだった。

その夜のジェニー・トゥーレルのリサイタルは大成功に終わった。ヴァージル・トムソンによれば、「一九三四年のキルステン・フラグスタート以来の最高のリサイタル・デビュー」だった。またべつの論評は、バーンスタインの『音楽は大嫌い』は「機知に富み、生き生きとして、巧みに織り上げられた」ものだったと書いていた。トゥーレルはきらきらゆらめく金ラメのドレスを着て登場し、聴衆のなかにいるすべての移住者のためにロシア語でアンコールに応えた。バーンスタイン本人の弁によれば、「聴衆が大声で叫び、足を踏み鳴らし、喝采を送ってきたので、わたしはお辞儀をしなければならなかった」という。コンサートが終わったあと、トゥーレルは西五十八丁目の自宅に五十人の人々を集めてパーティを開いた。自家製のロシアの食べ物がふるまわれ、ディナーが終わるとテーブルを片づけてエンターテインメントの時間がはじまった。トゥーレルはロシア民謡を歌い、バーンスタインはその場で思いついたブギウギを即興で弾き、アドルフ・グリーンは滑稽な演し物を披露した。トゥーレルとバーンスタインはしばらくのあいだロマンチックな関係にあったと信じている、当時のトゥーレルのマネジャー、フリーデ・ロースは、「レニーとジェニーは玄関で、ひそひそ声で語りあい、抱きしめあっていました。そのあと彼は彼女に、たぶんひとつコンサートを指揮することになるから、残念だが帰らなくてはならないといいました」と述懐している。

どの資料を信用するかでちがってくるが、バーンスタインが帰宅したのは午前四時から夜明けまでのあいだの時間だった。「わたしが朝までずっと勉強していたというのは、真実ではありません」と、彼はのちにある記者に語っている。バーンスタインが三十年後に当時を振り返って語ったところによれば、ジラートからこんな電話が入ったという。「さて、例の話だが、今日午後三時に指揮をしてもらわなければならない。リハーサルは無理だ。ブルーノ・ワルターは……ホテルで毛布にくるまっていて、きみとスコアを検討できるといいのだが、といっている」ブルーノ・ワルターは親切を絵に描いたような人物で、ふたりはプログラムのなかでももっともむずかしいシュトラウスの『ドン・キホーテ』を検討していった。「彼は、ここがカットする部分、ここはカットしない部分、ここは入りをはっきり示すためにタクトを振り上げろ、などといくつか注意すべきポイントを教えてくれた。そのあと、わたしはあたりをぶらぶらして時間をすごさねばならなかった」

その日の午後の音楽は、放送スポンサーであるユナイテッド・ステーツ・ラバー社の求めに応じて計画されていた。プログラムの前半は、シューマンのシンフォニックな大作『マンフレッド』序曲、ハンガリー生まれのミクローシュ・ロージャの巧みな作品『主題と変奏と終曲』だった。休憩のあとチェロとヴィオラと大オーケストラのための事実上の二重協奏曲『ドン・キホーテ』が演奏される。放送されるのはそこまでだった。オーケストラが最近演奏していないのは、ワーグナーの『マイスタージンガー』前奏曲も聴くことができる。オーケストラが最近演奏していないのは、この曲だけだった。この曲は、バーンスタインがそれまでに指揮したことのある唯一の曲でもあった。三夏前にボストン・ポップスとエスプラネーダでやっていた。聴衆によく知られており、すばらしく表現豊かな性格をもっているこの曲は、カーネギー・ホールの指揮台で彼を光り輝かせる最高のチャンスを提供してくれた。

オーケストラは演奏曲目の大部分をよく知っていたが、それでもこの日の午後のバーンスタインの仕事は、不安をかきたてるものだった。シュトラウスの曲にはアンサンブルの問題が限りなくあった。ロージャの曲はリズムのとりかたがややこしく、オープニングのシューマンの序曲は、いちばん最初の和音をぴったり合わせるのがものすごくむずかしい。拍もかっちりと明快にする必要がある。コンサートが放送されるというのも、緊張を増す要素だった。この番組は全国で放送される。戦時中だけに、ほかのメディアでは不可能なことだった。バーンスタインがデビューする放送は、全国的なイベントになるわけで、ニューヨーク・フィルハーモニックの電話は音楽評論家や、写真家、担当記者たちに注意を促すために午前中はてんてこまいだった。レナード・バーンスタインもバービゾン・プラザに泊まっている家族に電話した。「そりゃ大変だ」というのが両親の反応だった。ボストンへの帰りの切符をキャンセルし、もう一泊ホテルの宿泊を延長し、昼食をとるのも忘れ、マウント・ホールヨークのシャーリーのもとにも電話が入り、仲のいい友人たちにも連絡が行った。サムは家族を連れて七番街からカーネギー・ホールに三時間前に到着した。彼らは指揮者用特別席のチケットを受け取って、いちどホテルにもどった。

バーンスタインがカーネギーのドラッグストアにコーヒーを飲みに立ち寄ると、店の主人は、顔色が悪いがどうしたのかとたずねた。「彼は緑色と赤色の二種類の錠剤をくれて、『いいかい、ステージに出る直前にこいつを口に放りこむんだ。片方は鎮静剤、もう片方は元気が出る』と教えてくれました」ひとつはアンフェタミン、もうひとつはフェノバルビタールだった。長い待ち時間は二時三十分に終わりを告げ、バーンスタインはカーネギー・ホールのバックステージで、コンサートマスターとふたりの独奏者と顔を合わせ、『ドン・キホーテ』の危険な部分をいくつか検討した。彼はすでに人前に出られる一張羅のスーツ、ダークグレイのダブルのシャークスキンに身を包んでいた。安物の燕尾服がロッカーにかかっていたが、午後の指揮に着用する標準的なスーツであるモーニングコートはもっていなかった。午後のコンサートを副指揮者がつとめなければならない事態になったのは、じつに何十年ぶりかのことだったのである。

指揮者特別席に腰かけ、ステージを見下ろしながら、まだ年若いバートンは、会場の巨大さと荘厳さに圧倒される思いだった。集まった二千人の聴衆は好むと好まざるとにかかわらず、自分の兄の指揮を聴きにきているのだ、と彼は実感した。サム・バーンスタインは大きなカメラを抱えて集まりはじめた報道関係のカメラマンたちを見て、大きくためいきをついた。舞台の袖で出番を待つバーンスタインは、奏者たちが群れをなしてステージに出てきてチューニングをはじめるさまを見守っていた。ブルーノ・ジラートが出てきてアナウンスをすると、静寂のとばりが下りた。彼はブルーノ・ワルター博士が病気になったことを告げ、聴衆は、この国に生まれ、この国で教育を受け、この国で修練を積んでりっぱに一人前になった指揮者のデビューに立ち会うことになった。ジラートはコンサートの定期会員たちに、自分といっしょにバーンスタイン氏の可能なかぎり最高の成功を祈っていただきたいと告げた。そして「彼はみなさまに楽しんでいただけるよう全力を尽くすことでしょう」と結んでいる。

ロジンスキーが指揮をするとき、バーンスタインが引き受けねばならないもっともとっぴな仕事は、舞台に出る前にグッドラックの祈りをこめてボスの尻をひざで蹴飛ばすことだった。袖にはバーンスタインのために儀式をやってくれる人間はひとりもいなかった。ブルーノ・ジラートがやってきて、腕を大きく広げて彼を抱きしめ、「ヘイ、レニー、幸運を祈るよ、ベイビー」といった。バーンスタインはドラッグストアの主人がくれた錠剤をポケットからとりだした。ひとつは気持ちを落ち着けてくれるもの、もうひとつはエネルギーを高めてくれるもの。「わたしはその錠剤を力いっぱい遠くに投げ捨て、『自分の力だけでやるんだ』と自分に言い聞かせました」演壇に出ていくとき、彼には儀礼的に拍手が送られたが、バートンの報告によれば、彼の兄は、細身で、髪はくしゃくしゃに乱れ、奏者たちにくらべて年若く、優雅さに欠ける外見で、指揮台に飛び乗った。「シューマンの序曲の出だしはよく憶えています」レナードはのちに語っている。「休符の一拍目ではじまるために、じつに厄介で、わたしには、もしうまくそろわなかったらコンサート全体が沈んでしまうという強迫観念的な思いがありました」ひとたびその悪夢の瞬間を無事にうまく乗り越えると、あとは仕事に没頭し、不安を感じているひまがなかった。休憩時間が来ると、バーンスタインの家族は記者と有志たちの群れをかきわけて控え室《グリーン・ルーム》に案内された。バートンによれば、サムとジェニーは万感胸に迫り、こわばった表情をしていた。彼らはたったいま、自分たちの息子がミクロシュ・ロージャの曲に対し四度も歓呼に応えるところを見てきたばかりだった。バートンは、自分の大きな兄は新聞の写真にうつっていた戦争避難民のようなうつろな目をしていたと語っている。「どうだ、元気でやってるか?」彼はバートンの髪をくしゃくしゃに撫でながらいった。

放送を録音したものから判断するに、後半ではシュトラウスの『ドン・キホーテ』の出来が出色で、演奏が終了したとき、チェロ独奏者のジョゼフ・シュスターから、たっぷりキスと抱擁を受けた。その次は、『マイスタージンガー』前奏曲だった。バートンによれば、これが終わったとき「会場は動物園の大きな動物のような咆哮に満たされた……。聴衆はレニーとオーケストラに歓呼の声をあげていた。彼らのなかの何人かがステージの前に行った……。何度もくりかえし、レニーはお辞儀に出てきたが、出てくるたびにやせ細ったように見えた。しかしあのすばらしい笑顔をたたえていた」という。あとで、彼はクーセヴィツキー博士からの電報を手渡された。そこには「いま聴いている。すばらしい」とあった。

「くたくたですが、満足しきっています」バーンスタインはある記者に、そう話している。ストックブリッジから車で駆けつけて後半の最後に間に合ったロジンスキーは報道陣に、バーンスタインは「桁外れの才能の持ち主だ。これからも、彼にはできるかぎりのチャンスを与えていきたい」と語った。グリーン・ルームの雑踏のなかで、ジェニー・バーンスタインは何度も何度もくりかえしていた。「息子のことをとても誇りに思います」サムにとって、これは息子との関係における決定的瞬間だった。若き指揮者は、「父親はすっかり興奮していた……完全に圧倒され、困惑し、呆然としていた……。父はふいに、なにもかも夢ではないのだと悟った。父が息子を許し、ふたりが深い愛情で結ばれる、大いなる瞬間だった」と回顧している。この瞬間、バーンスタインは『エレミア』交響曲を父に捧げようと決心したのである。

家族はその夜、盛大にお祝いをした。バーンスタインはあるジャーナリストに、自分はウィスキーを四杯飲み、ここ数年食べたなかで最高のステーキをむさぼるように食べたと語っている。翌朝、彼が成功をかちとったことを報じる記事が、ニューヨーク・タイムズの第一面のいちばん下を飾った。見出しは、「日本軍輸送機、撃墜」と同じ大きさの活字で、「若き副指揮者、病気のブルーノ・ワルターに代わってフィルハーモニックを指揮」となっていた。別ページの関連記事には、舞台裏でオーケストラの首席奏者たちといっしょにいるバーンスタインの写真が載っていた。タイムズの批評のなかで、オーリン・ダウンズは熱っぽい記事を書いている。「彼は自信にみちて自由自在にスコアをあやつり、しかし決して音符のなかに埋没することはなかった……。彼は指揮棒を使わなかったが、表情豊かな両手の使い方は天賦の才を感じさせ、体の動きは、かならずしも型どおりのものではないにせよ、適切で、生き生きとして、音楽を充分に表現していたため、これでいいのだと納得させられるものだった」バーンスタインとはハーヴァード時代からの長いつきあいだったアーサー・バーガーは、サン紙で「あの激情の炎には……まだ修正の余地があるし、足を踏み鳴らすのはやめたほうがいい」と、少々辛口のコメントをしている（ところがなんと、その後もその点はまったく改善されず、多くのレコーディング・プロデューサーの頭を抱えさせた）。タイムズは火曜日に、あのデビューを、士官が全員倒れて小隊を手にした伍長のような、世界六大物語のひとつの新しいバリエーションととらえた社説で、ふたたび記事を書いている。「バーンスタイン氏は、すばらしい天分に恵まれていたからこそ、チャンスを充分に活かすことができたのである……。これはアメリカのサクセス・ストーリーの好例である。この勝利を祝う暖かな気持ちは、カーネギー・ホールを満たし、放送の電波に乗って広くゆきわたった」

大衆紙たちも特集記事を載せている。ある見出しは、「少年指揮者、チャンスをものにする」となっていた。デイリー・ニューズは野球の用語を使ってこのデビューを「野手と野手のあいだに上がった打球を地面につくすれすれで捕球するチャンス。みごとキャッチすればヒーロー、捕りそこなったら間抜け」と表現した。ニューヨーカー誌は二、三日後に、バーンスタインはフィルハーモニックの定期コンサートを指揮した最年少指揮者であり、フィルハーモニックの歴史においてきわめて数少ないアメリカ生まれの指揮者のひとりである、と指摘している。だれも公然と口にはしなかったが、多くの人間が心のなかで思っていたにちがいない——これは単に、才能ある美貌の若者ではなく、その日までヨーロッパが最高であった文化の砦ともいえる殿堂のひとつで、みごと成功をおさめたユダヤ系アメリカ人だったのだ。

これはバーンスタインにとっては、幼年期の終わりであった。このあと彼は、新たな試練と難問——すなわち、運命に対処していかねばならなかったのである。

第二部
名士への道
一九四三年～一九五一年

ニューヨーク・フィルハーモニックへの献辞が入った1943年のポートレイト。
「私に大きな機会を与えてくれたことに心からの感謝をこめて」

13　『エレミア』交響曲と『ファンシー・フリー』

「……まさしく現代風……そしてどこまでもニューヨーク的な音楽の登場」
――『ファンシー・フリー』、一九四四年四月十九日のニューヨーク・ワールド・テレグラムの論評。

一九四三年秋、日本は、それまで掌握していた南西太平洋諸島から徐々に駆逐されつつあり、海戦ではアメリカが優勢に転じていた。いっぽう、ロシア軍は、すでに激しい空爆にさらされていたドイツめざして西進の真っ最中だった。ヴィルヘルム・フルトヴェングラーと、その若きライバルであるヘルベルト・フォン・カラヤンがコンサートで指揮棒をとったのは、このような緊張にみちた状況のもとでのことだ。いっぽう、爆撃とはまったく無縁でますます活況を呈していたニューヨークでは、マスコミは、ヒーローとニュース・ヴァリューのあるネタを求めていた。その両方を満たすものとして彼らが飛びついたのが、レナード・バーンスタインのデビューだった。それまでのアメリカのクラシック音楽界は、いわば外国人の天下だった。音楽についてはまったくの門外漢ですら、トスカニーニといえば尊大な態度でオーケストラを指揮するひとだということはなんとなく知っていたし、ストコフスキーといえばグレタ・ガルボとのロマンスで有名であり、ハリウッド映画にも出ている人物だと知っていた。彼らに匹敵するようなアメリカ生まれのヒーローはまだいなかった。ところが、突如としてそこに、髪を短く刈りこんだ小粋な〝天才児〟が登場した。ハーヴァード大卒のこの青年は、あるときには明るいツイードのスーツと水玉模様の蝶ネクタイ、またあるときには赤と黒のチェックのランバー・ジャケットでインタビューに姿を現わし、「サンバとコンガを踊り、ディック・トレイシーのコミックを読み」、かと思えば「音符の洪水につかった頭をすっきりさせるためにときどきぶらりと夜遊びに出る」。カール・マルクスからエレミア書、さらには自分の発言まで、ありとあらゆる話題を自由自在に引用する。取材されれば、「わたしは体格のいいジャンキーみたいな風体をしているからね」といった発言が飛び出す。こういった自分自身を茶化すような言い方は生涯バーンスタインについてまわった。「有名になった男」というタイトルでニューヨーカー誌に掲載されたバーンスタインに関するおどけた調子のゴシップ・コラムによると、彼はその時点ですでに、ライフ誌、タイム誌、ニューズウィーク誌、ピック誌、ルック誌、ヴォーグ誌、PM誌、ハーパーズ・バザール誌、タイムズ紙、ヘラルド・トリビューン紙、ジューウィッシュ・フォワード紙、ジューウィッシュ・テレグラフ・エージェンシー、ジューウィッシュ・デイ紙、ニューズ紙、ポスト紙……といった雑誌・新聞の取材を受けていたという。ニューヨーカー誌の記者は、バーンスタインの真意を包みこむ煙幕をとりのぞこうとしたが、かえって反対の結果をまねいた。「『先週までに取材された新聞のうち、いちばん大きなのはどこだと思います?』そして、われわれが答える間もなく、彼はこう叫んだ。『ハンター・カレッジ・ハイスクール・ニュース紙だ! 先週の水曜日、女の子たちが何人か取材に来ましてね。わたしはクジャクみたいに気どってインタビューに答えましたよ』」

バーンスタインの両親は、息子がこれほどまでにマスコミの寵児になろうとは夢にも思っていなかった。父親のサムは、息子のことを「わたしからのアンクル・サムへの贈り物」と表現した。そして、「息子さんが小さいころ、音楽をやめさせようとしたでしょう」と取材陣につっこまれて切り返した言葉は、語り草になっている——「自分の息子が将来レナード・バーンスタインになるなんて、思いもしなかったもので」いっぽう母親のジェニーは、つづけざまにマスコミに顔を見せる息子に対し、叱責めいた忠告を、手紙につづっている。「レニーへ。どうか記者たちには個人的な見解をはっきりいわないでください……悪趣味ですよ。そんなことをして、あなたにプラスになるとは思えません。いつか手痛いしっぺがえしにあいます。これからは、取材を受けたら極力保守的な発言をすること。母さんからのちょっとした忠告です。やってみても損はないはずよ」バーンスタインは、次の日曜にはまたラジオに出演し、ニューヨーク・フィルハーモニックを指揮してエルネスト・ブロッホの『三つのユダヤの詩』を演奏することになっていた。「ラジオであなたを聴けるのは、どきどきします。がんばってください。うまくいきますように。この国のユダヤ人のほとんど全員があなたの番組を聴くはずです。ベストを尽くしなさい。愛をこめて、母より」

ラジオ出演は上首尾に終わった。そして、二週間後――バーンスタインは、急病で倒れた客演指揮者ハワード・バーロウ（五十三歳のアメリカ人で、CBS放送交響楽団の指揮者として有名）の代理でニューヨーク・フィルハーモニックを指揮し、またしても大成功をおさめた。たった一度のリハーサルで、このオーケストラをみごとに操り、ディーリアス、ブラームス、ベートーヴェンから成るプログラムをこなしてのけたのだ。ヴァージル・トムソンは、ヘラルド・トリビューン紙のコンサート評で、このときの演奏を絶賛している。「リズムの解釈にかけては、[サー・トーマス・]ビーチャムを除けば、現代の指揮者のなかでバーンスタインの右に出る者はいまい」ロジンスキーに対するかすかな皮肉が感じとれはしないだろうか。

バーンスタインは、つねに自分の芸術的才能を信じていた。だからといって、〝有名人〟になったという現実と向かいあう心構えができていたわけではない。ところがいまや、だれもがこの天才児の顔をひと目なりとも拝みたがっているという現実と向きあわなければならなかった。ニューヨーク・ポスト紙のゴシップ欄を担当しているライターのレナード・ライオンズがその冬開いたパーティでバーンスタインが出会った人々は、ざっとこんな顔ぶれだった――エセル・バリモア、バーナード・バルーク、シャルル・ボワイエ、ジョー・ディマジオ、モス・ハート、ガーソン・ケイニン、フランク・レッサー、エツィオ・ピンツァ、ジョン・スタインベック……。そればかりではない。ラジオの人気クイズ番組「インフォメーション・プリーズ」への出演依頼も舞いこんだ。バーンスタインの豊富な知識とハーヴァード風のアクセントは大受けした。

カーネギー・ホールのバーンスタインの部屋には、ファンレターが山のように届けられた。その部屋で、一心不乱にスコアを読む姿や、ぼんやりと煙草をふかす立ち姿が撮影された。バーンスタインはある記者にこう語っている。わたしは乗馬や水泳が大好きで、ほんとうはアウトドア・ライフを満喫したいんですが、近ごろは煙草の吸いすぎで泳いでもすぐ息切れしてしまいます。それで、屋内プールでかまわないから、YMCAにでも通って毎日一マイルは泳ごうと思っているんです……。この毎日一マイルを、彼は生涯守りとおした。

息子が取材で話す内容にはらはらしていたのは、父親のサムも母親のジェニーと同じだった。息子に宛てた手紙で、サムは、いいすぎかもしれないが、と前置きしたあとでこんなふうにつづけている。「それにしても、少しやりすぎではないだろうか。たとえば、新聞を読まないからディック・トレイシーも読まない、とおまえはいうが、こんな発言が物議をかもすのは目に見えている。おまえも、この国で新聞がどれほどの力をもっているかぐらい、知らないわけではあるまい。それから、新聞はファシストの集まりだから読む気がしない、ともいっている。おまえがそういうふうに思うのを責める気はない。だが、新聞の連合体がその気になれば、おまえひとりぐらい、いとも簡単につぶすことができる。ひとりの敵より多くの味方というではないか？　新聞を敵に回すのは利口なやりかたではない。『ペンは剣よりも強し』という諺は嘘ではない」

バーンスタインは父親の厳格さを、さして気にとめはしなかった。ある記者には、六つの反ファシスト的歌曲を作曲しているところだ、と誇らしげに語っている。ピッツバーグで『エレミア』交響曲の初演を行なったときは、取材陣に向かって、自分はヨーロッパのユダヤ人に共感しているし、ナチズム下の彼らの惨状には胸が痛んでならない、とも述べた。『エレミア』交響曲の哀歌が入っている楽章は、聖地エルサレムの破壊に対する深い哀しみをうたっている。「自分と同じ血が流れる人々の苦しみに目をつぶっていられるわけがない。ファシズムに致命的な打撃をくらわせるためにできることなら、どんなことでもするつもりです」

ピッツバーグの初演に先立つ一週間は緊張をはらんだものだった。バーンスタインがリハーサルのためにニューヨークを発った直後、アルトゥール・ロジンスキーが急病で倒れてしまったのだ。アクシデントがもとで指揮者が変更になったのは、この十週間で三人め――クラシック界ではこういうケースがめったにないことを考えると、信じがたい偶然といわねばなるまい。ジラートは、すぐにニューヨークにもどって木曜日のニューヨーク・フィルハーモニックのコンサートのリハーサルに入るようバーンスタインに指示したが、フリッツ・ライナーはバーンスタインを手放そうとしなかった。もっとも、自分が行けない場合のことを、バーンスタインは前もって承知ずみだった。彼は汽車の切符がとれなかったと電報を打ち――なにしろ戦時中のことである――かくして、ジラートと立腹のロジンスキーは、あらためて予定を組みなおさねばならない羽目におちいった。

一回目のリハーサルのあと、バーンスタインはクーセヴィツキーに宛ててこう書いている。「自分の交響曲が演奏されるのを聴いて、言葉にならないくらい感激しました。なんというか、わたしが想像していたとおりの音に聞こえたのです。オーケストラの演奏自体は荒けずりでしたが［フリッツ・ライナーの指導者としての名声を考えると、いささか大胆な発言である」、まるでタングルウッド・オーケストラのようでした――気迫にみちて、若々しく、まずなによりも協調性にあふれていました。ここでの体験はすばらしいとしかいいようがありません。あのスケルツォですらほぼ完璧だったのですから。とはいえ、本番はこれから、ボストンですべてが決まるのです」それから、ニューヨークでのどたばた事件について小気味よさそうに感想を書きつらねている。「わたしがこちらに来てからのニューヨークの騒ぎは、お耳に入っていますか？　日曜日に電話があって、なんと、木曜のリハーサルに帰ってこいというのです。そんなことができるわけありません。しかたなくバーンズがリハーサルで『ばらの騎士』を指揮したものの、これがめちゃくちゃもいいところ。結局この曲はプログラムから外され、ハンス［・ウィリアム］・スタインバーグがやることになったようです。この一件はわたしに満足感を与えてくれました――そう、ニューヨーク・フィルハーモニックは、わたしなしではやっていけないのです」バーンスタインがこれほど意地の悪い喜びをあらわにすることはめったにないのだが、この発言は、おそらく最近ボスであるロジンスキーとのあいだがうまくいかなくなっていたことに助長されてのものだろう。ロジンスキーという人物は性格的にかなり不安定で、人間関係もうまくいかないタイプだった。マネジメント上は斬新なアイデアを次々に出してくるし、新しいオーケストラ・ファミリーに対しても好意的に接してはいたが、なにかの拍子で掌を返したように激怒したり冷淡になったりする。同年の秋、ロジンスキーはフィルハーモニックの広報に、バーンスタインに対する態度を和らげるよう指示を出し、記事のなかにもバーンスタインの名を出させるように手配した。そんなロジンスキーのおだやかさを裏づけるような写真入りの記事がある。それは、蜂やトラクターやモーター・スクーターなどを配した、ロジンスキー農場についての二ページにわたるほほえましくも牧歌的なルポルタージュになった。楽しそうに牛（この牛は、楽団員からロジンスキーへのバースデイ・プレゼント）の乳搾りをするロジンスキー夫人の姿が写され、背後には、のこぎりで木を切るロジンスキー音楽監督自身の姿も見える。ところが、ニューヨークでは一転して、ロジンスキーはリハーサルをすっぽかしたバーンスタインと激しく言い争い、バーンスタインが和解しようとしているにもかかわらず、襟首をつかんで乱闘まがいの大騒ぎを演じたのだ。たまたま現場を目撃したデイヴィッド・ダイアモンドは、ロジンスキーの暴力にいたくショックを受けたという。後年、ロジンスキー夫人は、夫は激昂するとわたしにも手を上げました、と認めている。

バーンスタインのもとには続々と客演指揮の依頼が舞いこんでいた。もうロジンスキーの手は借りずともやっていける。ふたりはシーズン末の四月に、たもとを分かった。アメリカの誇るミュージカル界の実力者アーサー・ジャドソンが、すでにバーンスタインのために五年がかりの魅惑的なプランを準備していた。それに乗ってしまえば、三十歳にしてニューヨーク・フィルハーモニックを牛耳るのも夢ではない。だが、バーンスタインはそのシナリオを却下した。好きなように作曲する自由がほしかったのだ。

ピッツバーグの演奏会は大成功をおさめた。「一面のトップ記事です、しかも大見出しで。聴衆は大喝采でした」とバーンスタインはクーセヴィツキーに語っている。三週間後、ボストンで待っていたのはさらに大きな勝利だった。ついに、シンフォニー・ホールで世界でも有数の大オーケストラを指揮する栄光を手にしたのだ。ボストン・グローブ紙は『エレミア』交響曲をその年最高の新作と評したが、ヴァージル・トムソンの批評はいささか手厳しかった。「本作品はどう見ても傑作の部類には入れがたい。とはいえ、オーケストレーションはなかなかの出来で、一時的にもてはやされそうな、ある種の魅力にあふれているといえよう」それはともかく、ボストンにいるあいだに、バーンスタインのもとに一通の電報が届いた。差出人は、なんとあのロジンスキー。のちのちまで心に焼きついたその内容は、こんなものだったという――「ボストンでの大成功おめでとう。ニューヨークにもどってフィルハーモニックのコンサートをまるまる一回、全部通して指揮してほしい。選曲はきみの自由、ただし『エレミア』を入れること」

これもロジンスキーの寛大な一面である。バーンスタインはロジンスキーの暴力を決して心の底から許しはしなかったが、その心の広さはずっと認めていた。事実、後年、自分と副指揮者との関係を築くにあたっては、クーセヴィツキーだけでなく、ロジンスキーから学んだことも手本にしている。

『エレミア』交響曲の成功は、おどろくべきものだった。一九四四年の三月と四月だけで、バーンスタインはニューヨーク・フィルハーモニックを指揮して『エレミア』をじつに四回も演奏している。さらに五月には、『エレミア』はニューヨーク音楽批評家協会によって、このシーズンの新作クラシック、ナンバー・ワンに選ばれた。第一回の投票で文句なしに一位の座を射止めた『エレミア』は、フランク・ブラック指揮のNBC交響楽団の演奏で、全米七十のラジオ局で放送された。つづく三年のあいだ、シカゴ、ニューヨーク、セントルイス、デトロイト、ロチェスター、プラハ、エルサレムの各都市で、バーンスタインはみずから『エレミア』を指揮した。ヴェネツィアでは、グイド・カンテッリがイタリア初演の指揮をした。作家のポール・ボールズはこう書いている。「アメリカの若手作曲家の交響曲のなかでは、まさに出色の出来だ」

バーンスタインは、『エレミア』交響曲の物語性については全面的に否定しつづけた。「標題の意味についていえば……文学性ではなくひとえに情緒性を狙っています。したがって、第一楽章(「預言」)は、民人たちに訴えかける預言者の強い感情にふさわしい表現をめざしています。スケルツォ(「冒瀆」)は、祭司と民人のあいだで偶像崇拝に走る者がもたらす破壊と混乱がどのようなものであったかを表現しています。第三楽章(「哀歌」)は詩をテクストにして作曲しているため、文学的コンセプトに支配される度合いが強くなっています。これは、必死に力を尽くしたにもかかわらず、愛するエルサレムが破壊され、掠奪され、辱められたことを嘆くエレミアの悲痛な叫びなのです」

さらにバーンスタインは、意識的にヘブライ音楽のテーマを取り入れたつもりはない、といささか誤解をまねく言葉を付け加えている。「ヘブライの典礼音楽の影響があるとすれば、メロディ自体より感情面においてだろう」だが、バーンスタイン研究家のジャック・ゴットリープは、あきらかにヘブライの祝禱にもとづく主題がいくつか見られる、と主張している。妹のシャーリー・バーンスタインは、『エレミア』には、バーンスタインをヘブライ学校に通わせ、家ではシャワーを浴びながらよくユダヤの歌をうたっていた父親のサムの影響が色濃いのではないか、と語っている。約二十五分を要する交響曲は、大部分がゆるやかなテンポで占められる。フリッツ・ライナーも、父親のサム・バーンスタインと同じく、終楽章の第四楽章をもっと明るく作るようにと熱心にすすめたが、バーンスタインは首を縦に振らなかった。この交響曲の強みは、一点にしぼられた感情の起伏の幅が狭いことにほかならない。聴衆の心に届く熱い想いという点において、『エレミア』をしのぐ交響曲は、二十世紀中葉にはついに登場しなかった。現代ユダヤ人としてのバーンスタインは、正統派の慣習にはまることなくこの曲を書きあげた。だが、信仰のうえではれっきとしたユダヤ教徒である彼は、ユダヤ伝来の美意識を音楽という言葉でストレートに表現したのだ。この曲を聴いた者は、ユダヤの精神的遺産を破壊しようとする迫害に対するバーンスタインの怒りと、失われた信仰は愛とやさしさによっていつかかならず復活するという信念を感じとるにちがいない。「いつまでわれらをお見捨てになるのですか?」哀歌のなかでエレミアは問いかける。「おお、神よ、どうかいま一度われらに目をお向けください」バーンスタインがこのきわめて美しい心うたれるヘブライ語の歌詞をつけたのは、一九三九年、ナチスがヨーロッパのユダヤ人大虐殺——いわゆる「最終的解決」を実行に移す一年前のことだった。だが、『エレミア』交響曲が演奏された一九四四年および四五年には、ナチスによるユダヤ人大量虐殺の恐ろしい結果が明らかになっていた。

ピッツバーグとボストンで『エレミア』交響曲が大成功をおさめたあと、バーンスタインは病に倒れた指揮者の代役としてモントリオールにおもむき、初めてアメリカ国外で指揮棒を振ることになった。そのガラ・コンサートのプログラムには、バーンスタイン初のベートーヴェンの第八番とシベリウスの第一番が含まれていた。聴衆のなかには、カナダ総督夫人プリンセス・アリスの姿とともに、名トロンボーン奏者トミー・ドーシーの姿も見られた。シベリウスが終わったあと、楽屋でドーシーはこう語った。「しっかりした交響曲だ。すばらしい。感動した」しかし、ドーシーとピッツバーグ交響楽団のための協奏曲を書こうというバーンスタインの計画は、反ファシスト的歌曲を作ろうという計画とともに中断せざるをえなかった。「時」はまだ味方ではなかった。

兄といっしょにカナダにおもむいたシャーリー・バーンスタインは、夜汽車のなかで眠れるようにと、兄から鎮静剤のセコナールをもらったことを憶えている。シャーリーは薬でふらふらになってしまったが、兄のほうはたいした副作用もおぼえずしょっちゅうセコナールを服用していた。もともとバーンスタインは、気持ちを鎮めるために薬の助けを借りていた。彼の精神のエネルギーは旺盛で、やらなくてはならないことも山ほどあった。この五カ月間で、ニューヨーク・フィルハーモニックを率いて五つの異なるプログラムをこなしたばかりか、ほかの大オーケストラでも客演指揮者をつとめていた。そして、この激動の秋から冬にかけて、バーンスタインの創造的人生という織物に重要な糸がもう一本編みこまれた――振付師のジェローム・ロビンズと組んで仕事をはじめることになったのだ。

このふたりには共通項がたくさんあった。年齢も同じなら、父親がロシア系ユダヤ人なのも同じ、息子の選んだ職業に反対したところまで同じだった。ロビンズはニューヨーク大学で一年間化学を学んだあと、一九三六年になってからやっとバレエをはじめた。一九四三年には、バレエ・シアターのスターへの道を登りはじめていた――ロビンズは、ペトルーシュカ役を創ったフォーキンにじきじきに教わった最後のダンサーだった。だが、ロビンズの望みは、あくまでも振付けをすることにあった。

一九四三年秋のある夜、ロビンズはカーネギー・ホールのバーンスタインの部屋のドアをたたいた。ロビンズがもってきたのは、『ファンシー・フリー』という一幕もののバレエの梗概だった。ロビンズは、戦時中のニューヨークの生《なま》の生活を、ブギウギやリンディー・ホップやソフトシュー・シャッフルといった社交ダンスにまでさかのぼり、いかにもアメリカらしいバレエを創りたいと考えていた。自分のバレエ団のダンサーに振付けをすることは決めていた。だが、推薦された作曲家がどうにも気に入らない。そこで、バーンスタインを訪ねたのである。このときロビンズは、バーンスタインの曲を少しでも聴くことができたのだろうか。「そんなことは、きくだけ野暮というものだ」とバーンスタインはいう。「じつは、その日の午後、ロシアン・ティー・ルームにいるあいだに、頭にメロディが浮かんできた。わたしはそれをナプキンに書きつけた」彼はメロディを歌ってみせた。「ジェリーは天井まで飛び上がった。『それだ、それこそぼくが思い描いていたものだ!』と彼はいった。わたしたちは狂喜した。ジェリーの見守る前でわたしはどんどんテーマを展開させていった……。こうしてこのバレエは生まれた」バレエ・シアターからの依託料は、スコア三十分ぶんにつき三百ドルというつつましいものだった。

指揮者としての契約の合間を縫って、バーンスタインは作曲にとりかかった。インスピレーションを与えたのは、自分自身のニューヨークに対する熱い想い、そして、ロビンズの構想にあるような、ハーレムのクラブやタイムズ・スクエアにたむろする若者たちの姿だった。これらを要約して、バーンスタインは次のようにプログラム用の解説を書いている。「幕が上がると、そこは街角だ。街灯とバーの向こうにそびえるのはニューヨークの摩天楼、めくるめくライトがくらくらするような背景を創り出す。舞台に三人の水兵が飛び出してくる。二十四時間の上陸許可が出て、娘を求めて町にくりだしたのだ。物語は、この三人がひとりめの娘と出会い、ふたりめの娘と出会い、自分のものにしようと取っ組みあいを演じ、娘たちに愛想をつかされ、それでもあきらめずに三人めを求めて町を行く姿を、バレエに乗せて描いたものだ」

バレエ・シアターは、冬のあいだはほとんどずっとツアーに出ていた。そこでバーンスタインは、作曲した曲をコープランドとピアノ二重奏で演じて録音し、ひとけのないナイトクラブやダンスホールで振付けするロビンズに郵送した。バレエ団がニューヨークにもどってくると、バーンスタインも同席して顔合わせが行なわれた。ダンサーのひとり、ジャネット・リードは、そのときの模様をこう語っている。「彼は、パ・ド・ドゥの振付けが行なわれているそのわきで、次々と即興で曲を作っていきました」バーンスタインは、こんなふうに共同作業のかたちで積極的に関わるのを好んだ。指揮というものは、長い時間をかけてひとりでじっくり楽譜を研究する孤独な作業と、その沈黙を打ち破って短時間で行なわれるリハーサルとコンサートの熱狂、という組み合わせで成り立っている。加えて、百人ものオーケストラ団員を自分の個性と音楽解釈の能力だけでひっぱっていかなくてはならない。それに対して、作曲というのはふつう孤独な作業だ。ところが、ロビンズとダンサーたちのためにバレエのスコアを書くのは、ひと味ちがっていた。それは、創造力にみちたパートナーたちとの連日連夜の共同作業だった。踊る側から要求があれば即座に応じ、こちらで踊りを強調するためのリフを作るかと思えば、あちらではダンサーの退場をカバーしたりステップをつないだりするために余分に曲をくっつけ、さらには、たがいに意見のやりとりに時間をかけなくてはならない。しまいには、ジャネット・リードが語るように、汗まみれのリハーサルのあとで、ダンサーといっしょになってヒステリックに笑いころげるといったぐあい。それは、十代にシャロンで演出と監督をこなしたころの最高レベルを、ずっと保っていく作業だった。しかも、今度の仕事はアメリカでもトップ・レベルのバレエ団のためのもの、それも、興行主のソル・ヒューロックがバレエ・シアターの一九四四年春の公演用に手配した、かのメトロポリタン歌劇場のステージに乗せるためのものなのだ。

かくして、一九四四年四月十八日、『ファンシー・フリー』の公演はスタートした。

『ファンシー・フリー』では、幕が上がると、ステージ上のジュークボックスからブルースが流れている。バーンスタインはシャロンのころを思い出して、その曲を妹のシャーリーに歌わせ、録音した。ちなみにシャーリーは、一九三四年には『カルメン』のプロローグのナレーションを担当し、一九三九年には『ゆりかごは揺れる』のオープニングで一曲歌っている。『ファンシー・フリー』のブルースは「ビッグ・スタッフ」というタイトルで、もともとはバーンスタインごひいきの歌手ビリー・ホリデーのために作られ、作詞・作曲ともバーンスタインのものである。だが、ビリー・ホリデーのギャラは少しばかり高すぎた。それはともかく、シャーリーの声がステージに流れることになったのは、じつは、リハーサルに最初から最後まで付き合ってくれたベティ・コムデンとアドルフ・グリーンのおかげだった。コムデンは、初日の夜に自分が果たした重要な役割についてこう語っている。「わたしたちは少し早めに劇場に入りました……。ところが、ステージを見ると、レコードをかけようにも蓄音機がないではありませんか。大急ぎでわたしのアパートに行って小型蓄音機を運び出し……タクシーで劇場にとって返したのです」

ジェローム・ロビンズは、最後の最後まで自分のダンソン・ヴァリアシオンの振付けをやりなおしていた。ところが、舞台の袖でウォーミングアップをしている最中に、セーラー服のズボンの脇のファスナーが壊れてしまった。それでも、ショーは時間どおりにはじまった。幕が上がる。観客は、オリヴァー・スミスの手になる大都会の夜景に拍手喝采し、上演中はタイミングよく大声で笑ってくれた。「べつに笑いをとろうというつもりはなかったんだ」と、のちにロビンズは皮肉をこめて語っている。「ユーモラスに見えたとしても、それはぜんぶ偶然の産物さ……。ぼくとしては、水兵たちは元気ではちきれんばかり、むさくるしかったり弱々しかったりするところはみじんもないというところを、存分に見てほしかったんだがね」

『ファンシー・フリー』は大成功をおさめた。レナード・バーンスタインがみずから作曲し指揮をした音楽は、芸術面においても、生き生きした雰囲気においても、踊りとのかねあいにおいても、絶賛された。「すごいの意味を十度も高くしている……」ニューヨーク・タイムズは論評している。「『ファンシー・フリー』は大ヒットまちがいなしというだけでないく、じつにすばらしいコメディの逸品である」とは、コープランドの友人エドウィン・デンビーがヘラルド・トリビューン紙に寄せた評だ。キュー誌はこの作品を『ロデオ』と比較している。「スタイルの点で、アグネス・デ・ミルのステージにまさるとも劣らないすばらしさ。そして、こちらのほうが生き生きとしていて痛快だ」タイム誌はそのすばらしいダンスに賞賛を惜しまない。「アクロバット、みごとなルンバ［実際には、ダンソン］、ソフトシュー・アダージョ、エキセントリックなジルバ、ニー・ドロップ、どれもこれも荒々しいまでに生きがよく、無軌道すれすれの躍動感にあふれている」最後にジューウィッシュ・クロニクル紙を飾ったきわめつけの見出しにはこうあった――「マスコミも大絶賛、ユダヤ人チームによるバレエ」

メトロポリタン歌劇場の入場者数は新記録を打ち立てた。収容人員三千三百名のところを、連日立ち見が出る騒ぎだった。ソル・ヒューロックは、急いで劇場とかけあい、全米ツアーの前に上演を二週間延長することにした。バーンスタインは、一晩二百ドルで、延長された十二夜ぶんの指揮をつとめることになった。コープランドへの手紙には、「楽しいかって？ ええ、楽しくてしかたがありません。ずっとやっていたいくらいです」という言葉が見受けられる。

14 『オン・ザ・タウン』

ニューヨーク、ニューヨーク、すごい街
北にブロンクス、南にバッテリー
みんな車を飛ばしてる
ニューヨーク、ニューヨーク、すごい街!

コムデンとグリーン

一九四四年六月七日付けのニューヨーク・タイムズは、ノルマンディ上陸作戦とローマ陥落の記事で占められていた。だが、なかのページでは、ある新しいブロードウェイ・ミュージカルの上演計画が新聞紙上で初めてとりあげられていた。そのミュージカルの名は、レナード・バーンスタイン作曲、ジェローム・ロビンズ振付けの『オン・ザ・タウン』。このショーの生みの親はオリヴァー・スミスだ。スミスは『ファンシー・フリー』に感銘を受け、バーンスタインとロビンズにバレエのテーマをもっと広げるように説得し、演出に知りあいのポール・フェイゲイを推薦した。ロビンズは、脚本にアーサー・ローレンツ、作詞にジョン・ラトゥーシュを起用したいと考えていたが、バーンスタインは、自分の友人のコムデンとグリーンのコンビを起用しようと主張してゆずらなかった。「初期のころから、ビジネスの駆け引きについてレニーほど抜け目ない人間はいなかった」とオリヴァー・スミスは語る。「レニーは自分の価値をちゃんと知っていた。彼なしではショーは成り立たないからね。わたしはレニーといっしょに〈ブルー・エンジェル〉に行ってコムデンとグリーンの作るものをこの目で確かめた……。そして、ひと目惚れしてしまったんだ」

脚本が仕上がるには、一九四四年六月から十二月までの半年間を要した。脚本を書くこと自体は楽しい作業だったが、それに先立って、どんなショーにするか、どんなかたちで作業を進めるのがいいかについて、時間をかけて徹底的な話しあいが行なわれていた。ベティ・コムデンが法律用箋《リーガル・パッド》にびっしり書きこんだ彼らのチームの「信条」は次のようなものだった。話の展開に筋が通っていること、ストーリー展開を妨げぬよう音楽と踊りと脚本が融けあっていること、それぞれの曲が話の筋にマッチしていること、「安っぽさと俗っぽさ」はいっさい排除すること――ざっとこんな調子だ。

背景についても口角泡を飛ばす議論がたたかわされた。なんといっても、このショーはニューヨークに初めてやってきた水兵の話であるだけでなく、巨大都市ニューヨークへの恋文でもあるのだ。オリヴァー・スミスは、ブルックリン海軍工廠にはじまり、タイムズ・スクエア、自然史博物館、セントラル・パーク、カーネギー・ホール、コニー・アイランドなど、背景幕を山ほどデザインした。音楽はもちろん、視覚面でもちょっとした見ものになるはずだった。

ショーをつらぬく精神は楽天的なものであったが、スタッフの作業へのとりくみかたには並々ならぬ真剣さがただよっていた。ベティ・コムデンとアドルフ・グリーンは、公演開始直後にニューヨーク・タイムズにコメントを寄せている。その記事でコムデンは、製作意図を次のように語っている。ちなみに、彼女の夫も当時戦地におもむいていた。「もっとも重要なのは三人の水兵。わたしたちは、彼らに人間らしさを与えたかった。どんなにとっぴな扱いをされても、この三人は海兵隊員としての立場を忘れてはならない。初めて大都会にやってきて、享楽と愛を探し求めながらも、戦争という状況がもたらすプレッシャーにさらされないわけにはいかない――それが、彼らの立場なのだ。とはいえ、本作の目的はこの点についてうんぬんすることではない。観客のみなさんには現在の状況のなかで生み出せるかぎりの楽しみを味わっていただけたらと思っている」

『ファンシー・フリー』ではステージの中央にはつねに男性の登場人物がいたが、『オン・ザ・タウン』では女性の登場人物に豊かな個性が付与されることになる。したがって、感情面での重心も男性から女性へと移され、『オン・ザ・タウン』は、くしくも戦時下のアメリカにおける女性の役割の変化を反映することになったわけである。無邪気な水兵のチップは、威勢がよくて喧嘩っぱやいタクシー運転手のヒルディに追いかけまわされる。臆面もなくセックスの楽しみを求めるオジーは、クレア・ド・ルーンというセックス狂の人類学者と出会う（クレアとオジーの役は、それぞれコムデンとグリーンが演じることになった）。夢見るギャビーは、地下鉄に貼ってあったポスターで見かけた〝今月のミス・地下鉄〟に夢中になる。彼女の名前はアイヴィ・スミス。歌と踊りと絵を勉強しているのだが、レッスン料を払うためにコニー・アイランドでいかがわしげなベリー・ダンス・ショーに出演している。

『オン・ザ・タウン』にかける熱意は十二分でありながら、実際の作詞作曲の進みぐあいは順風満帆とはいいがたかった。バーンスタインは、七月と八月は本業の指揮活動に縛られていた。しかも、六月には慢性副鼻腔炎にともなう痛みと呼吸障害を取り除くために手術をする予定になっていた。手術そのものは癒着をはがすだけで、それほど大がかりなものにはならないはずだった。そこで、共同作業の時間のロスをできるだけ減らすために、アドルフ・グリーンは、バーンスタインと時期を合わせて、かねてから悩んでいた扁桃腺をこの機会に取ってしまうことにした。両者そろっての病院詣でが計画された。六月十三日付けのレナード・ライアンズのゴシップ欄はこう報じている。「レナード・バーンスタインとアドルフ・グリーンは、同じ日に同じ医師によって手術を受けることになった」ライアンズは楽天的な調子で付け加えている。「この間に、ふたりは新作ミュージカル『オン・ザ・タウン』を仕上げるつもりらしい」

じつをいうと、ふたりはとても作詞などできる状態ではなかった。手術は思ったよりずっと大変なものだったのだ。バーンスタインは手術中は局部麻酔をかけられていたし、グリーンはグリーンで術後かなりの痛みを味わうはめになった。だが、二、三日もすると、ふたりとも回復しはじめ、ベティ・コムデンが椅子に陣取るかたわらで仕事をはじめられるまでになった。「看護婦と近くの病室の患者たちは、六六九号室から響いてくる歌声にうっとりさせられたり、けたたましい笑い声にいらいらさせられたりしたものでした」静かなときは静かなときで、見舞いにやってきた友人たちとトランプに興じていた、とシャーリー・バーンスタインは書いている。看護婦のひとりは、バーンスタインの無分別に耐えかねて、ついに宣言した。「あのかたは、たしかに音楽界にとっては神様の贈り物かもしれません。だけどわたしは、もううんざり、お話しする気にもなりません」

退院後、バーンスタインは、カーネギー・ホールからセントラル・パーク・ウエストに近い西六十七丁目の、スタジオがふたつある天井の高いアパートに引っ越した。いよいよ指揮活動のシーズンがやってきた。七月にコムデンとグリーンが『オン・ザ・タウン』のアウトラインを完成させているあいだに、バーンスタインは、モントリオール、シカゴ（ラヴィニア・フェスティバル）、ニューヨークの野外コンサートで指揮をした。ルイゾーン・スタジアムのコンサートのあとには、サインを求めて群がる十代の少女たちに追いかけられた。とはいえ、バーンスタインはまだまだ知るひとぞ知るという程度の存在でしかなかった。シャーリーとふたりでスタジアムでやっているほかの指揮者のコンサートを聴きにいき、休憩時間に楽屋に行こうとすると、警備員にはばまれた。「わたしはレナード・バーンスタインだ」とバーンスタインはすごんだ。警備員はやり返した。「ほお、だったらおれはナポレオンだ」

八月、バレエ・シアターはカリフォルニアにおもむき、バーンスタインは『ファンシー・フリー』の指揮をするべく一行に合流した。彼は汽車のなかでも作曲にいそしんだ。『オン・ザ・タウン』最大のナンバー「ニューヨーク・ニューヨーク」ができたのは、たしか汽車がネブラスカの大平原を通過中のことだった、とバーンスタインは語っている。バーンスタインが移動中でも平気で作曲していたことについては、ハリナ・ロジンスキーの証言もある。その年の初め、ニューヨーク・フィルハーモニックとの契約により移動が必要になったとき、ふたりは汽車の同じ客室に向かい合わせで席をとっていた。「見ると、レニーはブリーフケースから紙の束をとりだして、曲を書きはじめるではありませんか。あまりじっと見てはいけないと思いながらも、わたしは、彼が次から次へと紙をめくっていくスピードに驚嘆を禁じえませんでした。手を休めることはもちろん、書きなおすことさえめったにしないのです。ふと顔を上げてわたしと目が合うと、彼はすてきな笑顔でこういいました。『頭のなかに音楽があって、それが五線紙の上の黒い点に姿を変えていくっていうのは、ほんとうにわくわくするものです』」このときの「黒い点」の集まりが、『ファンシー・フリー』のスコアになった。

オリヴァー・スミスは、ロサンジェルスのバーンスタインとロビンズのもとに、コムデンとグリーンを送り出した。かくしてハリウッド・ヒルズはワトソニア・テラスにある、かつてラモン・ナヴァロが所有していた夢のようなスペイン風の別荘で、共同生活をしながらの作業がはじまった。「ハリウッドはわたしの想像以上のものではありませんでした」バーンスタインはメキシコに行っていたアーロン・コープランドに宛てて書いている。「エージェントに次ぐエージェント、そして血と金だけ。とはいえ、なかなかいいところではあります……。わたしたちは大車輪でショーの準備にとりくんでいます。まったく、これほどきつくてやっかいな仕事になるとは思ってもみませんでした」(『オン・ザ・タウン』は、〝つなぎ〟の音楽を除いても、第一幕に十五曲、第二幕に十曲もあった。音楽だけで、合わせて九十分にもなる。ちなみにこれは、『ファンシー・フリー』と『エレミア』交響曲を足して二倍にした長さである)。コープランドへの手紙はこんなふうにつづく。「あなたがいなくて残念です。皮肉屋のあなたに、モントリオールからサンフランシスコにいたる冒険譚を聞かせられればいいのに。サンフランシスコの物語は、じつに神聖といってもいいくらいです！」

コープランドは、はるか彼方テポズトランという村から返事をよこした。「ここでは、町のだれひとりとして、きみのこともわたしのことも知らない。一カ月でもいいから、きみもこの町で、騒ぎ立てられることのない静かな生活が送れるといいのだが、としみじみ思う」つづくコープランドの文章からは、いささか皮肉めいた響きが感じとれる。「古い友人で建築家のジョン・マッカンドルーという男と会った。話の合間にきみの名前が上がった。まあ、当然といえば当然のことだろう。わたしは彼にきみの噂を聞いているかとたずねてみた（ちなみに、彼はこちらに五年間暮らしている）。答えはこうだった。『噂が聞こえてこないわけはない。絶対にノーということができない男の子だろう？　今度はミュージカル・コメディを作るって話だね……』こいつはショックだった」

二十六歳の誕生日の夜、バーンスタインは、オスカー・レヴァントをピアニストにむかえてハリウッド・ボウルのコンサートを指揮することになった。レヴァントは自伝のなかでこんなエピソードを紹介している。バーンスタインがわざわざレヴァントに電話をかけてきて、『ラプソディ・イン・ブルー』のピアノ・ソロが弾きたいから指揮を代わってくれと頼んだ、というのだ。レヴァントは断わった。バーンスタインはこの話を、どうやら自分の胸の内だけにおさめておいたようだ。「誕生日はとても楽しかった。オーケストラとリハーサルを行なったが、みんな、わたしのことも音楽も気に入ってくれた。音楽が本当に鳴りはじめた感じだった。みんなは『ハッピー・バースデイ』を演奏してくれた。それから、立派な花束まで贈ってくれた」ヘレン・コーツに宛てた手紙に書かれているのはこれだけだ。ちなみに彼女は、六月上旬にピアノ教師をやめてニューヨークに移り、バーンスタインのフルタイムの秘書になるという重大な決意を固めたところだった。ハリウッド・ボウルでのコンサートが終わってから、大規模なバースデイ・

パーティが開かれ、そこにはタルラ・バンクヘッドも招待されていた。ソール・チャップリンによると、「彼女はレニーに抱きついたのです。信じがたい光景でした」

九月、『オン・ザ・タウン』の仕掛人たち（コムデンが冗談めかしていうところの「パニック状態の仕掛人たち」）はニューヨークにもどり、バーンスタインのアパートにこもって、「セミ・パフォーマンス」を行なった。コムデンによると、「読み合わせ」はこんなぐあいに行なわれたという。「まずひとしきり、恥ずかしくなるような握手が交わされ、陰気なしのび笑いが起こり、そのあと一時間半あまりにわたって、メンバーのだれかが［芸術的］完成度の問題についてとうとうと述べたてます。おかげでわたしたちの後援者たちはすっかり混乱し、感覚は麻痺したようになっているのですが、それでいて魔法にかけられたようにうっとりしていました。それから、ぽつぽつとストーリーにとりかかります。声はますます弱くなり、かすれていきます――このときの時間の進みかたのなんと遅いことか。すべてが終わると、ゲストたちはタバコの煙が充満した部屋からよろめき出ていきました。彼らの名誉のために、雄々しく笑みを浮かべて、と申し添えておきましょう。わたしたちに足りないのは演出家だということはわかっていました――単に演出をするだけではなく、ぶつかりあう個性をまとめあげることのできる人物が必要だったのです」

オリヴァー・スミスは、ジョージ・アボットに会いにいくことにした。アボットの返事は、「いい感じだね」だった。アボットといえば世界中であまねく名を知られている演劇界の伝説的存在だ。みずから演じ、脚本を書き、製作し、他人の脚色に手を入れる作業も依頼される。なによりも、全盛期にはもっとも注目されたミュージカルの演出家だった。スミスはアボットに多額の契約金を提示した（スミスによると、結局アボットは「その半分だけ受け取ることにした」のだそうだ）。アボットは脚本を読んで夢中になったが、全面的な書きなおしを命じた。バーンスタインはコープランドへの手紙でぼやいている。「ショーはあまりにも大がかりで、怪物めいてきました。いまでは、考えるだけで食事も喉を通らず、眠ることもできないというありさまです。なんだか、この世はショー、ショー、ショーといった感じです。例外といえば［シェーンベルクの］『浄められた夜』かシューマンの交響曲ぐらいのものです。このミュージカルは大ヒットするかもしれないし、卵のままで終わるかもしれない。とにかく、大博奕であることだけはまちがいないでしょう」

ビジネスとしての面からいえば、とりわけて不安な点はなかった。ジョージ・アボットが演出を引き受けたとなれば、スミスとフェイゲイはふたつの映画会社を巻きこんだ取引で春に調達した二万五千ドルを増額することも可能だ。まずRKOが三万一千五百ドルを提示し、つぎにMGMが映画化の企画とともにそのほぼ倍額を提示してきた。ショーの予算は二十五万ドルあまりになった。アボットのおかげで資金面が保証されたばかりではない。なんといっても特筆すべきは、『オン・ザ・タウン』の製作に一種のペースとでもいうべきものが生まれたことだ。アボットなら、ジェローム・ロビンズにさえ正面きって文句をつけることができた。「アボットは、第二幕のバレエを槍玉に上げた。ぼく自身は、ここはすばらしい見せ場だと思っていた。その気持ちはいまも変わらない。ところがアボットは、それをふたつに切ってあいだにひとつ、べつのシーンを入れてしまったんだ」さすがのバーンスタインも、アボットが第一幕の歌「ギャビーズ・カミング」をカットしたときは、ミュージカルの統合性が損われるのではないかとやきもきした。この曲は、ミュージカル全曲を通してさまざまなヴァリエーションで現われるテーマの第一弾だったのである。

だが、もうひとつのナンバー「キャリード・アウェイ」に徹底的に手を入れたのは、バーンスタイン自身だ。彼は自分が書いたものを次のように説明している。「いくぶんポルカ調のカウボーイ・ソングだった。わたしの曲というより、『ザ・サリー・ウィズ・ザ・フリンジ・オン・トップ』のような感じだ。こんなものには我慢がならない。だが、ほかになにも思い浮かばなかった。五日間悩みに悩んだ末、わたしはさじを投げた。すると、ベティとアドルフがいった。『短調でやってみれば?』わたしはいった。『おいおい、よくそんな単純なことがいえるな。それじゃ、哀しげになるか挑発的になるだけだ。そんな常套手段で片がつくわけ……やってみるか!』突如としてオペラの感触がつかめた。それでこの曲は生き返った。オペラ風のふたつの声の質がすべてを決する――それが、このシーン全体のジョークとなるんだ。ヒントを与えてくれたふたりには感謝の言葉もない」

十一月に入るとすぐにオーディションと配役の決定が行なわれた。これは、若いスタッフが作り上げ、若手が演ずるミュージカルだった。スターの名声をもっているのは、ふたりだけ。ひとりは『ワン・タッチ・オヴ・ヴィーナス』のダンス・スター、美貌の日系アメリカ人ソノ・オーサトだ。バーンスタインの説得もあって、彼女はアイヴィ・スミス役を引き受けた。もうひとりは、ハスキー・ヴォイスのブロードウェイ・コメディエンヌ、ナンシー・ウォーカー。タクシー運転手のブリュンヒルデ・エスターヘイジー役は彼女の手にわたった。シャーリー・バーンスタインも、シャーリー・アン・バートンの名でコーラスに加わることになった。バレエ団のメンバーのアリン・アン・マクレリーは、ロビンズとバーンスタインといっしょに行なった当時のリハーサルの興奮をはっきり憶えている。開口一番、ロビンズはこういったそうだ。「ぼくがジェローム・ロビンズだ。ジェリーと呼んでくれたまえ。ぼくが遅刻するのはかまわないが、きみたちにはそれは許されない」バーンスタインの登場はちょっとした見ものだったらしい。「コートをマントのように肩にひっかけ、髪をなびかせて彼はやってきました。そして、『やあ、諸君』というやいなや、ピアノの前にすわってタイムズ・スクエアのバレエを弾きはじめたのです。ええ、わたしたちはみんな、愛と尊敬で口もきけずに凍りついていました……。ジェリーとレニーのいうとおりにするのは、喜び以外のなにものでもありませんでした。だって、ふたりは天才だったのですから」

バーンスタインにはさまざまな顔がある。「青年アメリカ人に敬礼」で表彰を受け、ローズヴェルトの支持集会では演説をぶち、デトロイトではラジオ・コンサートのシリーズ番組をこなす、といったぐあいだ。十一月には、シンシナティ交響楽団を前にその年十度目の指揮をした。国家的名士としてインタビューも受けた。アメリカ音楽の現状について問われたバーンスタインは、アーロン・コープランドの言葉を引用してこう答えている。「腰をおろし、頭に浮かんだものを書き記す。いいものが出てきたら、それこそがアメリカ的なものなのです」

バーンスタインの名声は、人気クイズ番組「インフォメーション・プリーズ」に六回あまり出演したことで、いやがうえにも高まった。あるとき、詩人の名前を当てるクイズが行なわれ、バーンスタインは生まれて初めて一瞬答えにつまった。その日は、客席の最前列にアドルフ・グリーンがすわっていた。グリーンはすばやく前かがみになり、ズボンの裾をまくりあげた。それを目にとめたバーンスタインは「T・S・エリオット!」と叫んだ。エリオットの「J・アルフレッド・プルーフロックの恋歌」のなかに、はき古したズボンの裾がまくれあがっている、という一節があったのだ。

一九四四年秋、バーンスタインは初めてトスカニーニと出会った。レナード・ライアンズは、バーンスタインが「ミスター・トスカニーニ」とふつうに呼びかけたのに対して、トスカニーニのほうは「マエストロ・バーンスタイン」と敬称で呼びかけた、と報じている。同じ週、ボストン・ヘラルド紙の音楽記者ルドルフ・イーリー・ジュニアは、バーンスタインを「アメリカ初の真に偉大な指揮者」と評した。イーリーは、バーンスタインが指揮するボストン交響楽団のショスタコーヴィチの交響曲第五番を聴いていた。この曲はその後、バーンスタインの「十八番《おはこ》」のひとつとなった。

『オン・ザ・タウン』製作者の一員としてアル・ハーシュフェルドの漫画に初登場したバーンスタインは、ニューヨークで、ショーのオーケストラの初リハーサルに顔を出した。指揮者には、カーティスでフリッツ・ライナーの兄弟弟子だったマックス・ゴバーマンが抜擢され、オーケストレーションは、現在カーテイスでバーンスタインを師と仰ぐハーシー・ケイの手にゆだねられることになった。記念プログラムには、ほかに、ドン・ウォーカー、エリオット・ジャコビー、テッド・ロイヤル、そしてバーンスタイン自身の名前がオーケストレーターとしてクレジットされている。

十日間にわたるボストンでの試験興行は問題だらけだった。第一に、ニューヨークの町並みを描いた背景幕の大きさが、ボストンのコロニアル劇場に合わなかった。プロデューサーたちは、ショーはまだ未完成だから正規の初日まで公開はしない、と土壇場で批評家たちに告知するはめになった。バーンスタインにしてみれば、このような形での延期ほどばつが悪い思いをさせられるものはなかっただろう。というのも、ボストン・インスティテュート・オヴ・モダン・アート用の招待者席チケットはすでに手配ずみだったからだ。クーセヴィツキー博士と彼の未来の妻オリガも、主賓として招待されていた。そんななかで、ひとりアボットだけが落ち着きと自信にあふれていた。このときの様子をソノ・オーサトが語っている。「舞台裏では開幕を前に、出演者たちは最後の台詞の読み合わせに、ダンサーたちはウォーミングアップに専念していました。と、イヴニングをぴしっと着こなし、興奮で頬を上気させたレニーがすたすたやってきました。どうしてレニーがオーケストラ・ピットのほうに向かっているのだろう、といぶかしんでいると、だれかが、レニーは今夜マックス・ゴバーマンをおろして自分で指揮をするつもりなんだ、といったのです」翌朝、ジェローム・ロビンズがボストンから出ていってしまったことがわかり、一同は大パニックにおちいった。結局ロビンズは、ソノ・オーサトに踊らせるソロの新しい振付けをひっさげてもどってきた。

ボストンの劇評家たちは、二日遅れでショーを目にすることになった。彼らの反応は好意的ではあったが、熱狂的とはいいがたかった。「ストラヴィンスキーとガーシュウィンを足して二で割ったようなエネルギッシュな音楽」と評する者がいたかと思えば、「少々典雅にすぎるが『ロンリー・タウン』だけはヒットしそうだ」と評する者もいた。ヴァラエティ誌は「当地でしかるべき改善をとげれば大ヒットの可能性もある」と予測している。さいわい、脚色に手を入れてくれる人物としてジョージ・アボット以上の逸材はいない。かくしてさらにいくつかの曲が削られ、いくつかの台詞が新しく付け加えられた。振付けも手直しされ、目玉の曲のひとつについては新たな振付けが考えられた。ボストンの試験興行が幕を閉じる二日前のことをベティ・コムデンはこう語っている。ミスター・アボットが「『それだ！　それで決まりだ！』とツルのひと声を発しました。そして、なにはともあれ、翌週のニューヨークのアデルフィ劇場公演ではそのヴァージョンがお目見えすることになったのです」

そんなあわただしいなかを縫って、バーンスタインは、ボストンで開かれた反ファシスト同盟主催のディナーに主賓として出席した。彼は、ハーヴァード大学時代から左翼支持の資金調達活動に従事し、自分の政治的姿勢をためらうことなく表明してきた。その人道主義的立場に対し、ボストン・ポスト紙が名づけた「ロクスベリーのマエストロ」は、二十六歳にして表彰されることになった。表彰状は、バーンスタインの見解と誠意と勇気について言及している。

クリスマス・イヴまでに十万ドルに達していた『オン・ザ・タウン』のブロードウェイ公演前売りチケットの売上額は、一月二日にはその二倍を記録した。オープニング公演は十年に一度か二度という大成功だった。AP通信のジャック・オブライエンはその様子を描写して、「劇評家たちは、成層圏に飛んでゆくロケットのごとき勢いでやんやの大喝采、さらに一般公演がはじまると、ミュージカル・コメディに与えうる最上級の賛辞を惜しみなく与えた」と述べている。また、ニューヨーク・タイムズのルイス・ニコルズは、「『オクラホマ！』の黄金時代以来、これほど斬新でこれほど魅力的なミュージカルにお目にかかったことはない」と賞賛する。一九四〇年代でもっとも信頼のおける劇評家として名高いPM紙のルイス・クローネンバーガーまでもが、「本年度最高のミュージカル。これまで目にしたミュージカルで、これほど斬新で、生きがよく、楽しめるものがあったろうか」と誉めちぎった。ただひとり、デイリー・ニューズ紙のジョン・チャップマンのみが「つまらない」と切り捨てている。だがその彼も、作者たちに促されて八カ月後にもういちど見たときには、かなり異なる見解を述べている。「型破りで愉快でウィットに富んでいる。すばらしいのひとことだ」

たしかに、『オン・ザ・タウン』はあらゆる点で型破りなミュージカルだった。まず、有名な交響曲の作曲家がミュージカルを作曲するというのは、アメリカでは初めてのことである。それから、ニューヨークで白人と黒人のダンサーが同じステージで手に手をとって——文字どおり手に手をとって——踊ったのも初めてのことなら、ミュージカルが舞台で確認される前に映画化が決まり、版権が売れたのも初めてのことだった。製作費は最初は十五万ドルだったのが、結果的には二百万ドルあまりにふくれあがり、公演回数は四百三十六回にのぼった——予想されたような大ヒットにこそならなかったものの、これだけでもたいしたことである。ニューヨーク公演のあとの全国ツアーは比較的短期間で終わることになった。終戦とともに、さすがのヒット・ショーもインパクトが弱くなってしまったためだ。一九四五年の秋には水兵たちは上陸休暇で相変わらずニューヨークを訪れはしたが、恋人たちと別れたあと、戦線にもどって死と対面するということはなくなっていた。もうひとつ決定的だったのは、キャストのなかに大スターがいなかったことだ。音楽の面でも、劇場の観客たちはだまされなかった。早くも二曲目で、三人の水兵は「ニューヨーク、ニューヨーク」というフレーズをカノン風に模倣しているのだ。バーンスタインの曲は、ヒット・パレードではまったく受けなかった。人気歌手のメアリー・マーティンが『オン・ザ・タウン』の何曲かを歌ったレコードがデッカから発売されたが、そのオーケストレーションときたら平凡のきわみだった。ロバート・ショーがRCAから出したレコードのコーラスのアレンジも、がっかりするような代物だ。だが、同じRCAが発売した、バーンスタイン自身の指揮による『オン・ザ・タウン』のオーケストラ・

ヴァージョンは、きわめて出来がよい。二度目のオーケストラ・ヴァージョンのレコーディング（このときバーンスタインは、セント・ルイスで『エレミア』交響曲をレコーディングしたばかりだった）は、〈オン・ザ・タウン・オーケストラ〉とともに行なわれている。これはおそらく、ピット・バンドのメンバーがそのまま参加したのだろう。ポール・ボールズは、のちにヘラルド・トリビューン紙で『オン・ザ・タウン』を評して「画期的な曲だ」と述べ、ボールズ自身の専門ではない分野であるにもかかわらず、「ときとしてそのオーケストレーションに驚くべき才知のひらめきを感じる」と賞賛を寄せている。

一九四六年二月のサンフランシスコでの初演のときまでに組曲は短く手直しされ、『オン・ザ・タウン』からの『三つのダンス・エピソード』としてお目見えすることになった。バーンスタインはこう書いている。「『オン・ザ・タウン』でダンスが中心にすえられるのは、なんら不思議なことではない。そもそもバレエの『ファンシー・フリー』が成功したからこそ、このミュージカルを作ろうということになったのだ。二幕のなかにダンス・エピソードを七つも八つも盛りこむというのは、ブロードウェイ・ミュージカル史上でもかつてない試みだったにちがいない。そういうわけで、当然のことながらこのミュージカルの命は踊りにある……。曲だけを聴いても、聴衆は決して臨場感を味わえない。すべての要素がうまく統合されてこそすばらしいものが生まれるのだ」

『ファンシー・フリー』が成功したからこそ『オン・ザ・タウン』が生まれたというバーンスタインの言葉にも一理あるが、劇評やプログラムの解説を見れば、『オン・ザ・タウン』が単純に『ファンシー・フリー』の延長線上にあるわけではないことがわかる。ふたつの作品のストーリーはまったく同じというわけではない。バレエのほうは、三人の水兵がバーで出会ったふたりの娘をめぐって争う話だ。いっぽう、ミュージカルのほうは、二十四時間という限られた時間のなかでめぐりあう三人の水兵と三人の娘の運命の不思議を描いている。その点はバーンスタイン自身の言葉からも明らかだ。「もうひとつ重要な点だが、

『オン・ザ・タウン』は単に『ファンシー・フリー』をふくらませた作品ではないといえる。そう、『オン・ザ・タウン』のなかに『ファンシー・フリー』の曲は一曲も使われていないのだ」

ボストンでの『オン・ザ・タウン』の初日の夜は、さしものセルゲイ・クーセヴィツキーでさえ、それなりに楽しんだ。とはいえ、ショーのあと、クーセヴィツキーは、だれにもましてとげとげしくバーンスタインに接したという。「彼は怒り狂っていた。翌日には、立ち去ろうとするわたしを引き止めて三時間あまりも説教をたれた」クーセヴィツキーの態度は明確だった――才能ある指揮者は才能をむだづかいすべきでない、と考えていたのだ。バーンスタインは自分のブロードウェイ音楽の価値を知っていたし、共同作業の楽しみを切望してもいた。それでも、『オン・ザ・タウン』公演以後の四年間は、ほかのことには目もくれずに指揮者としての道を追求することになった。作曲は、ツアーの合間とシーズン前の休暇の単なる暇つぶしとなった。ピアニストとしての活動は、ひとつかみの同じ協奏曲を、初めて指揮をするオーケストラと共演するときに限られてしまった。あとは、わずかばかりの記事を新聞に書き、音楽評をいくつかこなし、二、三の声明書にサインをしただけだ。バーンスタインは、一九四五年五月にナチスが連合国軍に全面降伏したときのように、クーセヴィツキーの前に屈したのだった。

15　初のアメリカ人指揮者、初めて自分のオーケストラを手に入れる

「マネジャーのアーサー・ジャドソンは、指揮者なんてものはだれでも自我の塊になるものさ、といいます。もしそれが本当なら、指揮者をつづける気などありません」

——レナード・バーンスタイン　一九四五年三月

コープランドの予言どおり、バーンスタインはアメリカ随一の客演指揮者となった。ブルーノ・ジラートは、バーンスタインの指揮の契約を一九四五年だけで十四も結んでいる。バーンスタインはといえば、相変わらずクーセヴィツキーを師と仰いでいた。一年以上にわたる絶え間ないツアーを終えた彼は、クーセヴィツキーに宛ててこう書いている。「わたしはいつもあなたのことを想うのです。指揮をしようと腕を上げるたびに、あなたからわたしのなかに深く大きな洞察力が流れこんでくる事実は、不思議としかいいようがありません。まるで天上で作られでもしたかのような古来の美しい力が、指揮者の魔力で呼び出され、現実のかたちをとるのを待っているかのようです。わたしは、来る日も来る日も、プロスペローがエアリエルにしたように、あなたから授かったその力に感謝しています。その力こそが、わたしに自由を与え、心地よいきずなを感じさせてくれるのです。ほんとうに、わたしほどの幸せ者はいません。なんとありがたいことでしょう。わたしがこのように感じるとき、この気持ちをだれよりもはっきり伝えることのできる相手は、あなただけです。そしてこの気持ちは、あなたを通して〝宇宙の創造主の心〟に伝わり

ます。なぜなら、あなたのほうがわたしよりずっと〝創造主の心〟に近いところにおられるからです」バーンスタインは、マスコミから質問を受けるたびに、もうミュージカルには関わらないという主旨の発言をくりかえした。一九四五年一月のピッツバーグでのインタビューでは、こんなふうに答えている。「ミュージカル・コメディを書くのは、わたしにとっては自然なことです。しかし、これからはクラシックに専念するつもりでいます」一カ月後、セントルイスでは、あるコラムニストに向かってこう語った。「たぶんミュージカル・コメディはもう卒業です。やることはやってしまいました。わたしという人間は、なにかを一度はやってみて、どんな感触なのかつかみたい性格なのです」そして、一九四五年三月には、ヴァンクーヴァーでこう宣言した。「『オン・ザ・タウン』についていうならば、あれほどエキサイティングな体験は今後もおそらくできないでしょう。人生十年分の重みはありました」

ピッツバーグ、ニューヨーク、ロチェスター、セントルイス、モントリオール、ヴァンクーヴァー、シカゴ——どこに行っても、バーンスタインは広報活動に余念がなかった。記者会見場とピアノがあれば、退屈きわまりない音楽ジャーナリストたちの口を封じることができた。たとえば、セントルイスでの記者会見はこんなぐあいに進められた。まずハイドンをひとくさり（交響曲第八十八番）こなしたあと、『ウィーピング・ウィロウ・ブルース』を披露する。それから、オーソン・ウェルズと自分の経歴が似ていることを控え目に認める（ちなみに、ふたりの経歴を比較する記事は、一年前タイム誌に掲載された）。また、「インフォメーション・プリーズ」に出演してレギュラーのライバル・ピアニスト、オスカー・レヴァントをへこませるのが楽しいと告白し、さらに、自分のファン・クラブや「クルー・カットにしてください」という女の子からのファンレターについては、哲学者気どりでコメントしてみせる……。「このように、バーンスタインの記者会見はじつに愉快なものだった」とある記者は報じている。バーンスタインにかかると、指揮者という存在そのものが、手の届かない外国の専制君主からアメリカ人の若きマエストロという身近な存在に早変わりした。ジャズを愛し、気のきいた台詞を吐き、ブギを演奏し、帽子をはねとばし、わざと自嘲めいたことを口にしてみせる若きマエストロ――しかも彼は、いまだに成功を信じきれない少年の面影を残していた。もちろん、コンサートのほうは、指揮台に立つたびに大喝采、評論家たちも手放しでほめちぎるという調子である。だが、モントリオールでアルトゥール・ルービンスタインと共演することになったときには、少々やりすぎてしまった。グリーグの協奏曲のリハーサル中、ルービンスタインがバーンスタインのテンポの解釈に注文をつけた。するとバーンスタインは、こんなものは二流の作品だからそれくらいのことで頭を悩ます必要はない、とあっさり切り捨てた。さて、怒ったのはルービンスタインだ。ぱっと椅子から立ち上がり、それならグリーグはやめにしよう、わたしのソロ・リサイタルにする、と言い捨てて出ていってしまったのだ。オーケストラ・マネジャーは、ルービンスタインにあやまるようバーンスタインに命じた。さすがのバーンスタインもすっかりしょげて、おわびにシルクのスカーフを買ってルービンスタインにさしだした。「もういい。グリーグはやりましょう。だが、リハーサルなしでも大丈夫かな？」とルービンスタインはたずねた。するとバーンスタインは、大丈夫です、わたしはこの作品ならよく知っていますから、と請け合ったという。それもそのはず、この曲は、一九三四年にバーンスタインがデビューしたときに振ったものだった。

バーンスタインとルービンスタインの交流は、このあとほぼ四十年間にわたってつづくことになった。ふたりが最後にともにすごしたのは一九七七年のことだ。その日の午前二時、パリのマキシムではこんな光景が見られた。バーンスタインが弾くショパンに合わせて、ルービンスタインと妻のネラだけがゆったりとマズルカを踊っている。やがて、ルービンスタインのピアノ伴奏でバーンスタインがタンゴを踊りだした。観客は友人とシェフとキッチン・スタッフの連中。楽しげなふたりの偉大なマエストロの姿を見ようと出てきたのだった。

バーンスタインの人生の矛盾は、一九四五年の時点ですでに表面化していた。家庭生活に心惹かれながらも、気ままな放浪生活を捨てきれなかったのだ。若いころから、独り身の気楽さで、自分で荷造りをしては荷物をかついで出かけるのがつねだった。だが、インタビューを受ければ、当然結婚の予定について質問が飛ぶ。それに対してはこんなふうに答えていた。「いい娘は大勢いるけれど、生涯をともにしたいと思う女性にはまだめぐりあっていない。結婚となると一生の一大事、天の声が必要な問題だ」

ニューヨークに滞在するときのバーンスタインは、大勢の友人や仕事仲間に囲まれていた。質素なアパートメントの電話のベルは、番号が電話帳に記載されていないにもかかわらず、ひっきりなしに鳴り響いた。毎日昼になるとヘレン・コーツがやってきて、ピアノの音と人々の笑いさざめく声のなかで郵便物の仕分けをしたり、日誌をつけたりする。そうしたあわただしい生活に追われながらも、バーンスタインは、ニューヨークのパーク・アヴェニューにあるシナゴーグに委嘱された作品を完成した。ユダヤ教の金曜日の夜の勤めの一環である、七分間にわたる合唱祈禱《ハシユキヴエイヌ》を、オルガンの伴奏つきの合唱とテノール独唱用にまとめた作品である。

一九四五年三月には、ジョージ・ガーシュウィンを記念して創設された作曲コンテストの審査員をつとめることになった。その席上でバーンスタインは、ピアノを弾きながらニューヨーク・フィルハーモニックを指揮して、『ラプソディ・イン・ブルー』を含むプログラムをこなした。そのときの彼の姿は、友人のポール・ボールズの目にはガーシュウィンの生まれ変わりに映ったという。「ガーシュウィンと寸分たがわぬ精神的エネルギーと信じがたいほどの技術、その両方をここまでみごとに自己のなかで再現できる作曲者はほかにいない」

四月には、デトロイト管弦楽団の日曜コンサートを連続六回シリーズとしてラジオ放送することになった。演奏の合間を縫って、バーンスタインの心は作曲に傾いていった。手始めに、冤罪で処刑されたアナーキスト、サッコとヴァンゼッティを主人公にしたマックスウェル・アンダースンの戯曲『ウィンターセット』を題材にして、オペラの構想を練りはじめた。ジェローム・ロビンズとコンビを組んだふたつめのバレエ『バイバイ・ジャッキー』については、具体的な計画もアイデアも皆無の状態だった。バーンスタインがヘレン・コーツに宛てた手紙にはこうある。「近ごろは、なににもましてテーマの収集に力を注いでいます……実際には、なにも作っていません。なにから手をつければいいのか途方に暮れているありさまです……ですが、ピアノ協奏曲、バレエ、トゥーレルの歌、クーセヴィツキーのための曲など、アイデアだけは次々と湧いてきます」ニューヨークではオリヴァー・スミスが、コムデン、グリーン、ロビンズと組んでの新しいブロードウェイ・ショーをなんとかバーンスタインに書かせようと必死だった。バーンスタインの心はぐらついた。だが、耳にはまだクーセヴィツキーの恐ろしい警告の言葉が鳴り響いていた。「クーセヴィツキーがなんというだろうか？　わたしは本当にショーをやりたいのだろうか？　それとも、過ちを犯したくないと思っているだけなのだろうか？」結局バーンスタインが断わったため、新しい企画『ビリオン・ダラー・ベイビー』の作曲家としては、モートン・グールドが指名されることになった。それでもなお、バーンスタインは作曲への未練を捨てきれないでいた。それから四年かけて、『不安の時代』というピアノ協奏曲（「クース」ことクーセヴィツキーに捧げられている）と、バレエ曲『ファクシミル』、そして、ジェニー・トゥーレルのための歌曲集を書き上げた。

五月半ばに、ニューヨークにもどったとき、バーンスタインの公式日程はぎっしり埋まっていた。バレエでマーサ・グレアムと会い、レセプションでアルトゥール・ロジンスキーと会い、『オン・ザ・タウン』のレコーディングのコピーをニューヨーク市長ラガーディアに献呈し、デイヴィッド・ダイアモンド（彼は料理の名手だった）と晩餐をともにし、ルイゾーン・スタジアムのコンサートを仕切ったミニー・グッゲンハイム女史と夏のコンサートのプランを決め、自分の合唱曲の初演に立ち会い、ヘレナ・ルービンスタインとおしゃべりし（これは楽しいひとときだった）、ハル・ウィリスがバーンスタインに音楽顧問をやらせたがっているチャイコフスキーの映画についてパラマウントと打ち合わせをする、というぐあいだった。さらに、ガーシュウィンの伝記映画を公開初日に見にいっている。プロデューサーのアーウィン・ラッパーが、やはりハリウッドからラヴコールを送っていたのだ。

五月最後の金曜日、バーンスタインは、弟バートンの成人式《バル・ミツヴァ》に出席するためボストンに飛んだ。兄弟のあいだに以前の親密さは感じられなくなっていた。バートン・バーンスタインは、自分が兄の成功をひそかにうらやんでいたことを憶えている。妹のシャーリーは、しばらくのあいだカーネギー・ホールのスタジオで兄と共同生活をしていたが、『オン・ザ・タウン』出演が決まったのを機に、自分で部屋を借りて独り暮らしをはじめた。バーンスタイン自身は、相変わらず毎年住居を変える放浪生活をつづけていた。心ゆくまでピアノを弾ける場所がなかなか見つからなかったのだ。だが、ようやく彼はブロードウェイに移り住むことになった。前のメトロポリタン歌劇場の南に広がるガーメント地区で、ある大きなオフィス・ビルの最上階に、ロフトが見つかったのだ。

家族に対する義務から逃れたバーンスタインは、客演指揮者として活動する合間に休暇をとることにした。目的地はメキシコ。アーロン・コープランドやポール・ボールズとの交友が始まったころからの憧れの地だ。五月三十一日、バーンスタインは一路メキシコへ飛んだ。向こうでは、「最高級ホテルのひとつ」であるレフォルマ・ホテルで、映画プロデューサーのアーウィン・ラッパーと会うことになっていた。それから一週間かけて観光し、その後アカプルコに向かう。そこで二、三週間腰を落ち着けてゆっくり作曲をする予定だった。二十四時間以上におよぶ「おぞましい」空の旅から解放されるやいなや、バーンスタインはヘレン・コーツに手紙を書いた。「とてもすばらしい休暇になりそうな気がします……ここの人々はどことなく浮き世ばなれしています。ラッパーはびっくりするような計画をいろいろ考えていてくれました。手始めに、今夜はディナー・パーティのあとチャベスのコンサート。明日の午後はレースを見にいって夜はまたパーティです。日曜日は闘牛、夜はまたべつのパーティ。それからオペラもはじまります。なにしろ盛りだくさんなのです」一週間後、コープランドに宛てた手紙では、もう少し正直にメキシコ滞在の楽しさを報告している。「メキシコはすばらしいところです！ ですが、そろそろ食傷ぎみになってきました。これほどのパーティ、酒、セックス、ものうさ、虚しさ、移住者のスノビズムにお目にかかったのは初めてです」さらにバーンスタインは、カルロス・チャベスといっしょに昼食をとったときのことを付け加えている。「チャベスは、来年になったら作曲に専念するため指揮活動をやめるとのことです。この決意をするにあたっては、あなたの言葉が念頭にあったようです。以前あなたから、『傑出した作曲家のひとりだ』といわれたといっていました」このあたりには言外に、あなたはわたしには指揮をやめて作曲に専念するようにといってはくれなかったのに、という非難がこめられているようだ。事実、一九四五年に『アパラチアの春』に対してピュリッツァー賞を贈られたとき、コープランドは乞われて自分以外のアメリカ人作曲家ベスト・テンをあげているが、そのなかにバーンスタインの名前はなかった。ちなみに、コープランドのリストに上がっているのは、バーバー、ダイアモンド、ガーシュウィン、ハリス、アイヴズ、ピストン、シューマン、セッションズ、ヴァージル・トムソン、ランドル・トンプソンの十人である。バーンスタインはこのリストのことは知らなかったが、『ファンシー・フリー』と『エレミア』交響曲の成功があるにもかかわらず、コープランドが自分のことを作曲家として一流とは認めていないことを、うすうす感じていたにちがいない。

このときのメキシコ滞在中に、バーンスタインは、ブロードウェイで『ガラスの動物園』が大ヒットしたばかりの劇作家、テネシー・ウィリアムズと知りあっている。ウィリアムズは、成功をおさめたあとに襲ってきた虚しさと気持ちの落ちこみをいやそうとしていたのだ。二十世紀の生んだもっとも華麗な芸術的才能の持ち主たちは、ある昼食の席に招待を受けた。そのときの様子をウィリアムズが書き残している。「昼食会を主催したのは、ふたりの落ちぶれたアメリカの〝女王〟だった。バーンスタインは彼女たちにひどく手厳しかった。どうしてそんなに彼女たちを罵倒するのか不思議でならない。『革命が起きたら、あんたたちなどたちまち銃殺刑だ』と面と向かっていう始末だった。それ以来、バーンスタインは〝過激派気どり《ラディカル・シック》〟の人間という評判が定着することになった。だが、思い返すと、彼の過激さは、わたし同様それほどでもないような気がする……」と。バーンスタインのウィリアムズについての意見は、コープランドへの手紙に書いてある簡単なものだけである。「テネシー・ウィリアムズがいるのです——なんてことだ！」

バーンスタインはアカプルコ行きをとりやめ、首都から南へ六十マイルのところにあるクエルナバカに二週間契約で家を一軒借りることにした。両親への手紙にはこうある。「きれいなプールとグランドピアノ、そしてテラスと庭つきの魅力的な家です……ぼくが［七人もの］召使いにスペイン語で指図しているところが想像できますか？……ほとんどなにもせず、灼熱の太陽のもと、下帯を着けただけの格好でぐうたらしています。中断するのは食事と買い物と作曲のときだけ。やっとまた人間にもどれたという感じです。おふたりもここが気に入ることと思います」

次の仕事でサンフランシスコに向かう途上、バーンスタインはハリウッドに立ち寄り、友人でプロデューサーのアーウィン・ラッパー（マスコミは、ガーシュウィンの伝記映画と彼の名前をかけて「ラッパーソディ・イン・ブルー」と騒ぎたてていた）に会った。バレエ『ファンシー・フリー』の映画化について話しあうためである。ハリウッド滞在中、バーンスタインは、さまざまな有名人——サマセット・モーム、エセル・バリモア、ジョーン・フォンテーン、ジョージ・キューカー、そして憧れのベティ・デイヴィスなどが集うパーティの席でピアノを弾く機会を得た。サンフランシスコにたどり着いてから、彼はある記者にこう語っている。「わたしなんて、おどおどした若造もいいところだった……みんなよってたかってわたしにカメラテストを受けさせようとした。映画でリムスキー・コルサコフ役をやったらどうかというんだ」

バーンスタインがハリウッドに魅かれるのも当然だった。コープランドはすでに映画音楽で富と名声をかちえていた。ヴァージル・トムソンも出来のよいドキュメンタリー映画の音楽を担当していた。ストラヴィンスキーとシェーンベルクでさえ映画に接近しようとしていた。とはいえ、このそうそうたる音楽界の名士たちのなかにも、俳優として映画に出演した者はまだいない。それもあって、パラマウントのハル・ウォリスがほんとうにニューヨークに監督をよこし、スタジオでカメラテストをする運びになったときには、バーンスタインは大いに張りきった。映画はいわゆる伝記もので、バーンスタインにはチャイコフスキー役を演じることが望まれていた。パトロンのフォン・メック夫人にはグレタ・ガルボの名があがっていた。この話が具体化した当初の新聞発表には、「有名なチャイコフスキーのソナタ」の奏者には、ウラジミール・ホロヴィッツが起用される予定で、カメラテストのときにはバーンスタインがピアノを弾いた、という記載が見られる。シャーリー・バーンスタインは、兄に協力して台詞の読み合わせをしたという。「読み合わせといっても、たいてい笑いころげていました。脚本があまりにばかばかしかったからです。それに、顔をつきあわせてまじめそのものの表情で台詞を読み上げるレニーを見ているだけでも、笑いが止まりませんでした。ほんとうにひどい脚本でしたが、レニーの芝居ときたら、それに輪をかけてひどかったのです……レニーに演技の才能はありませんでした。おまけに、才能がないということに自分では気づいていなかったのです」

若き指揮者はアメリカ大陸を西から東へ横断した。サンフランシスコから汽車でシカゴへ、シカゴから飛行機でニューヨークへ、そして、ルイゾーン・スタジアムでの十時からのリハーサルに駆けつける。四回にわたるスタジアムでのコンサートのうち一回は、リヒャルト・ワーグナーの曲を、あっちから少し取り、こっちから少し取りしてひとつの交響曲のように仕立てあげたものが演奏されることになった。第一楽章は『さまよえるオランダ人』序曲、第二楽章は『トリスタンとイゾルデ』から前奏曲と「愛の死」、第三楽章のスケルツォは『神々の黄昏』から「ジークフリートのラインへの旅」、そして最終楽章は「ワルキューレの騎行」、という趣向である。バーンスタインがワーグナーのオーケストラ曲の魔力をたっぷりと聴かせたのは、このときが初めてである。反ユダヤを宣言していたワーグナーだったが、彼はそのことには無頓着だった。

七月の末、バーンスタインは、ビリー・ホリデーとブルース「ビッグ・スタッフ」をレコーディングした。これは、自信作であるデッカ盤『ファンシー・フリー』の冒頭に収録された。その後、ラヴィニア・パークで四回にわたるコンサートの契約をこなすためにシカゴへもどった。シカゴ・トリビューン紙のクローディア・キャシディは、このときのバーンスタインの姿を、あたかも野球をするジョー・ディマジオのごとき指揮ぶり、と評している（「大リーグのスピットボール投手さながらに、大きく振りかぶった」と述べた評者もいた）。指揮台に立つバーンスタインに対する評価は、かねてから賛否両論に分かれていた。その大仰な身ぶりに反感をおぼえ、音だけ聴いているぶんにはいいが姿は見たくない、というかん高い声が反対者を代表していた。

さて、そのかたわらで、バーンスタインのとどまるところを知らない放浪への情熱をさまそうという企みが着々と進められていた。クーセヴィツキーが、レオポルド・ストコフスキーの後を継ぐニューヨーク・シティ交響楽団の音楽監督として、ラガーディア市長にバーンスタインを推薦したのだ。一九四三年に創設されたばかりのシティ交響楽団は、シーズン中、マンハッタンの新しい芸術の殿堂である西五十五丁目のシティ音楽舞踏センターで演奏することになっていた。シティ・センターは市当局が微々たる資金で運営する施設である。そして、シティ交響楽団の音楽監督の地位を得るにあたっては、ひとつ大きな問題があった――いわゆる給与がなかったのだ。音楽監督に対する支払いは一シーズンにつき一括して三千ドル。市の予算にはコンサートの運営費すら組みこまれていなかった。大ホールを借りる費用すら音楽監督の三千ドルから捻出せざるをえなかったのだ。楽団員に対しても、短期シーズンについて労働組合の基本賃金が支払われるのみ。かといって、劇場などで副業をする時間的余裕もない。それでも、バーンスタインにとって、この地位は充分魅力的だった。自分のオーケストラがあれば、全シーズンのプログラムを好きなように調整できる。そうなれば、ショーの企画を練ることもできなくはない。給与などたいした問題ではなかった。金なら、『オン・ザ・タウン』と『ファンシー・フリー』（初年のみで百六十一回も上演された）の印税がある。そこでバーンスタインは、音楽監督はほかから指揮の依頼があったときにそれを引き受ける自由裁量権を有する、という一項を契約に加えることにした。

ニューヨーク・シティ交響楽団を正式に引き継ぐことになったのは、八月二十五日土曜日、バーンスタイン二十七歳の誕生日のことだ。シーズンは十月八日にはじまることになっていたが、準備期間が充分にとれないことも苦にはならなかった。新任の音楽監督のちょっと斜に構えたハンサムな顔写真入りのパンフレットには、「古典から現代ものまであらゆる音楽を、新進指揮者のすばらしい指揮により、お手ごろな料金でお届けいたします」とある。コンサートは毎週月曜日の夜に行なわれ、火曜日の六時からも、家に帰る前にちょっと音楽を聴いていこうという人々のために、同じ内容の演奏が休憩なしで行なわれた。「やる気満々の若い人々がそろっている」とバーンスタインはPM紙のインタビューで話している。自分が音楽監督になったからには、なにもこれまでと同じ演奏家を雇う必要はない。太平洋戦争の終戦にともなって（日本は八月十四日に降伏した）、復員した演奏家たちが仕事を探していた。バーンスタインは、戦前のタングルウッド学生オーケストラをマンハッタンで再興できないだろうかと思っていた。「これまでのメンバーはもう年だ。わたしが欲しているのは、若くて熱意にあふれ、自己批判しながら演奏できる者たちのオーケストラなんだ」バーンスタインは三百人あまりの演奏家をオーディションした。わざわざバーンスタインの新しいペントハウス・スタジオまでやってきて演奏した者もいる。「エレベーターが故障していたのでなんとか全員に連絡をとろうとしたのだが、どうしても連絡がつかないひとたちがいて、家までやってきた。彼らは重い楽器ケースをかついで十七階まで階段を上がり、それでも元気いっぱいだった。そして、少し休むと一生懸命演奏し、ふたたび階段を使って下まで降りていった」このオーケストラでは民主主義が目に見える形で行なわれた。コンサートのプログラムを見ると、団員の名前が楽器毎に厳密にアルファベット順に並んでいるのがわかる。たとえば、ワーナー・ライウェンはコンサートマスターであるにもかかわらず、名前がLではじまるため、プログラムの真ん中あたりに位置していた。

ニューヨーク・フィルハーモニックは数ブロック先のカーネギー・ホールを居城にしていて、彼らがライヴァル意識をもつようになるのは当然の成り行きだった。アルトゥール・ロジンスキーといえば、プログラムに関して目はしがきくことで、つとに有名だ。フィルハーモニックは、マーラーの交響曲を一九四五年には三つ、一九四六年にはふたつもプログラムに取り入れており、そのほかに、クレストン、ダイアモンド、ハリス、ジェローム・カーン、ピストン、プーランク、ヴォーン・ウィリアムズといったところも組みこんでいた。だが、バーンスタインのプログラムはそれ以上に斬新だった。しかも、かなりいい席でも会員になれば二ドル以下で確保できたし、二階席なら七十五セントで入場できた。たしかに、技術的にはフィルハーモニックのほうが一枚上だった。しかし、シティ交響楽団は音楽こそが自分たちの存在意義とばかりに熱のこもった演奏を聴かせてくれた。「オーケストラ界に新しい生命が吹きこまれた」とブルックリンのイーグル誌は報じている。「ステージの両側に熱狂が渦巻いていた。バーンスタイン氏はすばらしい演奏を聴かせると同時に、そこにいるだけで高揚した雰囲気を作り出せる人物である」

バーンスタインの初めてのシティ・センターでのシーズンは、一九四五年十月から翌四六年四月にかけてで、バーンスタインは、二週間ごとに行なわれる全十二公演のうち九回を振った。二回目と三回目のシーズンは一九四六年と一九四七年の九月から十一月にかけてで、このときは、週一回全十公演の指揮をつとめている。どのコンサートでも、ニューヨーク初演もしくは二回目の演奏という新しい曲か、きわめて面白い曲ばかりを聴くことができた。初年度の新しい曲はこのシリーズの展望を示している。ショスタコーヴィチの交響曲第一番、ヒンデミットの『弦楽と金管のための演奏会用音楽』、ランドル・トンプソンの交響曲第二番、ミヨーの『世界の創造』、ベートーヴェンの弦楽四重奏曲嬰ハ短調作品一三一（ミトロプーロス編曲）、ストラヴィンスキーの『詩篇交響曲』、ダイアモンドの交響曲第二番、チャベスの『インディオ』交響曲、バルトークのヴァイオリン協奏曲第一番、そして、ブリッツスタインの『エアボーン』交響曲をオーソン・ウェルズのナレーション入りで——ざっとこんなところである。

まだ二十代の若者がこれだけのものを指揮したのだ。大変な業績といえよう。ただし、これには犠牲がともなっていた。こうしてシティ・センターの中心的存在になったということは、もう二度とニューヨーク・フィルハーモニックを客演指揮できないということなのだ。だが、バーンスタインはニューヨークのクラシック音楽界に確固たる足場を築き、着々とレパートリーを増やし、指揮のテクニックをみがき、自分に音楽監督としての素質があることをアメリカじゅうのオーケストラにアピールした。オーリン・ダウンズは、今回のコンサートについて、二年前のカーネギー・ホールでのバーンスタインのデビュー・コンサートのときと同じ高い評価を与えている。「生きのよさ、説得力、イマジネーションのどれをとっても、しばらくは今回のコンサートに優るものはない……ここにこそ真の指揮者がいるといっていい」

バーンスタインは第一次世界大戦後のニューヨークでのシーズンのあわただしさを縫って、コメンタリーやヴォーグといった政治色のほとんどない雑誌のインタビューを受けたり、シティ・センターのプログラムについてアーサー・バーガーと対談し、それがWQXRで放送されたり、パネル・ゲーム「それでも音楽通?」に出演したりと、八面六臂の活躍をくりひろげていた。また、ジオン・ミーリの撮った写真がヴォーグ誌を、アーノルド・ニューマンの撮った写真がライフ誌を飾りもした。万華鏡さながらのバーンスタインの生活は、いっそうめまぐるしいものになってきた。だが、そのさなかでバーンスタインは相変わらず孤高を保ち、感情的にも孤立しているようなところが見受けられた。一九四六年二月のある夜、シティ・センターのコンサートで、バーンスタインはチリの偉大なピアニスト、クラウディオ・アラウをむかえてブラームスのピアノ協奏曲二短調を振った。コンサートのあと、クイーンズにあるアラウの自宅でパーティが開かれた。そこで、バーンスタインは美しいチリの若手女優と出会った。彼女はニューヨークでアラウからピアノのレッスンを受けていた。彼女の名前はフェリシア・モンテアレグレ・コーン。このフェリシアが、バーンスタインの人生を変えることになる。

16　進むべき道

パーティが開かれた
ふたりが婚約したのだ
レンとフェリシアは
晴れていま
祝福のときをむかえた
　　――アン・ロネルの詩より（『ライオンズ・デン』収録）

フェリシア・モンテアレグレ・コーンは、一九二二年、コスタリカに生まれた。チリ人で敬虔なカトリックである彼女の母親によると、モンテアレグレ家は、かつてスペイン北部に台頭したナヴァラ王国の王族の末裔にあたるという。父親のロイ・エルウッド・コーンは鉱山技師で、のちにチリのサンチアゴでアメリカ精練会社を設立した人物だ。ロイの祖父はラビだったが、フェリシアとふたりの姉妹はカソリックの尼僧から教育を受けた。フェリシアは英語も堪能で、二十一歳でアメリカ国籍を取得している。音楽、文学、演劇が好きで、文才にも長けていた。ユーモアのセンスもあり、趣味もいい。十代で女優を志すが、両親に猛反対された。そこで専攻を音楽に変え、同国人のクラウディオ・アラウに師事してピアノを学ぶべく、ニューヨークにおもむいた。ニューヨークではフェリシア・モンテアレグレと名乗り、ニュー・スクールのハーバート・バーゴフのドラマ・スタジオで演技を学びはじめる。バーゴフは一時期フェリシアに首ったけだったという。一九四五年の夏、フェリシアは、グリニッチ・ヴィレッジのプロヴィンスタウン・プレイハウスで上演されたガルシア・ロルカの『五年経ったら』で初舞台を踏んだ。

バーンスタインが初めてフェリシア・モンテアレグレに出会った二月五日の夜は、フェリシアの誕生日の前日にあたる。クラウディオ・アラウのエージェント、フリーデ・ロートは、ふたりの出会いはまさにひと目惚れと呼ぶにふさわしいものだったという。「フェリシアは一見少年のようでした。ほっそりと繊細で洗練されていました。教養もありました。正真正銘のレディといっていいでしょう。彼女はレニーの熱愛に価するあらゆるものを持っていました」(バーンスタイン一族は、ふたりが初めて出会ったのはフェリシアの誕生日当日の二月六日だったと考えている。これによって、ふたりが六日の誕生日の夜明けを祝ったというフリーデ・ロートの堪は当たっていたことが裏付けられるのではないだろうか)。やはりこのパーティに出席していたデイヴィッド・ダイアモンドによると、ふたりはソファにならんで腰かけ、とぎれることなくしゃべりつづけていたという。

このとき、フェリシアはすでにシティ・センターで指揮をするバーンスタインの姿を目にしており、実際にバーンスタインと会う前から「あのひとと結婚するの」といっていたらしい。だが、これにつづく数カ月間、フェリシアはつらい思いをすることになる——バーンスタインの不在に、一カ所に腰を落ち着けていられない彼の性癖に、彼が新しいオーケストラを征服するための絶え間ないホテル暮らしに、また、べつの「恋愛関係」にもじっと耐えなくてはならなかったのだ。

バーンスタインは、サンフランシスコとヴァンクーヴァーでのコンサートのために、フェリシアの誕生日の翌日にはもうニューヨークを発ってしまった。しかも、ヘレン・コーツに送ってきた手紙は、べつの人物——この数カ月たびたび逢瀬を重ねていたシーモアという友人の話題でいっぱいだった。「S」はサンフランシスコでバーンスタインといっしょだった。一週間後、ヴァンクーヴァーでもいっしょだった。バーンスタインの手紙にはこうある。「すばらしい夜です。Sとぼくは、ほかの約束を全部キャンセルしてホテルの部屋にこもり、ふたりだけで食事をし、話をし、本を読み、書き、愛しあいました。信じられないくらい美しい日々がつづいています。Sは、ぼくの友人だからということでなく、彼自身の魅力ゆえに、どこででも、だれにでも受け入れられています。わたしたちは多くの喜びをともにしています。サンフランシスコは、いまではすばらしい思い出の一ページです。ここ、ヴァンクーヴァーでの日々こそが本当のハネムーンです」

これがチリの女優と恋に落ちたばかりの人物の言葉だろうか。だが、Sがもたらしたこの幸福感こそがバーンスタインを新しい音楽の高みへと導くものにほかならなかった。「今日のリハーサル［ピアノを弾きながらベートーヴェンのピアノ協奏曲第一番を指揮した］は会心の出来でした。オーケストラはこれまでにない音を聴かせてくれました。指揮者なしで演奏した経験はないのに、指揮者など必要ないくらいの出来栄えでした。ぼくも、これほど気持ちよく弾けたことはありません。心が通いあっていたのです。緩徐楽章は……ほんとうに美しく、思わず涙が出そうになりました」日曜日の午後のコンサートが終わると、バーンスタインはヴァンクーヴァー・プレイヤーズ・クラブでハムレットの読み合わせに参加した。主役はいうまでもなくバーンスタインだった。

バーンスタイン個人の手帳には、四月の終わりまでフェリシアの名前もシーモアの名前も出てこない。春から夏にかけて、彼の音楽生活には興奮することばかりが目白押しで、ロマンスにかまけている時間などなかったのだ。三月には、シティ・センターの初シーズンの最後の二回のプログラムをこなした。そのうち最初のプログラムでは、ハンガリーのヴァイオリン奏者、ヨゼフ・シゲティをソリストにむかえて、バルトーク初期の『ヴァイオリン狂詩曲』と『二つの肖像』第一曲をつなぎあわせ、ヴァイオリン協奏曲第一番として知られることになった曲の、ニューヨーク初演を行なっている。二番目のプログラムではオーソン・ウェルズのナレーションで、マーク・ブリッツスタインの『エアボーン』交響曲を世界で初めて演奏した。

『エアボーン』は当時の世相を反映したラジオ番組だ。ラジオ・ドキュメンタリーとしてもロマンチックなドラマとしても人々の記憶に残るこの番組を、オーケストラ、テノールとバリトンのソロ、男声合唱のための曲として仕立てたのが、この交響曲である。合衆国空軍第八部隊に捧げられ、空を飛ぶことの神秘と戦時中のきびしい飛行の現実を歌いあげたこの曲は、聴く者に、ジャーナル・アメリカン誌いうところの「スリルと興奮」を与えるものだった。バーンスタインの一九六三年の作品『カディッシュ』交響曲には、『エアボーン』の華やかなテーマ、そしてナレーションと音楽を効果的につなぎあわせたスタイルの影響が見受けられる。

五月三日、バーンスタインは初めてヨーロッパへ旅立った。チェコスロヴァキアで開催される「プラハの春」音楽祭にアメリカ代表として参加するためである。当時国務省にいたカルロス・モーズリーによって選ばれた代表団には、作曲家のサミュエル・バーバーとピアニストのユージン・リストも含まれていた。バーンスタインは、合衆国空軍機でパリからプラハ入りした。荷物のなかにはヴァイオリンとチェロの弦が入っていた。ニューヨーク・フィルハーモニックの団員からチェコのオーケストラ団員への贈り物だ。おりしもプラハは、ナチスからの解放一周年を祝って沸き立っていた。「彼らの喜びようは、アメリカ人にはとてもまねができません」とバーンスタインはヘレン・コーツに書き送っている。「通りには、ブギウギからシュトラウスのワルツまであらゆる曲が大音量で鳴り響き、人々がそれに合わせて踊っています！　このひとたちは、あらゆる地方――モラヴィアやスロヴァキア――から集まってきたのです。だれもかれもすてきな民俗衣裳を身にまとい、その陽気なことといったら筆では描写できないほどです……昨晩は、モルダウ川とフラットシャーニー城で花火がありました。今週プラハにいられて、ほんとうによかった！」

バーンスタインがチェコ・フィルと共演するにあたって選んだのは、アメリカの曲ばかりを集めた魅力的なプログラムだった。オープニングにウィリアム・シューマンの『アメリカ祝典序曲』、つづいてバーバーの『管弦楽のためのエッセイ第二番』（作曲者自身もその場にいた）、そして、『ラプソディ・イン・ブルー』。ユージン・リストは、あやういところでこのコンサートの出番を逃すところだった。ベルリンからプラハに向かう途中で車が故障して、朝のリハーサルに間に合わなかったのだ。そこで、リハーサルではバーンスタインがピアノを弾きながら『ラプソディ・イン・ブルー』を指揮したのだが、バーンスタインとしては、リストが本番ぎりぎりに駆けこんできたときには、いささかがっかりしたのではないだろうか。プログラムの後半は、ロイ・ハリスの交響曲第三番と華麗な『エル・サロン・メヒコ』という組み合わせだった。二回目のコンサートでは、『ラプソディ・イン・ブルー』は『エレミア』交響曲にさしかえられたが、このときの演奏はその週の音楽評で絶賛された。

アメリカへの帰途、バーンスタインはパリに立ち寄ってナディア・ブーランジェと会っている。コープランドからバーンスタインが来るかもしれないと聞いていたブーランジェは、バーンスタインに会うとたちまち意気投合した。彼女はバーンスタインを、詩人ポール・ヴァレリーの息子、フランソワ・ヴァレリーと引き合わせている。フランソワ・ヴァレリーは、この時期もっとも深くバーンスタインの内面を知ることになった人物だ。後年、彼はこんなことを書いている。「歯に衣着せずにいえば、バーンスタインというひとは相当なうぬぼれ屋だと思う。親愛の情を示すやりかたは大げさなくらいだ。そんなにハンサムというわけでもない。それでも、ラヴェルやミヨーやショーソンやドビュッシーが（そして、アンドレ・ジイドとわたしの母が連弾で）弾いた古いピアノに彼が近づいていっておもむろに弾きはじめたときには、くらくらする思いだったし、マリ＝ブランシュ・ド・ポリニャックのベヒシュタインで（われわれは、ディナーのあとナディアといっしょに彼女を訪問したのだ）ポプリ風リサイタルをやり、ヴェルディ、シャブリエ、ベートーヴェン（いわゆる協奏曲第一番のカデンツァ全部）、マーク・ブリッツスタインを弾いたときには、もっと感動した。ニューヨークへの便が欠航になり、バーンスタインはパリ滞在を一日延ばしていっしょにすごした……生まれて初めて、わたしは自分とはかけ離れた、うらやましくなるような存在と出会った――才能があふれていた。掛け値なしの純粋な才能に恵まれた真の天才が、彼だった。ショックだった。同時に、すばらしい体験でもあった。しかし、そのせいで、わたしたちの関係は好ましくない方向に曲がってしまった。わたしとしては、レニーがいともやすやすと他人となじんでしまうのが気にくわなかった。彼は、その才能にふさわしいとは思えない者――少なくもわたしの考えでは――とまで気やすく交際した。そして、そのためにわれわれのあいだには、会えばかならず一種の気まずさが漂うのだった……」

六月の初め、バーンスタインはヘレン・コーツをともなってアメリカからイギリスへと飛んだ。ロンドン・フィルとの六回の公演が待っていた。うち二回はロンドンで行なわれる予定だった。イギリス到着早々、バーンスタインはいらいらしていた。だれもバーンスタインの噂を知らなかったからだ。振ってくれといわれたのが「みすぼらしいお決まりの陳腐なプログラム」だったのもいけなかった。アーロン・コープランドへの手紙にはこうある。「唯一の救いは『アパラチアの春』が含まれていたことです（『エレミア』はもちろんなし）。あなたのあの驚嘆すべき沈着さ、どっしりとした落ち着きがつくづくうらやましい。しかし、ここまで書いてきて、やっと気が晴れてきました。少しは気分がよくなったようです。あなたのおかげです。それにしても、こちらの音楽事情ときたら最悪のひとこと。ほかのもの（食べ物、倫理観、家屋、政治、インド人、服装）も、すべて音楽と似たりよったりです」

コープランドのロンドンの出版者ラルフ・ホークスは、なんとかバーンスタインに機嫌を直してもらお

う と必死に世話をした。だが、アメリカならどんな小さな町でも開かれる記者会見も、イギリスでは開かれない。それどころか、レセプションもなければパーティもない。もっとも華々しい場が、ロンドン・フィル後援会の会員相手のスピーチだった。「こんなにさびしい思いをしたのは初めてだ。なにをやっても落ちこむだけだ」とバーンスタインは妹シャーリーに宛てて書いている。仲間を求めてウエストエンドをほっつき歩いていないときは（コープランドには「ピカデリーの喧躁にはうんざりです」と語っている）、「怪物のような孤独に食いつくされそうになりながら」ひとりホテルの部屋で震えていた。ニューヨークは暑かったので、持参した服は夏物ばかり。ところが、ロンドンは季節はずれの寒さだった。おまけに、外国人はクーポン券がなければ手袋はおろか帽子さえも売ってもらえなかった。

音楽の最前線といえども、リハーサルは不可能に近かった。英国のトップ奏者の多くはまだ復員しておらず、オーケストラはまだ復興途上にあった。ロンドン・フィルとて例外ではなく、とてもコンサートが開ける状態ではなかった、とバーンスタインは報告している。クイーンズ・ホールが空襲でやられた一九四二年以来、ロンドンにはまともなコンサート・ホールもなく、ロンドン・フィルは、市内のさまざまな間に合わせのホールを転々としてリハーサルを行なっているありさまだったのだ。バーンスタインがウエストエンドの劇場でロンドン・デビューを飾ることになったのは、そのような状況下でのことである。とはいえ、意気消沈していたというバーンスタインの話は、眉に唾をつけて聞いておくほうがよさそうだ。コープランドに向かっては、ロンドン・フィルに『アパラチアの春』の変拍子を叩きこむのはひと苦労だと書いているものの、六月十六日のデビュー・コンサートはマスコミにかなり好意的に受け入れられていたのだ。とりわけ好意的だったのはタイムズ紙である。「バーンスタインは、ウォルトンの序曲『ポーツマス岬』、『ティル・オイレンシュピーゲル』、そして、バーンスタインと同じアメリカ人で同世代［原文まま］の作曲家アーロン・コープランドによるバレエ音楽『アパラチアの春』（ロンドン初演）を、きらびやかに演奏してみせた」プログラムの第二部は、ワーグナーの『神々の黄昏』から、ジークフリートの葬送行進曲とブリュンヒルデが火に身を投じるシーンという壮麗にして「おどろおどろしい」曲で構成されていた。これについてタイムズ紙は、バーンスタインは、指揮棒なしで指揮することによって「華麗さと緊張感を最後の段階で、惜しくも振り落としてしまった」と論評しているが、「その本質は、はっきりワーグナー指揮者である。そして、「七年のブランクを経て、ふたたび『神々の黄昏』の壮麗なクライマックスと結びを、バーンスタインの直情的指揮で耳にしえたのは、それは刺激的な体験であった」とも評している。

耐乏生活のなかで、ロンドン・フィルの団員たちもいささか疲れの色を見せはじめていた。バーンスタインは町から町を転々とするコンサート活動で喉を痛め、発熱してしまった。レスターからロンドンにもどるとさっそく医者に診てもらい、ペニシリンの投与を受けることになった。バーンスタインにとって、ペニシリンを注射されたことはツアー生活中もっともスリリングな体験だったらしい。「イングランドでペニシリンを打ってもらったのは、わたしが初めてだった。ペニシリンはまだ発明されたばかりだったんだ。軍がわざわざわたしのためにペニシリンを調達してくれてね。手袋は用意できなかったのに、ペニシリンで命を救ってくれたんだ」その後も、ロンドンを訪れ、初めての訪問のときに滞在したハイド・パーク・ホテルの前を通りかかるたびに、バーンスタインはこのように語ったが、実際は、バーンスタインは一日寝こんだだけで起きられるようになった。ペニシリンの効果は抜群で、注射をしてもらった翌朝には、ケンジントンのロイヤル・アルバート・ホールで行なわれたロンドン・フィルのリハーサルに、十時きっかりに顔を出している。このときのコンサートのチケットは売り切れになった（バーンスタインの記憶では、新聞はたったの二ページで広告さえ載らなかったというのだが、それも杞憂に終わった）。プログラムのメインはチャイコフスキーの交響曲第五番。クーセヴィツキーに宛てた手紙にはこうある。「すばらしい体験でした。聴衆のうち何人かは、ニキッシュよりもよかったと、わざわざいいにきてくれました」

グラインドボーンを訪れ、ベンジャミン・ブリテンが新作オペラ『ルクリーシアの凌辱』をみずからリハーサルするのを見学したのちロンドンにとって返したバーンスタインは、協奏曲のピアノ独奏者としてのデビュー・レコーディングを行なった。バックをつとめたのは創設されたばかりのフィルハーモニア管弦楽団、曲はラヴェルのピアノ協奏曲である。その後は、タングルウッドでブリテンのオペラ『ピーター・グライムズ』のリハーサルをはじめる予定になっていた。ところが、ラルフ・ホークスがあと一週間英国滞在を延ばしてくれといってきた。ロイヤル・オペラハウスで行なわれるバレエ・シアターの独立記念日ガラ・コンサートのオープニングで、ぜひ『ファンシー・フリー』を振ってほしいというのだ。バーンスタインはその申し出を受諾した。このときのコンサートで、バーンスタインは指揮と曲の双方に対して賞賛を受けることになった。イヴニング・ニューズ紙のゴシップ欄は、ロンドンのOLはひとり残らずタイプライターの脇にバーンスタインの写真を貼るようになった、と報じた。バーンスタインは、ニューヨークにもどる前の晩に、ジェローム・ロビンズと夕食をともにしている。バレエ・シアターはロビンズに新作の振付けを依頼したがっていたが、ロビンズは、テーマと台本に気乗りがしなかったようだ。

大西洋の空の旅は、またしてもぞっとするようなものだった。バーンスタインの飛行機は、アイスランド、グリーンランド、ラブラドルで給油をしてからやっとアイドルワイルド空港に到着した。そこから新しく入手したステーション・ワゴンでヘレン・コーツといっしょにレノックスへ向かったが、この旅もそれほど楽しいものにはならなかった。百二十マイルのうちに三度もパンクし、結局、ひと晩じゅう車のなかですごすはめになったのだ。翌日は、昼はクーセヴィツキーと、夜はアーロン・コープランドとともに食事をとり、それからいよいよ『ピーター・グライムズ』のリハーサルをする運びとなった。八月六日の上演に向けて、リハーサルは毎日六時間から九時間、ときには十二時間にも及んだ。

『ピーター・グライムズ』は、バーンスタインがこれまで指揮したもののうちでも飛び抜けてむずかしい作品だった。見習いの少年ふたりを死なせてしまう漁師の悲劇を描いたこのオペラは、上演に二時間以上もかかる大作で、キャスト、合唱、オーケストラを含めてスタッフも大勢必要だった。初演は一九四五年六月、ロンドンのサドラーズ・ウェルズ劇場で行なわれた。この作品をブリテンに委嘱したクーセヴィツキーは、世界初演の権利を放棄する寛大なところを見せた)。イギリス公演が批評家たちにも観衆にも大好評を博したにもかかわらず、この作品は、いわゆる現代風オペラを嫌う会員も擁するオペラ・カンパニー内部に深刻な緊張をもたらした。だが、クーセヴィツキーとタングルウッドの面々は、『ピーター・グライムズ』の複雑さに対する警戒の声を無視して、ほぼ全員が学生というメンバーでの上演を目指して準備を進めた。一九四二年以来使用されておらず、せいぜいが『ポーギーとベス』や『ラ・ボエーム』といった簡単なものしか上演されたことのない劇場に、大道具や衣裳が次から次へと運びこまれた。ほとんどの役は学生たちが歌うことになっていた。どの役もダブル・キャストで、オーケストラも二組作られ、ひとつのグループは第一幕と第三幕を、もうひとつのグループは第二幕を受け持つ。このように役割分担をして上演する試みは理論的には画期的だったが、実際には、バーンスタインもスタッフも必要以上に余計な気苦労をさせられるはめになった。なんといっても、わずか五週間で新作オペラを、それも慣れないスタイルで上演しなくてはならないのだ。おまけに、場面転換は数回にわたるときていた。経験豊かなプロのオペラハウスでも、これほど短期間で上演に踏み切るのは危険な賭けである。ところが、こういう場面でこそがぜん張り切るのがバーンスタインだった。彼の頭のなかには、「グライミー・ピート」をどのように上演するかが、すでにはっきり描き出されていた。オーケストラに対して発した次のひとことに、そのすべてが要約されているといっていい――「ありったけの力を出して、さらにクレッシェンドだ！」

上演日が近づくにつれて、マキーナク湖畔のブル・コテージのバーンスタインのもとを訪れる友人とその家族の数は、徐々に増えていった。狭い住居をなんとかきちんと維持しようとするヘレン・コーツの努力たるや、涙ぐましいものがあった。妹のシャーリーも、ブロードウェイの新しいショーのリハーサル中だったが、時間がとれればかならず顔を出した。マーク・ブリッツスタインとオリヴァー・スミスも足しげく通った。スミスはオペラのワークショップで講義をしたが、眠るときは床の上という始末だった。デイヴィッド・ダイアモンド、アドルフ・グリーンとその新しい婚約者のアリン・アン・マクレリーも顔を見せた。バーンスタインの年の離れた弟、バートンも来ていた――夏のあいだ、『ピーター・グライムズ』の照明係としてアルバイトすることになっていたのだ。バートンの著書『バーンスタイン その音楽と家族』には、訪れた客のなかにはフェリシア・モンテアレグレもいたと記されているが、バーンスタイン自身の手帳には彼女に関する記述はない。その夏、フェリシアはブロードウェイの芝居に出演していたはずだ。

忘れてはならないのは、ベンジャミン・ブリテン自身の訪問だろう。彼は、初演を控えた週にやってきて、バーンスタインと二度夕食をともにしている。ほっそりして少年のようにも見えるこのイギリス人は、バーンスタインより五歳年上で、このときにはすでに、その穏やかな風貌に似合わぬ鉄の意志をそなえた筋金入りのプロだった。バートン・バーンスタインによると、ブリテンは、タングルウッドに集まってオペラの準備を進める若者たちの大集団にかなり感銘を受けたらしい。当時十四歳で元気いっぱいのバートンは、劇場の楽屋でブリテンのひざに乗せてもらったことがあった。それを聞いたレナードは、いささか独善的な面を見せて腹を立てたという。『ピーター・グライムズ』が上演されたあと、タイム誌にはブリテンの辛辣なコメントが掲載された。「わざわざプロを気どってみせる必要などない――学生によるきわめて元気のいい公演である」ブリテンの師で、いまは共作者でもあるW・H・オーデンは、友人に「ものすごい演奏だ」と語ったという。アーヴィング・コロディンは「一生懸命聴いてもむだ、我慢して聴いてもつらいだけ」のオペラと評している。バーンスタインの指揮については「容赦ない指揮棒」と評しているが、それは棒なしで指揮をした指揮者に対して用いるには、まったく見当ちがいの批評だった。

だが、クーセヴィツキーがカーテン・スピーチで誇らしげにそう呼んだ「ペーター・ウント・グライムズ」の公演は、失敗どころではなかった。たとえば、エドマンド・ウィルスンなども「傑出した音楽劇」と形容してはばからない。姪のひとりの役を歌ったフィリス・カーティンは「死ぬほどゾクゾクした」という。「とても真に迫ってすべてが生き生きしていた」からだ。当時二十二歳の学生だった指揮者のサラ・コールドウェルは、複雑な舞台照明を担当していた。オペラがはじまる前、舞台の袖で彼女のスコアに書きこんであるキューをのぞきこみながら、バーンスタインは彼女にこういった。「きみがこのオペラをよくわかっていたらいいんだが」恐れを知らぬサラは堂々とこう切り返した。「あなたこそ、わかってらっしゃるといいんですけれど」

バーンスタインは『ピーター・グライムズ』がずっとお気に入りで、死の直前にも、一九九三年には全曲レコーディングしてドイツ・グラモフォンから出すつもりでいた。彼はいろいろな面でこの作品に愛着をおぼえていたようだ。まず、ピーター・グライムズの孤独さにおのれの姿を見ていた。それから、その揺れ動くセクシュアリティにも共感をおぼえていた。また、直感的に作品の音楽面そのものに歓びを感じてもいた。『ばらの騎士』を思わせる、三つの女声が絶妙にからみあう、あのノクターン。「ジョー爺さんは漁に行き」という、バーンスタインお気に入りの四分の七拍子で演奏される元気のよい居酒屋のコーラス、「嵐」のぞっとするほどのエネルギー、「夜の間奏曲」の切々たる愛のメロディ、などである。そして、これらを含む『四つの海の間奏曲』は、バーンスタイン最後のコンサートのプログラムに入っていた。

初演が終わったあとの打ち上げパーティで、バーンスタインはブギウギを弾いた。英国人演出家のエリック・クロージャーによると、バーンスタインは、パーティのときの話し相手としてはさほど魅力的でないブリテンよりも、憧れの詩人オーデンと話をしているほうが楽しそうだった。それはブリテンも同じだった。彼は自分のオペラを上演した派手な男にあまり好感をもたなかったようで、二年後にブリテン自身が企画したオールドバラ・フェスティバルで『ピーター・グライムズ』を上演したときも、バーンスタインを招聘していない。

一九四六年のバーンスタインの精神的エネルギーと創造的エネルギーは、まさに尽きることがないように思われた。彼は『ピーター・グライムズ』の公演が終わるやいなや、ストックブリッジにやってきたジェローム・ロビンズと組んで、さっそく新しいバレエ『ファクシミル』にとりかかった。わずか五日でふたりは物語の概略を作りあげた。バーンスタインは、二十八歳の誕生日にシャロンで休暇を楽しんだだけで、八月の残りの日々は作曲とオーケストレーションに明け暮れた。ニューヨークにもどったらすぐに製作に入れるよう、ロビンズとダンサーたちのための曲をピアノで弾き、それを録音した。そして十月二十四日、公演が始まった。

約二十分間のバレエ『ファクシミル』は、当時ロビンズとバーンスタインが、金をありったけつぎこんで精神分析医にかかっていた事実を反映している（一時期、バーンスタインはロビンズにすすめられた女性の精神分析医にかかっていた。ロビンズはその医者をマーサ・グレアムから紹介してもらっていた）。この新しいバレエは『ファンシー・フリー』のように愉快なものではない。その証拠に、この作品のミュージカル化をすすめた者はだれもいない。同じ年、バーンスタインはコンサート・ホール用のプログラムの解説にこう書いている。「［ロビンズは］シナリオを書くにあたって、うつろう精神の複雑さとでもいうものを反映させた。音楽もその影響をうけ、登場人物のノイローゼを映す〝神経症的音楽〟と呼べそうな趣を呈している。バレエは三人の孤独な人物——女性ひとりと男性ふたり——によって踊られる。三人とも真の深い人間関係を必死になって求めるが、果たせない。初めて出会った瞬間に情熱のおもむくままに関係をもつものの、当然ながらそういう関係にはすぐ飽きがきて、最後には憎みあうようになる。みずからを高める能力に欠けているがゆえに、真の人間関係を築くことができないのだ」三角関係になった男女は、結局、自分たちの心のうつろさを思い知ってクライマックスをむかえる。「バレエのなかで、この心の動きは、女性の絶望しきった『やめて!』という叫びと、それにつづく一瞬の静けさを破る、すすり泣きの声に集約される。ふたりの男性は、なすすべもなく立ちつくすばかりだ」

精神的なものに深く根ざしたこのバレエのプロットに反感をおぼえた者も多い。タイム誌にはこうある。「レナード・バーンスタインの狂乱の音楽に合わせて、三人の不安定な人物たちは、床をころげまわり、だれかれの見境なくキスをしあい、とっくみあう。それから、ふたりの男性が、あたかもバドミントンのシャトルを打ちあうかのようにバレリーナのノーラ・ケイを突き飛ばしあい、ついにケイは床にくずおれてすすり泣く。オープニングの夜など、ケイがあまりにも激しく突き飛ばされたため、床に倒れたとき、足でもくじいたのではないかとぎょっとした観客も多かったにちがいない。この時点で、ケイが『やめて!』と叫ぶわけだ。意地の悪い評論家のなかには、『彼女は全員の気持ちを代弁したのだ』と書いた者までいたほどだ」しかし、オリヴァー・スミスの舞台装置だけは賞賛された——なにもない浜辺の「がらんとした空間」に、ごつごつした鉄の防波堤が沖までつづいているというものだ。また、ロビンズの才を認める評者もいた。ウォルター・テリーはヘラルド・トリビューン誌でこう評している。「ジェローム・ロビンズは、過去に四つのコメディ(ふたつはバレエ、あとのふたつはブロードウェイ・ミュージカル)でヒットを飛ばした。それゆえに、観客に媚びない、見るのに忍耐を要する作品をつくるというのは、まだ足を踏み入れていなかった分野への冒険といえよう。『ファクシミル』はその冒険の成功を証明するものである……過去の名声も、この新しい創造の新鮮さの前では敵ではない」『ファクシミル』の音楽はジェローム・ロビンズに捧げられている。とはいえ、このバレエは一九五一年十月以来再演されておらず、バーンスタインのオーケストラ作品のうちではもっとも演奏される機会の少ないものである。

この『ファクシミル』が原因で、一時期バーンスタインとクーセヴィツキーとのあいだには溝ができてしまった。一九四七年の一月と二月、バーンスタインはボストン交響楽団の客演指揮者をつとめることになっており、コンサートの模様はラジオ放送される予定だった。そのときのプログラムに、この新しいバレエ音楽が含まれていた。クーセヴィツキーはバーンスタインにわざわざ電話をかけてきて反対し、そのあと、バーンスタインに次のような手紙を書き送ってきた。

親愛なるレナード

先日の電話での会話は、とても後味の悪いものになった。あのようにいったのには、次のようなわけがあるのだ。

まずプログラムについてだが、きみは、コンサートがラジオで放送されることを知りながら、自分の曲を演奏するとかたくなにいいはった。自分が客演指揮者であること、偉大な古典を解釈して演奏する能力を示すことを望まれている立場にあることが、きみにはわかっているのだろうか。ひとつたずねさせてもらう。自分の曲がボストン交響楽団およびボストンの協会の性格に合うと、本気で考えているのか。あの曲が、ベートーヴェンやシューベルト、ブラームスやストラヴィンスキー、プロコフィエフやバルトークやコープランドの曲と、本当に肩を並べる出来だと思っているのか……きみはこう答えるかもしれない――そういうクーセヴィツキーこそ、偉大な先達の曲と比べればお話にならないようなレベルの曲をたびたび振っているじゃないか、と。しかし、忘れないでほしい。わたしは常任指揮者であり、楽団の長として、この国の音楽文化をいっそう発展させることを考慮する立場にある。したがって、若い作曲家を支援することこそわたしの義務にほかならない。それゆえ、わたしの責任は、きみをはじめとするほかの客演指揮者とは、おのずと異なってくるのだ。
あえてこのような率直な書き方をするのも、いつまでも「甘やかされた子ども」に接するみたいに、きみに接していてはいけないと思うからだ。きみはもう立派なおとなだ。発言のひとつひとつ、行動のひとつひとつに責任をもたねばならぬのはもちろんのこと、きみのその才能と、きみが占めようとしている地位に対する責任は、いっそう重い。
よく考えてほしい。この手紙をあえてしたためたわたしの気持ちを、きみが察してくれることを願っている。

これに対してバーンスタインは、言葉を尽くして師との和解を乞う手紙を書き送った。

親愛なるセルゲイ・アレクサンドロヴィチ
先日お手紙をいただいてからというもの、いっときたりと心の晴れることがありません。じつは、お手紙を拝見してすぐに説明の電報を打ちかけたのです。が、途中でやめました。というのは、それぐらいで誤解がとけるとは思えなかったからです。かわりにこうして筆をとりました。あなたを愛しており、どうしても真実をわかっていただきたいからです。
いったいなぜこのような誤解が生じてしまったのでしょう？　わたしのなかには、不道徳な言動に走りがちな悪癖が身をひそめているのでしょうか。口にする言葉にべつの意味を含ませてしまうのでしょうか。それとも、これほど親しい人間どうしでも、コミュニケーションをとるのはむずかしいということなのでしょうか。だとすれば、生きていくのはとてもやっかいなことです。人間には本質的に欠けているものがあるわけですから……。

ボストンのコンサートでは、もちろん、あなたがおっしゃるとおりの曲をやれれば満足です。ボストンで振るときは、わたしはいつも心の底であなたのために振っているのです。うまくできたときは、すべてあなたのおかげです。わたしを誇りに思っていただきたい、あなたの心づくしにふさわしい人間でありたい——わたしはいつもそればかりを願っています。ですから、あなたが電話でわたしの曲をやめるようにとおっしゃったときに「なぜですか?」と質問したのは、心からおどろいたという以外の意味はなかったのです。もちろん、わたしは自分の音楽を信じています。でなければ作曲したりはしません（といっても、ベートーヴェンやバルトークにかなうわけはありませんから、自分の才能の範囲内で、という意味ですが）。それはともかく、あの曲を演奏することが不適当だと考えておられるのなら、喜んでおっしゃるとおりにします。

この一年は、自分の選んだクラシックという分野の習慣になんとかなじもうと必死ですごしました。名を売ることは、わたしにとってはなんの意味もありません——そんなことに汲々とすれば、ただでさえややこしい毎日がますますややこしくなるだけです。マネジャー、エージェント、人気、ほかの指揮者たちとのしのぎを削る競争——必死に時間と競走してみても、音楽そのものの魔力にみちた喜びがなければ、なんの意味もないのです。そして、その喜びはあなたに——わたしの唯一の「魂の導き手」たるあなたにこそ、固く結びついています。ですから、誤解があったらしいことに気づいたときには、すっかり落ちこんでしまいました。

どうか許してください。そして、わたしを信じてください。

レナード

バーンスタインはふたたびクーセヴィツキーの前に頭《こうべ》を垂れることになった。『ファクシミル』はボストンのプログラムから削られ、コンサート作品としての初演は一九四七年三月のロチェスター・フィルのコンサートを待たねばならなかった。バーンスタインは、作曲家としての自分は指揮者としての自分に遠くおよばないのかもしれないと思いはじめていた。ディミトリ・ミトロプーロスが自分の曲をプログラムに入れてくれない（デイヴィッド・ダイアモンドの曲は積極的にプログラムに取り入れていた）ことや、クーセヴィツキーに自分の曲に対する率直な見解を聞かされたことで、人知れず悲哀を味わっていた。

クーセヴィツキーとの対決以前から、どうやって生計を立てていけばいいのか、不安をおぼえていたにちがいない。一九四四年十二月、MGMが『オン・ザ・タウン』の映画化権を買い取って、バーンスタインは五万ドルを手にしていた。『オン・ザ・タウン』の全国ツアーが終わると、彼の印税収入は減少の一途をたどった。音楽出版社から入る印税は微々たるものだったし、高尚な音楽を作曲しても金にはならない。そういう状況だったから、一九四六年九月にプロデューサーのレスター・カウアンが映画の話をもってきたとき、バーンスタインは即座に飛びついた。カウアンはハリウッドでは有名な存在だった。W・C・フィールズの『ユー・キャント・チート・アン・ホーネスト・マン』から『G・I・ジョウ』のような戦争映画まで幅広く手掛けていた。そのカウアンが、こんどはミュージカル映画を作りたがっていた――彼の妻のアン・ロネルがソング・ライターだったことも理由のひとつだ。英国の作家オリヴァー・オニオンズの怪奇小説『手招く美女』を下敷きに、男性の主人公を指揮者でピアニストという設定にする、というのがカウアンのアイデアだった。バーンスタインは、アーロン・コープランドに自分の役をこのように説明している。「この企画で、ぼくは、作曲にもストーリー作り（要するに脚本です）にも演技にも指揮にも関わることになります。これは、まさにぼくの映画です」だが、コープランドは懐疑的だった。「そんなふうに四重に映画に縛られてよいものだろうか。どれだけ深く関わることになるのか、わかっているのか？　きみは、(一) 指揮活動への影響について考えてみたのか。(二) きみ以外のだれかが脚本に目を通したのか。(三) 適正なギャラについて相談に乗ってくれたひとはいるのか。くれぐれも慎重に考えてもらいたい！」

一九四六年の秋、ハリウッド熱におかされているバーンスタインの私生活に決定的変化が生じることになった。九月にタングルウッドからニューヨークにもどったバーンスタインは、西十丁目三十二番地のアパートの最上階に居を移した（文字どおり壁一枚へだてたところにはポール・ボールズが住んでいた。暑い夜など、窓を開け放して、ふたりがそれぞれの部屋にあるピアノで二台のピアノのための曲を弾いた）。

フェリシア・モンテアレグレは、近くのワシントン・プレイス六十九番地に小さな地下スタジオを構えていた。九月二十八日、バーンスタインは、フェリシアが夏のあいだ出演していたブロードウェイの芝居『スワン・ソング』の千秋楽を見にいった。それを機にふたりは定期的に逢瀬を重ねるようになり、バーンスタインがレスター・カウアンとの打ち合わせのために十二月にカリフォルニアに飛んだときには、ハリウッドの仕事を探したがっていたフェリシアをともなっている。バーンスタインは、サン・フェルナンド・ヴァレーにあるカウアンの大農場からヘレン・コーツに宛てて次のように書いている。「フェリシアはすばらしいひとで、幸福に輝いています。彼女はどんな状況にもすんなりなじんでしまいます——馬に乗っていてもよし、自転車に乗っていてもよし、パーティのときも、ふたりだけのときもすばらしい。ここの召使いはよくできていて、わたしたちはありとあらゆるサービスを享受しています。カウアン夫妻は外出が多く、わたしたちふたりが大農場の主《あるじ》のようなものです」

ヘレン・コーツに宛てたその次の手紙からは、フェリシアとの仲がどんどん深いものになっていく様子が読みとれる。「彼女は天使です。すばらしいパートナーです。ふたりの仲が美しい結末をむかえても不思議はありません」十二月二十二日までにはバーンスタインは心を決める寸前までいっていた。ふたたびヘレン・コーツへの手紙を引用しよう。「フェリシアと婚約してもいいのではないかという考えを楽しんでいます。結婚はまだでしょう――彼女はこちらにとどまって映画の契約をしなくてはなりませんから［これはどうやらバーンスタインの側の希望的観測らしい］。それに、わたしのほうもツアーがあります。六月ぐらいではどうかと思っています。それにしても、こんなふうに考えていると、わくわくすると同時にとまどってしまいます……日曜の夜は、ラジオでウィンチェルを聴いてください。わたしの決心が固まっていたら、彼がアナウンスするはずです」同じ手紙でバーンスタインは、クーセヴィツキーはすぐ結婚するようにすすめている、と告白している。

バーンスタインの両親は、秋に『ファクシミル』を観にマンハッタンを訪れたさいにフェリシアと会っているが、さしせまる結婚について、ふたりの意見は分かれた。サムが息子から婚約しようと思っているという話を聞かされたのは、休暇でマイアミに行ったときだ。「長いこと待ちこがれていたすばらしい知らせだ。レニー、心からお祝いをいわせてくれ。わたしはおまえを信頼している。おまえは、自分がしていることがちゃんとわかっている人間だ。ただ、ひとつだけ約束してほしい。彼女にはユダヤ教に改宗してもらうこと。自分たちがどこを目指しているのか把握しておくことは、将来的にも、おまえたちふたりにとって非常に大切なことだ。あてどのない生活というのはみじめなものだ。自分がどこに向かっているのかはっきり把握しておくことこそ、旅をつつがないものにする秘訣なのだ」バートンとふたりだけのブルックリンの家にもどったジェニーのほうは、いかにもユダヤ人の母親らしい過保護ぶりを示した。「おまえのこの恋愛についてはあまり喜べないといわなくてはなりません。宗教的なことはおいておくとしても、そのお嬢さんがおまえに合うとは思えないのです。もっとほかにいいひとがいるはずです。どうか外見にだまされないでください。とはいっても、おまえは一度こうと決めたら、父さんやわたしがなにをいっても聞きはしない子ですものね。父さんもわたしもおまえを愛しています。ふたりとも、あなたにとっていちばんいいことを望んでいるだけです。あなたの輝きを絶やさず、助けとなってくれるだれかを望んでいるだけなのです。なんだか感情的になってしまいました。ですが、これがわたしのいまの真情です」

ジェニーの忠告は結局、馬耳東風と聞き流された。同年の暮れ、マスコミはバーンスタインの重大発表を、ふたつ報じた。ひとつは映画を作ること、そしてもうひとつが花嫁をむかえることだった。映画の出演料――バーンスタインは前金で二万ドルを希望していた――のことが業界紙に報じられるいっぽうで、婚約を祝ってカウアン夫妻の大農場でパーティが開かれた。これはゴシップ記者にとっては夢のような大事件である。レナード・ライアンズは、いかにも彼らしい記事を書いている。「レナード・バーンスタインとフェリシア・モンテアレグレの婚約は、こんなぐあいに発表された。レスター・カウアン（バーンスタインが出演し、指揮と作曲でも関わることになっている『手招く美女』のプロデューサーである）は、自分の農場を提供してふたりのために盛大なパーティを開いた。シナトラが歌い、ジーン・ケリーが踊り、ジョン・ガーフィールドがボクシングのグローブをはめ、というにぎわいぶり……あげくのはては、『ウィロウ・ウィープ・フォー・ミー』や『ビッグ・バッド・ウルフ』で知られるアン・ロネルの作った歌が飛び出した。ハイドンの交響曲『驚愕』とメンデルスゾーンの『結婚行進曲』とバーンスタインの『ファンシー・フリー』『オン・ザ・タウン』『エレミア』交響曲を合わせたような歌である。歌詞は高らかにこう歌いあげて終わる。

パーティが開かれた
ふたりが婚約したのだ
レンとフェリシアは

晴れていま
祝福のときをむかえた

気どっているくせに俗っぽい詩歌は、ひとつの不吉な前兆であった。

17　救世主としての指揮者

「歴史的瞬間というものを体験したいなら、いまこそそのときです」
バーンスタインからクーセヴィツキーへの手紙
一九四七年四月、パレスチナにて

婚約発表パーティが終わるやバーンスタインは、冬のシーズンのためにカリフォルニアをあとにしなくてはならなかった。フェリシアはハリウッドにとどまり、映画の仕事を探すことにした。一九四七年一月二十一日、ヴァラエティ誌のゴシップ欄にこんな記事が掲載された。セルゲイ・クーセヴィツキーがボストン交響楽団の常任指揮者を退き、その後継者としてバーンスタインに白羽の矢が立ったという。はっきり意識には上らないにしても、バーンスタインの心に、ボストンで演じられるはずのクーセヴィツキーとの交替劇をいっそう華やかに飾るには結婚こそがふさわしい、という考えが浮かばなかったはずはない。もちろん、フェリシアに対する思いはでっちあげでも嘘でもなかった。バーンスタインはそういうことができる人間ではない。とはいえ、ふたりが婚約を発表したのは、恋人としてつきあいはじめてからまだ一カ月にも満たないころのことである。アメリカを代表するオーケストラの音楽監督になろうとする男ならきちんと身を固めておいて損はない、という考えがバーンスタインのほうにまったくなかったとはいえまい。クーセヴィツキーに結婚を知らせる手紙にそのような考えが見えかくれしているわけではないが、とりあえず、その手紙には次のようにある。「フェリシア・モンテアレグレという南アメリカ出身のすばらしい美女と婚約しました。わたしがヨーロッパからもどる六月には結婚する予定です。うれしさで胸がいっぱいです。あなたもそうであってくださるといいのですが。早くもマスコミがこのニュースを嗅ぎつけたようなので、あなたが新聞で読む前に、わたしの口からお伝えしたかったのです」そういいながらも、フェリシアをハリウッドに残して出発したとき、バーンスタインの結婚に対する気持ちはまだ揺れ動いていた。婚約した時点では、挙式はバーンスタインがヨーロッパでの指揮活動を終えて帰国する六月に行なわれると発表されたが、その後のヘレン・コーツに対する指示には矛盾が見られる。実現不可能だから映画の件はキャンセルすることにしたと伝えたあとで、指揮の追加契約を結べるところはないだろうか、それも「パリで六月に」、とわざわざ問い合わせているのだ。のちにバーンスタインは、あの冬はフェリシアに対してひどいことをしてしまった、とシャーリーに告白している。

映画出演のチャンスを探していたフェリシアは、アドルフ・グリーン、ジーン・ケリー、ソール・チャップリンの友情に支えられてカリフォルニアで待っていた。だが、婚約者に宛てた何通かの手紙や、次に挙げるヘレン・コーツへの手紙を見ると、将来に不安をいだいていたことが読みとれる。

あなたに祝福していただけるなんて、なんてすばらしいことでしょう！　わたしがお返事もしなかったのは、あなたのことを忘れていたからだなどとお思いにならないで――じつは正反対なのです。あなたがやさしく接してくださるだけで、わたしはうれしいのです。このあいだおいとまする前にふたりでお話ししましたが、あのときの会話は、特別で心暖まるものだったと記憶しています。いつもあんなふうに心を割ってお話しできるといいのに――あなたはとても理解のある方で、わたしは心からあなたのことを頼りに思っています。ですから、御無沙汰はどうかお許しください。そして、一行だけのお手紙でもいいですから、いただけるとうれしいのです。
ああ、ヘレン、まだいっていないことが山ほどあるのはわかっています。でも、手紙に書くのもむずかしいのです。けれども、信じてください。わたしはとてもとても幸せで、力と信頼に満たされています――前途は多難と肝に銘じてはいますが、楽しい日々だって待っているはずです。どうか、楽しい日々を実現させる力になってください――お願いします。

数カ月後、ヘレン・コーツは、ボスのバーンスタインについてワールド・テレグラムのインタビューを受けた。その内容を見れば、フェリシアの立場がどういうものになるかは一目瞭然だった。「ミスター・バーンスタインの場合、いつも音楽が最初にあり、それはこれからもずっと変わらないでしょう。万が一結婚したとしても、奥さんになるひとはそのことを胆に銘じておかれるほうがいいと思います」

その冬、バーンスタインの日々の暮らしの最優先事項は、作曲だった。二月には、ボストン交響楽団の三週間のシーズンをこなした。彼は故郷を愛していた。ブルックリンの両親の家からヘレン・コーツに宛てて手紙を書き送っている。「とにかく、ここに来ると、ほっとするんです。薬に頼らなくても眠ることができます。スーツを二着買い、マッサージをしてもらい、髪を切りました。この三拍子がそろったというだけで、むやみに幸せな気分です。家族の反応を見せてあげたい」さらにその一週間後、金曜の午後のお決まりのコンサートの模様を報告している。プログラムはシューベルトの「大」交響曲ハ長調だった。これは「これまでを通して会心の出来でした。以来ずっと浮かれどおしです。昨夜はイスラエル寺院で説教をしたのですが（それも、ラビの格好で!!）、これはちょっとした見ものでしたよ。じつに愉快だった」と、彼は書いている。そのときの主題は「ユダヤ人作曲家とはなんぞや?」というもので、バーンスタインの合唱祈禱《ハシュキヴェイヌ》が演奏された。

バーンスタインの選ぶプログラムは、骨の折れるものばかりだった。この年も、バルトークの『弦楽器と打楽器とチェレスタのための音楽』のボストン初演と、一九三九年以来久々に演奏されるストラヴィンスキーの『春の祭典』をプログラムに入れている。『春の祭典』は、クーセヴィツキーのためにニコラス・スロニムスキーが編曲したヴァージョンで演奏された。編曲についてはこんな伝説がある。編曲版は目を疑うほど簡易化されていたが、スロニムスキーは各小節の組み方を合理化しただけだった。したがって、演奏されたときに聞こえる音楽そのものはまったく変わらない。バーンスタインは、子どものころにラジオで初めて耳にして以来、スロニムスキー版のとりこになっていた。「現代音楽のムーヴメントは『春の祭典』からはじまりました。この曲は、初めから終わりまで不協和音に終始する典型的な一例です」『春の祭典』の演奏は現在でもなお至難の業だが、一九四〇年代においては、現在とは比較にならないくらい困難をきわめる代物だった。バーンスタインが、カーネギー・ホールで行なわれたボストン交響楽団の二回のニューヨーク公演のうちの一回でこの曲を演奏したときは、辛口批評で有名なヴァージル・トムソンもこう書いている。「彼が音楽を愛し、理解し、おのれの意志をそっと包みこんで仮借なき鍛練に身をまかせていることは、だれにでもわかるはずだ……彼こそ真の解釈者の名にふさわしい」オーリン・ダウンズもタイムズに同じようなことを記している。「彼はこの曲の構成を隅から隅まで理解している。体で感じとったものをすべて解き放ち、それゆえ、オーケストラもこの曲の本質的な力を引き出すことができるのだ。彼こそは、生まれながらの指揮者であり、一時代にひとりという音楽家であり、芸術の代弁者である」

クーセヴィツキーは、かくも前途有望なバーンスタインに自分の後継者となってほしいと切に願っていた。客演した指揮者のうち、彼が二十二年間にわたって音楽監督をつとめてきたボストン交響楽団を率いる力をもつ人物は、ニューヨークにはバーンスタイン以外にはいなかったのだ。だが、関係者の思惑はどうあれ、バーンスタインには選択肢がもうひとつあり、どちらを選ぶかまだ決めかねていたというのが実情だった。ところが、一九四七年二月、ロチェスター・フィルは音楽監督としてトスカニーニの秘蔵っ子エーリヒ・ラインスドルフを指名した。バーンスタインはひどく失望した。「こんな情けないことがあっていいのでしょうか?」と、ロチェスターからヘレン・コーツに宛てた手紙には書かれていた。ロチェスター・フィルと三週間のツアーに出るのに先立って、このニュースは現地にいたバーンスタインの耳にひそかに届けられていた。「ロチェスターはこのぼくを、それは欲しがっていた! そして、ぼくがあまりにもボストン交響楽団に近すぎると悔しがっていたのです。なぜひとことぼくの意思を確認してくれなかったのだろう? まったく、情けないといったらありません」

三月のニューズウィーク誌は、クーセヴィツキーはもう七十代で、二十四週間のシーズン中わずか十三回しか振っていない、と報じた。同誌は、クーセヴィツキーの後継者として三人の名前を挙げている。バーンスタインの師であるフリッツ・ライナーとディミトリ・ミトロプーロス、そして、バーンスタイン自身である。記事のなかでバーンスタインは、「……カーネギー・ホール、ブロードウェイ、『インフォメーション・プリーズ』の天才児」と形容されている。

やがてこの競争には、シャルル・ミュンシュの名も加わるようになっていた。フランス東部アルザス出身のミュンシュは、五十代半ばのエレガントな男で、ネッスルのあととり娘である妻のおかげで金銭的にも恵まれていた。ボストン交響楽団は、もともと、フランス人音楽監督の系図と(クーセヴィツキーの前はピエール・モントゥーが音楽監督であった)、文化に対する控え目ながら否定すべくもない貴族的アプローチを誇っていた。ところが、バーンスタインは指揮者の立場の民主化に積極的だった。ボストン交響楽団を振ってニューヨーク・デビューを果たす一週間前に、彼はヘレン・コーツに宛ててこんな手紙を書いている。「ボストンでは、コンサートに礼装用シャツではなくてTシャツを着ていきました。まあ、たんなる酔狂です」ジャズへの傾倒、指揮をするときのセクシーな身ぶり、若さ、ブロードウェイでの成功——ボストンのお偉方の目には、こういうことすべてが音楽監督としては「型破りにすぎる」と映ったのだ。ユダヤ人であること、そして、ホモセクシュアルらしいという噂、これらもオーケストラの理事たちに受けがよくない一因だったと思われる。とはいえ、クーセヴィツキーもユダヤ系だったし（そして、まもなく自分の信仰をはっきりと再確認することになる）、バーンスタインはおりしも婚約発表したところだった。

気持ちがボストンのほうに傾いていることを裏付けるかのように、バーンスタインは、いちどは契約した映画出演をいささか乱暴に断わっている。ヴァラエティ誌は、映画の広告のことでバーンスタインは激怒した、と伝えている。「彼は、自分は『映画スター』になるつもりはない、と述べた」婚約発表に関しては、ヘレン・コーツは一種の宣伝と見なしていた。彼女の数多いスクラップ・ブックの一九四七年のところには、フェリシア関係の記事は一枚も見あたらない（フェリシアは、映画の仕事を探してはいたものの、二、三カ月であきらめてニューヨークにもどってきていた）。スクラップの項目はLB個人に関するものばかり——LBが国務長官ジェイムズ・F・バーンズ、作家ジョン・ハーシーとともにオーデュボン・ソサエティズ・オーダー・オヴ・メリット賞を受賞した記事、LBのバレエ『ファクシミル』がボストンで検閲にひっかかった（エロティックなキス・シーンを削除するようにとのお達しを受けた）ことを報じる記事、LBがアメリカ芸術・映画の祭典に参加するよう指名されベルギーで指揮をすることになった記事、LBがアイザック・スターンをソリストにむかえてプロコフィエフのヴァイオリン協奏曲第一番を演奏した記事（「われわれはアンコールに答えてもういちどスケルツォを演奏しなければならなかった。生まれて初めての経験だ」とスターンは語っている）、LBがブルックリン・アカデミーで行なわれるガーシュウィンの記念コンサートのリハーサルに四百人の学生を七つのハイスクールから招待した記事（バーンスタインの「栗色のプルオーヴァーとスラックスというカジュアルな」服装は画期的なものだった）などなど。なかでももっとも興味をそそるのは、ＬＢが四七年五月にウィーン・フィルの客演指揮者として招聘された記事であろう。

だが、パレスチナで予定されている指揮にくらべれば、ほかの名誉もチャンスも、バーンスタインにはすべて色褪せて見えた。パレスチナ交響楽団は一九四五年十一月に初めてバーンスタインにコンタクトをとってきたが、バーンスタインの旅費を捻出することができず、そのときの話はお流れになった。バーンスタインはギャラはなしでもよいとまで思っていたが、すでにヨーロッパ公演の日程が決まっていたこともあり、結局、計画の実現は一九四七年まで待たねばならなかった。一九四七年四月九日、バーンスタインは父と妹とともに、晴れてＳＳアメリカ号でニューヨークを出港した。シェルブールに上陸し、そこから汽車でパリに向かった。シャーリー・バーンスタインの記憶によれば、三人はホテルの寝室にこもって缶詰の夕食をすませた。堂々とシオニズムを標榜してはばからなかったバーンスタインは、カイロではいたって評判が悪く、パリのエジプト大使館では査証《ヴィザ》の発行を拒まれたほどだった。たまたま『オン・ザ・タウン』のファンだったアメリカ人外交官が口を利いてくれたおかげで、その場はなんとか切り抜けることができた。

カイロではパレスチナ行きの連絡便に乗ることになったが、これが九席しかない小型機で、バーンスタイン一家の荷物は全部おさまりきらなかったらしい——当時は旅行といえば大荷物というのがあたりまえの時代だった。シャーリーはこんなふうに語っている。「緊張と敵意にみちた空気がただよっていました。荷物がなくなるくらいはまだ幸運で、エジプトを出られるかどうかという感じでした。ところが、そのうち税関の役人の態度が変わりました。『重量超過分の荷物』については、三百ドルとレニーの万年筆という『贈り物』で手を打とうというのです。税関吏は、交渉がはじまったときからその万年筆に目をつけていたのです」

当時英国の保護領だったパレスチナは混乱していた。人口の三分の一を占めるユダヤ人は、一九一七年のバルフォア宣言で英国が支持を約束したユダヤ人の母国建設の実現に向けて、強硬手段に出ようとしていた。親英国派のチャイム・ワイツマンおよびデイヴィッド・ベングリオン率いるユダヤ労働党は話しあいで事態を解決したいと望んでいたが、市内では、メナヘム・ベギンの右翼団体イルグンとやはり暴力的なその分派のシュテルン団によるテロが頻発していた。このような状況のなかで、名前も新たに生まれ変わったパレスチナ・フィルハーモニック・オーケストラは、まさしく独立の象徴であり、そのコンサートを聴くということは、自分がユダヤ人であることと、ヨーロッパの主流文化とつながっていることを積極的に表明する手段であった。トスカニーニがオープニング・コンサートを指揮したのが、一九三六年の暮れのこと。そして、バーンスタインがようやくパレスチナにやってきたのは、オーケストラ誕生十周年にあたる記念すべき年だった。

パレスチナ入りしてから二日後、バーンスタインはクーセヴィツキーに宛てて、ユダヤ民族の未来を左右する重大な転機に立ち会うことができた感想を書き送っている。「こちらの人々の力と熱意は、畏怖の念を起こさせます。自分たちの国を奪われるくらいなら、彼らはみなためらうことなく死を選ぶでしょう。ここは、たとえようもなく美しい国です」

フェリシアにも見せるようにと書かれたヘレン・コーツ宛ての興奮した調子の手紙には、こんな記述が見られる。「パレスチナは嵐のあとの真っ青な空のように開け、わたしたちを迎え入れてくれました。わたしたちはいろんなひとと出会い、気づかいを受けました。心の休まるやさしさです。父は天国に来たかのようです――一分一秒をいとおしんでいます……緊張をはらんだ予断を許さぬ状況ですが、オーケストラはすばらしく、意気ごみにあふれています（けさ初めてリハーサルをしました）。今日は、わたしが腕を振りおろしたとたん、外で、ホールが振動するほどのすさまじい爆発がありました。わたしたちは、なにごともなかったかのようにリハーサルをつづけました。それがここのやりかたです。わたしたちと同じホテルに泊まっていたイギリス人が昨夜誘拐されました。今日は警察署が吹っ飛ばされ、広場ではトラックがめちゃめちゃにされました――それでもわたしたちは生きています。踊り、ブギウギを演奏し、おとぎ話の本から抜け出してきたかのように美しい地中海の海岸をそぞろ歩き、最良の結果が生まれるよう願っているのです」

レナード・ライアンズに宛てた手紙は、生き生きとした町の描写で締めくくられている。「それでも、カフェの客は新聞から顔を上げようとしません。子どもたちは相変わらず縄飛びをしています。アラブ人のヤギ飼いは新しい乳しぼり用の袋を用意し、そしてわたしは、ふたたび腕を振りおろします。オーケストラはすばらしいのひとことです。ではまた《シャローム》」

バーンスタインが考えていたプログラムは、彼の定番三本立て――『エレミア』交響曲、ラヴェルのピアノ協奏曲、シューマンの交響曲第二番だった。いずれもスコアを諳《そら》んじていて、オーケストラの演奏者たちのインスピレーションをかきたてるコツを熟知している曲ばかりだった。五月一日、コンサート・ホール兼用のエジソン・シネマで演奏された『エレミア』交響曲は、ぎっしり詰めかけたエルサレムの人々に大きな衝撃を与えた。ここでは、エレミアの哀歌の歌詞であるヘブライ語は生きた言語であり、エルサレムはシオニストの憧れの地（毎年、過ぎ越しの祭りの最後は「来年エルサレムで」という詩句でしめくくられる）であると同時に現実の街でもある。一九三六年にこの地で初めてコンサートを行なったトスカニーニ以来、「これほど何度も呼びもどされ、喝采を浴びた指揮者はいない」とニューヨーク・タイムズは報じている。

バーンスタインはエルサレムの聴衆に多大な共感をおぼえていた。パレスチナ・ポスト紙にはバーンスタインのこんな談話が掲載されている。「彼らはクレッシェンドで立ち上がり、デクレッシェンドでは席に沈みこみます。まるで気圧計のように反応がはっきりしているのです」。タイム誌には、同じユダヤの血が流れる若きマエストロを目にしているという誇りをおぼえて、人々は夜ごとあのような大喝采でバーンスタインをむかえるのだろう、という記載が見られる。「涙が出ました。このような聴衆――感情もあらわに叫んでくれる人々は、生まれて初めてです」とバーンスタインは語っている。しかしもちろん、バーンスタインがハンサムな男性だからというだけで歓迎されたわけではない――そう、彼はトスカニーニ以来、このオーケストラを指揮した最高の指揮者だったのだ。一九四七年のバーンスタインは、若い時代における絶頂期にあった。もちろん、若い娘たちが放っておくわけはない。ドロシー・キルガレンは「パレスチナも例外ではない。楽屋口には彼に夢中になった若い娘たちが詰めかけた」と報じている。シャーリー・バーンスタインによると、一度、コンサートが終わっても聴衆が帰ろうとしなかったことがあった。ガウンのままステージに出たバーンスタインは最後の挨拶をし、それから着替えて（当時でも着替えはそれなりの時間がかかるものだった）ホールから立ち去ったが、そのときもまだ拍手はつづいていたという。

バーンスタインはテルアヴィヴ、ハイファ、エルサレムを順番に訪れた。アラブやイルグンのテロに巻きこまれる危険も覚悟のうえだ。サムとシャーリーとレナードは、聖都エルサレムに滞在しているあいだに死海を訪れている。シャーリーの報告によれば、浮力が極端に強い死海の水に、三人ともすっかり気分が悪くなって引き揚げたそうだ。ガリラヤ湖に行ったときは、ドイツ生まれの作曲家でジャーナリストのペーター・グラデンヴィッツとその妻ロージーもいっしょで、バーンスタインはティベリアスの浜辺で彼らにコンガを教えている。バーンスタインはこのツアーを形容するのに何度も「常夏のヴァカンス」という表現を用いている。ちなみに、このときに買ったもののリストを見ると、水泳パンツ、サンオイル、カメラ・フィルム、というのがやたらに多い。ほかに、美しい白のスーツも二着買っている。

二週間の牧歌的なツアーの最後を飾ったのは、エメク・イゼエル平原にある大キブツ、アイン・ハロドでのコンサートである。オーケストラは、満天の星空のもと、歴史のあるギルボア山を背景に演奏した。広々とした円形劇場に集まった聴衆はおよそ三千五百人。今回のツアー中最高の数である。ボストン・モーニング・グローブ紙のアーサー・ホルツマンは報じている――「トラックやワゴン車で、あるいは歩いてやってきた聴衆は、車の屋根に寝ころがったり、廻廊に立ったりしていた。ステージの上にまで人があふれ出す始末だった。政府の交通規制政策のおかげで、彼らの多くは、朝までそのままトラックのなかで眠ったり野宿したりしてすごさなくてはならない。天は、そんな彼らの悩みを忘れさせるために、この天才を贈りたもうたのだ」

ボストンのクーセヴィツキーの後継問題が決定するのを待つかたわら、パレスチナのバーンスタインは自分に背負わされた新たな使命に気づいた――ユダヤ人の、とはいわないまでも、のちに彼が「ユダヤ人オーケストラ」と呼ぶものの救世主となることである。ここのオーケストラには常任指揮者がいなかった。頼りは地元で活動しているひと握りの指揮者と、善意で客演に訪れる世界的な指揮者だけ。アイザック・スターンは、このオーケストラを「ごたまぜ」と呼んでいる。オーケストラは、東欧各国からやってきた平均レベルの演奏家で構成されていた。「下手な奏者では話にならない。かといって、最高の演奏者がパレスチナなどに来てくれるはずがない。腕におぼえのある者は、みなヨーロッパやアメリカに――ことにアメリカに行ってしまうのだ」ともかく、パレスチナの団員は即座にバーンスタインを受け入れた。バーンスタインの利点は、まず、ヘブライ語が話せたこと――これでリハーサルはずっとやりやすくなる。第二に、すでにオーケストラの指導者として輝かしい実績があったこと。彼はカーネギー・ホールでデビューを飾って以来、わずか四年でアメリカとヨーロッパの二十あまりのオーケストラを指揮していた。新しいオーケストラと組んでやっていくことは、バーンスタインにとっては魅力的な作業だった。いっしょに音楽を作っていくという行為そのものが好きだったし、その行為のなかに第三のパートナーである聴衆が加わるのはもっと好きだった。そしてパレスチナで、彼はこれ以上はないというパートナーを得た。オーケストラも聴衆もバーンスタインを魅了した。結局バーンスタインは、パレスチナには一週間しかいられなかったが、オーケストラから、翌年二月から三月にかけてまたもどってきてほしいと依頼された。一九四七年五月、ヨーロッパ・ツアーのためにパレスチナを発つ前日、バーンスタインはオーケストラの団長にこんな言葉を残している。

「イスラエルのオーケストラは……世界一のオーケストラになる素質を秘めています。その可能性は無限です。団員の人間性と知性のたまものです……とはいえ、それを実現するには、ある種の物理的条件に頼ることが不可欠です。オーケストラが成功するためには、一週間にコンサート二回、リハーサル一回の割合でこなしていかねばなりません。この割合は逆でもかまいません」

さらにバーンスタインは、新しいコンサート・ホール、常任指揮者、弦楽セクションの拡充、充実した音楽資料館、資金の積み立てが必要だ、と述べている。この時期のバーンスタインは、オーケストラを一から作り上げてみたいという望みを抱くようになっていたようだ。もし身近なところにアーロン・コープランドがいたら、コープランドはこんなふうに問いかけたにちがいない。ふたつの大陸にまたがってレギュラーの仕事をもつことが可能だろうか。アメリカ一の指揮者、アメリカの新世代作曲家の雄弁なる代弁者になるという目的と、パレスチナでのオーケストラ作りという目的を両方達成するには、いったいどれだけ時間が必要か。パレスチナのユダヤ人聴衆は、アメリカの聴衆とくらべると熱狂的だが、保守的で洗練されていない。映画館と兼用のホールのようなところで、ぎっしり詰めかけた人々を前に、汗みどろになりながら、ギャラもなしでくる日もくる日も陳腐なクラシックの名曲の数々を振ること――それが、ほんとうにやりたいことなのか。
パレスチナ管弦楽団が望んでいたのは、まさにそれだった。六月六日の二度目の理事会のあと、理事たちは重大な決定を告げる電報をバーンスタインのもとに送った。「最低三カ月パレスチナに滞在し、長期もしくは永久的な音楽監督の地位をお引き受け願いたい。その職務は一般的な芸術の規則・ラインにもとづくもので、プログラム作り、楽団長とソリスト、および客演指揮者の指名など、すべて貴殿にお任せしたい」だが、バーンスタインは、ヨーロッパ・ツアー中にこの電報を紛失してしまった。すぐに同じ内容の電報が送られたが、バーンスタインが返事をしたのは七月八日になってからのことだ。バーンスタインはほかの契約のことを持ち出し、当分のあいだは音楽監督の地位は引き受けられない、と遺憾の意をこめてこの申し出を辞退したが、そのかわりにこんな提案をしている。

イスラエルとそのオーケストラに対し、わたしは深い愛着をおぼえるものです。そこで、現状のまで可能なかぎり密接な関わりをもつことのできる方法を愚考いたしました。わたしに「音楽顧問」の称号と役割を与えていただきたい。そうすれば、提案等は郵便を利用して行なうことができます。一種の「遠隔操作」です。プログラムの批評等でわずかなりとも貴楽団に貢献することは、わたしの喜びとするところです。こうすれば、今後も長く発展性のある交流をつづけていけるのではないでしょうか。

いくつかの要素が重なって、バーンスタインはやむなくパレスチナをあとにせざるをえなくなった。ボストンのクーセヴィツキーが、ボストン交響楽団の来シーズンは、クーセヴィツキーとバーンスタイン、それから、ブラジル生まれでやはりタングルウッドで学んだエレアザル・デ・カルヴァーリョの三人で指揮をするのはどうかと提案していた。アメリカのバーンスタインのマネジャーは、彼がパレスチナと恒久的に関係をもつことには反対していた。ブルーノ・ジラートは、ヘレン・コーツに宛てた手紙でその点を簡潔に指摘している。「ずっとあちらにいられるのでもないかぎり、音楽監督に就任するのは不可能だと思います」バーンスタイン自身、ふたたびヨーロッパで指揮活動ができることに対する喜びをかくそうとはしなかった。プラハからヘレン・コーツに出した手紙にはこうある。「うれしくてしかたがありません。もっと長いこといられないのが残念なくらいです」ベルギーとオランダでのコンサートはこれからだったが、オーストリアでのウィーン・フィルとの共演予定はとりやめていた。「彼らときたら、バッハやモーツァルトやシューマンをやりたがるのです。愚かなことです。さらに、ぼくのところに入ってきた情報によれば、オーケストラの六十パーセントはいまだにナチスであり、町の人々も同じです。〝わが家〟のようだったパレスチナなら、こういう状況は歓迎されないことが容易に想像がつくでしょう」

五月末、バーンスタインはプラハでチェコ・フィルを振ってアーロン・コープランドの交響曲第三番のヨーロッパ初演を果たした。ボストンでクーセヴィツキーが初めてこの曲を演奏し、アメリカでもっともすぐれた交響曲と断言してから七カ月目のことである。バーンスタインはプラハ初演の様子をコープランドに宛てて書き送っているが、そのうぬぼれに満ちた、いささか横柄とすら見える調子からは、知りあって十年のあいだにふたりの関係がずいぶん変わってしまったことが読み取れる。

とりあえず、この曲はすばらしいといわねばならないでしょう。この曲をよく知るにつれ「バーンスタインは前年十月にボストンでのリハーサルに立ち会っただけである」、そこには新しい光と影があることに気づかされます――そして、新しい過ちが。最終楽章は最悪以外のなにものでもありません。書きなおすべきです。出版は見合わせたほうがいい！　この最後の楽章については、とことん話しあいたいものです。周囲の反響はさまざまです。長すぎる、という者がいます。ショスタコーヴィチなどは、「折衷的にすぎる！」といっています（まったく、よくいいます！）。「わたしの趣味じゃない」といったのはウィリー・ウォルトンです。クーベリックいわく、「本物のアダージョではない」。それから、だれもがチャイコフスキーの五番に似ているといいます。が、これは彼らの愚かしさを露呈しているだけといえるでしょう。まだ新聞の批評は見ていませんが、おおむね好評なのではないでしょうか。大喝采とまではいきませんが。かっちりしていて、高尚な曲だと思います。

コープランドはこの曲を作るのに二年あまりを費やしている。もっとも親しい友であり、音楽上のアドバイザーでもある人物に対し、バーンスタインは初めて反旗をひるがえしたのだ。偉そうに意見を述べている文面を見ていると、パレスチナやプラハでの謙虚さはいったいどこに行ってしまったのかと疑いたくなる。とはいえ、そのいっぽうで、バーンスタインはこの曲に心を奪われていた。コープランドの自伝には、バーンスタインがいかに直観的にこの曲の本質をつかんでいたかについての記述が見られる。一九四八年、バーンスタインはイスラエルでふたたび交響曲第三番を指揮した。このときは、コープランドに宛ててこう書き送っている。「四回目の公演を終えて、この曲はやっとほんとうに鳴りはじめました。とてもすばらしい。じつは、おしまいのほうをほんの少しカットして演奏したのですが、曲のすばらしさにはまったく変わりなかったと信じています」了承も得ずにカットするとは「あつかましい」と思ったコープランドではあるが、最終楽章の八小節を削除したことで曲がよくなったのは確かだと認めている。

バーンスタインは、ハーグからヘレン・コーツに宛ててヨーロッパでの活躍ぶりを知らせている。「パり、ブリュッセル大成功。オランダは寒い。今夜はミルスタインをラヴェルに変更。愛をこめて。レニー」六月初めには、フランス国立放送管弦楽団と『エレミア』交響曲を演奏している。ソリストはジェニー・トゥーレルだった。それにしても、パリを愛していたバーンスタインのデビュー公演がラジオ局のスタジオとは、屈辱にも近いものがあった（これについて、バーンスタインはヨーロッパのマネジャーを決して許さなかった）。このパリ公演のあと、ブリュッセルでベルギー放送管弦楽団を振ってアメリカ音楽を演奏し、ハーグではポピュラーのコンサートを二回行なっている。じつに、二週間で三つものオーケストラと共演したのである。そのあと、バーンスタインは妹といっしょにアメリカにもどった。ラガーディア空港で出迎えた一団のなかにはヘレン・コーツの顔もあった。「フェリシアは少し遅れてきた」と彼女の手帳にはある。少なくとも、フェリシアはまだ家族の一員と見なされてはいたようだ。

ルイゾーン・スタジアムにおいてニューヨーク・フィルハーモニックと五日間で四回のコンサートをこなしたあと、バーンスタインは、六月二十九日の日曜日のシーズン開幕にそなえてタングルウッドへ向かった。そこでのテンポは、前年にくらべると、やや落ち着いたものだった。学生相手に講義とレッスンをするかたわらで、バーンスタインは、クーセヴィツキー七十三歳の誕生日を祝って、『ビマのためのファンファーレ』を作曲した。十一本の金管楽器とひとつのヴァイオリンのためのこの曲は、クーセヴィツキーがいつも愛犬を呼ぶときに吹く口笛のメロディをもとにしている。さらに、ボストン交響楽団員と、ストラヴィンスキーの室内楽二曲（管楽八重奏曲と『兵士の物語』）をＲＣＡのためにレコーディングした。そして、ボストン交響楽団とは、フェスティバルでのコンサートをふたつこなしている。クーセヴィツキーは、バーンスタイン以外の指揮者が自分の後継者におさまるのを認めようとしなかった。これは、その年の初め、バーンスタインにカーネギー・ホールでの二回のコンサートのチャンスを与えたのと同様に、決定的なことに思われた。

フェリシアはその夏、二度にわたって長期間タングルウッドに滞在した。バートン・バーンスタインが撮ったホーム・ムーヴィーのひとコマには、ボウタイとブレザーでこざっぱりと決めたレナードをはじめとするバーンスタイン一家が、タングルウッドのコンサートにやってきたところが映し出されている。フェリシアがいるのは隅のほうだ。白いドレスの彼女は美しいが、いかにもかぼそく、はかなげに見える。楽屋口でうろうろしている様子は、次にどこに行けばいいのかわからなくてとまどっているようだ。痛ましくも印象的なシーンである。バーンスタインの正式のフィアンセだというのに、フェリシアの立場はつらいものだった。食事のときどちらがレナードの隣にすわるかというような些細な問題にまで、シャーリーとライバル関係にあったのだ。おまけに、昔からの自分の地位を明けわたすまいと頑張っているヘレン・コーツもいた。フェリシアがのちに語ったところによると、レナードはいつもなにかしら彼女の欠点をあげつらっていたので、当時は自分らしさを表に出すことができなかったという。八月半ば、バーンスタインとフェリシアはジャン・カルロ・メノッティの新作オペラ『霊媒』を見るためにニューヨークへ向かった。数日後、バーンスタインはひとりでシャロンの両親のもとを訪れ、安息日前夜をすごして二十九歳の誕生日をむかえたのち、バークシャーの家にもどっている。

デイヴィッド・ダイアモンドに宛てた手紙のなかで、バーンスタインは、仕事にも自分自身にも自信がなくなったと訴えている。「いくつか決めたことがある。ヨーロッパ・ツアーは全部キャンセルしようと思う。パレスチナは例外だ。あそこには義理があるからね。そして、作曲と自己分析をし、孤独を味わい、もういちど（あるいはこれが初めてかもしれない）おのれをよく見つめようと思う……きみならばわかってくれるだろう。こう決めただけで、心が軽くなってきた。里帰りをした……すばらしい一週間だった。実家では本当にリラックスできる。家族というのはいいものだ。あの古い鎖をひとたび断ち切ってしまうと、家族に対しては暖かい気持ちだけが残る」おそらく、旅から旅への生活で、バーンスタインはかなりまいっていたのだろう。その夏は通院をつづけていたことから見ても、調子がよくなかったことはまちがいない。この三カ月間というもの、聴衆の媚びの波にもまれ、精神的にジェットコースターに乗っているようなものだった。ひとつも曲を作らず、指揮活動にも核となるものがなかった。パレスチナ管弦楽団の音楽監督を辞退しはしたが、さりとて、ボストン交響楽団の音楽監督の地位が確定したわけでもない。いっぽう、ヘレン・コーツが前売り券をさばこうと必死の努力を重ねていたが、ニューヨーク・シティ交響楽団は相変わらず財政難にあえいでいた。

フェリシアとの仲も、はっきりしないまま、ずるずるとつづいていた。だが、これについてはダイアモンドへの手紙にはなんの記載もない。バートンは、このときにはまだフェリシアもレナードも結婚についてまわる犠牲を受け入れる覚悟ができていなかったのだ、と解釈している。フェリシアは、もっと女優としてのキャリアを積みたがっていた。そのことと、バーンスタインの妻の座におさまるのは別問題だった。彼女は、タングルウッドという小世界で取り巻きを従えたフィアンセ「レヌート」の姿を間近に見て、わくわくすると同時に、彼らの追従にうんざりもしていたようだ。いっぽう、バーンスタインはバーンスタインで、フェリシアに決定的なひとことをいう気になれないでいたらしい。フェリシアに夢中ではあったが、フェリシアだけを見つめることもできなかった——おそらく、もっと知的なパートナーを欲していたのだ。アーロン・コープランドのように冷静な、あるいは、デイヴィッド・ダイアモンドのように情熱的な、同性愛のパートナーを。具体的には、ジャズ・ピアニストのジョン・メヒガン（その夏、彼とバーンスタインは、タングルウッドでジャズを演奏して楽しい日々をすごした）に強く魅かれる気持ちが結婚に二の足を踏ませていたことはまちがいない。フェリシアは強いプレッシャーを感じていた。それは、日ごとに、耐えがたいまでにふくれあがっていった。「耐えることはできる。でも、いったいなんのために？」と彼女は書いている。

九月十日の夕方、レナードとフェリシアは、ニューヨークのサンモリッツ・ホテルのバーで会った。その夜はいっしょにジュディー・ホリデーのための送別のディナーに出席する予定だったのだ。翌朝、ジャーナル・アメリカンのゴシップ・コラムには、ドロシー・キルガレンの書いた一行だけのそっけない記事が載っていた。「作曲家・指揮者のレナード・バーンスタイン、婚約を解消」

18　別世界から来た男

「彼は、わたしたちに二十世紀を見直し再評価する手引きをしてくれました。そのどれをとっても、宝石の価値をもつものでした」
――ヴァージル・トムソン、バーンスタインのニューヨーク・シティ交響楽団の音楽監督就任にあたって。

シティ・センター三度目のシーズンが開幕した一九四七年九月二十二日、バーンスタインはグスタフ・マーラーの交響曲第二番『復活』の二度の演奏のうちの最初のほうを指揮した。マーラーに対する、彼の初解釈であった。彼はこの演奏を、彼のいう〝パレスチナの復興〟に捧げている。両日ともチケットは売り切れとなった。にもかかわらずマスコミは、この曲は広く一般に受け入れられることはないだろうというきびしい見方をした。のちにみずから率いて勝利をかちとる〝マーラーのための十字軍〟に加わって、マーラーに対する偏見と戦っていたバーンスタインだったが、その偏見がいかに大きなものだったかは、めったに上演されることのなかったこの曲に対して評論家アーヴィング・コロディンが示した冷笑的な反応を見れば推し量ることができよう。「これまでに作られたもののなかで、もっとも傲慢で中身のない騒音」と、彼は評したのだ。バーンスタインがこの交響曲を知ったのは、一九四三年十二月にロジンスキーが演奏したときである。この交響曲が訴えかける感情の強烈さは、バーンスタインの表現本能を発揮するのに理想的な作品となった。彼はこの曲を指揮者とオーケストラのための協奏曲とすべく、第一楽章の初めの心揺さぶるところから、この作品が叙事詩的クライマックスへ昇華する「最後の審判の日」の光景にいたるまで、あらゆる瞬間の興奮とドラマを、全身全霊をかけてしぼり出した。

十月にバーンスタインは、強い共感をおぼえていたもうひとりの作曲家、モーツァルトに一夜を捧げた。バーンスタインは、モーツァルト自身がいった忘れられない言葉を借りれば〝ひとに汗をかかせる曲〟ピアノ協奏曲変ロ長調K四五〇を、ピアノを弾きながらあざやかに指揮して見せた。彼はまた、初期の作品である交響曲ト短調K一八三も指揮し、三つのめずらしいオペラ・アリアでジェニー・トゥーレルの伴奏をつとめた。またそのあと同じシーズン中に、全曲ストラヴィンスキーの夕べと、二十五周年を祝って作曲家連盟がスポンサーとなった『ゆりかごは揺れる』上演――オーケストラ・ヴァージョンとしては世界初演――を指揮している。バーンスタインは劇中のちょっとした役をふたつこなし、その演技にお褒めの言葉までちょうだいした――幸運にも、このとき一回かぎりだったが。

この『ゆりかご』をもってバーンスタインの三度目の短いシーズンは終了した。ニューヨーカー誌は「とことん刺激的な秋のシリーズ」と評し、タイムズ紙はこの年を総括して同様の高い評価を与えた。オーリン・ダウンズは、「かつて例を見ないほどの活力にみちた演奏」を提供し、「ニューヨーク・フィルハーモニック以上にヴァリエーションに富み、進歩的」なシーズンだったと評している。このシーズンには、ほかに『ヴォツェック』からの抜粋や、ラルフ・ヴォーン・ウィリアムズの交響曲第四番も演奏されている。のちにヴァージル・トムソンは、バーンスタインは二十世紀的精神をそなえた若い大衆――彼はこの人々を「バーンスタインの聴衆」と呼んでいた――を自分のコンサートに惹きつけることに成功した、と語っている。

しかしこの秋には、オーケストラのレベル低下という憂慮すべき徴候が表われている。評論家のロバート・バーガーは「正確さに欠け、抑揚に乏しく、バランスにむらがある」と書き、オーリン・ダウンズは、技術的にオーケストラは前年のレベルを下回る、とあっさり切り捨てている。バーンスタイン個人を名指しで攻撃するかたちになっただけにもっとも手厳しかったのは、ヴァージル・トムソンの批評だった。彼は、バーンスタインは西欧文化に対する共感を欠いたまま「虚飾の職業に人生を捧げてきているのだ……彼にはだれもが少々がっかりしている」と評した。トムソンは、バーンスタインが指揮するさいの身ぶりへの嫌悪を、決してかくそうとしなかった。彼は〝派手な振付け〟と〝まったく抑制の欠けた顔面の表情〟を酷評している。

影響力をもつトムソンの批評が活字になる二日前、バーンスタインはシティ・センターの理事長ニューボールド・モリスと昼食をともにした。彼は交響楽団にもっとお金を出してもらえないかと要請した――演奏家たちの報酬を上げ、リハーサルの回数を増やし、コンサート・シーズンを長くし、自分にもなにがしかの報酬を、と。しかしモリスからは、なにひとつ約束をとりつけることができなかった。ラガーディア市長の後任となったきわめて保守的なオドワイヤー市長には、市の支出を増やすつもりはまったくなかった。

秋のあいだは、ボストンでだれがクーセヴィツキーのポストを受け継ぐかという問題も、ずっと決まらぬままだった。バーンスタインは、自分はごめんだと口にはしていたものの、打診を受けていたらまちがいなく引き受けていただろう。彼の人生に長期にわたる相互関係が可能になる常任のオーケストラが欠けていたことは、ひとりの人間との関係においても同じ結果を生むのであった。一九四七年の秋、彼はときどきフェリシアと会っていた。例のゴシップ・コラムニストの記事を認めることは決してしなかったが、彼は新しいガールフレンドともつきあいはじめていた。女優のステラ・アドラーの娘で、美しく活発なティーンエイジャー、エレン・アドラーである。アメリカ演劇界の実力者でありエレンの継父であったハロルド・クラーマンは、バーンスタインを「成功を宿命づけられた男」と呼んでからかっていた。エレンはニューヨークのボヘミア界のプリンセスであり、外から見れば、バーンスタインとならさぞかしお似合いと映ったことだろう。彼の両親もみんなでベラスコ・シアターへ『ミー・アンド・モリー』を観にいったときには、きっとそんなふうに思ったことだろう。彼はしょっちゅう彼女に結婚の話をし、彼女も彼のことをすばらしく魅力的なひとと思ってはいたが、ひと晩いっしょにいるだけでもひどくエネルギーを消耗する相手だとも思っていた。一九四八年の春、彼女はパリに住まいを移した。このパリで彼女は、フランス指折りのシェーンベルク音楽と十二音楽派の作曲家たちの擁護者、ルネ・レイボヴィッツといっしょに暮らすことになる。

パレスチナ訪問以来、バーンスタインの政治運動に対する支援はさらに積極的になった。一九四七年十一月、彼は〈アメリカの進歩的市民〉の一員となり、全国規模のラジオに出演して、ニューヨークのジョージ・カウフマン、モス・ハート、ハリウッドのローレン・バコール、ハンフリー・ボガート、ダニー・ケイらといっしょに憲法修正第一条（言論の自由）を支持し、下院の非米活動調査委員会に反対の立場を表明した。同じ月、彼はニューヨーク・タイムズに、ニューヨークのオーケストラやピット・バンドにはきちんと訓練を受けてきた黒人演奏家がいないという憂慮すべき状況をとりあげ、教育制度の責任を問う草分け的な記事を書いた。時をおかず、彼はアルベルト・アインシュタインやライナス・ポーリングとともに、ドイツ人作曲家ハンス・アイスラーとニューヨーク・タウン・ホールで開かれるアイスラー・コンサートのスポンサーのひとりにもなり、出された国外追放命令を撤回するよう訴えた（にもかかわらず、共産主義者アイスラーは追放されている）。

ニューヨーク・シティ交響楽団で大成功をおさめたにもかかわらず、バーンスタインは職業人生の岐路に立たされていると感じていた。彼は著述家のヘンリー・サイモンに、自分の夢のひとつは、いま国連が独立したユダヤ人国家の建設を要求する解決案を通過させようとしているパレスチナに住んで、そこで国家の指導的な音楽家――彼の言葉を借りれば「国家首席音楽家《プルミエ・ミュジシアン・データ》」――になることだ、と語っている。もうひとつの夢は、作曲に専念するために指揮の仕事を捨てることだった。合衆国においては、ふたつの仕事を兼務するのは不可能だ、と彼は主張していた。

しかし一九四七年から四八年にかけての冬、すでに出演が決まっていた指揮のプロジェクトには〝面白いもの〟が多すぎて、そういう決定的な行動に出ることはできなかった（クーセヴィツキーに対する責任もあった）。シティ・センターの『ゆりかごは揺れる』が大成功をおさめたために、アルフレッド・ドレイク主演のこのショーは、すみやかにブロードウェイに移され、五週間にわたり上演された。バーンスタインはひと晩五百ドルという気前のいい報酬で最初の三回の指揮を引き受けた。十二月二十六日、街は二十六インチの豪雪に見舞われ、初日の公演はあやうくとりやめになるところだった。しかし十年前に政府が『ゆりかご』の初演中止に失敗したように、今回、母なる自然も興行側の努力を打ち負かすことはできなかった。出演者たちは雪の吹きだまりをかきわけ、初日を決して見逃さない常連たちも地下鉄に乗ってやってきた。ショーは進み、最後にバーンスタインは出演者を引き連れて、勇気ある観客たちにひとしきり拍手喝采を送った。楽屋にブリッツスタインから電報が届いていた。「とんでもないブリザード《グリッツスタイン》を押しての公演に感謝の念やみません、マークより愛をこめて」

多くの批評家から賞賛を受けたものの、ふたりめのプロデューサーがあとを引き継ぎ、オーケストラ・チケットを五ドル以下にしたときにさえ、このショーはブロードウェイに充分な収益をもたらすだけの観客を動員できなかった。ハロルド・クラーマンはこの作品を「ここ何カ月かで初めて労働がもたらした勝利」と評したが、同時に彼は、これは時代遅れの政治的メッセージであり、「一九三七年のと同様、おとなげないほどセンチメンタルで滑稽なくらい芝居じみた」ものであったとあっさり片づけている。公的に、バーンスタインは友人を裏切らなかった。一月の初め、彼はある記者に、ブロードウェイはその歴史において今回にかぎってはパイオニアになろうとしていると語り、『ゆりかごは揺れる』は「アメリカ・オペラの先駆け」だと語っている。しかし彼の友人のアジプロ的な音楽劇がたどった運命を見て、彼は自分ならもっとうまくできると確信していたにちがいない。一週間後、彼は自分の見解を新聞紙上で述べた。「わたしのスコアの大部分は、なんらかのかたちで劇場公演のために書かれたものだが、そうでないものも――その大部分は――明らかに演劇的な基盤をもっている。わたしはこの発見を誇りに思う……。この先どうなのか、わたしにはわからないが、どんなアメリカ人にも理解することができる真に感動的で徹頭徹尾アメリカ的なオペラを（そして、それでいながら高尚な音楽作品であるオペラを）書くことができたとしたら、ほんとうに幸せだと思う」彼がみずからに課した切実な目標は、生涯彼の心から離れなかった。

十二月にフェリシアは敗北を認め、レナードに、結婚の計画はとりやめましょうというやるせない手紙を書き送った。「結婚を約束してずいぶん時間がたつのだから、ふたりはもっと親密になっていておかしくないのに、どうしてか婚約はその目的を果たすことができませんでした。ふたりともが結婚するんだという強い気持ちでいたなら、もっと緊張や憤りを感じないですんだのかもしれません。でもあなたはまだ、わたしがあなたにふさわしい人間かどうか確信していないのです。あなたは、わたしを傷つけるのを恐れているというよりは、むしろ〝嫌いなサラダを無理やり押しつけられて〟いるのかもしれません。だから、ささいな決断がひとつ残されているだけです――婚約を解消しましょう！　なにか奇跡が起きて、いつの日かまたわたしを求める気持ちが強くなったら、もういちど結婚を申しこんで」この手紙を書くのがどれほど困難だったか彼女は告白している。彼女はまだ彼を深く愛していたのだ。「あなたの人生はわたしの人生になっているし、わたしはあなたの人生に深く関わっている気持ちでいますから、そこから自分を切り離すのはとんでもないことに思えるけれど、このままつづけていくわけにもいきません……。わたしへの愛情の火を、どうしてかあなたは消してしまった。あなたは、考えなおしてみようともしていない。容赦ない批判を浴びせられ、わたしは自意識の強い人間になってしまった……。いずれにせよ、あなたがどんな選択をするにしても、お願いだからこの話は、ほかのひとにもらさないでね。みんなに〝知られている〟という状況には、もう耐えられないの」

このときバーンスタインがどんな反応を示したかを教えてくれるものは、なにひとつ残っていないが、彼はフェリシアの手紙のことは忘れていなかった。そうこうするうちに、彼はまたもや国内演奏旅行に出発した。ミネアポリスとヒューストンでいくつかコンサートを行なったあと、彼はボストンにおもむき、そこでツアーの第三週には、ほとんど連日にわたりマーラーの『復活』を指揮して、センセーションを巻き起こした。バーンスタインがクーセヴィツキーの後継者となる可能性についてコメントした評論家はひとりもいなかったが、ようやくこの問題は解決を見ようとしていた。

当初バーンスタインは、ボストンのコンサートを終えてからパレスチナへの旅に出かけるつもりでいた。ところが一九四七年十二月二十九日、彼はパレスチナ管弦楽団の秘書、メナヘム・マーラー＝カルクスタインに、爆弾発言ではじまる長い手紙を書き送った。「二月にパレスチナへ行くのはやめろと、まわりじゅうから迫られている。アメリカ人でありユダヤ人であるわたしは、東ではアメリカを代表する人物にほかならず、アラブの敵愾心の第一目標になるのは明らか、と多くのひとが思っているらしい。もちろん、この前の旅で少しこの目で見てきたから、わたしは基本的には軍事行動に異議は唱えない……けれど、少なくともあれは、ユダヤの爆弾だった。二月にはすべておさまっているのではないかという考えかたもある。いずれにしても、いまのところはまだどちらとも決めかねているところです」

彼は一月に状況を再検討したうえで、健康上の理由で辞退させてもらいたいという電報をオーケストラ宛てに打った。「今シーズンのパレスチナ訪問断念という最終的な判断をご理解いただきたい。国内にとどまって休養をとるようにという医師の指示と、そちらの政情不安定を頭に入れての判断です。無念さに胸が張り裂けそうですが、ほかのひとと契約を結べるように早くお知らせする必要を感じました。ご容赦、ご理解のほどを願います。追って手紙を送ります。どうぞよろしく」

テルアヴィヴから届いた返事は怒りにみちていた。「ご意向には理解も納得もできません。客演指揮者と独奏者は全員が契約どおりに来てくれています。ヴァイオリン奏者のイダ・ヘンデルは昨日到着しました。コンサートは日程どおり行ないます。アメリカからの客も連日姿を見せています。パレスチナと世界のユダヤ人たちは、あなたの判断に納得しないでしょう。あなたが来なければ、非ユダヤ人の客演指揮者たちは右にならえとなり、そうなればわたしたちの組織は財政に破綻をきたすことになります。どうかお考えなおしのうえご連絡ください。パレスチナ・フィル」

バーンスタインは財政破綻という恐ろしい脅しにさえ、動かされなかった。「わたしのいうことを信じていただきたい」彼はその翌日、電報を打った。「あの判断をくだしたのは、医師からの命令があったからです。そうでなかったら、喜んで駆けつけます。変更はできません、どうか、わたしを信じてください。代役に、スタインバーグをと必死に努力しています。追って個人的な説明の手紙を送ります。神の祝福のあらんことを。バーンスタイン」

「スタインバーグは来られないそうです」返事が来た。「とにかく、われわれ全員のために、考えなおしていただきたい……。身の危険がありそうな状況でしたら、テルアヴィヴだけでもけっこうですから」バーンスタインのもとには、父親からも考えなおしてみるようにと話が来た。サム・バーンスタインは書面で、指揮者とは戦場で兵士たちに安らぎを与える聖職者のような存在ではないか、と書いてきた。サムの干渉は功を奏さなかった。彼の息子はすでにキャンセルしてしまっていた。自分にはすぐに医者の治療を受ける必要があると説明した私信がテルアヴィヴに届くと、抵抗の声はやんだ。

バーンスタインの身にどんな健康上の問題が生じたのかについては、いまもって謎である――おそらく、このときに初めて肺気腫をわずらったのだろう。一九四七年十一月の新聞の切り抜きには「レナード・バーンスタイン、手術を決行」とある。ヘレン・コーツのスクラップ帳の端には、「ちがう!!」と記されている。パレスチナの契約をキャンセルしたことで、バーンスタインがひと息つく機会を手にしたことだけは確かだ。このあと二カ月のあいだ、彼はゆっくりと休養した。ある新聞は、彼はアメリカ・オペラの案を練っているのだと報じた。新しい交響曲の作曲にかかっているのだと報じた新聞もあった。

休養期間のなかほどで、彼の作曲家としての名声は思わぬところから攻撃を受けた。一九四八年三月、アーロン・コープランドはニューヨーク・タイムズ紙上で、バーンスタインをアメリカの作曲家の新派に含めた。「バーンスタインの曲は、いいときには力強くリズミカルな、創意と情熱の高まりにみちた音楽であり、しばしばすばらしい劇的衝撃を運んできた」コープランドは論じている。彼はさらに、その音楽は「じかに心に訴えかけ、無理がなく、温かさにみち、聴く者の心に直接語りかけてきた」と言い添えている。だが最初のほうの内容はバーンスタインの気持ちをいたく傷つけたにちがいない。「バーンスタインの音楽は、悪いときには指揮者の音楽になる――スタイルは折衷的、着想も安易である」見解の是非はともかくとして(コープランドは、バーンスタインのどの曲を指していっているのかについては、まったくふれていない)、これは、彼が作曲に専念しようと決めたもうひとつの理由になった。

前年の夏、デイヴィッド・ダイアモンドにはすべてキャンセルすると宣言していたものの、彼にはまだ、ロンドンにもどること、春にコペンハーゲンとアムステルダムで指揮をするという予定は決まっていた。ところが、いくばくかの時間を作り出そうとする過激な試みの一部として、バーンスタインはそれらの契約をキャンセルした。さらには、もっと長期的な計画についても決断をくだしていた。ニューヨーク・シティ交響楽団の仕事を放棄したのである。彼は、音楽家組合も市議会も、このオーケストラにこれ以上の経済的支援を送ることができないことを知った。そのままとどまっていたとしても、予算を切り詰めなければならない事態に追いこまれていたことだろう。彼は、辞任の意を表明する手紙を、ニューヨークじゅうの新聞の音楽欄担当編集者に送った。「この三シーズンのあいだ、着実に上演を重ねられたことには誇りと喜びをおぼえています……。一般の人々が、マスコミが、音楽の世界が示してくださった熱情を、うれしく思っておりました。しかし、財政状況にはきびしいものがありました」シティ・センターの理事長ニューボールド・モリスは、すばやい対応を見せた。「何百万というニューヨークの人々同様、わたしもバーンスタイン氏の辞意については残念に思うし、いまでも彼が考えなおしてくれることを願っている」彼は私信のなかで「こういうものは寄付金のかたちをとらないことには、どうすることもできない……。あなたの才能はこの三年で大きく成長したのに」と書いている。

辞任の二日後、バーンスタインは、パレスチナ・フィルのコンサートマスターのひとりで、オーケストラのチャリティ・コンサートのために協力してくれる演奏家の説得にあたるという使命を帯びてアメリカに来ていたヘンリー・ハフテルと会った。ここからも、バーンスタインが演奏者たちにとってどれほど大きな意味をもつ人物であったかが推し量れるが、ハフテルは彼に、来シーズン、オーケストラの初代芸術監督に就任してほしいと、あらためて要請した。うれしい申し出ではあったが、バーンスタインは即答を避けた。ボストン交響楽団の理事会の会議は三月十五日に行なわれた。クーセヴィツキーは十日に手紙をよこし、若いアメリカ人の就任を考えてほしいと主張していた。

バーンスタインは四月にハームズと別れて、新たにG・シャーマーという音楽出版人と契約を交わした。シャーマーの発表によれば、バーンスタインの作品は四つがリストされていた。もっとも重厚な作品は、クーセヴィツキーの委嘱により書かれたといわれるピアノとオーケストラのための交響曲第二番で、これには、W・H・オーデンの詩に着想を得て『不安の時代』という副題がついていた。ふたつめの『四つの記念』は、一九四七年にバーンスタインが親しくしていた人々——ヘレン・コーツ、デイヴィッド・ダイアモンド、ジャズ・ピアニストのジョン・メヒガン、フェリシア・モンテアレグレ——に捧げられた短いピアノ曲を集めたものである。三つめは、ジェニー・トゥーレルに捧げられ、また彼女から着想を得ているウィットに富んだ連作歌曲『おいしい料理《ラ・ボンヌ・キュイジーヌ》』で、これは、十九世紀のフランス料理の作り方を並べたかたちをとっている。最後の、ウィリアム・シューマンからジュリアード音楽院用に依頼された金管楽器のための作品集は、すべての曲が犬たちに捧げられている。「ビマのためのファンファーレ」（トランペット、ホルン、トロンボーン、チューバ用に作曲しなおされている）は、クーセヴィツキーのコッカースパニエルに。〝ミッピー〟の三曲は、バートン・バーンスタイン（この組曲は彼に捧げられている）が順ぐりに飼っていた三匹の犬から名前をとっている。そして「リフェイのためのロンド」は、ジュディ・ホリデーのスカイテリヤから名づけられた。ここから判断するかぎりでは、シャーマーのリストは堂々たるものに見える。これによって、バーンスタインが自分の音楽《ミューズ》を顧みていないことについて感じていた罪悪感は、いくらかなりと鎮められたにちがいない。

一九四八年四月十三日、ボストン交響楽団のこのシーズンにクーセヴィツキーが指揮する最後のコンサートの終わりに、彼は二十五度目のシーズンとなる翌年で引退し、パリのシャルル・ミュンシュが後継者となることが発表された。「この発表はまさに不意打ちだった」と、ヴァラエティ誌は報告し、ミュンシュはかなりの資産家であると付け加えている。「もっとも頻繁に名前が挙がっていたのは……レナード・バーンスタインとディミトリ・ミトロプーロスのふたりであった」

重要な地位に就く機会を見送られたとき、その仕事に就きたいと思っていたかどうかにかかわらず、ひとはなにやら罰を受けたような気分になるものだ。傷つかずにすむには、バーンスタインが舞台の袖で待機していた時間はあまりにも長すぎた。しかし、これで少なくともパレスチナ管弦楽団には積極的な返答ができることになった。そして同時に、希望をくじかれた恩師を慰めようと努力した。ヨーロッパに発つ数日前に、彼はクーセヴィツキーに長い手紙をしたためた。「ここ数年、わたしのために戦ってくださったことに、わたしがどれほど感謝しているかお伝えしたいと思います……。あの後継者の任命に、あなたがどれほど気分を害されたかよくわかりましたし、どんな思いでいらっしゃるか察するにあまりあります。しかし、最終的にあらゆるものにバランスをとらせる神秘の法則が、どこかに存在することを、わたしは心得ております」

そのあと、彼自身に関するニュースの発表に移った――パレスチナ管弦楽団の芸術監督を引き受ける決意を固めた、と。「もうこれ以上彼らの要請にノーということはできませんでした。彼らにはどうしてもわたしが必要ですし、実際わたしは彼らの役に立つことができます。まず最初にわたしが成就したいのは、あなたを彼の地におむかえして、インスピレーションを吹きこんでいただき、ご指導をたまわる喜びを手にすることです。彼らはあなたを深く敬愛しています。またわたしには、あなたがこの体験に深い喜びと正義感をおぼえられることを強く確信しております。どうか、こんどの冬にお越しいただけるよう努力していただけないでしょうか？　わたしは彼の地に二カ月――十月と十一月――しかいられません。しかし、年間を通じた方針とプログラムに対する指示を出すことになるでしょう。今回の判断は正しいものであると確信しておりますし、あなたも同じようにお考えになることを祈っております」クーセヴィツキーはバーンスタインの願いどおり、翌シーズンにテルアヴィヴにデビューした。

ニューヨークを発つ前にバーンスタインは、クイーンメアリー号の船上で記者会見を行なった――彼はすでにそういった垢ぬけたやりかたをはじめていた。「今回のようなパレスチナのユダヤ人に奉仕する機会を手にできたことは、わたしの名誉であり特権でもあります」と彼は告げ、ジャーナリストたちを前に誇らしげに、パレスチナ管弦楽団はその契約を履行するために危険な地域を装甲バスに乗ってほうぼうを旅しなければならなくなるだろうとコメントした。

四月二十二日の早朝、英国の大型客船クイーンメアリー号は抜錨し、九十号埠頭の係船場から出帆した。パレスチナにおけるバーンスタインの仕事は五カ月先のことだった。それまでのあいだ、彼はヨーロッパの三度目の春に向かい、鉄のカーテンの両側にある初めての町々――ブダペスト、ミラノ、ウィーン、そしてもっとも重要な、ナチズムのゆりかごミュンヘン――で指揮を行なった。

ユダヤ人大虐殺が尾をひいて、アルトゥール・ルービンスタインやアイザック・スターンをはじめとする多くの著名なユダヤ人演奏家が、ドイツでのコンサートを拒否していた。しかしそのなかでも、生まれながらの調停者イェフディ・メニューインはちがった姿勢をとっていた。一九四五年、彼はベンジャミン・ブリテンと、ベルゼンとブーヘンヴァルトの強制収容所でユダヤ人の聴衆のためにリサイタルを開き、一九四六年にメニューインは、ナチス時代にベルリン・フィルを率いていたヴィルヘルム・フルトヴェングラーの指揮によりドイツで協奏曲を演奏した。メニューインは、自分は音楽家としてドイツに〝なんらかの生きがい〟を与えたいと感じていたが、いっぽうではユダヤ人として〝ドイツの負うべき罪の意識と改悛〟も忘れてはいなかった。一九四七年、バーンスタインは、まだメンバーの六十パーセント――とても本当とは思えない数字である――がナチスであると聞かされたとき、土壇場でウィーン・フィルとの共演を断念したが、一九四八年には態度を変え、オーストリアとドイツで指揮台に上がってほしいという招聘にどちらも応じた。彼はバイエルン国立管弦楽団の奏者たちをうまく味方につけていくプロセスを楽しんだ。「オーケストラから大きな敵意を向けられるのではないかと思っていました」彼はクーセヴィツキーに手紙で報告している。「わたしはやけに若いアメリカ人であり（当地では、アメリカといえば文化不毛の地のことです）、ユダヤ人でもありましたから。ところが彼らは、わたしを敬愛し、大きな喜び《ルスト》をもって演奏しているようなのです」

ミュンヘン国立歌劇場のためにも演奏しているこのオーケストラを指揮してほしいという依頼は、同オペラの精力的な音楽監督ゲオルグ・ショルティから来たものだった。バーンスタインの友人でバイエルンにおける合衆国軍音楽士官であったカーロス・モーズリーがバーンスタインの宿泊施設を準備し、地元の強制移住者キャンプ（米軍によって監督されていた）に、新たに任命されたパレスチナ・フィルの音楽監督が町にやってくるという話を知らせた。バーンスタインは彼の恐ろしい体験をヘレン・コーツに書き並べている。

まず第一に、あたり一面廃墟なのです。第二に、人々は飢え、苦しみ、強盗をはたらき、パンのめぐみを乞うのです。賃金はタバコで支払われることもしばしばです。チップはすべてタバコです。悲惨のひとことです。第三に、ユダヤ人たちは［難民］キャンプで腐りかけています。第四に、ナチズムがそこかしこに現存しています。

あの戦争の傷跡も生々しい駅《バーンホフ》で列車を降りると、モーズリーが出迎えてくれました……彼から、オーケストラは団員が何人かリハーサル中に空腹で倒れたためにストライキに入っているという話を聞かされました。連合国軍の巧みな操作でおさまって、九日にはコンサートが行なわれます（しかし、十日にはありません）。リハーサルはまだいちどもしていません。たくさん友人ができたし、今夜はブルックナーの八番を聴き、まる二日、充実した時間をすごしました。とはいえ、なんという混乱でしょう！

この惨状の真っ只中で、ぼくはバイエルンのハリウッドともいうべきガイスルガスタイクで、ぜいたくな暮らしをしています。大きな別荘にいます……星と松の木とすばらしいご馳走と自分専用の軍用車にかこまれて。VIP扱いです。軍の後援を受けているわけではないのだから、これはすべて違法ですが、軍政府はアメリカの受けをよくするために重要なことだと判断し、それでぼくを手に入れたわけです……。大きなキャンプのひとつか、あるいはミュンヘンのオペラハウスで、ユダヤ人の強制移住者のために特別コンサートを催すつもりです。これにはいろいろ厄介な問題や苦情が出ていますが、ぼくは強く主張しました。自分でオーケストラを雇わなければならなくなるかもしれませんが、それだけの価値はあります。

オーケストラのストライキを回避するため、カーロス・モーズリーはアメリカ人の友人たちからタバコを大量に入手して、バーンスタインの初めてのリハーサルのとき、それを奏者たちに分配した。プログラムには、ロイ・ハリスの交響曲第三番、ラヴェルのピアノ協奏曲、シューマンの交響曲第二番が入っていた。「けさリハーサルのとき、あるヴァイオリン奏者に、ぼくのようにシューマンをやれる指揮者はドイツじゅうを捜しても、わずかにふたりだけかもしれないし、そのひとたちは八十歳を超えているといわれました！［これはヘレン・コーツへの手紙］これまでにもらった最大の賛辞です、それもドイツ人から！」ニューヨーク・タイムズは、ドイツ人とアメリカ人の混在する観衆の前で行なわれた五月九日のコンサートは大成功だったと報じている。「ラヴェルのピアノ協奏曲が終了すると、観衆は立ち上がって十分間ものあいだ、彼に拍手を送りつづけた。何度もカーテンコールがくりかえされ、『ブラヴォー』の嵐が浴びせられた」カーロス・モーズリーは、「大群衆がレニーが出てくるのを待ち構えていて、出てきた彼を肩車して道を練り歩いた」と記憶している。彼はミュンヘンで指揮を行なった戦後初のアメリカ人で、ドイツの批評家たちは彼の「あっとおどろく、恐るべき天与の才」を絶賛した。ある批評家は、彼は交響楽団のパガニーニであると評した。

バーンスタインは自分自身の報告をヘレン・コーツに行なっている。「ミュンヘンのコンサートは、これまでで最高の成功でした……。興奮して叫ぶドイツ人たちで埋めつくされたオペラハウス以上にうれしいものはありません……。アメリカ軍にとっては大きな意味のあることです。音楽は、〝支配者民族〟宣言のなかのドイツ最後の砦であり、それがミュンヘンの地で初めて爆破されたのですから［おそらくバーンスタインは、ミュンヘンでの自分にたいする反ユダヤ的偏見を大げさに考えすぎていたのだろう。やはりユダヤ人であるゲオルグ・ショルティはバイエルンで活躍していたのだから］。強制移住者のキャンプで二度行なわれたコンサートは、さらに熱気にみちていたといっていいでしょう。ぼくは子どもたちに花束でむかえられました。これにまさる名誉はありません。二十人で構成される強制収容所オーケストラ（よりによって『魔弾の射手』）を指揮して、ぼくは号泣しました」

ユダヤ人オーケストラは、ミュンヘンを北に二、三マイル行ったところにあるダッハウで演奏をしていた強制収容所オーケストラの生き残りの演奏家たちで構成されていた。収容所は一九四五年五月で解放されていたが、いたましいことに、三年の年月が流れたというのに近くのフェルダフィングとランツベルクの難民キャンプは、いまだに帰る家を失ったおびただしい数のユダヤ人の生活の場所になっていた。多くの人間が、英国からきびしい入国制限が課せられていたパレスチナに行きたいという希望をもっていた。バーンスタインはそれぞれのコンサートにやってきた難民の数は五千人と聞かされた。どちらのコンサートも前三列は、バーンスタインが「ナチ・オーケストラ」と呼んでいた国立歌劇場管弦楽団の人々が占めていた。バーンスタインはみずからユダヤ人ソリストの伴奏をつとめて『ラプソディ・イン・ブルー』を演奏した。

後日、感謝のしるしに、バーンスタインは戦時中ダッハウのオーケストラを創設したがナチスの手で命を断たれたフルート奏者の、縞模様の収容所の制服を授与された。彼はそれをニューヨークの自宅に送ったが、どんなにドライクリーニングを重ねてもダッハウの悪臭は落ちず、結局この服を捨てざるをえなくなって、彼を大いに悔しがらせた。

　このコンサートと同じ時期に、パレスチナではきわめて重大な政治的な出来事が起こっている。五月十四日、イスラエルは公式に国家となったことを宣言した。ダッハウのオーケストラに所属する多くの演奏家がバーンスタインに、いっしょに約束の地に連れていってほしいと懇願した。結局、ふたりの奏者を仕事に就けることができた。しかし、ミュンヘンのあと、彼がふたたびドイツのオーケストラを指揮するまでには、およそ三十年の年月が流れる。

　バーンスタインはミラノでテアトロ・ヌオーヴォの室内楽団との共演でイタリア・デビューを果たした。プログラムには『アパラチアの春』とバッハのブランデンブルク協奏曲第五番が入っており、そのなかで彼はヴァイオリン奏者をつとめた、クラウディオ・アバドの父親とともに鍵盤楽器の独奏パートを弾いた。彼はレオナルド・ダ・ヴィンチの『最後の晩餐』を見にいったあと、ヘレン・コーツに手紙を書いた。「彼らに『もうひとりのレオナルド』と呼ばれ、涙が出そうになりました……。来春にはスカラ座に来てほしいと招聘を受け［オペラではなくオーケストラのほうで］、さらにテアトロ・ヌオーヴォと最低二週間。ぼくなら両方できるというんです……。オーケストラの若者たち全員に恋をしています――そして彼らはぼくに深く傾倒しています。ぼくに常任指揮者になってもらいたいのです……。また九月には、あのすばらしいヴェネツィア・フェスティバルにも招聘を受けました」

　ブダペストでメトロポリタン歌劇場管弦楽団と共演したプログラムには、シューマンの交響曲第二番と、バルトークの『弦楽器と打楽器とチェレスタのための音楽』が含まれていた。コンサートはラジオ放送され、第一部をラジオで聴いていた多くの人々が、生で第二部を聴こうとホールに殺到した。このため、ほかの町で書かれた評論とは異なる次元の評論を生み出すことになった。彼があまりにすばやくやってきて、また去っていったために、この町だけの伝説が生み出されたかのようだった。「われわれは自分たちが生きるこの世紀の奇跡のひとつを目撃した」「この若き天才は、ジャングルにひそむ莫大なパワーと自然のエネルギーを呼びさました……。彼の妙技はそれ自体が目的ではない。彼はオーケストラをかつてない演奏へと駆り立てた」彼はふたたび人々に肩車されて通りを運ばれた。「彼らは、トスカニーニの来訪以降、ブダペストのコンサート・ホールにこんなシーンはいちども見ることができなかったといっています」と、彼はヘレン・コーツに書き送っている。

ウィーンの南駅で、バーンスタインはプラットホームから進み出て、大好きな『ばらの騎士』のアリアをいくつか、声をかぎりに歌い、出迎えた合衆国大使館の職員たちの労をねぎらった。やがて彼は、自分がウィーンに典型的な、権力抗争の真っ只中にいることに気づいた。この街は政治的には四つの地域に分かれていたが、音楽の世界はふたつしかなかった。楽友協会ホールと国立歌劇場を本拠とするウィーン・フィルと、そのライバル陣営で、バーンスタインを招聘したコンツェルトハウスを本拠とし、エゴン・ゼーフェールナーが運営していた、より進歩的なウィーン交響楽団のふたつである。ゼーフェールナーは、ブダペストでバーンスタインが大成功をおさめたばかりのバルトークの作品を入れられるようプログラムを変更したいと思っていた。だが、ヘルベルト・フォン・カラヤンがウィーン・フィルとその作品を演奏し、聴衆のあいだに騒ぎが起こって、多くの客が帰ってしまうという不祥事が起こった事実が洩れ、お流れになった（バルトークの作品はナチス時代には禁止されていた）。

ゼーフェールナーには、カラヤン陣営の興行主であるライバルのルドルフ・ガムスイェーガーと争おうという気はさらさらなかった。バーンスタインも、自分の名声とは無関係の、指揮者戦争とみずから名づけたこの争いに関与して得るものはなにひとつなかった。彼はこの時点では、フォン・カラヤンの名もほとんど知らなかったのである――その後、タングルウッドの講演のために メモをとったとき、彼は〝カラヤン〟と信じられないようなつづりちがいをしている――また彼の唯一の関心事は、ウィーンの人々に認められることだった。「あらゆる都市のなかで、あそこほど征服がむずかしいところはなかった。独特の偏狭さと唯物論的な面をもつ地方都市。ウィーン人だけが全能であり、アメリカ人はみんな間抜けだと信じて疑わない。オーケストラのむきだしの敵意を克服するのに三回リハーサルが必要だったのは初めてだ……。トラブルもいろいろあったが、最後には、『エレミア』をキャンセルしなければならなかった――マネジャーがいったように、まさにウィーンじゅうが一挙に向かってきたんだ!」

ウィーンの音楽評論家の何人かはバーンスタインの指揮スタイルに強い不快を表明した。ある者は、彼のコンサートをスポーツ・イベントにたとえ、彼はボクサーのように指揮をすると評した。悪評のほうは無視したが、バーンスタインは奏者たちから向けられた敵意を決して忘れなかった。彼はウィーン交響楽団とは二度と仕事をしなかったし、彼が先入観を克服してウィーンでふたたび指揮の契約を受け入れるには二十年近い年月を要した。

それにくらべると、パリの奏者たちとはじつにうまくいった。「ここのオーケストラ[フランス国立放送]はまるで天使のようです」彼はヘレン・コーツに知らせている。「彼らは一回のリハーサルでエレミアを把握しました。おぼえの早さも腕前もすばらしいし、ぼくに敬意を示してくれるので、今日のリハーサルはとりやめたくらいです。ヨーロッパでリハーサルをはぶいてかまわないと思ったのは初めてです。ジェニー[・トゥーレル]が、いつにもましてすばらしい……。ただ、二年目になるのに、まだまともにパリ・デビューを果たせないのが悔しくてなりません――これまで成功を積み重ねてきて自負心もありますから、ここでラジオ放送だけというのにはがっかりです」放送がローカル局一局だけだったのは、不幸なことに思えるがじつはありがたいことだったのである。「まずいことがあったんです……。ベートーヴェンの協奏曲になって、指に昔のあの事故がまた起こった――動かなくなってしまったんです。ひどい演奏になりました。もちろん、ひどく落ちこみました。それを、みんながとてもすばらしかったといったので、なおさらです。疲れがたまっていたのだと思います……それにしても、麻痺した手で、ラジオ放送されるあの三十五分の作品を弾きとおすのは、まったくの悪夢でした！」

バーンスタインはパリで、エレン・アドラーに再会した。彼はボードレールの詩集を買って、チュイルリー公園をいっしょに歩きながら、そのページから英語に翻訳してみせた。だがアドラーは、彼の知的好奇心の欠如に失望していた。彼女は実存主義の話がしたかったのに、レナードはナディア・ブーランジェとスーリーマ・ストラヴィンスキーによるストラヴィンスキーの『オルフェウス』を聴きにいったり、マキシムでオリヴァー・スミスと酒を飲むほうに気持ちが向いていた。アドラーは彼に、サルトルとカミュの新しい文学を探究するよう熱心にすすめたが、バーンスタインは友人たちの土産物を捜したり、小さな手帳に書き記してあるパリのゲイ・ナイトクラブをのぞいてみることのほうにより関心があった。彼はひと晩で二十件もの店を訪ねたがったり、自分の将来についての不安を胸のなかにわきあがらせたりした。仕事について彼の相談に乗ってくれる人間はどこにもいなかった。作曲活動の準備にかかろうと決意を固めたそのわずか数週間後に、彼は翌年向けのまったく異なる計画をもてあそび、パリ、ロンドン、ミラノ、オランダでの契約についてヘレン・コーツに手紙を送っている。「四月一日から九月一日までヨーロッパで暮らすかもしれません……しかし、べつのプランも考えました。一年間指揮の仕事を中断して、ピアニストになるというものです。どちらにも心惹かれます。決断はあとのこと」

レナード・バーンスタインは世界的名声を得た初めてのアメリカ人指揮者だった。ところが、ヨーロッパで浴びてきた賛辞が、彼の進むべき道を見定める方向感覚を狂わせた。前年の秋にヴァージル・トムソンが発した警告の言葉は、じわじわと現実味を帯びてきたように思えた。「わが国のもっとも聡明な若きリーダーが、単なるスター指揮者であることがわかったら、残念なことこの上ない」

19　歴史を作る日々

「砲弾の音を伴奏にしたベートーヴェンの『レオノーレ』のトランペット・ソロを聴いてみてほしい」

——バーンスタインのエルサレムからの報告、一九四八年十月

一九四八年七月にニューヨークにもどったバーンスタインは、締め切りに追われていた。ボストン交響楽団の春のシーズンに上演されることになり、そう発表もされていた新しい交響曲『不安の時代』は、まだ完成にはほど遠かった。ウッディ・ハーマンのためにジャズ作品を書くことになり、一千ドルの委嘱料も受け取っていた。そのうえ夏と秋のスケジュールは、指揮の契約でぎっしり埋まっていた。しかしまず彼は、自分のナイーブな気持ちがもたらした政治的な嵐に対処しなければならなかった。一九四八年の夏、イスラエルは周辺アラブ諸国の包囲を受け、内紛により引き裂かれてしまった。イスラエルの初代首相デイヴィッド・ベングリオンは、メナヘム・ベギン率いる右翼の過激派集団、イルグン団の攻撃にさらされていた。バーンスタインは両サイドとつながりがあって、一九四八年七月にニューヨークのウォルドーフ＝アストリアのパレスチナ抵抗運動防衛基金のためのチャリティ・コンサートを組織することに同意したとき、彼はイスラエルが内線の危機に瀕していることを理解していなかったらしい。四月に、イルグンの過激派たちは二百五十四人のアラブ人を虐殺した。六月の末に、イルグンが資金を出している船が、イス

ラエル政府の命令を無視して、ベギンの私設軍隊のために武器を陸揚げしようとした。これは政府軍の砲火を浴びた。

やがてバーンスタインは、抵抗運動防衛基金はイルグンのテロリストたちとつながりがあるという理由で、友人のジェニー・トゥーレルや、メトロポリタン歌劇場のバリトン、ロバート・メリル、そして映画スターのヘンリー・フォンダが、彼のコンサートから手を引いたことを知った。休戦の交渉がされているとはいえ、チャリティの収益は戦闘機を購入するために使われる、というのだ。すでに二千人ものコンサート予約が入っていたバーンスタインは、チケットの売り上げによる収益は「強制追放されたユダヤ人をパレスチナに帰還させるため」に使われるものであると発表して、批判を取り除こうとした。彼は「テルアヴィヴの浜辺で命を落とした二十人のイルグン兵士の追悼のために」交響曲『英雄』の葬送行進曲をプログラムに付け加えた。ピケ隊がホテルの外でデモを起こし、その行進のあいだにバーンスタインの勇気ある行動に対しメナヘム・ベギンからの感謝の電報が読み上げられた。音楽は、「バーンスタインとその交響楽団」――バーンスタインの音楽家人生には珍しい表現である――によって演奏された。

タングルウッドにたどり着くと、ほっとした。例によってバーンスタインは、五十七人の指揮聴講生にスコア・リーディングと基本知識を教えて六週間をすごした。この一九四八年の学生のなかには、未来のスター指揮者トーマス・シッパーズや、作曲家のロバート・ステアラーがいた。バーンスタインはボストン交響楽団のコンサートもふたつ指揮をした。すべてロシアもののプログラムのあとには、彼の新しいメイン・ディッシュ、マーラーの交響曲『復活』がつづいた。

クーセヴィツキー七十四歳の誕生日を祝うために、三人の指揮者、アーウィン・ホフマン、セイモア・リプキン、ハワード・シャネットが、メイン・ハウスのポーチの上でバーンスタインと合流して、彼の「クーセヴィツキー・ブルース」を演奏した。

これがクーセヴィツキーのブルース
だけどベイビー、そいつはちょっとまずいかも
なぜなら彼は
タングルウッド一のベスト・ドレッサーだから
ダンガリーシャツのわれらは、猿《エイプ》同然
革命来たらば、全員ケイプをまとうとしよう

バーンスタインは彼自身タングルウッドの伝説であり、指揮のせいだけではなく、話術の巧みさや、深夜のジャズ演奏や、クーセヴィツキーがつけたようなケープをまとうときのいかにも得意げな様子でも有名だった。

フェスティバルの終わりに、バーンスタインは新しい友人である詩人のスティーヴン・スペンダーといっしょにニューメキシコへ出かけた。D・H・ローレンスの未亡人、フリーダ・ローレンスがスペンダーに彼女のタオスの大農場を使わせてくれたのだ。『不安の時代』を作曲するために、どこか静かな場所を必要としていたバーンスタインは、そこまで彼を車に乗せていこうと申し出た。十六歳になっていたバートン・バーンスタインも同乗し、スペンダーは〝グリーナ〟という愛称のついたレナードのコンヴァーティブルの後部座席に、王様のように腰を落ち着けた。ビュイックに乗った三人の男はその道中、頻繁にパンクに見舞われた──スペンダーはそれを、バーンスタイン兄弟にとっては笑いだしたくなるような英国風の発音で「バースト・タイヤ」と呼んだ。バーンスタイン兄弟が修理に汗だくになっているあいだ、詩人は静かな小川を見つけ、じっと読書にふけっていた。兄弟はともに、この旅について愉快な文章を書い

ている。レナードは、『音楽のよろこび』のなかの〝架空の会話〟のなかで、バートンは『バーンスタイン その音楽と家族』で。

ロッキー山脈の標高八千フィートのところにあるローレンスのタオスの別荘で、バーンスタインは調っぱずれのアップライトピアノをがんがん鳴らして交響曲の最初の部分を完成し、スペンダーは自叙伝『世界のなかの世界』にとりくみ、バートンは地元のインディアンたちと友だちになった。毎日午後六時に、彼らは氷のように冷たい小川で水浴びし、山の背に太陽が沈んでいくとき、スペンダーはW・H・オーデンが彼の詩『不安の時代』のプロローグに付けたヴィクトリア朝風の賛歌の一節を歌った。

いま日は落ちて
夜闇が迫り来る
夕刻の影が忍び足で
そっと空を横切っていく

しかしバートンが書いているように、「まったく俗世間から切り離されたさびしい環境と不完全なピアノにがまんできたのは一週間だけ」だった。ヘレン・コーツへの手紙のなかで、バーンスタインはこの高地と、アキノキリンソウと、鼻炎のことを嘆いている。

タオスにいるあいだに、彼は三十歳の誕生日をむかえた。ほんの数カ月前にくらべれば、彼の生活から、消耗性のあわただしさや危険をともなう不安定さは少なくなっていた。交響曲はかなりの進展を見せた。ウィットに富んだ新しい連作歌曲『おいしい料理』は、すぐにニューヨークでソプラノのマリオン・ベルによって初演され、彼はイスラエルにおける芸術監督としての初めてのシーズンに足を踏み出そうとしていた。

タオスから遠回りで帰ってくる途中、バーンスタイン兄弟はワイオミング州シェリダンにあるタングルウッドの学生ガス・ルドルフの牧場を訪ねた。これはバートンのダートマス時代に兄弟でいっしょに行った数多い旅行の第一弾である。ふたりは北への車の旅のなかでライバーニア語でジョークを交わしあい、言葉遊びをしたり、哲学の話をしたりしながら、心のきずなを深めていった。「わたしたちはワイオミングで大変な生活に飛びこんでしまった。朝から晩まで牧場の労働力としてこき使われ、夜になると町に出て地元のカウボーイたちといっしょにビールを飲んだ」バーンスタインは一九四九年のグリーティング・カードに、馬に乗った自分のスナップ写真を使っている。

イスラエル情勢は九月になると緊張を増し、国連の調停人ベルナドット伯爵の暗殺にまで発展した。国境と空港は閉鎖された。バーンスタインと（一九四六年以来久しぶりに彼と海外に出た）ヘレン・コーツは六日遅れでようやくハイファに到着すると、ヘッドライトを消したままテルアヴィヴまで、身の毛のよだつような恐ろしい夜間のドライヴを敢行した。しかし彼らは、まもなくイスラエルの日常に落ち着いていった。バーンスタインは、ニューヨークのチャリティ・コンサートと二月のキャンセル後の関係修復作業に、ただちにとりかかった。「ここの管弦楽団とこの国は、わたしにとっては、単なる客演指揮者が感じる以上の親しみを感じさせる身近な存在です」とバーンスタインはパレスチナ・ポスト紙に語った。

彼の肩書は、〝芸術監督〟から〝翌シーズンの音楽顧問〟に降格を余儀なくされていた。管弦楽団はイスラエル・フィルハーモニックと名称を変えていたが、仕事のスケジュールは前年に劣らぬ過酷なものだ。バーンスタインの最初の予約コンサートのプログラムは九度予定された。ほかにも四つのコンサート・プログラムが何度もくりかえし公演された。献身的な奏者たちは古いおんぼろバスに詰めこまれて国じゅうを旅した。楽器は衝撃吸収用の毛布にくるまれ、特別あつらえのケースにおさめられて運ばれた。エルサレムで最初に行なわれた十月十四日のコンサートでは、ベートーヴェンの『レオノーレ』序曲第三番のトランペット・ソロのあいだに銃砲の音が響いた。

一カ月後、バーンスタインは、テルアヴィヴからクーセヴィツキーに手紙を書いている。

なにから書いたものでしょう。輝かしい事実、表情、理想、美しい風景、高潔な目的意識のどれから報告したものでしょう。軍隊を、ふつうの農夫たちを、コンサートに集まる観客を、これほど誇りに思ったことはありません。健康状態は完璧で、この上なく幸せです――当地のとんでもないスケジュールには少々まいっていますが。ハイファやらエルサレムやらレホボートやらで六十日間に四十回のコンサートです。コンサートはすばらしい成功をおさめました。聴衆もすばらしく、いちばんすばらしいのは、兵士たちのためのコンサートです。あのように知性にあふれ、教養があり、音楽を愛する軍隊が存在するとは、想像できないくらいです!

そしてエルサレム――わが愛するエルサレム、ひっきりなしにアラブの砲火にさらされ、一日に桶一杯の水しか手に入らない悲劇の町を、どう表現したものでしょう。ベートーヴェンの交響曲に、外からマシンガンの伴奏がつくのです! 前線を訪ねました。アラブ＝イギリス軍の銃砲からほんの数歩のところにあるノートルダム寺院に足を踏み入れ、町じゅうにある戦略用の高台を、そしてパルマックの基地を視察しました。ネゲヴの病院に運ばれてきた新しい負傷者のために、またキャンプでは兵士やキブツの人々のためにピアノを弾きました。わたしはエルサレム防衛軍のメダルとパルマックの勲章で飾り立てられています。なにやらわたし自身、こういったすばらしい人々の一員に、歴史を作る日々の一部になったような気がしています。どうぞ、ご心配なく。これほどの信仰と、精神と、意志をもつ人々が、悪い結末をむかえるはずはありません。

来週、若い指揮者たちのオーディションを行ないます（ここには真の才能が存在すると信じるに足る理由があります）。わたしたちの良き友人、フランク・コーエン夫人から、来夏のタングルウッドでは、イスラエルの指揮の学生ひとりに奨学金を出してタングルウッドで学ばせたいというお話がありました。〈実習生〉として。もし才能のある生徒が見つかったら、お引き受けいただけるでしょうか？　できましたらどうぞ早急にお返事くだされば助ります。こちらにいるあいだに打ちあわせができますから。

シーズン［ボストンにおけるクーセヴィツキー最後のシーズン］が、いつもどおりすばらしいものになることを願っております。

彼は追伸を付け加えている。「これから毎年、ここですごす時間がどんどん増えていくような気がします。アメリカじゅうを飛びまわることは大事なことに思えなくなっています──自分は、そこでは本当の意味では必要とされていないかのように思えるのです。しかしここでは、わたしは本当の意味で必要とされています！」（クーセヴィツキーは手紙で、バーンスタインにタングルウッドのための学生指揮者の選定を任せると返事をよこした）
三つめの予約コンサート・シリーズのなかで、バーンスタインはコープランドの交響曲第三番をイスラエルの聴衆に紹介した。これに対する評論は、この地の保守性を反映して、慎重なものだったが、バーンスタイン自身は「すばらしい作品！」といいきっていた。この交響曲の評判を知らせる手紙のなかで、バーンスタインは師であり友人でもあるコープランドに、自分は自分専用のガイドとして派遣されてきたアザリア・ラポポルトという若いイスラエル軍兵士と恋に落ちたという話も書いている。「すばらしい仕事でした。とにかくすばらしい。そして自分の求めていたあらゆるものがひとつになるのを見られるとは、とても信じられない気持ちです。なんというすばらしい経験でしょう——神経をぼろぼろにし、はらわたを引き裂く、すばらしい体験です。これで、すべてが変わってしまいました」

未来の大統領とチェイム・ワイツマン夫人の出席したレホボートのコンサートで、バーンスタインはベートーヴェンのピアノ協奏曲第一番の第一楽章の終わりに舞台の袖に呼ばれ、空襲警報が出たことを告げられた。パレスチナ・ポスト紙の報道によれば、彼は「なにごともなかったようにピアノにもどっていった」。「あんなアダージョを弾いたのは初めてでした」彼はのちに語っている。「あれを、自分のこの世への置き土産と考えて弾いたのです」

一九四八年十月、イスラエル軍は南のネゲヴの砂漠に進軍し、聖書に出てくる幹線道路の交差する重要な町、ベールシェバを攻め落とした。十一月十九日、国連はイスラエル軍に撤退を命じた。エルサレムで、バーンスタインは、国連の指示に従わず駐留したままのイスラエル軍に喝采を送るために、楽団から有志を集めた。三十五人の奏者が翌朝出発し、装甲バスに乗って砂漠を横切り、午後三時半に、バーンスタインは軍隊と移住者たちのために異例のコンサートを行なった。

そこはまるで発掘中の古代の遺跡のようで、高い壁が三方に築かれた野外円形劇場になっていた。南アフリカの著名な著述家コリン・リーガムは新聞紙上でその円形劇場の様子を描写している。「ミナレットがひとつ、超然と下を見おろしている……。初冬の太陽が見慣れないざわめきに冷酷に光を浴びせていた……。円形劇場の井戸は、ぺちゃくちゃとさえずる兵士たち——前線の男と女——の声で活気をおびている。パレスチナ、イギリス連邦、合衆国、モロッコ、イラク、アフガニスタン、中国、バルカン半島、バルト海地方——ラップランドから来た者もひとり——からやってきたユダヤ人たち……。近くの病院に収容されていた負傷兵も参加できるように、〝エディ・キャンターを記念して贈られた〟救急車が入口までやってきて、彼らを運び入れた」音楽家人生で初めてバーンスタインは三曲つづけて協奏曲を演奏した。モーツァルトの変ロ長調K四五〇、ベートーヴェンのピアノ協奏曲第一番、そしてアンコールで上着を脱いで演奏した『ラプソディ・イン・ブルー』の三曲である。タイム誌は〝砂漠のモーツァルト〟という見出しをつけた。コンサートのあいだに、バーンスタインの椅子が間に合わせのコンサート用演台のこけら板の上ですべりはじめた。「なかばかがみこむような体勢で弾きつづけなければならなかった」彼は回想している。「ヴァイオリン奏者が後ろに来てスツールを立て直してくれたのです」彼はのちに、自分の催したコンサートがエジプト軍の計画に与えた衝撃について、楽しげに書きつづっている。ベールシェバの観衆は、一千人とも五千人ともいわれる。おびただしい数の部隊が集結していると報告を受けたエジプト軍は、ネゲヴにおけるイスラエル軍の攻撃にそなえてエルサレムを脅かしていた部隊を退却させた。チェイム・ワイツマン博士は、ニューヨークでレナード・ライアンズに会ったとき、その話が本当だったことを証言している。エジプト側は、あれを軍の機動作戦と思いこんだのだ、と彼は話している。「そりゃそうでしょう。いったいだれが、戦火のなかモーツァルトの協奏曲を聴きにいくというんです?」

戦火にさらされたイスラエルに滞在した二カ月のあいだに、バーンスタインはおびただしい苦難を目にした。独立を求める闘いのさなかに、六千人のユダヤ人が命を落とし、二万人が負傷した。W・H・オーデンの詩『不安の時代』の第四節には、「葬送歌」というタイトルがついており、幸福とは遠くかけはなれた悲しみにみちた世界を再現している。バーンスタインはイスラエルでその楽章を完成し、イスラエルの独立の主張を正当なものと認めた国連の分割決議の一周年を記念するテルアヴィヴの資金調達コンサートの演目に入れられるよう、さっそくそのオーケストレーションにとりかかった。

バーンスタインが最後に行なったエルサレム訪問は、マーラーの交響曲『復活』の特別公演を指揮するためのものだった。イスラエル・フィルが技術面、実務面から反対したにもかかわらず、彼はこの『復活』をプログラムに入れるよう主張した――みずから用意したオーケストラのパート譜をもちこんで。ドイツ語の歌詞はヘブライ語に翻訳されていた。コンサートが終わると、感謝の気持ちにみちた彼の熱狂的なファンたちから美しいキッドゥーシュの銀の聖杯と、ミニチュアの巻物の聖典が贈られた。彼の人気にはすさまじいものがあり、アメリカに向けて出発するとき、彼のポケットには、イスラエルでの六カ月の滞在に対し二万ドルという報酬でイスラエル・フィルハーモニック・オーケストラの音楽監督と常任指揮者になるための長期的な契約書の大まかな草案文書も入っていた。「万一本件不承諾の場合には」文書は慣れない書式で結ばれていた。「一九四九年~五〇年のシーズンの客演指揮者になることを承諾し、これに代えられたし」。

バーンスタインは、自分の第二の祖国と考えていたこの国を愛し、この国のために力を尽くしたいと思っていた。しかし数度にわたる公演は、実際問題として心身の消耗をさそい、芸術的活動の場も制限することになる。また、高尚な音楽を作曲する時間も失われる。結局、彼は断わることにした。「断腸の思いだった」彼はあるアメリカ人記者に語っている。「やりたい気持ちは強かったが、わたしだってなにもかもをやれるわけではない」すぐれた直観のひらめきだった。彼はフィルハーモニックのマーラー＝カルクスタインに、自分が抱えている問題をかたづけてしまうまで、恒久的な責任を背負いこむわけにはいかないと説明した。「いま慎重な行動をとり、仕事のできる態勢がととのってからそちらの仕事に打ちこむことが、音楽とイスラエルの両方により大きく貢献できるやりかたではないか」と。サム・バーンスタインはこの話を聞いて、自分の息子が女に生まれなかったのはさいわいだ、なぜなら息子は「ノー」ということができない人間だからだ、とコメントしたという。

誘いを断わりはしたが、イスラエル・フィルと自分とは特別な関係にあるという気持ちは変わらなかった。だから、一九四九年六月に彼らが事前になんの断わりもなく、音楽監督にフランス人指揮者のポール・パレーを任命したとき、バーンスタインは愕然としたにちがいない。その前に、マーラー゠カルクスタインにあてた私信のなかで、バーンスタインは自分のかわりに若いアメリカ人、アイズラー・ソロモンはどうかと推薦していた。その手紙は、なんの断わりもなしにフィルハーモニックの理事会に回されていった。バーンスタインは裏切られた気持ちだった。「わたしの受けた屈辱の大きさについては、べつのもっとフォーマルな手紙に残しておこう。また同様に、オーケストラの経営陣が最近とりはじめた方針に対するわたしの詳細な意見も……［パレーは、フランスから新しい木管セクションをひとまとめに輸入することを主張していた］。わたしの職務に敬意をいだいているのなら、わたしにとってなにより重要な関心事に対して、なぜ秘密裏に事を処理するのですか？　イスラエルから届いた、複雑な内容の手紙の好意的な報告によって、あなたたちの行動を知ることができたが……。いま現在の状況からみて、来春に予定されていた仕事は、敵意にみちた環境が残るかぎり不可能でしょう。この問題がきれいにそちらのほうで解決できることを願う」

だがバーンスタインは、音楽監督の件に関しては、思いどおりにというわけにはいかなかった。オーケストラがアイズラー・ソロモンではなくポール・パレーを選んだのは、まぎれもない現実だった。マーラー゠カルクスタインの悲嘆にくれた説明を受けて怒りをしずめたバーンスタインは、一九五〇年、ふたたび希望に燃えてイスラエルを訪問する。パレーが監督をつとめたのは、わずか一年だった。

一九四八年、イスラエルからの帰途バーンスタインは、『ファンシー・フリー』は不評だったものの、イタリアでどの町より心惹かれていたローマでのデビューを飾った。彼はテアトロ・アルジェンティーナでサンタチェチーリア国立音楽院管弦楽団を指揮した。十二月には、ボストン、フィラデルフィア、ニューヨークでのコンサートで忙しく飛びまわっていた。フィラデルフィアでは新作ミュージカル『キス・ミー、ケイト』のプレ・ブロードウェイ試験興行に駆けつけた。翌朝、彼はフェリシア・モンテアレグレのニューヨークのワシントン・プレイスにあるアパートメントで開かれたブランチ・パーティに出席し、そこでコール・ポーターの曲や詩を、それこそ歌詞や声音までいちど聞いただけでそっくりまねしてみせた。フェリシアの友人マイク・ミンドリンは、バーンスタインの記憶力には驚嘆させられたと振り返っている。

ふたりの婚約は一年以上も前に破棄されていたが、彼とフェリシアの交友はその後もつづいていた。一九四九年の元日、バーンスタインはジャン・コクトーのための夕食会に彼女を連れていった。二週間後、ふたりはいっしょにカーネギー・ホールで行なわれたクーセヴィツキー指揮によるボストン交響楽団のコンサートに出かけた。アザリア・ラポポルトも一月にニューヨークにいたが、バーンスタインはニューヨークの自分の環境のなかにもどって創造的な仕事に専心していたため、彼の魅力もさほどの誘惑とはならなかった。

一月にはバッファローとピッツバーグにおける指揮の契約がつまっていたが、バーンスタインの心を占めていたのは『不安の時代』を完成しなければという気持ちだった。ボストン初演の日が三カ月後に迫ってきたというのに、まだ最終楽章を書きおえていなかった。バーンスタインは一年も前から〝きわめて感動的なアメリカ・オペラ〟を作ることを夢見ていたのだが、それを現実のものにする可能性を秘めた本格ミュージカルという抵抗しがたい企画をたずさえてジェローム・ロビンズがやってきたのは、このいちばん都合の悪い時期だった。ロビンズの企画は、友人のモントゴメリー・クリフトから現代風にロミオを演じるにはどうしたらいいか助言がほしいと求められたときに生まれた。ロビンズがざっと描いてみせたそのあらすじは、のちにブロードウェイの歴史を飾る『ウエストサイド物語』、この時点でのタイトルは、

『イーストサイド物語』であった。

およそ十年後、『ウエストサイド物語』が初演された一九五七年の九月に、バーンスタインによれば、彼はこのミュージカルの計画期間にしたためた日誌のようなものを出版した。それは、こんなふうにはじまっている。「一九四九年一月六日。今日ジェリー・R［ロビンズ］から電話で、壮大な企画がもちこまれた。復活祭と過ぎ越しの祭りの重なったスラム街を舞台にした『ロミオとジュリエット』の現代版だという。ユダヤ人とカトリックのあいだの感情が悪化する。前者がキャプレット。後者がモンタギュー。ジュリエットがユダヤ人。フライヤー・ローレンスは近所の薬屋。ストリートでのけんか。つづけざまに起こる殺人事件——すべて文句なし。しかしそれも、ミュージカル・コメディの言葉でミュージカル・コメディの技術を駆使して、決して〝オペラ的な〟罠におちいることなく悲劇を物語るミュージカルを作るというさらに壮大なアイデアにくらべれば、とりたてて重要なポイントではない。うまくいくだろうか？わが国では、いまだに成功したためしがない。わくわくする。もしうまくいけば——初めての成功となる。ジェリーは脚本にアーサー・ローレンツを推している。彼のことはよく知らないが、『勇者の家』は知っている。わたしは赤ん坊のように泣いたものだ。彼なら大丈夫だろう」

ヘラルド・トリビューン紙はそのニュースを一月二十七日に活字にした。「製作は来年を予定……。ロビンズ氏が前々からあたためていた企画である」

一カ月後、ピッツバーグ交響楽団と南へ演奏旅行に出ているあいだに、バーンスタインはそれ以上の情報を提供した。「この新しい作品のテーマになるのは偏見だ。愛する者どうしを離ればなれにさせるのは、貴族家庭どうしの確執ではなく、ユダヤ人家庭とイタリア人家庭に横たわる偏見になる。音楽は本格的なものになるだろう」彼は付け加えた。「本格的ではあるが、それでいてシンプルで、どんなひとにも理解できるものにしたい」

ところが春をむかえるころに、共同製作者たちは行き詰まった。『ウエストサイド物語』〝日誌〟のなかでバーンスタインは、自分の仕事と旅の日程のせいだと嘆いている。だが、一九五七年に演劇情報誌「プレイビル」に載ったこの日誌とバーンスタインのその期間の実際の生活の場所や日付をくらべてみると、この日誌は八年前に行なわれたディスカッションをふくらませて再構成したものであり、事実関係は不正確であることがわかる。実際には、バーンスタインの欠席は問題ではなかった。彼は四月中旬には体があいていたのだから。だがアーサー・ローレンツは、個人的にも仕事の観点からも、このプロジェクトに複雑な思いをいだいていた。彼は台本の共同作成者として忘れられてしまうのはいやだったし、情事がもたらした必要に迫られて、ニューヨークよりもカリフォルニアに心ひかれていた。

『イーストサイド物語』は、そっと棚上げされた。なんの発表も行なわれなかった――ロビンズ、ローレンツ、スミス、バーンスタインは、それぞれの道に分かれていった。バーンスタインは挫折を味わった。作曲人生の数ある機会のなかで初めて訪れたメジャーな共同製作の話は、エンストを起こし、壮大なプロジェクトが立ち消えになってしまったのだ。事実、一九四九年四月に『不安の時代』が初演されたときから一九五一年五月に『タヒチ島の騒動』がはじまるまでのあいだ、彼は実質的にはひとつも作品を書いていない。

だが彼は、創作活動のために確固たる決意をもって戦闘準備をはじめていた。一九四九年一月にイスラエル・フィルの音楽監督就任の話を辞退したあと、また『イーストサイド物語』もまだ検討段階だったころ、彼はメナヘム・マーラー゠カルクスタインに手紙を書いている。「一九四九年は作曲の年にしようと決めており、四月から一九五〇年までのシーズンの指揮はすべて断念しました。いま劇場作品やその他作品のための大計画がもちあがっています。これは、わたしの人間としての内面的な成長を可能にしてくれることでしょうが、このあちこち駆けずりまわる生活がその成長をさまたげているのも事実です。わたしには自分自身とじっくり対話するチャンスさえありません！」

一九四七年の夏と同じパターンであった。（短いながらも）苦悶にみちた徹底的な状況の見なおし――立ち止まって、最初からじっくりと、自分のなかにある動機を探究しようという固い決意である。そしてそのあとには、以前と同じ精神にもとづいて、長期にわたる消耗的な活動がつづく。こうして一九四九年の一月と二月に、レナード・バーンスタインは、新しいミュージカル作品と完成間近の交響曲にとりくむ合間に、ピッツバーグ交響楽団との七週にわたるシーズンにとりかかった。ピッツバーグで三週間を終えたあと、オーケストラは合衆国南部の州へツアーに出かけた。バーンスタインは二十八日間で二十五回のコンサートを指揮し、ヘレン・コーツに「美しい夏の休日のような、ジョージアの日光浴。すてきなひとたちと知りあえ、美しい景色に出会え、いつもまず最初に見つけてしまう汚いところから逃れることができて幸せだ」と説明した時間のあいだに、『不安の時代』を最終楽章をのぞいてすべてオーケストレーションした。

バーンスタインみずからがピアノ・ソロを弾く『不安の時代』の世界初演は、彼とセルゲイ・クーセヴィツキーとの関係が頂点に達した時期だった。この作品は〝感謝をこめて〟クーセヴィツキーに捧げられ、このロシア人指揮者の二十五年にわたるボストン交響楽団在職期間の最後の月、一九四九年四月八日に演奏された。

長々とフルタイトルで表記するなら〝交響曲第二番『不安の時代』（W・H・オーデンの作品による）〟は、これまでにコンサート・ホールで演奏されたバーンスタインの作品のなかで、もっとも内容の充実した演奏会用作品だった。六部に分かれた八十ページに及ぶ〝バロック牧歌詩的な〟オーデンの詩は、一九四八年にピュリッツァー賞を受賞しているが、長々しく、自意識の強い才気ばしったところがある。評論家のリチャード・ホガートはこれを「華々しく、あまのじゃくで、ばらばら……不首尾に終わった構造の実験」と総括している。バーンスタインは、オーデンの各部のタイトルを音楽の六つの楽章に使用し、この作品は、全体にわたってオーデンの作品形式――大部分は戦時のニューヨークのあるバーを舞台に、三人の男とひとりの女のあいだで交わされる一連の会話（つながった台詞）――を下敷きにしたと主張していた。当時バーンスタインは、聴衆はこの詩をあらかじめ読んでおくことが〝絶対に必要〟であり、この詩は「ひとの心をとらえて放さない、髪の毛の逆立つようなもの……英語の歴史における純然たる名人芸の驚異的な例証である」と語った。だが標題音楽としてスコアを追っていこうという試みは時間のむだであった。バーンスタインは自分の聴衆に、オーデンの想像の世界に入りこんでほしかったのだが、詩の一ページ一ページを反映させるつもりはなかった。しかし、彼はオーデンへの賛美の気持ちも手伝って、この詩に対し必要以上の恩義を口にする誘惑に駆られていたのだ。音楽に使用される言葉には、ときにわくわくさせられるものの、もったいぶったうぬぼれの強いオーデンの詩のような大胆さは、さほど見られない。

「プロローグ」は、二本のクラリネットによる二重奏で、片方がもう一方に〝ピアニッシモ〟で重なってはエコーする。評論家のハワード・タウブマンは、『ロッカバイ・ベイビー』という子どもの歌のフレーズが使われているのに気づき、不安の時代がゆりかごからはじまっていることをほのめかしている。「わたしの知るなかで、もっともさびしい音楽」とは、バーンスタイン本人の表現である。不思議なことに、この音楽にはふたつの部分、ふたつの声部しかなかったが、三番街のバーには四人の人間が集まることになっていた。「プロローグ」は、フルートによる長い下行音階によって終了し、バーンスタインのいう「大方の詩の源である、潜在意識への架け橋」となる。

第一部では、「プロローグ」のあとに、ピアノ独奏のための心地よく不協和な、コラール風の主題ではじまる「七つの時代」が来る。オーデンの作品にもとづく構成であることをはっきりさせるため「変奏1」というタイトルがついているが、これは七つの小品の一番目である。ひとつの〝変奏〟の終わりに現われてきて次の〝変奏〟で発展するメロディやリズムの断片でつながれて、切れ目なく演奏されていく。プログラムの解説で、バーンスタインはこの楽章を「四つの部分からなるディスカッション」であるが「無理のない、いくぶん説教的に響く音《トーン》で」と指示している」。実際には、ピアノ協奏曲のようなもので、ブラームスとラフマニノフを意識的に模倣している。バーンスタインの音楽はその音楽展開の技法においては交響曲的であるが、この作品は交響曲というよりピアノ協奏曲と表現したほうが正確であろう。

夢のなかのような場所、つまり潜在意識の深奥にオーデンがつけた表現からタイトルをとった「七つの舞台《ステージ》」のなかで、バーンスタインは「七つの時代《エージ》」と同じような控え目な雰囲気でさらに七つの変奏をつづけるが、それは彼のベンジャミン・ブリテンへの愛情を思い出させる短いパッサカリアではじまる。そのあとの、金管のためのフーガの書きかたはヒンデミットを思わせ、おまけに少々ショスタコーヴィチ的なところまである。事実、『不安の時代』の第一部――「プロローグ」と最初の二楽章――は、交響曲『エレミア』以上に幅広い要素を織りまぜ、華やかで、その雰囲気と、音楽的にいってハーモニーとメロディの組み合わせのヴァラエティの豊富さは、万華鏡を思わせ、ときに息をのまされる。

第二部の導入部となる緩徐楽章「葬送歌」において、わたしたちは信仰の消え失せた二十世紀に対する嘆きを呼びさまされる。バーンスタインは、彼のいう「ブラームス的といっていいほどのロマンティシズム」でそれに応答する。そして、休みなしに「仮面」がつづく。意表をついた転調がじつに巧みに使われている。ここにはオーデンの作品とバーンスタインの作品の相違が、それまで以上に多く表われている。バーンスタインのスケルツォは、オーデンの陰気な話法をそのまま採用することはせず、五分間、陽気なジャズの浮かれ騒ぎになっている。ボストンの評論家サイラス・ダージンは、「仮面」を「アメリカ的な作風、アメリカ的な表現形式と情感の点で、これほどすばらしい楽章にはお目にかかったことがない……リズミカルな相互作用、微妙な予期せぬアクセント、ジャズの粋をみごとに集めた楽章の勝利である」と評している。

ほかの楽章の大編成オーケストラは、ここではハープとコントラバスと、ティンパニと、さまざまな打楽器で構成される小規模のものとなる、ジャズ的で奇抜なコンビネーションである。独奏者によるシンコペートされたピアノ演奏を、たっぷりと提供したあと、いきなりトランペットで耳をつんざくリフの四つの小節がはじまる。そしてそのあと、莫大なエネルギーは薄れてゆき、〝無〟となる。独奏者はひざに手をおいてすわり、離れたところにあるふたつめのピアノが、ほんの数瞬前の華麗なジャズ風のブラヴーラを嘲笑うかのように、ポロンと奏でられる。バーンスタインが「自我を現実逃避から切り離すような」と表現した、この交響曲でもっとも劇的な瞬間である。

輝きのパレードが石鹼の泡のように消え失せると、バーンスタインは栄光のなかで解決へと収斂するフィナーレ、「エピローグ」に突入する。この楽章は信仰の再肯定を表現している。もっと悲観的なオーデンのテキストには、これほどストレートなテーマを読み取ることはできない。しかし、ここにきてついにオーデンとバーンスタインの思考は、ひとつに収斂するのである。すなわちオーデンの「エピローグ」のなかでは、ユダヤ人の女主人公ロゼッタは、自分のたどってきた人生をじっくりと振り返る。彼女はユダヤ人のバビロン捕囚に言及し、ヘブライ語で一神教を主張して独白を終える。「聞け、イスラエル、われらが領主たる神よ、主はひとつなり」バーンスタインは、このユダヤ人の信条《クレド》に匹敵する音楽をつくり、そのなかに、シンプルではあるが感動をさそう、シナゴーグ音楽に由来するメロディを入れている。

「エピローグ」の作曲にバーンスタインはもっとも苦しんだ。彼は、初演の日まで三週間もない三月二十日になって、ようやく最後のページを完成させることができた。まさに薄氷の思いであった、オリジナル版では、独奏ピアノはずっと沈黙を守っている――音楽のなかに信仰を見つけだそうとする作曲家の奮闘を離れたところから見守る傍観者として――そして、最後の最後に、ピアノ奏者はひとつだけ和音を弾く。それは、信仰をとりもどしたときに人と神が一体となることの象徴である。だがバーンスタインは、決してこのコンセプトに満足してはいなかった。一九六五年になって、彼はこの楽章を書きなおし、オーケストラによる長い前奏のあと、ピアノが議論に加わって、カデンツァでそれまでの楽章を回想するようにした。

改訂版にも、ハリウッドの映画用スコアを思い起こさせる楽節はいくつも存在する。彼がどうしても表現したかった信仰の回復は、純粋なものだったのか？　それとも、一九四九年に彼がプログラムの解説でほのめかしているように、本来の信仰のあるべき姿を人工的に模したセルロイド版だったのか？　音楽の結びへと急ぐあまり、バーンスタインは自分を動かしている動機について頭が混乱し、途方に暮れていたのかもしれない。しかしこの作曲家がスコアのなかで指示しているとおりに、純粋さと静寂のなかで演奏される最終楽章は、圧倒的な愛の心を伝えてくる。まじりけのない、ピュアな美とともに。

オーデンがバーンスタインの作品に与えた影響を過大評価してはならない。バーンスタインはジャーナリストたちに、自分は一九四七年の夏に彼の詩を読んで「ほとんどその瞬間から、このメロディが自分のなかに生まれてきた」と語っている。だが、このメロディが歌いはじめたのは、もっとずっと以前のことだった。冒頭のクラリネットによる二重奏は、大部分が一九三九年にハーヴァードで上演した『鳥』のスコアにある、弱音器をつけたヴァイオリンとチェロのための二重奏に源を発している。三つめの変奏の流れるようなメロディは、一九四〇年ごろにバーンスタインが書いた未出版のヴァイオリン・ソナタに初めて登場しており、「仮面」の魅力にみちた旋律は、もともとは『オン・ザ・タウン』からのもので「エイント・ガット・ノー・ティアズ・レフト」という歌であった。バーンスタインは生涯にわたり、いい音楽をたんすの引き出しのなかでしぼませてしまうようなまねは絶対にすまいと固く決意していた（「エピローグ」の重要な主題である下行四度は、バーンスタインが一九四二年の夏にアーロン・コープランドのところに厄介になっているとき、彼に捧げるために書いたピアノ作品に出てくる）。

バーンスタインは、『不安の時代』の着想をもたらしたもうひとつの要素を、いちども明かしていない。一九四四年七月、『オン・ザ・タウン』を書くためにハリウッドにおもむく直前に、彼はクーセヴィツキーに彼の七十歳の誕生日を祝う手紙をしたためた。「愛と最大の祝意をこめて、あなたの誕生日にちょっとしたメロディをお贈りします。そのうちあなたに捧げたいと思っている曲の、小さなスケッチです。曲を完成したいのは山々なのですが、多忙と込み入った状況のおかげで、いついつにと時期を定めることができませんが、できるかぎり早く完成させたいと努力しているところです！——わたしにとって良質そのものであるあなたに捧げる作品ですから、できるかぎり良質のものにしたいのです。とりあえず、このスケッチをお受け取りください。そして、これがあなたの偉大さに釣りあう作品になることをともに願ってください」

同封の「小さなスケッチ」は『鳥』からとった十六小節のものだったが、これは『不安の時代』のなかで、二本のクラリネットによるエコー二重奏になった。この作品が花開くまでに、およそ五年の年月が流れることになるが、このバーンスタインのもっとも思い入れの強い、もっともロマンチックな作品のひとつには、クーセヴィツキーの精神が影を落としているのを感じることができる。

20　指揮者人生、第一幕の終わり

「長いあいだメリーゴーラウンドに乗ってきて、自分の価値観を見失ってしまった……」

——レナード・バーンスタイン、一九五一年二月

一九四九年の春、バーンスタインはエンパイア・ステート・ビルの影になった五番街の新しいアパートメントに移った。それからすぐ彼はハリウッドにおもむいた。そこでは、MGMがジーン・ケリーとフランク・シナトラの主演で『オン・ザ・タウン』の撮影にかかろうとしていた。ケリーは一九四四年十二月の『オン・ザ・タウン』のオープニングに来ていた。「わたしはこれがものすごく気に入って、その日の夜ハリウッドに電話を入れた」彼は回想している。「アーサー・フリードに電話して、『MGMで、このミュージカルを買い取るべきだ』と進言したのです」合衆国海軍で兵役をつとめながら、自分でドキュメンタリー映画を作っていたフリードは、コーラスを削り、ニューヨーク・ロケで映画の大部分を撮影しようと計画を練っていた。

四年後に正式の許可が下りたとき、プロデューサーのアーサー・フリードはジーン・ケリーの共同監督にスタンリー・ドーネンを起用した。製作スタッフが直面した、もっとも厄介な問題は、ジョージ・アボットが「プロコフィエフ調」と呼んだバーンスタインの音楽の巧妙さだった。スタジオはヒット曲がない

と不満をもらしていたが、妹のシャーリーによればバーンスタインにはまだ自分のスコアに対する法的な権限があった。MGMは五千ドルの顧問料とともに、スコア変更承認権を買い取り、ジュディ・ガーランドのヴォイス・トレーナーでMGMのもっとも成功していた編曲者のひとり、ロジャー・イーデンズが新しく六つの歌を書くことになった。このころにはハリウッドの現場で豊富な経験を積んできていたベティ・コムデンとアドルフ・グリーンが、脚本と作詞を担当することになった。バーンスタインは個人的には、とりたてて才能のひらめきもないロジャー・イーデンズとの共同作業に気持ちをくじかれていた。「ロンリー・タウン」という美しいバラードが、この映画の「メイン・ストリート」という陳腐な歌のために省かれてしまった。しかし、映画用にどんどん脚色されていく状況にストップをかけるのは不可能だったし、この映画の良質のユーモアを否定することもできなかった。映画版は、ちょうど一九四九年のクリスマス休暇に間に合わせて、ニューヨークのラジオシティ・ミュージックホールで封切られたときには、かなりの好評を博した。「楽しい映画」と、ヴァラエティ誌は評した。「コメディの陽気さと、軽快なナンバーの数々」と。バーンスタイン本人は、あまりの変更に内心おだやかならぬものを感じていたが、つとめて平静をよそおった。彼はある記者に『オン・ザ・タウン』は「ハリウッドが生んだミュージカルの最高傑作」であり、「それは、わたしが気に入っていたバラードがいくつか省かれたからでしょう」と並々ならぬ自制心をもって付け加えた。

バーンスタインは第二幕のバレエ曲に一週間を費やした。すでにソール・チャップリンが、ジーン・ケリーの振付けに対する強い要望に合わせてオリジナルのダンス・ナンバーのいくつかのセクションを切ったり貼り合わせたりしていた。「バレエを短くする必要があったんです」ケリーは話している。「レニーとMGMで徹底的に作業にとりくみました。いっしょにものすごいスピードで、ものすごく陽気に仕事をしました。ほんとうに相性のいいふたりだったから。わたしたちは毎晩のように［わたしの家で］歌ったりピアノを弾いたりして楽しい時間をすごしました」

この真夏の憩いのあと、バーンスタインは指揮の仕事にもどった。マーラー＝カルクスタインに送った手紙から予想される断絶のことはもう頭になかった。まず彼は、フィラデルフィア管弦楽団の野外音楽堂ロビン・フッド・デルで三つのコンサートを行なった。そのなかには、ソリストたちが〝思いつき〟、アーネスト・ノックが〝まとめあげ〟た『トリスタンとイゾルデ』のコンサート・ヴァージョンもあった。バーンスタインの頭にとりついて離れなくなった作品との初めての出会いだった。トリスタンは、戦前のベイルートにおいてこの役を歌ったことのある、あの偉大なラウリッツ・メルヒオールが演じた。イゾルデ役のヘレン・トローベルは黒いドレスを身にまとい、まばゆいばかりの輝きを見せていたが、明らかにそれとわかるつけまつげをつけて効果を弱めてしまった。「まるでブラジャーをつけたミロのヴィーナスのようだった」と、ある不遜なジャーナリストは評した。

七月と八月のタングルウッドで、バーンスタインはまたクーセヴィツキーのチーフ・アシスタントをつとめた。ふたりは、いっしょに『不安の時代』を再演した。「仮面」を学生全員が口笛で吹き、クーセヴィツキーはこれを「高貴なジャズ」「幅広いものをとりこんだ非常に折衷的な」と評した。オリヴァー・スミスが、わざわざこれを聴きにやってきた。彼は、『不安の時代』のスコアに合わせて踊るジェローム・ロビンズの新しいバレエの舞台装置を担当する予定になっていたのである。

八月二十五日、バーンスタインはシャロンで家族といっしょに三十一歳の誕生日を祝った。その二日後、彼はニューヨークでもパーティを開いてもらい、ジュディ・ガーランドはピアノの前のバーンスタインと声を合わせて歌い、そのあとレイ・ボルジャーが彼女に合流していっしょに踊った。バーンスタインがニューヨークにやってきてこのかたなかったような、おだやかな時間だったが、その大部分は作曲――ウッディ・ハーマンのためのジャズ作品と、新しい『ピーターパン』のための歌――と、次の指揮のシーズンにそなえるための長く単調な仕事に注ぎこまれた。しかし彼は、危なっかしいくらいのスピードで社交生活をつづけていった。「パーティ漬けになっている。おびただしい数のパーティに、ぼくにはめずらしいくらい、どっぷりと漬かっている」彼はダートマス・カレッジの弟に手紙で知らせている。彼は週に三度のスカッシュで、体内に取りこんだアルコールを排出していた。

リリアン・ヘルマンの戯曲『小狐』をもとにしたマーク・ブリッツスタインの新作オペラ『レジーナ』が、十月三十一日にブロードウェイで封切られる前に、バーンスタインはニューヨーク・タイムズに、これは真のアメリカ・オペラに通じる道のりの一里塚であるとする批評眼にみちたエッセイを掲載している。だが『レジーナ』の評判はまちまちだった。一カ月もすると、客足はおとろえ、『レジーナ』を支持した著名人十一人によるニューヨーク・タイムズの推奨広告――バーンスタインのほかに、コール・ポーター、テネシー・ウィリアムズ、モス・ハートもいた――も、それを救うことはできなかった。ブロードウェイの観客たちは、音楽劇場における実験には興味がなさそうだった。

バーンスタインの客演指揮者としてのシーズンが、一九四九年十一月にボストンではじまった。クーセヴィツキー財団の承認を得て、オリヴィエ・メシアンの交響曲『トゥランガリーラ』を上演した。『トゥランガリーラ』は愛を意味するサンスクリット語で、メシアンの十楽章からなる交響曲は官能と酒宴の騒ぎが交互に表現される。そのエキゾチックなオーケストレーションには、ミュージカル・ソーに似た音を出す電子鍵盤楽器オンド・マルトノも含まれていた。『トゥランガリーラ』は、一九四五年に、前衛スタイルにおいて最高のものを嗅ぎあてることについてはめったに失敗することのなかったクーセヴィツキーの依頼で、ボストン交響楽団用に作曲された曲である。メシアンが構内寄宿の作曲家として一九四九年のタングルウッドの夏をバークシャーですごしたとき、彼らの結びつきはさらに深まった。クーセヴィツキーは『トゥランガリーラ』が、一九一三年にストラヴィンスキーの『春の祭典』が与えたような衝撃を戦後の音楽界にもたらすことを願っていた（これは期待外れに終わった）。メシアンは事前にパリからバーンスタインに手紙を書き送っている。「わたしは四十一歳、愛と希望と音楽に関する探究をすべてこの交響曲に注ぎこんだ。しかし、わたしはあなたが天才であることを知っているし、あなたがわたしの思いどおりに指揮をしてくれると思っています」ボストンで評論家たちは、作曲家の要望による打楽器の山と、イヴォンヌ・ロリオの華麗なピアノ演奏に大きな感銘を受けたが、クリスチャン・サイエンス・モニター紙は次のように評している。「ボストンの人々が苦しむとしたら、沈黙のうちに苦しむであろう」

『トゥランガリーラ』は七十五分という長さにわたって切れ目なく演奏されるように作られており、バーンスタインが第五楽章のあとにインターバルをおいたのは計算ちがいだったかもしれない。勢いは失われ、それとともに、この作品にコンサート・ホールのレパートリーとして確固たる地位を与えている〝喜びが蓄積されていく感覚〟も失われてしまった。しかし、じつはバーンスタインがこの作品に休憩を入れたのには、やむをえない事情があった。組合の規定で、奏者は休憩をとらずに一時間以上の長さにわたって演奏することができなかったのだ。これによって欲望充足が妨げを受けたにもかかわらず、同じ週にカーネギー・ホールでバーンスタインがこの『トゥランガリーラ』を指揮したとき、アーヴィング・コロディンは「まさしく目を開かれる体験」と無邪気に称えた。しかし、ほかの評論家たちはきびしい批判を浴びせた。セシル・スミスは「ハリウッドの最高のくず作曲家たちは好敵手を得た」と評し、バーンスタインとはハーヴァード時代からの旧友であるアーサー・バーガーは「見せかけだけもいいところのナンセンスを集めた、おどろくべき演奏」と総括した。

同じ日の後刻、まだカーネギー・ホールにいたボストン交響楽団は、楽団はじまって以来初めてテレビ出演をした。レナード・バーンスタインは体調の思わしくないセルゲイ・クーセヴィツキーのかわりに、世界人権宣言採択一周年の記念行事に出席した。その野心的なプログラムのなかでは、イェフディ・メニューインがバッハを弾き、エレノア・ローズヴェルトと初代国連事務総長トレクヴェ・リーがスピーチした。アーロン・コープランドはこのイベントのためにNBCの依頼を受けて、彼の語り手とオーケストラのための『荘厳な儀式のための序言』の歌詞に、聞くひとの心を揺さぶる国連憲章序文の文句を使用した。この語りは、映画のハムレット役の成功が記憶に新しいローレンス・オリヴィエがつとめることになっていた。オリヴィエはこのパフォーマンスのためにロンドンから飛行機でやってきて、悪天候で遅れはしたが、リハーサルのなかばに到着した。ゆっくりとした荘厳な序奏のあるコープランド作品の、いつどこで登場すればいいか、だれも前もって彼に教えていなかった。指示を求めるオリヴィエのいらだたしげな声がホールじゅうに響きわたった。「さあ、どうすればいいんだ、レニー？　うすのろの新米みたいにここにぼーっと立っていろというのか？」本番では、オリヴィエは適度に荘重な感じで語り手をつとめていたが、バーンスタインの個人的なアンソロジーのなかでは、はつらつとした感じのフレーズが聞かれる。

十二月にバーンスタインは、J・M・バリーの戯曲『ピーターパン』の新しい作品用に付随音楽を書くために、フロリダで休暇をとった。ジーン・アーサーとボリス・カーロフがピーターとフック船長を演じる予定だった。バーンスタインは、彼いわく、J・M・バリーのファンタジーに「夢中になって」、求められた以上のものを引き渡した。依頼を受けたダンス音楽いくつかと、断片的なムード音楽のほかに、彼は海賊たちのためのコーラスをふたつと五つの歌を作詞作曲した（製作は、バーンスタインがヨーロッパに渡航した一カ月後の一九五〇年四月二十四日に、ようやく開始される。出発前に、彼はマーク・ブリッツスタインに土壇場でなにか問題が起こったらその処理にあたってほしいと頼んでいた。ブリッツスタインはオープニング・ナイトの一週間前にイタリアにいる彼に手紙をよこした。「きみがなにげなくいった〝（『ピーターパン』で）作詞になにか問題が起きたらマークに相談しろ――彼がぼくの代理人だ〟という台詞のおかげで、ありとあらゆる種類の果実が実った。未熟なもの、熟したもの、腐ったものありだ」

最高の歌「ドリーム・ウィズ・ミー」をカットしなければならなくなった。書きなおした歌詞に対するブリッツスタインへの報酬は、バーンスタインの印税から支払われた。「少ない額にびっくりするな。二百ドルだ。ぼくも、たいしたことはしなかった」彼はバーンスタインに告げた。「きみに迷惑をかけるに充分なていどのものだ」）。

『ピーター・パン』は大成功をおさめ、バーンスタインはブロードウェイで、年内に一万二千ドルを超える報酬を手にし、批評家たちからも全員一致の好評を博した。「レナード・バーンスタインは本格的な作品の手を休め、無邪気なものになるのを恐れずに、メロディの美しいカラフルでドラマティックなスコアを書いた」とブルックス・アトキンソンはタイム誌で評した。バーンスタインの作った歌は、子どもの心の天真爛漫さを表現したものであるし、『ピーターパン』のキャストの歌唱力に限界があるために、連作歌曲集『音楽は大嫌い』のなかのどれよりもシンプルで全音階的である。しかし〝本格的な作品の手を休めた〟というのは的外れで、バーンスタインはこの音楽で〝本格的かつシンプル〟な表現を探究している。これらの歌は、彼のオペラ『タヒチ島の騒動』にいたる道のりへのささやかなステップとなった。そして、四十年間、不当にも認められなかったものが、ようやくいま、コンサート・リサイタルのレパートリーの地位を確立しようとしている。

バーンスタインはまだ作曲家としての道を模索していたのかもしれないが、指揮者としては、すでにクーセヴィツキーからニキッシュにいたる偉大な系譜の一部となっていることを意識していた。バーンスタインは当代の偉大な指揮者たち——ブルーノ・ワルター、ピエール・モントゥー、ジョージ・セルら——と結んだ親交を誇りに思っていた。もっとも伝説的な人物はトスカニーニだった。彼とは、フィラデルフィア管弦楽団のためにベルリオーズの『ロミオとジュリエット』からの抜粋を含むプログラムを準備していたときに再会を果たした。彼はトスカニーニの録音に、そして「ラヴ・シーン」でふつうよりかなりゆったりしたテンポがとられていた生放送にも耳を傾けた。トスカニーニに手紙を書いて、実際に会ってスコアのことで相談に乗ってもらえないかと頼みこみ、マンハッタンから北へ数マイルのリヴァーデイルにあるマエストロの〈パウリーネ荘〉でお目通りがかなった。「変わったひとだった」バーンスタインは述懐している。「階段は一度に一段おきに駆け上がり、そこいらじゅうをはねまわっていた」トスカニーニは、トスカニーニにはひとつの正しいテンポしかありえないと主張した。しかし、老人はラジオ版と録音版をもういちどよく聴いてみると約束してくれ、二、三日後に、例によって赤インクでバーンスタインに手紙をよこし、録音版のテンポのほうがずっと速いことを認めた。「それと、もうひとつの事実をわたしは確認した」手紙はつづけていた。「すなわち、それがどんなに知性に恵まれた者でも、人間はときに、いささかばかなことをする可能性があるということだ……。老いぼれのトスカニーニもしかり。きみが温かい手紙をくれ、親切に訪ねてくれたおかげで、ほんとうにうれしい思いをした……。四十歳は若返った気分になった」

バーンスタインがカーネギー・ホールでフィラデルフィア管弦楽団を指揮したとき、ポスト紙のハリエット・ジョンソンは、彼の「抑制のきいた味わいのある」指揮は、たえず上達していると語った。「彼は自分の演奏している音楽の本質に圧倒されてすらいる」と、彼女は述べている。マーク・ブリッツスタインも同様に批評眼にみちた文章を走り書きしている。

親愛なるレニー

ファンレターを書くのは苦手なんだが――昨夜のベルリオーズにはまいった。作品とオーケストラと指揮者の連鎖にあれほど圧倒されたことは記憶にない。あれには、美しく大げさなところのない口マンティシズム、何年か前にスコアを吟味したときにぼんやりと感じた作品に内在する悲劇的な感覚が感じられた。まさにオリジナルそのものだ！　そして、技術的な腕の冴え、音のつや、きみの演奏がもたらすリズミカルな軽妙さは、単なる喜びではない。大いなる霊的体験――めったにないことだが――を支える目に見えない喜びだった。

これできみをきちんと表現しつくしているだろうか？　ぼくはこれを真剣に考えたし、きみのことも真剣に考えた。サンキュー、ベイビー。

マーク

一九五〇年の冬のシーズンに、バーンスタインはピッツバーグ、デトロイト、ロサンジェルス、サンフランシスコを訪れた。旅のさなかの一月十五日、彼はコロンビア・レコードと初めて契約を交わした。のちに社長となる友人のゴダード・リーバーソンが〝殊玉の作品シリーズ〟のディレクターをつとめていたのだ。やがて彼のもとには、クラシック音楽のプロデューサーとしてデイヴィッド・オッペンハイムも参加することになる。この契約を皮切りに、四半世紀以上にわたる実りある友情がはじまり、そのあかしとして何百ものレコーディングが行なわれた。最後にバーンスタインは、これもコロンビアと契約していたお気に入りのジェニー・トゥーレルといっしょにレコーディングすることができた。最初のプロジェクトは、コロンビア交響楽団の伴奏によるラヴェルの歌曲『シェヘラザード』と、バーンスタインがピアノを弾くムソルグスキーの『死の歌と踊り』だった。ニューヨーク・フィルハーモニックの公演が終わった二月には、コロンビアはルーカス・フォスをピアノ独奏者にむかえて『不安の時代』のレコーディングも行なった。

ニューヨーカー誌のあるジャーナリストは二月の最後の数日を「不安の週」と呼んだ。二十六日にバーンスタインは、カーネギー・ホールの午後のコンサートで管弦楽曲版の『不安の時代』を指揮し、またこの同じ音楽を背景にしたジェローム・ロビンズの新しいバレエも同じ日の夜にシティ・センターで上演された。二十八名のダンサーが踊るこのバレエは、一九四六年の『ファクシミル』と同じくらい舞踊評論家の意見が割れた。ロビンズの熱心な支持者であるジョン・マーティンは「身震いするくらいすばらしい作品」という見解を打ち出したが、ニューズ誌のダグラス・ワットは、「人気取り的な、うんざりするくらいセンチメンタルな作品」と評している。ニューズウィーク誌は、観客は立ち上がって「『ファンシー・フリー』以来おそらく並ぶもののなかったほどの」拍手喝采を送ったが、オーデンの詩からとった「コロッサル・ダッド」のキャラクターは「竹馬に乗ってフードをかぶった養蜂家のようないでたち」といってばかにしていた、と報告している。

ニューヨークでバーンスタインが作曲家、指揮者の両面で活躍していたため、ルイス・ビアンコリは「ワールド・テレグラム」で、分析的内容のインタビューを行なった。そのなかでバーンスタインは、自分のことを二重人格と語った。彼の語ったところによれば、彼のなかの作曲家が代表しているのは「力強い精神生活を送る内省的な人物です。その主な行動様式は、霊感を感じたときに家に閉じこもって曲を作ること。彼は力強い私生活を送ることもできる。それに対して、指揮者は外向型。彼はつねに聴衆や、オーケストラ、評論家と——人々と、おびただしい数の人々と——活動をともにする。言い換えれば、彼はパフォーマーなのです。ここには根本的な葛藤があります。指揮者のときには、あまり私生活というものをもてないことになります」

この〝分析〟の二日後、彼の外交的な人格のもつべつの側面がレナード・ライアンズのコラムに登場した。「先週、三度《みたび》カーネギー・ホールを満員にしたレナード・バーンスタインは、指揮者と演奏家のための新しいファッション情報を紹介した——ホワイト・タイと燕尾服に、黒いカウボーイ・ブーツ、あるいはモカシンという……」しかしバーンスタインの私生活は、まだ混乱のきわみにあった。一月に、ウォルター・ウィンチェルが、「マエストロ・レナード・バーンスタインとフェリシア・モンテアレグレは、間際になって華燭の典の予定をキャンセルしていた」とコラムに記事を書いた——婚約破棄から二年が経過していたというのに。記事がむし返された理由は、一九五〇年一月にバーンスタインがピッツバーグを短期間おとずれたときのピッツバーグ・プレス紙のゴシップ・コラムにまでさかのぼることができる。「女性たちよ、がっかりするのはまだ早い——美貌の男レナード・バーンスタイン、音楽界の多才の男は、いまでも大いに結婚相手の資格がある。過日このコーナーで、彼はテレビ界のナンバーワン女優、フェリシア・モンテアレグレと結婚すると書いた。ところが、そうでなくなった。ふたりはいちどは婚約したものの、結婚にいたる手前でロマンスは破綻を見たのである」バーンスタインの手帳は、そのとき彼がだれに会うことになっていたかについて、いくつかのカギを提供する。フェリシアの名前は載っておらず、それどころか、彼女はほかの男性とロマンスの最中だった。

フェリシアは一九四七年以来、女優として大躍進をとげた。あらゆるショーが生放送で行なわれていたころ、テレビ・ドラマという新しい世界で彼女は影響力をもつ人間と見なされるようになった。一九四九年の終わりに、〈モーション・ピクチャー・デイリー〉がアメリカのテレビ編集者を集めて行なった投票で、フェリシアは〝もっとも将来性の高い女性スター〟に選ばれた。一九五〇年が春をむかえるころには、彼女が要求するテレビ出演料は、七百五十ドルから一千ドルといったところだった。またブロードウェイでは『ハッピー・タイム』という戯曲でエヴァ・ガボールのアンダースタディをつとめていた。ガボールの相手役は、若くて威勢のいいリチャード・ハートという美貌の俳優で、フェリシアは彼に恋をした。彼女の恋にはいくつか障害があった。ハートは大酒飲みで、酒が入ると暴力をふるった。そのうえ、彼には妻と三人の子どもがいた。だが友人たちは、彼への思いはフェリシアの人生最大の恋だったという。ふたりはマンハッタンのウエストサイドに家を建てた。バートン・バーンスタインが夕食にふたりを訪ねたとき、ハートは〝酔っ払って〟いた。シャーリー・バーンスタインもフェリシアと親しい間柄で、レナードそのひとはハートといっしょのフェリシアと出会ったのかもしれない。いずれにせよ、SSアトランティックでヨーロッパに旅立ったとき、彼の心は彼女のことでいっぱいだった。

バーンスタインのイタリアにおける混乱にみちた三週間の指揮シーズンの消耗的な雰囲気は、トリノからバートンに送られた手紙に要約されている。「彼らはわたしの燕尾服を、コンサート開演の一時間前にナポリのホテルで紛失してしまい（開演時間は六時で、リハーサルは四時までつづき、寒けや発熱を訴える者が多く、ホールはうすら寒かった）、ミラノではラヴェルの途中でピアノが壊れ、どの町へいっても、かならずなにか困った事態が起こる。それにしても、なんという楽しみと怒り！」

彼は、ピアノを弾きながら指揮をする『不安の時代』を十回も演奏する過酷なコンサート日程をこなすべく、イタリアからイスラエルにわたった。両親は五月一日にハイファを訪問した。彼らが帰っていったあと、彼はアレクシス・ワイセンベルク、ジェニー・トゥーレル、ヘレン・コーツとともに勇躍、紅海のエラースへの旅に出かけた。そこに駐留しているイスラエル軍の前で演奏するためだった。ドルーズ派のかぶりものを頭に乗せ、明るい縞模様のプルオーヴァーを着た慰問音楽家たちは、小さなオープン・ドア式の軍用機で現地に降り立ち、日没に、整列した兵士たちを見下ろすクラブハウスのバルコニーから演奏した。この当時バーンスタインの熱いまなざしを受けていた才気縦横の陽気な若者〝シギ〟・ワイセンベルクは、ポピュラーなピアノ曲を弾き、聴衆のリクエストにこたえて偉大なピアニストたちを模した演奏をし、いっぽうジェニー・トゥーレルは『カルメン』のなかの歌やイディッシュの歌をバーンスタインの伴奏で歌った。最後に、バーンスタインは説得を受けて——気が進まないと固辞したあとで——ピアノを独奏させられるはめになった。ハアレツ紙の地元通信員は、彼独特のコンサートの性格をつかみとった。「バーンスタインはピアノに近づく――重労働にかからねばならない人間のようにシャツを脱ぎ［ピアノは調子がおかしく、〝頑固でいうことをきかない牛のような〟反応しかしてくれない］、ガーシュウィンの『哀しみのラプソディ』を弾きはじめる。全身全霊をこめて演奏し、ピアノと格闘する。最高の演奏を引き出すためのむきだしのファイト。終了したとき、彼は疲労困憊の表情で、仲間たちに『こんな不可思議きわまる最高のコンサートは初めてだった』という」

真夜中に音楽家たちは紅海に泳ぎにいった。慎み深くも、この一団はふたりずつ立ち去って、一見青光りして見えるたがいの体が水のなかをすべっていくのを観察し、夜の美しさを満喫した。彼らがようやくベッドに入ったときには四時になっていた、とハアレツ紙は報じている。

シャーリーは、ニューヨークからレニーのもとへフェリシアに関するニュースを送りつづけた。バーンスタインがイスラエルでの二カ月にわたるコンサート・シーズンのあいだに妹に書き送った返事の手紙は、彼が心の奥で劇的な気持ちの変化を経験していたことを教えてくれる。四月二十六日には、ヘルズリヤからこんな手紙を送っている。

きみがちょうどいまフェリシアのことを知らせてくれるというのは奇妙な話じゃないか！　ぼくがアメリカを発ってから、彼女はとぎれることなくぼくの頭を支配し、彼女が――自分にとって――どういう存在なのかはっきりわかるようになってきた。ぼくの愛のメカニズムを始終じゃまする障害はそこかしこにあるけれど、本当は、心の底から彼女を愛していたんだ。海の上で、ぼくの心に浮かぶのは彼女のことだけだ。ほかの女の子たち（そして――あるいは――男の子たち）は、どうでもいい存在だったんだ。これまでずっと猛威をふるってきた、どちらの性にも自動的に引きつけられてしまう現在の性向さえ、たいしたことではなかったのだ。彼女との大切な交わりがずっと意識にある——それを色褪せさせるいまいましい緊張と切り離されたかたちで、はっきりとわかる。そして恐怖は薄い空気のなかへ溶けていく。生まれて初めて嫉妬の気持ちをおぼえている——彼女の最近の状況に、またD・H［ディック・ハート］が彼女にひどい仕打ちをしていることを知って、憤りの念がふくらんできている。こうして、自分と彼女がたがいのために存在することがはっきりわかった。おたがいに、相手にすべてを与えることができることを。四七年に計画したあの時点では、結婚するのはまちがいだっただろうという気持ちは、いまも変わらない。当時はふたりとも、若い人生の複雑な緊張にさいなまれていたからね。いまはちがう。明日にも彼女と結婚したい。この二年ばかり彼女がどんな人生を送ってきたかなど、どうでもいいことだ。もちろん知るにはやぶさかでないし、すごく知りたいとは思うけれど。

船の上で、ぼくはこんな気持ちにとらえられていた——それだけじゃない、彼女が困った状況にあって、だれかの助けを必要としているという容易ならぬ直観をおぼえている。彼女が必要としているのが、ぼくであってほしいものだ。あまりにこの確信が強いため（大西洋の真ん中では、直観による推理がじつに容易になることは、認めなければならないが）ぼくは、自分を駆り立てる衝動を説明する手紙を彼女に書いた。書いていてすまない気持ちになった。カリフォルニアで彼女が苦しんでいたとき——それだけじゃなく、ぼくらの〝婚約期間中〟もずっと——彼女に与えた冷たい仕打ちを心からすまないと思っている。手紙を投函したあと、悪いことをしてしまったのではないか、ハートとのいい関係をぶち壊してしまおうとしているんじゃないか、あるいは一瞬の孤独がもたらした衝動に負けてしまったんじゃないか、と心配になった。しかし、ぼくは知るだろう、何週間かあと、その衝動がどれほど純粋で、どれほど深いものだったかを……。

この手紙は直接彼女のもとに送りたいが、彼女に初めて送った手紙がどうなったか知らないぼくは、躊躇している。きみを仲立ちにしようというつもりはない――ぼくの、彼女に自分の気持ちを伝えたいという切なる願いをきちんと理解してくれているのはわかっている。海外に出ると、いろんなことが鮮明にわかってくる――牛の巣［父親サムのフレーズ］が、きれいに取り払われる。親しい友人たちは、彼女はぼくに合わないうんぬんという。しょせん、性的な修正の必要がない心理的子宮にすぎないのだ、うんぬんと。ぼくの気持ちは分析とはかけはなれたところにある。ぼくが望むのは自力でひとの力――とりわけ、ミス・ネル［ルネ・メル］のような個人的な甘やかしのたぐい――を借りずにうまく対処することだけだ。

フェリシアはどうしてる？［エヴァ・］ガボールは降りたのか？――そんな話を聞いてたが――フェリシアが代役をつとめるのか？　彼女はまだあのショーをやっているのか？　彼女は自分の仕事のことをどう考えているのだろう？　体を壊したりしてないか？　もちろん、彼女から直接聞ければそれに越したことはないが、それが不可能だとしたら、きみから聞かせてもらいたい。きみたちがまた親しくしていると聞いて、興奮をおぼえている。きみたちは、いつもそうあるべきなんだ。おたがいに与えあえるものがたくさんあるんだからね。

もうひとつだけ。昨夜ついに、彼女を見つけていっしょに問題を解決する夢を見た。つらい夢だったが、豊かな思いに満たされていた。そして、目がさめた瞬間、ぼくたちのあいだに横たわっている何千マイルもの距離に、はっきりしない疑念と、それを知ることのできない現状に、さびしい思いをした。彼女が飛行機でイスラエルにやってきて、エルサレムで結婚するという白昼夢にふけっている――ぼくの世界は抽象世界と観衆のいないパフォーマンスから、現実世界、創造の世界、モンテアレグレ＝コーンの、スペインとフランスと旅と休息と愛と温かさと親密さの世界へと変化する。自分がどれほど指揮者の生活に浸かっているか、いかに精神生活、つまり作曲とフェリシアを欲しているか、この何週間かほど強く感じたことはかつてない。自分が作曲を完全にやめてしまうことは、おそらくないだろう。しかし、この七年間のような激しさと力強さは決して望めないだろう。

三週間後に書かれたシャーリーへのふたつめの手紙で、バーンスタインは自分のホモセクシュアル的本能に抵抗する能力を検証している。

……ずっとフェリシアとの架空の生活のことばかり考えていた。海辺で彼女がぼくのそばにいるとき、イエメンの衝撃的に美しい少年がそばを通る——そんなときかならず条件反射的に姿を現わす小悪魔の正体を調べあげる——そしてためしてみる。その幻想的な瞬間、そこにフェリシアがいっしょにいてくれれば、カムシン［春にサハラ砂漠からエジプトに吹く熱風］はとつぜん消え去り、新しい風——海からの西風——が吹いてきて、聖なる足音とともに熱を吹き払ってくれ、試練は乗り越えられる。精神分析の本に昔から書かれている部分がいかに真実をついているかには、おどろかされる。「自分といい関係を築くことが、周囲との関係を形作るさいには必要不可欠である」この自分との関係を、ぼくは見いだしはじめている。人間関係における自分の心臓部を発見した（言葉、これまでは言葉だけ）——静かに照りつけるエネルギーの中心、それはいつもフェリシアだった。強迫感にとらわれ、神様の命じるままパターンのはっきりしない道を突き進む暮らしを何年か送ったいま、これはどういうヴァイブレーションか知っている——これはひとつの啓示なのだ。悪魔は姿を消すのではない。出番がめぐってくれれば、悪魔はいまでもぼくをつついてくる——フレンチホルン奏者、エルサレムの芸術家、しかし昔なら先のこともまったく見えず、あとにつづく虚しさに気づきもせずに、いそいそと彼らのあとを追っていただろうが、もうそんなことはなくなった。だから、悪魔は縮んで小さくなっている……。

ぼくは、ぼくたちのことにそんな確信をおぼえているし――固い結びつき、家、子ども、いっしょに出かける旅行などを含めた現実的な未来が存在することを知っている――これまでめったに感じたことのないやさしい気持ちになっている。たいへんな放浪を重ねてきた彼女に慰めを与えてあげたいし、そうすべきだと思う。ひとつだけ――なぜ彼女は苦しみを引き延ばそうとするのか？　きみが考えているように、彼女自身もいまの生活がずっとつづくわけはないと確信しているのか？　そうであってほしい――ぼくは、ある全能なる源から、ディックはほかのことをするために創られたことを知った。そして、フェリシアはぼくのために創られたことを……。

一カ月後、イスラエルのシーズンが終わろうとしているころ、バーンスタインはまだ自分の未来をフェリシアとともに築く、という考えにとらわれていた。彼はシャーリーに、またイスラエル・フィルから、オーケストラを引き継いでくれないかと打診され、引き受けたい気持ちはあるが、そばにフェリシアがいてくれないかぎりは不可能だ、と告げている。彼は、彼女が仕事を捨てて自分の妻になってくれることを望んでいた。しかしフェリシアは、ディック・ハートを深く愛していた。彼女の夢を支えているのは、エヴァ・ガボールの役を引き継いで、自由の身になったときには結婚したいと思っている恋人と同じステージに上がりたいという希望だった。一九五〇年の夏、彼女は自分の気持ちをレナード・バーンスタインにひたかくしにしてきた。彼女は二十八歳で、自分の人生と折り合いをつけはじめていた。

彼女の拒絶の意も知らずに、バーンスタインは自分の音楽に打ちこんだ。エルサレムのお別れのコンサートで、彼はマーラーの『大地の歌』を指揮した。「最後のコンサートが終わると、ただのろのろと立ち去ってどこかで死んでしまいたい気持ちになる。これで指揮はおしまいだ。もうやめられるのだ」と、彼はシャーリーに告げている。一週間もたたないうちに、彼はまたオランダ・フェスティバルでマーラーを指揮していた。ニューヨーク・タイムズはこれを「有無をいわさぬ圧倒的な啓示」と評した。バーンスタインのマーラーとの一体感は、信じられないほど強くなっていた。「わたしはマーラーの音楽を深く愛している……。ときどき、彼の苦境は自分の苦境と同じものだったのだとはっきり感じる。マーラーも音楽に〝とりつかれ〟た人間で、彼の作品も指揮者としての仕事の合間に生まれたものだった……。マーラーの作品を演奏していると、自分の音楽を演奏しているみたいな気持ちになる」

バーンスタインがアメリカに帰国すると、タングルウッドが不穏な雰囲気に包まれていた。高齢のクーセヴィツキーは、もうこれ以上自分の家の主人をつとめることはできなくなっていた。彼はふだんはまだバークシャー・ミュージック・フェスティバルの監督だったが、ボストン交響楽団の理事会は彼に相談なく、ミラノのスカラ座の音楽監督ヴィクトル・デ・サバタを招いてコンサートの指揮にあたらせた。バーンスタインはイスラエルの作曲家たちの音楽に見られるナショナリズムについて講演し――彼は迫りつつあるイスラエル・フィルのアメリカ・ツアーのプログラムを準備しているあいだに何十ものスコアを読んできた――ボストン交響楽団との通例のコンサートをふたつ指揮した。三週間の教授活動のなかで、彼はチャールズ・ロスという名の若い聴講生を選び出し、彼に学生オーケストラとともに『トリスタンとイゾルデ』の前奏曲を指揮するチャンスを与えた。ふたりのあいだには短い友情が花開いた――そして、バーンスタインの五十代の中頃に、また復活する。

その夏バーンスタインは、六年間忠実に、(もしかすると)ときには必要以上に彼を支えてきたヘレン・コーツを思いがけず解雇することになった。七月にオランダからコーツに送られてきた手紙には、彼女に対する不満を思わせるものはなにひとつなかった。ところが、ニューヨークにもどってきてフェリシアと会ったバーンスタインは、フェリシアは彼のために恋人や仕事を捨てるつもりはないと知らされた。彼女が口にしたであろう問題のひとつは、彼の人生のあらゆる局面を切り盛りしていて、さらにはどう見てもふたりの婚約に不満をもっていたとしか思えないヘレン・コーツに、バーンスタインが頼りきっていた点だった。「もう彼女は怖くないわ」フェリシアは一九四七年に書いている。「彼女を見ると頭にくるだけ」バーンスタインは、自分が新たに発見した心のよりどころはどこにあるかを証明したかったのかもしれない。あるいは、彼がシャーリーに手紙で書いているように、コーツが彼をいらいらさせはじめていたのかもしれない。八月七日、彼女によれば、彼女がまだ「海外に派遣されている」あいだに、彼は彼女に解雇を告げる破滅的な手紙を書き送った。

彼女がニューヨークにもどってきたとき――バーンスタインはすでにヨーロッパにもどっていた――に書かれた怒りの返事は、海外に行っているあいだにクビにするというのは倫理にもとるやりかたではないかと訴えていた。「あなたには自分のやりたいように人生を送る権利があります」彼女はつづけている。「あなたがいう〝わたしたちのパートナーシップ〟のなかであなたが述べた困難には、わたしはまったく気がつきませんでした……。わたしに頼りきってしまっているとおっしゃいますが……それは、あなたがわたしにどんどん物事を任せるようになった結果ではありませんか……。財務やお金にまつわることを考えずにすんだらどんなに気が楽かと、あなたはわたしにいいました……。あなたの人生に〝深入りしすぎて〟いるという点については、わたしをできるかぎりそこに引きこもうとしたあなたに、半分なりと責任があるはずです……。わたしにいえるのは、わたしは自分の能力にかなう最善の仕事をしたし、あなたにこの身を捧げつくす気持ちからそうしてきたのだということです。わたしはずっと、ひとりの人間としてのあなたに、そして音楽の天才であるあなたに大きな信頼をいだいていましたし、この六年のあいだ、できるかぎり自分を無にしてその両者に仕える以外の欲望はもちあわせていませんでした」

ヘレン・コーツは、自分はバーンスタインの毎日の生活を管理するよう求められていたのだと説明している。彼女は、ひっきりなしにかかってくる電話に応対し、アポイントメントをとり、彼と彼を訪ね求めるおびただしい数の人々を仕切るカーテンの役目をつとめ、オーディションの手はずをととのえ、「あなたの求めに応じて」みずからオーディションを行なうことさえあり、手紙を書き、彼の服の世話をし、彼の旅行の準備と片づけをし、その他もろもろ……。ニューヨークで彼女は、自分は「あなたの六度の引っ越しのさいには、あなた個人のあらゆる持ち物を、事務用品を、レコードやその他もろもろを詰めこみ、それをまた取り出して、アパートメント、倉庫の転出・転入にかかる何百ドルもの費用を節約した」ことを、彼に思い出させた。

バーンスタインは、自分がどれほどヘレン・コーツを必要としているか、痛感したにちがいない。彼女は数日のうちに、ふたたび雇われることになったからだ。最初はパートタイム制だったが、彼女の管理能力はすぐにもとどおりフル回転することになった。口やかましいし、教師じみた姿勢の持ち主ではあったが、彼女はずっと彼の守護天使だったし、バーンスタインも心の奥ではそのことを知っていたのだ。

ヘレン・コーツがまだ正当な怒りに身を焦がしているあいだに、バーンスタインは弟と妹を連れて、次なる指揮の旅に向かった。「パリ行きの飛行機でシートベルトを締めた瞬間から」バートンは『バーンスタイン　その音楽と家族』に書いている。「わたしたち三人は、たわいのない昔のライバーニア語の世界にもどっていった。内輪でしかわからないジョークやぼかした表現を口にしあい、こらえきれないくすくす笑いやばか笑いをし、いっしょにいることに対する子どもじみた喜びが、とめどなくあふれてきた。まわりでどれほど多くの眉がひそめられようと、おかまいなしだった……。下品なアメリカ人と思われようが、騒々しいユダヤ人と思われようが、まったく気にならなかった」バーンスタインは、すでにパリでは

〝すぐれたオーケストラ指揮者〟の評価を得ていたが、バートンが自分とシャーリーをまとめて呼ぶ〝よだれ垂らしのきょうだいたち〟にとっては、どんな評価も過大にすぎることはなかった。〝レヌート〟は気位の高い伯爵夫人にちやほやされているときにさえ、家族の秘密の言語でわけのわからないことをひそひそ話していた。「……わたしたちは豪華なレセプションや名所旧跡めぐりが終わるか終わらないかのうちに、ホテルに駆けもどってきては、だれはばかることなく大っぴらにジョークをいいあい、長時間カナスタに興じた。わたしたちは旅のあいだじゅう、このカナスタ――騒々しく、底抜けに愉快で、ヒステリックなカナスタ――にとりつかれていた」

バーンスタインの最初の音楽契約は、フランス国立放送管弦楽団とのもので、演奏は、戦後スコットランドのザルツブルク・フェスティバルともいうべき、エディンバラ・インターナショナル・フェスティバルで行なわれた。評論家のアーサー・ジェイコブズは、デイリー・エクスプレス紙に、バーンスタインは魅力的すぎてピアノの前にいるのはもったいないほどだと書いている。「鍵盤に向かいつつ、ぴたりと動きを止めてから、弦楽器セクションに向けてその手を振りはじめ、またぴたりと止める正確無比な一瞬のタイミングを見よ。映画スターのごとき容貌で、観客に向かってさりげなく投げキッスする姿に注目せよ。しかし、まちがってはいけない。ここにいるのは、さらに成長の余地はあるにせよ、当代随一の音楽家なのだ」

バーンスタインがコンセルトヘボウ管弦楽団と初共演をしたオランダで、二週間をすごしたあと、三人はアイルランドに飛び、フィラデルフィアの変わり者の友人ヘンリー・マッキルヘニー（タバスコソース製造業者）のドニゴール州の城に泊まりにいった。彼らのカナスタに対する熱中ぶりは、レニーとバートンとのゲームで最高潮に達していた。シャーリーいわく、「ふたりはシャノン空港からホテルに向かうタクシーのなかでカナスタをやっていました……。わたしは車から降り、振り返って、信じられないといった目でまじまじ兄と弟を見ました。到着したというのに、ふたりは後部座席で荷物にかこまれ座席の隙間に組み合わせたカードを差しこんでこの熱狂的なゲームにけりをつけようと夢中になっていたんです」

グレンヴィーフ・キャッスルは、アイルランド西海岸沿いの壮大な私有地で、バーンスタインはここに大いに惚れこみ、デイヴィッド・ダイアモンドへの手紙のなかで、熱烈な賛歌をうたいあげている。「きみも絶対好きになる！　野性的で、信じられないくらい人間的な森、峡谷、湖、山あい、天候。なにもかもが、たえず動いている」彼は追伸に、「とうとう休息の地を見つけたぞ！」と書いている。だがそれは、エネルギッシュな休息だった。「シカを狩り、魚を捕り、『武装商船の攻囲』をひと晩じゅう踊《リール》った」マッキルヘニーは階下に客人たちを案内して、召使いたちといっしょのアイルランドの舞踊の夕べに合流させた。

シカ狩りのイベントは茶番に終わった。バーンスタイン兄弟は夜明け前に起床し、この競技にやる気満々だった。ふたりはアイルランドのやわらかな雨のなか、獲物を求めて泥炭《ピート》の湿原を踏みわたり、木のない山腹をよじのぼった。ところが、ふたりが申し分のない目標と思われるりっぱなシカに遭遇するたびに、狩猟管理長が彼らに撃たないでくれと頼んでくる――シカが仔を身ごもっているとか、まだ生まれたばかりの子ジカだとか、まわりにいる雌ジカまで殺してしまう危険があるとかいうのだ。シカ撃ちライフルを発射させてもらえずフラストレーションはたまるばかりだった。レナードが城にもどって午後のお茶を飲んでいると、疲れはて、兄同様に欲求不満におちいった弟がよろめきながら入ってきた。結局この日はふたりとも、一撃も発射できずに終わった。

アイルランドの田園物語が終わりを告げると、バートンはダートマスの第二学年にとりかかるべく飛行機で帰っていった。レナードとシャーリーはフランス南部のエゼにあるレンタル・ハウスで何日かすごし、バルセロナ経由でマジョルカに移動し、そこでバーンスタインの友人で父親がフィラデルフィア管弦楽団の顔役であるジャーナリストのロザモンド・(〝ペギー〟・)ベルニエが合流した。ベルニエの記憶によれば、バルセロナのリッツ・ホテルで宿泊を断わられたのは、フランスから連れてきた手に負えないダックスフントの小犬が嫌われたせいか、それとも兄と妹が寝室を同じくすることが嫌われたせいなのかは、判断がつかなかったという。

レナードとシャーリーは十一月のあいだずっとヨーロッパに滞在した。この月、彼はスカラ座管弦楽団を初めて指揮し、ひとつのコンサートでマーラーの『復活』を、もうひとつで『春の祭典』を振った。「ミラノのコンサートはすばらしかった」彼はバートンに手紙で知らせている。「スカラ座でのぼくの未来も、大きく開けそうな気がする。また来てコンサートだけではなく、オペラもやってほしいといわれている――考えてみてくれ、世界最高のオペラハウスだぞ！　作曲をしたいと思っている人間にとっては困惑をさそう話だが、どうしたものか判断はつけがたい。現時点では、自分でもどちらにしたいと思っているのかよくわからない。しかし、人生とは面白いものだ」

カナスタ熱はつづいていた。テルアヴィヴにあるイスラエル・フィルのゲスト・ハウスに滞在しているあいだ、レナードはゲームの最中に激昂して窓のカーテンをカーテンレールからむしりとってしまった、とシャーリーは述懐している。スキー場では上機嫌になった。バートンに急いで送ったマッターホルンの絵葉書に、彼は勝ち誇ったように書いている。「信じられないだろうが、昨日は山のてっぺんから下までずっと滑ってきた。二時間半かかったが、初心者としては記録ものだ。いい気持ちだ、きみがいないのが残念だが。シャーリーは、あきらめてひたすら歩いていった」

一九五一年一月、イスラエル・フィルは初めてのアメリカ遠征を予定していた。このツアーのためにバーンスタインの体はこの先四カ月のあいだ拘束を受ける。そしてそのあとは、指揮の活動を完全にストップし、作曲に専念するつもりだった。バーンスタインがイスラエルの友人たちに、このマエストロが十代のときにユダヤ教からロシア正教に改宗したのは一時的な気の迷いだったのだと納得させて、このオーケストラと初めての共演を成功させていたクーセヴィツキーとともに、バーンスタインは指揮をつとめた。ところがクーセヴィツキーが体調をくずし、バーンスタインと指揮者仲間のエレアザル・デ・カルバリョ、アイズラー・ソロモンで、彼が指揮棒を振る予定だった多くのコンサートを引き継がなくてはならなかった。ツアーの目的は、幼年期にあるイスラエルの公共機関のための資金調達と、アメリカ人にイスラエルの文化の業績を知ってもらうことだった。こういった宗教精神にのっとった目標には、あちこちでユダヤ人共同体の指導者たちとの社交行事に参加することも含まれていた。行事はニューヨークのウォルドーフ＝アストリアにおける資金調達コンサートから、旅程のなかでいちばん小さな町トゥーソンにおける市長によるささやかな歓迎会まで、多岐にわたった。町を離れても、マスコミはオーケストラの公演に熱いまなざしを向け、ニューヨークの評論家のなかでもとりわけヴァージル・トムソンは、プログラムのなかにイスラエル人作曲家の曲がないことを嘆いていた——正規のプログラムで演奏されたイスラエル人による作品は、エードエン・パルトシュのヴィオラ協奏曲だけだった。イスラエルのほかの作品は、アンコールで演奏されただけにすぎなかった。オーリン・ダウンズはタイム誌に、「捕虜収容所投獄の屈辱を味わい、またイスラエルの前線で戦ってきた男と女」で構成されたオーケストラの存在には胸をうたれる思いがしたと書いているが、カート・リストはニュー・リーダー誌で、木管と金管の凡庸な演奏は、そのレベルを「戦前のドイツの田舎オーケストラ」のそれにまで落としてしまった、と評している。オハイオ州トリードのある批評家は、バーンスタインを山師であると一蹴している。「彼は甘い言葉でひとを丸めこみ、しかめつらをしてみせ、大げさに演技をする……。これほどひどい浪費はない」

骨の折れるツアーを離れ、前から決まっていた国内最高レベルのシカゴ交響楽団を指揮しにいったとき、バーンスタインは安堵の吐息をついた。「こういうオーケストラといっしょなら、まだまだ指揮も楽しめる……。シカゴそれ自体も楽しい場所だ——腐敗とジャズと旧友がぎっしり詰まっている町だから」批評家のクローディア・キャシディ——バーンスタインが〝大雌狐キャシディ〟というあだ名で呼んでいた——は、彼の六年前の公演よりもずっと落ち着きがみられたとコメントした。またべつの批評家は、『春の祭典』のバーンスタインの指揮ぶりは「バーのスツールにすわってナイアガラの滝を行くがごとし。進行はすばらしくエキサイティングだが、いくぶん無謀なところがある」と評した。

一九五一年二月、彼はチャールズ・アイヴズの交響曲第二番の世界初演でニューヨーク・フィルハーモニックを指揮するという歴史にのこる仕事をやってのけた。この曲は五十年も前に完成されていたが、どこにおいても演奏されたことがなかった。作曲者は、病弱で会場に来ることができず、コネティカット州ダンベリーの自宅のキッチンに置いてあるラジオから流れるCBSラジオの日曜午後の放送で聴いていたが、興奮するあまりに髭を剃り落としてしまったほどだった。

イスラエル・フィルのツアーも終わりに近づいてきた三月、バーンスタインはアーロン・コープランドに手紙を書いた。「来月で指揮活動を停止し、少なくとも二年間はやらないつもりです。最後の演奏はメキシコシティですから、何カ月かそこに滞在して、アメリカの劇場用に派手で美しい大作を作曲するつもりです」一九四七年にデイヴィッド・ダイアモンドに宛てた手紙のなかで使った文章とほとんど同じ文章のなかで、彼はつづけた。「ひとつの決断にこれほどうれしく強い気持ちになったのは初めてです。ふたたび自分自身とコンタクトをとるのは——いつもより少し内面的な精神生活を送ることになるのは、すばらしい気分でしょう……」彼は自分が指揮を中断する決断をしたことについてソルトレイクシティの記者に弁解している。「低級なコミュニケーションのために芸術を捨てようとしているとは思っていない。自分は、本質的にこれまでよりむずかしく、意欲をかきたててくれ、長きにわたるアメリカ音楽の歴史にとって重要である形式［オペラ］へ向かおうとしているのだと思っている」

イスラエル・フィルのツアーはニューヨークの地で最後をむかえ、バーンスタインは最後の三つのコンサートを指揮した。マラソンはほとんど終わりかけていた。ところがバーンスタインは、クーセヴィツキーから深刻な問題について相談したいと、フィーニックスに近い彼の冬の農場に呼び出された。クーセヴィツキーは、一九五三年にエルサレムで開催する予定のフェスティバルのためにバーンスタインに大作を依頼したようだ。「ところが、ぼくを呼んだ本当の理由が、そろそろと姿を現わしはじめました」バーンスタインはヘレン・コーツに報告している。「タングルウッドのシーズン開幕に彼が健康な状態で出られなかった場合、すべてをぼくに任せたいというのです。コンサート、フェスティバル、教授など、ありとあらゆるものを。もちろん、ぼくの健康状態もあまりよくありませんのでと答え、断わると、この話はなかったことにしようということに落ち着きました……。砂漠で休養中のいまでも、彼は体調がよさそうには見えませんでした」

十以上の異なるオーケストラと百回ものコンサートを指揮してきた十二カ月にわたるオデッセイの終着駅は、カルロス・チャベス率いるメキシコシティのオーケストラだった。それがすむと、彼は作曲のできる家を捜しにクエルナバカに向かった。クエルナバカを選んだのは、一九四五年に訪れたときに気に入ったからというだけではなく、作家のマーサ・ゲルホーンが住んでいたからでもあった。バーンスタインより十歳年上のゲルホーンは一九四八年にイスラエルで彼と出会っている。四十代でアーネスト・ヘミングウェイと結婚した彼女は、興味をかきたてられる人柄であり、勇気と美貌を兼備した一流の作家だった。小説に専念するため、ジャーナリズムの世界を離れてきた彼女は、養子で三歳になる男の子サンディ（バーンスタインは後年、彼に自分の『記念』のひとつを捧げている）とクエルナバカに住むようになって三年になっていた。バーンスタインはゲルホーンに、そちらに厄介になりにいくと、だしぬけに知らせてきた。

「なんとも恐ろしい出来事でした」ゲルホーンは回想している。「まずいちばんに彼がほしがったのはグランドピアノで、もうひとつ彼がやりたがったのはスクラブルでした……。あのひとのおかげで、二十四時間のうちに、わたしはへとへとになりました」ゲルホーンの住まいはパーク街にあり、バーンスタインは一九四五年にそこに二、三週間家を借りていた。そのときに借りた家は改築され前より美しくなっていたが、不思議な運命の気まぐれで、またそこを借りられることになった。召使い五人つきでレンタル料はばか高かったが、それ以外の支出は小さくてすむ。彼は食べ、眠り、テニスをし、泳ぎ、おしゃべりをし、読書をした。「スペイン語はすぐに話せるようになるだろうし、いろんなものが書けるようになるでしょう——つまり、本を、台本を、曲を」彼はヘレン・コーツに語っている。「それはまだ、失われた健康をとりもどし、ぐしゃぐしゃになった脳味噌にアイデアをわかせ、とろ火で煮立て、成長させる材料にすぎませんが、そのあと噴火が起きるでしょう」

ここに腰を落ち着けるようになって二週間もたたないうちに、彼はヘレン・コーツに、自分のなかの詩神《ミューズ》がフルスピードで機能しはじめていると手紙に書いてきた。「これは神様が与えてくださった、ほんとうにすてきな驚きです。一カ月か二カ月はなにも起こらないだろうと思っていたのだから。『タヒチ島の騒動』というオペラのアイデアにひざまでどっぷり浸かっています。とても気に入っているんです。表現に関する問題がぎっしり詰まっているけれど、それをひとつひとつ解決していくのも楽しい作業です（うぬぼれと思われるかもしれませんが、みんな解決できると思っています。太陽と空気と水泳と大食らいのおかげです）。髪を切りました……。お気に入りのインド産の月桂樹の木に腰かけ、全然知らなかった生命がたくさんあることに気がつきます。とりわけ、自分のなかにある生命に。それについて知ることは、わくわくするどころではありません」彼はヘレン・コーツに、コンサート・マネジャーにどんなコンサートにも出られないと伝えてくれと指示している。「ぼくは指揮者であることをやめたんだ（ああ、なんて幸せな状態！）」また彼は、ハリウッドにいるプロデューサーの友人、ピーター・ローレンスに、『ピーターパン』のスコアを映画用に書きなおす話には関心がないと伝えた。その四日後、ヘレン・コーツに宛てたまたべつの手紙のなかで、彼は作曲に専心できるよう、手持ちの三万ドルを当座預金に預けて、その利息で生活できる可能性はないだろうかと書いている。

メキシコでまた一週間がすぎ、創造活動に対する最初のお気楽な有頂点ぶりが、またお決まりの手順に道をゆずると、つらい単調な仕事の期間と比較的（バーンスタインにしては）活力に欠けた状態がつづく期間のあいだを行ったり来たりする面白くない日常へと戻っていった。彼はすでに四つの場面のアウトラインを作り上げ、自分の作品の価値に疑念をおぼえはじめる段階にまで達していた。「しかしその翌日には、そこには真に価値あるものがあるのだという声がかならず自分に語りかけ、元気づけてくれる」

五月になると彼は台本を書き、彼の言葉によれば「歌われたときにセンスのいいアメリカ英語に聞こえるようにしなければならないという問題と、嬉々として格闘しながら」作品全体にわたる音楽のアウトラインをスケッチした。全部で四十五分という短いオペラにすぎないが、『タヒチ島の騒動』はヴァリエーション豊かなアリアと、中身の濃い三つの二重唱をそなえていた。マーク・ブリッツスタインは『レジーナ』を完成させるのに何年もかかった。それにくらべると、バーンスタインの作曲の速さは驚異的といっていい。しかも彼は、まったくのゼロからスタートしたのである。未来は明るそうだった。

だがそれも、長続きはしなかった。それからほんの数日後、彼の創作ムードは音をたててくずれ落ちた。一九五一年六月四日、バーンスタインにひとつの時代の終わりを告げる事件が起こった。クーセヴィツキーがボストンで亡くなったのだ。クーセヴィツキーを師とあおぐ時期はかなり前に終わりを告げていたものの、この偉大なマエストロから受けた恩義は、とうてい忘れられるものではなかった。

21　通過儀礼

「いずれにしても、ずっと期は熟していたからね、ほっとした」
――マーク・ブリッツスタイン　レナード・バーンスタインとフェリシア・モンテアレグレの二度目の婚約発表を聞いて。

一月に、バーンスタインと妹は客船でヨーロッパから帰ってきた。ふたりの乗った船がニューヨークの埠頭に着いたとき、フェリシアが桟橋の横で待っていたので、三人は荷物をそのままにして、すぐ一杯やりにいった。しばらくしてフェリシアは留守番電話にメッセージがないか調べにいって、恋人ディック・ハートが倒れ、昏睡状態におちいったことを知った。彼はその日のうちに病院の待合室で、彼女の腕に抱かれたまま息をひきとった。八日後のヴァラエティ誌の死亡記事は、ハートの死は「心臓発作によるもの」と報じていた。しかし、ニューヨークの演劇界やテレビ界には自殺説が流れた。彼は重い肝硬変にかかっていたのに、飲酒をやめるようにという医者の指示を無視したのだ。バートン・バーンスタインの記憶によれば、ハートは三番街のバーで倒れて意識不明におちいったのだという。ハートの生前、フェリシアはバーンスタインに次のような手紙を書いたことがあった。「レニー、恋に落ちるまで、心の奥深くまですてきな恋に落ちるまで、結婚するのはおよしなさい。それがいちばん大事なこと。でなければ、あなたは自分自身とほかのだれかをだますことになるわ」だが、ハートとの関係において、彼女は屈辱的な目にあわされた。彼の人生のなかでは〝もうひとりの女〟でしかなかった彼女は、彼の葬儀に出席することさえかなわなかったのだ。チリにいる彼女の姉妹たちは、彼との関係もまったく聞かされていなかった。

妹にうながされてレナードは、彼女が喪に服していた当初、ずっと彼女の力になり、イスラエル・フィルのツアーからもどってこられるときは、かならずニューヨークの彼女のところを訪ねた。彼が作曲のための〝安息の〟年をすごすためにメキシコに住まいを移したとき、フェリシアは勇敢にもひとりでヨーロッパに旅立った。「いつになったら、わたしを受け入れる決心をしてくれるの?」彼女は四月にパリから手紙を送っている。「あなたくらいの年齢のひとが、こんなことでばたばたしているのは滑稽だし、似つかわしくないわ。大人になって、マイ・ダーリン。人生はどうしようもないくらい短いし、わたしはとても疲れてしまっているの。ニューヨークでいっしょにすごした最後の何日かが、あんなにぴりぴりしたものだったことが残念です。でも、わかって。わたしの[緊張]は、あなたのせいだけじゃないということを——個人的な悩みもいろいろあるの——あなたの力は借りられないとわかって悲しかったわ。わたしを愛してくれている(もちろん、あなた独特のやりかたで)のはわかっているけど、愛することにともなう責任を受け入れ、それを楽しむくらいでもいいと思うのに、どうしてあなたがそうしようとしないのか、わたしには理解できません。でも、これじゃ同じ話のくりかえしね。議論をたたかわせるんじゃなくて、いっしょになにかをはじめられたらと願っています!」

フェリシアはパリでバーンスタインの友人ロザモンド・ベルニエと知りあった。フェリシアは彼女に、バーンスタインと結婚することに決めたと告げている(数週間後、彼女はフィレンツェで、オリヴァー・スミスにも夕食の席で同じ話をした)。ところが彼女は、次に手紙を書いたときにもバーンスタイン本人にはまったくその意図を伝えていない。それどころか、自分はひとりでやっていけると証明しようとしていた。「近くにいてくれる相手は〝必要〟ないんだと、やっとわかったの——人生は充分に面白いものであり、自分が仕事をするのはほかにすることがないからじゃなくて、仕事が好きでそれが自分にとって重要なことだから――そんなちょっとしたことがわかったの……。いまのわたしを見てあなたは喜んでくれるんじゃないかしら。十ポンドばかり太ったみたいで、服が苦しいの。とってもセクシーよ！」彼女がそのあと送ってきた何通かの手紙は、もう少し落ち着いた感じだった。「あなたのことがしょっちゅう頭に浮かぶけれど、なにかいまは、前とはちがった感じです。弦がどこかでプツンと切れてしまったのね、もしかするとフィレンツェでかしら。わたしはどこにも、どんなひとにも属していないけれど、不安でもないし、おろおろしたりもしていない――わたし、いい女優になれるかもしれないし、なれないかもしれないけど、もうそんなことはどうでもいいの。わたし、生きたいという衝動を感じるの――〝どんなふうに〟というのは重要なことじゃなくて。すてきなダーリン、またすぐにお手紙くださいね……。マーサ［・ゲルホーン］に会いたいわ――彼女によろしく。すぐに退屈しちゃだめよ」

どれほどフェリシアが愛情をこめた文章を書いてよこしても、レナードはメキシコで『タヒチ島の騒動』の作曲に専心していたし、一年前には彼の気持ちのなかにも熱いものがあったはずだが、彼女の訴えには反応を示さなかったようだ。「いったい、次はいつ会えるのかしら？」フェリシアは絶望感をただよわせながら書いている。運命がふたりのあいだに割りこんだとき、それはオリガ・クーセヴィツキーからの電話というかたちを借り、バーンスタインが前々から恐れていた知らせをたずさえてきた。クーセヴィツキーは体調が悪化し、彼ひとりではタングルウッドを管理することができなくなった。それどころか、彼は生命の危険に瀕しているという。二十四時間後、バーンスタインはボストン入りし、クーセヴィツキーの枕もとにいた。ふたりの音楽家――師と弟子、魂の父と献身的な息子――は、音楽について、人生と愛について、夜まで長々と話しこんだ。翌朝、クーセヴィツキーはこの世を去った。

ロシア正教とアメリカ聖公会の二重葬儀がボストンで執り行なわれ、翌日にはもうひとつの葬儀が百マイル西のレノックス・チャーチ・オヴ・ザ・ヒルで行なわれた。クーセヴィツキーは前もって自分自身の最後の庭を、レノックスの墓地、タングルウッドにいちばん近い、ビロードのような緑色をした南側の斜面にある大きなアメリカハナノキの木陰に確保してあった。背後のバーンスタインに見守られながら、オリガ・クーセヴィツキーは、夫が大きな愛情をおぼえるようになっていたバークシャーの土を、ひと握り棺に振りかけた。

悲しみや追憶にひたっている暇はほとんどなかった。タングルウッドの夏のシーズン開幕までもう一カ月もなかった。ボストン交響楽団の音楽監督シャルル・ミュンシュは、指揮の仕事でヨーロッパにいた。オペラセンターの監督代理であるアーロン・コープランドは、ローマのアメリカン・アカデミーにいた。オペラはまだ完成していなかったが、バーンスタインは、指揮の学生を率いる仕事は、自分が肩代わりするしかないと判断した。七月一日の始業にあたり、バーンスタインは新しい世代の学生たちに、セルゲイ・アレクサンドロヴィチの精神を語って聞かせた。「わたしたちは音楽を食べて、飲んで、夢見ていた」彼は学生たちに語った。「いかなる妥協も知らず、いかなる凡庸さも許さない規範のもとで」

七月にヨーロッパから帰国したフェリシアは、レナードにふたりの関係についての決断を迫ろうと決意していた。だれひとり迎える者もなくニューヨークの埠頭に着いたとき、彼女はシャーリー・バーンスタインの住まいにトランクを置いてくると、列車でレノックスにおもむき、タングルウッドのバーンスタインのもとに合流した。埠頭で、そして自分のアパートメントでフェリシアに会いそこねたシャーリーは、兄の人生に劇的な瞬間が訪れようとしていることを悟った。彼女は興奮に胸ふくらませながら、車を借りてきて一路北へ向かった。現金をもっていなかったため、ガソリン・スタンドに腕時計をあずけ、バーンスタインの貸し別荘があるレノックスのブランタイア・ホテルまでの、最後の数マイルぶんの燃料を手に入れた。彼女が戸口に足を踏み入れたとき、フェリシアとレナードは口をそろえて「どこにいたの?」とたずねた。シャーリーが自分の伝記に書いているように、やがて「なにもかもが滑稽になって、それから平穏な時間がよみがえった。その週の終わりには、レニーとフェリシアは結婚することに決めていた」。

しかしバーンスタインは、二度目の婚約をとりかわしたものの、まだふたりの関係について百パーセントの決意は固めていなかった。弟のバートンは、彼が気持ちを固めていった長いプロセスを振り返っている。「レニーとぼくは［その夏］同じ部屋ですごしていたから、夜に長々と話をし、ぼくは兄を説得しつづけました。『兄さん、あんないいひとほかにいないよ。おたがい相手のことはよくわかっているし、愛しあっているじゃないか。彼女しかないよ！』と、ぼくはいい、ようやく兄は『わかった』といったのです」

フェリシアはのちに、あるジャーナリストに、自分とレナードはそれぞれ相手に何度かプロポーズをしたと話している。彼女のいう〝決め手となった〟プロポーズは、タングルウッドに向かう途上、ニューヨーク州ミルブルックの〈ブラックスミス・アームズ〉の夕食の席で、バーンスタインがした。

八月十二日の午後に行なわれたタングルウッドのファイナル・コンサートのあと、〝セラナク〟での恒例のパーティで、オリガ・クーセヴィツキーはふたりが婚約したというニュースを発表した。それから四週間もしないうちに、ふたりは結婚式を挙げた。「婚約というのは、大変なものなんだ」後日、バーンスタインはある記者に話している。一九四七年のフェリシアとの最初の婚約を思い出しながらある種の感慨をこめて口にされたのはまちがいない。「だからぼくたちはちゃんと結婚したわけさ」

結婚の決心が、そんな簡単についたはずはない。フェリシアは、自分とレナードが出会ってからの五年間の自分のことをよくわかっていたし、結婚をすることで必然的に自分の人生に大掛かりな調整が必要になることもわきまえていた。この五年間で、彼女は舞台の端役からテレビのスターダムにのし上がった。新婚旅行のあともテレビの仕事をつづけるつもりだったし、映画スターになる夢もまだ捨ててはいなかったが、私生活のないあれほどの有名人、みずから大きな注目を作り出す――そして、注目を浴びることを必要としている――人物と結婚すれば、必然的に自分の仕事が危険にさらされることも心得ていた。ひょっとすると、彼女はレナード・バーンスタインの妻になり、彼と家庭を築くということは、自分の女優業に匹敵するだけの大きな満足をもたらす仕事だと考えたのかもしれない。

彼女にとって彼は、著名な指揮者を取り巻く華やかな世界への入場券だったのだという説は話にならない。彼女は、彼が途方もない才能の持ち主であることは知っていたが（彼女はたびたびニューヨーク・シティ交響楽団とのリハーサルの現場を見学していた）、彼がブロードウェイではなくアメリカ・オペラというリスクをともなう分野の作曲家たらんとして指揮の仕事を放り出していたことも知っていたからだ。名声がほしくて結婚をしたというのは説得力がない。だいいち、彼女は彼以上の有名人といっておかしくなかった。イプセンの『人形の家』のノラ役を演じる彼女の姿を、アメリカの何百万というテレビ視聴者が見ていたはずだからだ。

フェリシアは、バイセクシュアルと知りながらレナードと結婚したのか？　答えは、彼女は彼の過去を知っていたが自分が彼を変えられると思っていた、でなければならない。彼にはホモセクシュアルだけだった時期は、いちどもなかったからだ。彼の情事の多くが男性とのものだったのは事実だが、彼は女性も愛していたし、フェリシアにはとりわけ強く魅かれていた。彼女が、バーンスタインがシャーリー・ゲイビスに語った彼の「暗い側面」に対処できると思っていたのは、まちがいなさそうだ。バーンスタインは結婚生活の最初の何カ月か、自分の抱える特別な問題を口にしていたが、彼女は主に聞き流すことでそれに対処していたらしい。すばらしく教養にあふれた男ではあったが、バーンスタインは自分の両親を喜ばせ、積極的に子孫を増やすことでユダヤ教の聖典に忠実でありたいと切に願う、古風で家族を大切にする人物でもあった。結婚の儀式には、おののきをおさえることができなかったが、きちんとやりとげた。結婚は、彼の人生においてもっともむずかしく重要な決断だったのである。

フェリシアはレナードと結婚すると固く心に決めていたので、結婚式をすませる前にユダヤ教に改宗した。このため彼女の母親を狼狽させることになったが、サムとジェニーのバーンスタイン夫妻の気分は軽くなった。フェリシアはいずれにせよ半分ユダヤの血が混じっており、バートン・バーンスタインによれば、彼女のユーモアもなかばユダヤ的だったという。「彼女はほかのだれよりイディッシュ語特有の語法に通じていた。一九四七年に彼女が飼いはじめた愛犬には、ネビッシュ［イディッシュ語で、でくのぼうの意］という名前がつけられていた。バーンスタイン一族に生まれたわけでも、バーンスタイン家の遺伝子をもっているわけでもない人間で、ライバーニア語を実際に話すことができたのは、彼女ひとりだった」

式の前に、バーンスタイン兄弟はレナードの独身時代最後の羽目外しをしようと、キューバに出かけて一週間をすごした。バートンの記憶によれば、ふたりがそこで出会った人々のなかに、キューバで市民権を得たヨーロッパからのユダヤ人難民がひとりいた。「［彼は］裕福な人々を相手に、じつに上手に焼き菓子を作っていました。ぼくたちが旅行から帰ってくると、みんなどんなことがあったか知りたがったので、『うん、アンディという男に会ったよ。焼き菓子職人でユダヤ人難民だった』と話をしました。とりたてて気のきいた落ちのある話ではなかったんです。レナード・ライアンズの記事みたいなもので、その場にいなくては面白さもわからない話なんです。そこで、シャーリーとフェリシアが『もっと焼き菓子職人の話はないの？』といいました。このときから、つまらない旅の長話は〝焼き菓子職人〟と呼ばれることになりました。だからいままでは、だれもが『この前の旅行の焼き菓子職人があるぞ！』といっていいます」

結婚式の準備のために車で北にもどる途上、兄弟ふたりはヴァージニア・ビーチで宿泊することにした。

豪華で、非常にＷＡＳＰ的なあるホテルにしようと決めたが、そこがユダヤ人お断わりのホテルではないかと心配になった。「わたしたちは、それについては非常に神経質になっていました」バートンは回想している。「たとえそれがレナード・バーンスタインであってもです。だからわたしたちは、心ならずも妥協することになりました。町の外から公衆電話で名前だけ教えるんです――ロビーまで行って恥をかかされることはないだろう、と。こうしてふたりで電話ボックスにぎゅうぎゅう詰めになって、レナードはハーヴァード大学風のアクセントを駆使し、威厳のある口調で『もしもし、そちらのほうに向かっているところです』――われわれはホテルまで一マイルくらいのところにいました――『それと、できたら一日か二日テニスがしたいと思っているのですが。空き部屋はありますか？』といいました。クラークは『はい、一部屋ございます』といいます。『弟と相部屋でかまいません』『では、お名前をお願いできますか？』するとレナードはこういったんです。忘れたといってとぼけても、このときのことは絶対に忘れさせてあげませんでしたね。『レナード・バーンスタインといいます。ボストンの』とレニーはいったんです……まるで、そういえばうまくいくとばかりに。有名な指揮者のレナード・バーンスタインではなく、ボストンのレナード・バーンスタインといったんです」

結婚式前夜は、ヒステリーに近い興奮のうちに過ぎ去った。「みんな、神経質になっていました」バートンは述懐している。「レニーはそわそわしていました。フェリシアが夕食に来ることになっていたんです。彼女にはユダヤ人の血が半分しか入ってなかったため、両親は緊張ぎみでした。シャーリーとわたしは、これは悪夢のディナーになるぞと悟りました。それで、いっしょにボストンのダディ＆ジャックスというジョーク商品の一流店におもむきました。その店の品々を買いあさって、ディナー・テーブルにからくりの数々を仕掛けたんです。お皿持上げ機、水もれグラス、ゴム製ゴキブリ、蟻、吐瀉物を模したもの、かゆくなるパウダー、派手に火の粉の出るマッチ。タバコにはすべて、罠が仕掛けてありました……。みんながもうこれで終わりだと思ったときに、蜘蛛がテーブルクロスの上を這い進み……。ヒステリー状態に近い興奮をさそうジョークでなければならなかったんです。全員、笑いころげてくたくたになり、とにかくこの夜は乗りきれました。わたしたちはよく、あの夜があったからこそ、結婚式にこぎつけられたのだと思ったものです」

フェリシアとレナードはパルテノン宮殿のような外観をしたミシュカン・テフィラ寺院で九月九日に結婚した。バーンスタインはセルゲイ・クーセヴィツキーから形見として贈られた目のさめるような白のスーツに身を包んでいた。絶妙な仕立てがほどこされていたが、彼が着るといささか間が抜けて見えた。ズボンが何インチか長すぎ、そろいになっているクーセヴィツキーの靴が足をぎりぎり締めつけるくらい窮屈だったせいだ。式の記念写真――レナードは日差しを浴びてさっそうと決まっている。短い白のドレスに黄色の薔薇をあしらった花嫁は、まぶしいばかりに輝いていた――を両親の家の庭で撮りおえると、彼はすぐに、これもクーセヴィツキーから譲り受けたカジュアルなズボンとストライプの入ったスポーツジャケットに着替えた。父親には披露宴の支払い用に三千ドルわたしてあった。ブルックラインにあるバーンスタイン邸の玄関ホールにある噴水はピンク色のシャンパンを噴き上げていたが、アルコールも、母親のクレメンシア率いる誇り高いカトリックであるフェリシアの一族と、ウクライナ出身のユダヤ人であるバーンスタイン一族とのあいだに横たわる社会的、宗教的な障壁を完全に取り払うことはできなかった。バーンスタイン側には、レナードにとっては近寄りがたい、恐怖の的であった父方の祖母ダイナもこの日のために合流していた。彼女はアメリカに十年ほど暮らしたのちも、まったく英語が話せなかった。新郎の付添い役は、バートン・バーンスタインとデイヴィッド・オッペンハイムがつとめた。

愛はすべてを克服する。バーンスタインが敵愾心をもったオーケストラと二、三度リハーサルを終えたあと、よく口にしたフレーズだ。新婚のふたりは午後遅い時間にレナードのコンヴァーティブルでハネムーンに旅立った。最終的な目的地はクエルナバカで、そこでバーンスタインは安息休暇の年を続行する計画だったが、ふたりはボストンを出たところで道に迷い、新婚第一夜は、フェリシアがレパートリー劇団の夏の公演で舞台に上がったことのあるグロースターの海辺のリゾート・ホテルですごすことになった。二日目、ふたりは、ニューヨークのスケネクタディで足を止めた。「きみがいないのが、ほんとうに残念だ」レナードは弟に手紙で報告している。「ふたりともそう思っている――いっしょに連れてきたらよかったと思うことが、何度かあった。だけど、このほうがいいのかもしれない。雰囲気はどんどんいいほうに向かっている――ぼくたちはうまくいくような気がする。これからデトロイトのマーキューズ夫妻のところに向かう。ぼくの機能――食べること、セックス、思考――は停止してしまっていた。だけど、ゆっくりと回復してきているし、もうすぐ通常の状態にもどりそうだ。Fはすばらしい人間だよ」

一週間後、バーンスタインはワイオミング州チェイニーのリマウント大農場から、ヘレン・コーツに手紙を書いた。「この農場では、ものすごく楽しい時間をすごしています。客はぼくたちだけで、王侯貴族のような扱いです……。こんどの結婚にあたってのあなたのご尽力にどう感謝したらいいものかわかりません。とりわけ、フェリシアに親切にしてくださったこと、それから喜んで力を貸してくださり、進んでいろいろな手間をはぶいてくださったことに。あなたは、ぼくにとってまぎれもない喜びです」手紙の日付は九月十六日となっている。下のほうにバーンスタインは〝一周年!〟とタイプしていた。一年前のこの日、ヘレン・コーツはバーンスタインの秘書に返り咲いたのだった。

メキシコへ向かう道すがら、レナードはフェリシアに英文法のレッスンを行なった。途中カリフォルニアでフェリシアの家族のところに立ち寄ったのも含めて、旅は五週間に及び、フェリシアはいささか苦痛になってきた。ふたりが車にもどってくるたびに、レナードはこうはじめるのだ。「さて、昨日のレッスンは憶えているかな……」ふたりはカリフォルニアからイスラエル・フィルのツアー・ルート――フィーニックス、トゥーソン、エルパソー――をたどっていき、レナードが最近知りあった友人たちに会っていった。この長い冒険旅行はふたりに、いっしょに暮らしていけるという自信をもたらしたにちがいない。好みにうるさいふたりの人間がスーツケースのなかの身の回り品で五週間をすごし、五千マイルにおよぶ車の旅をしてそれで心が通いあっていたなら、そのふたりはどんなことがあっても切り抜けることができるだろう。しかしどうやら旅の初めのころには、バーンスタインがデトロイト交響楽団と最初に契約を結んで以来の友人であるフィリップとバーバラのマーキューズ夫妻が住むデトロイトの家で〝危機〟があったらしい。「緊張（この言葉、憶えていますか？）は、静かに蓄積し、戦われ、切り抜けられます」バーンスタインはクエルナバカに到着してすぐにマーキューズ夫妻に報告している。「ときどき、明るい未来を約束してくれる比較的安堵にみちた状態がおとずれます……。ぼくがピアノに向かって、いってみれば自分の世界にこもりきっている冬のあいだ、Fがどうなるかは見当がつかないけれど、もちろんその大部分は、不安がつきものである結婚生活のなかに彼女が安らぎを感じられるかどうかにかかっています。希望をもって、神に祈り、じっと待つしかありません」

マーサ・ゲルホーンの助けを借りて、ふたりはクエルナバカに新しい住居を見つけた。彼女の家から歩いて十五分ほどのところだった。家屋の雰囲気は〝旅行者のメキシコ〟風で、木製の家具には花が描かれていたが、庭は美しかった。ふたりはメキシコで秋と冬をすごし、晩春にニューヨークへもどる心づもりでいた。バーンスタインはそのあいだの指揮の依頼をすべて断わった。「わたしは、なにごとにもこの身を投じるつもりはありません……自分がいかなる作曲家であるのか、わかるまで」

彼はコープランドに自分の作曲プランを手紙で知らせている。「フック船長のためにもうひとつ余分にアリアを書きました［『ピーターパン』の製作のために］……そしていま、本格的な音楽を書く長くハードな道に足を踏みだそうとしています。なんとしても、この小オプリ［オペラのこと。ここでは『タヒチ島の騒動』」を完成し、そのあとさらに小さなオプリをいくつか書こうと心に決めました［彼はプッチーニの『三部作』のような三部構成の作品を頭に描いていた］。ピアノ・ソナタとか新しいオーケストラ作品の構想のようなものまで作って寄り道をしてしまうかもしれませんが、あくまでも中心軸は、あのこしゃくな劇場作品です。ぼくは、そいつと自分との関わりがどのようなものかを見きわめなければなりません」彼はちょうど結婚したばかりのコープランドの友人、ヴィクター・クラフトのことにもふれ、「彼はわたしと同じくらい結婚に魅力を感じているでしょうか？……結婚生活は、ぼくのこれまでの人生でもっとも興味深いものですが、観衆のなかにいる人間のように他人事のように見ていないと気が変になってしまうのではないかと思うこともあります。結婚生活は、それを補ってくれるもの――報いと啓示――にみちています。自分自身がはっきり見えてくるのです。精神分析医をずらりと並べてみても、結婚にはかないません」

マーサ・ゲルホーンの記憶によれば、フェリシアが彼との結婚にそうであったようにバーンスタインも結婚生活に神経質になっていた。「彼女はあのころ、彼に大きな畏怖の念をいだいていたのだと思います。彼を喜ばせたいと思っても、どうすればいいのかわからなかったのです。彼は……そう、罠にはまったような気持ちになっていました」ゲルホーンとバーンスタインはいっしょにテニスをし、穴ぼこだらけのテニスコートに難儀しながら、けたたましい笑い声をあげていた。また、マーサがフェリシアと散歩に出かけた日も何日かあった。彼女は、自分が〝悩めるカップル〟の乳母のような存在であることを心得ていた。彼女はふたりがいだいている結婚生活への不安など、ばかばかしいことだと思っていた。バーンスタインはゲルホーンに、ディック・ハートの死がフェリシアにもたらした精神的外傷《トラウマ》と、それが彼女にとっては恐ろしい試練であったことを話した。ゲルホーンは、こんなふうに感じていた。彼は、フェリシアを救い出すつもりでいるようだが、フェリシアは非常に女性らしい簡単な理由で彼を愛しているのだ――彼が自分を救ってくれるからではない。大方の女性は結婚によって〝救われる〟ものではないのだ。大きな問題を抱えているのは彼のほうであって、フェリシアはその解決にあたらなくてはならなかったのである。

世間には、彼女は満ち足りた表情をして見せていた。「彼女は忙しい主婦です」バーンスタインはヘレン・コーツに報告している。「ちょっと想像がつかないくらいの忙しさです。家を切り盛りし、買物をし、召使いに指示をして」またフェリシアも、のちにコーツに手紙で報告している。「うまくいきそうな気がします。離ればなれになっている時間は思った以上に多いけれど、すばらしい結婚生活を築ける可能性は充分にありそうです。それには忍耐と愛が必要だけれど、わたしはその両方ともたっぷりもっているような気がするの。もちろん、熱狂的で興奮にみちた魅惑的な暮らしを捨てて結婚するというのは、レニーにとっては大変なことでしょう。結婚したために、彼にはできなくなったことがたくさんあるにちがいありません……それでも、うまく乗り切っていける可能性は十二分にあります」

滞在の最初の月には、バーンスタインは作曲の仕事について楽観的な見方をしていた。「毎日が音をたてて通りすぎていく……。『タヒチ島の騒動』はもう完成したも同然です」と、彼は十月にはヘレン・コーツに報告している。そして、十一月が半ばをむかえるころには、「おそらくは、あの小オペラを現時点ではまだ完成させてしまわないために」ピアノ・ソナタのほうにとりかかっていた。ところが、それから一カ月たっても、まだオペラは完成していなかった。彼はバートンに「このいまいましいちっぽけなオペラを完成する方法を教えてくれないか」と書いている。一月の末になると、彼はさらに暗いムードに包まれていた。「あんなオペラはもうやめだ、絶対に。どうしても出てこない……。創造の流れに、故障が生じたらしい」

秋の楽観的な状況から、彼の創造の果汁を涸らしてしまったものは、なんだったのか？　フェリシアは仕事に打ちこめる環境づくりに全力を尽くしていたが、バーンスタインがひとつの作品を完成させることは容易ならざることで、彼はメキシコで〝そのうち症候群〟にかかっていたようだ。「以前は、ゆっくりした動きなどなにひとつなかったのに」彼はフィル・マーキューズに手紙を送っている。「いまは、なにもかもがのろのろと動いています。ぼくたちは長い時間をかけてチェス・ゲームをし、食事に何時間もかけ、夜遅くまで眠らず、ぼくの作曲は遅々として進まず、そのあとそれを投げ出し、ぼくたちの順応も、のろのろとしか進みません……ゆっくり、のろのろ、すてきな日々。そこから生まれてくるのは、消化のよさだけかもしれないけれど、それにはそれなりの価値があります。Ｆは天使です、ぼくは彼女を愛しています」

夜はたいていマーサ・ゲルホーンと、彼女のところに泊まっていたイタリアの伯爵夫人フラヴィアといっしょにすごした。「わたしたち、おたがいに夕食に誘いあうのよ」フェリシアはヘレンに語っている。「そして、手持ちのいちばん豪華な服でドレスアップして、陽気なお祭気分になるの」ふたりは十一月に一週間、車でメキシコ探検にも出かけ、パツクアロ湖にあるハニツィオ島で「死者の夜」を観にいき、首都メキシコシティで買物と観光に二日間を費やした。

数日後、バーンスタインはひとりで首都にもどった。そこで彼は、あるパーティで若きピアニスト、〝ジギ・〟ワイセンベルクとばったり出くわした。「Ｌはすてきだったけど、悲しそうだった」ワイセンベルクは友人であるヘレン・コーツに手紙で知らせている。「そして、記憶にあるかぎりでは初めて、百パーセント自然に接してくれた、心からの愛情をもって……。同じ日の夜十一時にもういちど会う約束をした。昨日も午後からずっと夜まで彼といっしょにいた……そして、帰るころには……ぼくは泣きそうになっていた。ヘレン、ヘレン、ああ、これがいつまでつづくのかはわからない。そうとも、彼はＦのすばらしさの数々を口にし、だというのに、首都にはひとりで来なければならなかったのだ。心ゆくまで〝町を楽しむ〟必要があったのだといっていたけれど、そのいっぽうで、彼女に嘘をつくことはできない、彼女を深く愛している、だけど自分にはなぜふたりが結婚したのかよくわからないといい、ここまで何年もひっぱってきたから、ふたりともゲームに疲れて結婚しようと決めたのではないだろうかといった。だけど、計算による結婚は正しいことだったのだろうか？　また彼は、マーサ・ゲルホーンの話もした。彼女があと十歳なりと若かったら［当時、彼女は四十歳］ふたりは完璧なカップルになっただろう、と。彼女は頭もいいし、ヴァイタリティもあるから、ぴったりのカップルになっただろう、どうして自分は彼女とだけは話がはずむのだろう、などなど。また始終、Ｆのことをほめそやしていた。もちろんぼくはなんにも問いただしたりはしていないし、そのためにもっと気分が悪くなった。なぜなら彼は、答える必要があったから話をしたのではなくて、告白する必要があったから話をしたんだ……。ぼくはやめたほうがいいといったんだが、彼はどうしてもバーに行かなければならないといって、ああ、ヘレン――とんでもないバーなんだ！　そして店ごとに彼はなおさら、悪いほうへと……。帰るころには、ぼくはぼろぼろだった。でも、あれは彼にとっても不思議な瞬間だったにちがいない。それはまちがいない。なぜって、そのほかにＦについて聞かされた話は、どれもこれ以上考えられないようなすばらしい話ばかりだったからだ」

　十二月になると、新婚のふたりは新たな試練に直面した。家族による侵略である。まずダートマスから冬休みのあいだバートンがやってきた。そのあとフェリシアの両親とレナードの両親が両方とも泊まりがけで訪ねてきた。「エイプたち［みんな］が四人一挙に押し寄せてきた」一九五二年一月末に二十歳の誕生日をむかえたバートンに送ったお祝いの手紙のなかで、レナードは報告している。「コーン家のほうはさっき帰ったところだが、いつもどおり信じがたいことおびただしいうちのエイプたちに、痛々しくもかかりきりになっているところだ。昨日の夜ダディとフラヴィアのあいだで戦わされたユダヤ人問題についての議論は、ちょっとした見ものだったぞ。本にして出したいくらいの代物だった。さらには、数分ごとにママの的外れなびっくり仰天のご意見がさしはさまれるんだ」

クエルナバカで三カ月がすぎ、ふたりのハネムーンは終わりをむかえた。フェリシアは二月の真ん中にテレビ・ドラマの出演依頼を受け、レナードはボストン交響楽団から、二月から三月にかけての三週間、病気のシャルル・ミュンシュの代役を要請するSOSの電報を受け取った。報酬は五千ドルで、メキシコからもどる費用としてさらに一千ドルが手に入るし、バーンスタインが新たにとりくんでいたモーツァルトの協奏曲（K二七一）を演奏する絶好の機会でもあった。しかし、決定的な判断材料になったものを見ると、それはまるで運命がふたたび進むべき道を指し示しているかのようだった。「子どもができました！」バーンスタインは誇らかにヘレン・コーツに報告した。「いま確認したところです。もう興奮で踊りだしそうです。フェリシアは喜びに輝いています」

第三部

何かがやってくる《サムシングズ・カミング》——

作曲の時代　一九五二年〜一九五七年

フェリシア、ジェイミーと、1953 年。「家族写真は、何ものにも劣らない／小さな白い家で…」
（『タヒチ島の騒動』 第四場より）

22　ショービジネスへの帰還

「ブロードウェイが乱れ打つヒットの山々は、過ぎ去りしシーズンの傾向と完全に逆行するものだ」

——ヴァラエティ誌、一九五三年三月号

フェリシア・モンテアレグレは、その五年前、カリフォルニアからレナードに宛ててこう書いた。「お願い、いつか結婚してね。そうしたらわたしあなたに最高傑作の子どもを産んであげられるわ」結婚したのが賢明だったのかどうか、内心疑念を抱いてきたレナードだったが、近い将来親になる見通しができて、結局そんな悩みは吹き飛んだようだ。フェリシアはテレビ番組『影の王冠』と『鳩の羽』に出演するため、二月早々ニューヨークへ舞いもどった。いっぽう家族からさんざんな干渉をこうむったバーンスタインは、しばらくひとりになる時間がほしくて、タンピコから時間のかかる船旅を選び、帰路に着いた。

前年の夏、レナードはボストン近郊のウォルサムに創立されて間もない無宗教の大学、ブランダイスから音楽学部の客員教授として招聘を受け、承諾している。年棒は九千ドルであった。最初の仕事は、一九五二年六月に予定されていたフェスティバル・オヴ・クリエイティヴ・アーツという野心的なイベントを監督することで、さらにレナードは、ブランダイスの同僚でもある作曲家アーヴィング・ファインから、『タヒチ島の騒動』をフェスティバルに間に合わせて完成するようすすめられた。ボストン交響楽団との三週間の契約期間を終えると、バーンスタインはニューヨーク州サラトガ郊外にあった芸術家のコロニー、ヤッドにおもむき作曲に専心した。彼はマーク・ブリッツスタインが新作オペラ『リューベン、リューベン』にとりくんでいたキャビンを引き継ぎ、自作のオペラの編曲が完了し、上演できるかたちになるまで閉じこもっていた。「フェリシアにはつらいことだが、必要なんだ」とバーンスタインはファインへの手紙に書いている。「それに、始終ぼくにまつわりつかれているよりは気が楽かもしれない。それはそうと、ぼくたちは、きわめてうまくやっているよ。これなら明るい未来が期待できそうだ」五週間もの別離がフェリシアにとってつらくなかったはずはない。ニューヨークでのテレビ出演は終了していたし、妊娠中期にさしかかっていたのだから。だが音楽の子どもを刻限どおり出産するのがバーンスタインにとってははだ重大な意味をもつことを、フェリシアはわきまえていた。

ブランダイス・フェスティバルは一九五二年六月十二日から十五日まで四日間にわたって開催された。バーンスタインが書いているところによれば、その目的は創造芸術を吟味検討することによって、将来につながるカギを探求することであった。ジャズの影響が色濃い『タヒチ島の騒動』も検討の対象だった。このオペラは初日の夜、バーンスタイン自身が司会をつとめたアメリカ芸術の現状に関するいささか冗長なシンポジウムにひきつづいて上演された。三千人強集まった聴衆は、午後十一時を回ってようやく幕が上がったときには、「しびれを切らして深刻な」状態にあったといわれている。印刷の締め切りが迫り、上演開始まで残っていられたジャーナリストはわずかだった。残留組のひとりは、「舞台技術も照明も、急造ステージに足をすくわれた」と不平をたれている（ドレス・リハーサルの最中まで大工が金槌を振っていた）。野外劇場には音響効果はないにひとしく、梢を揺らす風やら近くを通る鉄道やらの、歓迎されざる効果音が入ってくる。タイム誌はバーンスタインに新たに「歌劇台本作者、講演者、お祭り屋」の肩書きを送ったが、『タヒチ』の首尾一貫しない効果に疑問を呈し、物語は「現実的すぎてとても笑えるものではない」と評した。アーヴィング・ファインに宛てた手紙で、バーンスタインは自身の葛藤を表明している。「フェスティバルに間に合うように『タヒチ』を完成させろとせっついてくれたことに感謝していいのか恨んでいいのかわからない。こいつは生焼けでひどい恥さらしだが、いったん終止符を打ったものを初心に立ち返って書きなおすなど不可能に近い」

バーンスタインには、フェスティバル期間中には事後分析している暇はなかった。二日目の午後には、友人のジョン・メヒガンが組織した屈指のジャズ・セッションの司会にあたった。プログラム中で新式の「バップ」と伝統的なディキシーランド・ジャズのスタイルの功罪を比較する討論が行なわれ、ひきつづいて二つのグループが、同一のスタンダード・ナンバーをまったく異なるスタイルで即興演奏した。演奏者はマイルス・デイヴィス、パーシー・ヒース、リー・コーニック、ジョン・ルイス、マックス・ローチといった面々だ。バーンスタインは、チャーリー・ミンガスのベース・ソロが「近年まれに味わうスリリングな音楽体験である」と賞賛した。フェスティバルではほかに、詩の朗読、文芸を議題とした会議、絵画展示やドキュメンタリー映画の上映が行なわれたが、これらはバーンスタインなりの現実社会に対する探求であり、それがジョゼフ・マッカーシー上院議員の破壊的影響力が最高潮に達していた時期に敢行されたのだ。リリアン・ヘルマンが下院非米活動委員会（HUAC）に果敢なる抵抗を試みたのはその三週間前のことだった。

HUACの魔女狩りは、第二夜の上演に特段の話題性を付与することになった。マーク・ブリッツスタインが、みずからの翻案になるクルト・ヴァイル作『三文オペラ』のアメリカ版初演でナレーターをつとめたのだ。台本を書いた劇作家のベルトルト・ブレヒトは、一九四八年にHUACの査問を受け憮然として共産党員であることを否定したが、その翌日には東ドイツに遁走してしまった。「マック・ザ・ナイフ」をはじめ、ブリッツスタインの翻訳で、ブレヒトの辛辣な調子にさらにすごみが加わっている。ブランダイスではキャストにロッテ・レーニャが参加し、バーンスタインの指揮による上演は大成功をおさめた。同じプログラムの前半で、マース・カニンガムがピエール・シェフェールおよびピエール・アンリによる流行の〝ミュジック・コンクレート〟の曲『シンフォニー・プール・アン・オム・スール（男性ソロのための交響曲）』を踊り、またストラヴィンスキーの『結婚』に振付けをつけをした。『結婚』はボストン圏では初演になった。

「いま芸術に可能性はあるか？」批評家のエリオット・ノートンはその週の初め、こんな疑問を呈している。水爆の暗雲垂れこめるなか――エニウェトク環礁における初の水爆実験が行なわれたのはその四カ月後のことだ――バーンスタインのフェスティバルは、主たる演目のいくつかが一九二〇年代のものであったとはいえ、明確な解答を提供してみせた。祭典の掉尾を飾ったのは、セルゲイ・クーセヴィツキーの思い出に捧げてバーンスタインが指揮した現代管弦楽曲の絢爛たるプログラムで、野外音楽堂に集まった五千人の聴衆に、アーロン・コープランドが一曲ごとにを解説した。演奏されたのはウィリアム・シューマンの『弦楽のための交響曲』、アーヴィング・ファイン作曲『ノクターン』、ベン・ウェーバーの新曲や、ブリテンの『テノールとホルンのためのセレナード』などであった。プログラムは、デイヴィッド・オッペンハイムをソロにむかえ、コープランドが一九五〇年に作曲したクラリネット協奏曲で幕を閉じた。フェスティバルの滑り出しは堂々たる成功と報道され、バーンスタインの功績でブランダイス大学の名は全国に知れわたった。

ブランダイス・フェスティバルのあと、バーンスタインは作曲に専念するため一年の休暇をとろうと決意した。彼のもくろみでは、週に一日ブランダイスで教鞭をとるほかは「指揮もなし、コンサートもなし、なにもなし」になるはずだった。だがまずタングルウッドの義務をまっとうしなければならない。ここでバーンスタインはふたたび指揮のクラスを受け持つことになっていて、前年同様ロリン・マゼールというすぐれた生徒が参加していた。バーンスタインのいちばんの懸念は、『タヒチ島の騒動』初演の「忌まわしい記憶を払拭」することだった。最後のシーンが書きなおされ、『タヒチ島の騒動』はその夏タングルウッドのシアター＝コンサート・ホールで、二度上演された。指揮はシーモア・リプキンで、サラ・コードウェルが舞台監督をつとめた。コードウェルは、バーンスタインが自作に得心しきっていないため右往左往させられた。こんなぐあいだ。午前のリハーサルの終わるころ、バーンスタインと夫人が通し稽古を見にきて注意点を挙げる。午後になると夫妻は友人をともなってやってきて、今度はこの友人が午前中とは反対の意見を述べるのだ。「お友だちがだれかはあまり関係ありませんでした」コードウェルは述懐している。「だれもかれもが決定権をもっているみたいで、やりにくいことはなはだしかった」

コードウェルは評定衆からの口出しにストップをかけ、タングルウッドでの上演は聴衆からは好意的にむかえられた。批評家の受けは必ずしもよくなかったようだが。タイムズ紙のオーリン・ダウンズは登場人物の性格づけがあいまいなのと、ドラマの動機づけに説得力がない点を指摘している。ブランダイスの初演を聴きにきていたデトロイトの友人、マーキューズ夫妻に、バーンスタインは手紙を書いた。「タングルウッドでのタヒチは二百パーセントもよくなりました。今度は本物です。すっかり装いを変えてきれいになりました。ただ、批評家からはいまだにまじめに受け取ってもらえません。それどころかあくびをされる始末。まあ、しかたがない。シャーマー爺さんのためだけにもまともな批評が出ればうれしいんですが」だが出版社は秋にテレビ放映する交渉をいち早くまとめていた。

八月の二十五日に、バーンスタイン夫妻は〈オズボーン〉という名のアパートメントの四階に引っ越した。マンハッタンでは二番目に古く、豪華な家族向け共同住宅だが、エントランス・ホールの華美な装飾は市内随一を誇る。カーネギー・ホールは斜め向かいだった。引っ越して二週間後、九月八日にフェリシアはドクターズ病院で女の子を産んだ。体重は七ポンド三オンス。名付け親を頼まれていたマーク・ブリッツスタインは執筆中のオペラのヒロインにちなんでニーナと命名した。当初バーンスタイン夫妻は同意したものの、翌朝になってレナードが心変わりした。ブリッツスタインのオペラはまだ未完成だから、その登場人物の名をもらうのは幸先が悪い気がしたのだ。そこで赤ん坊はジェイミー・アン・マリアと命名された。「ジェイミーはものすごい美人で、恐れを知らず、健康そのもの」とバーンスタインはアーヴィング・ファインに宛てて書き送っている。

ジェイミー出産後六週間でフェリシアは仕事にもどり、十月に一本、十二月には二本テレビ出演した。バーンスタインも、戦前レヴュアーズで試験的にテレビに出たのを除けば初めてテレビスタジオ入りした。十一月十六日土曜日の午後三時、生放送で自作のオペラを指揮したのだ。

『タヒチ島の騒動』に関するバーンスタイン自身の寸評を聞くと、誤った印象を抱きかねない。「軽いのりで……ポピュラー音楽に想を得ていて」その根はアメリカのミュージカル・コメディにあるという。「あるいはアメリカの音楽シーンに根差しているといってもいい」最後の部分だけはまさしく当を得ている。さまざまなムードが激しくぶつかりあう『タヒチ』は、ミュージカル・コメディというよりむしろマーラーの交響曲を思わせる。アリアや二重唱に見られる緊張、胸を打つ詩情、暗礁に乗り上げた結婚生活をストリンドベリばりに荒涼と描き出す手腕、ギリシャ劇のコロスさながら辛辣な歌詞を歌いあげる三重唱など、すべてバーンスタインがスコアの核心にあるという、ポピュラー音楽とは異なる地平に『タヒチ』を押し上げている。

このオペラの演奏時間は四十五分を切るほどだ。結婚生活が破綻に瀕した若いアメリカ人夫婦、都市郊外に住むサムとダイナのある一日を描写している。夫のサムは景気のいいビジネスマンで毎朝都心部まで通勤し、妻のダイナは専業主婦で、いやというほど暇がある。ふたりにはジュニアという息子がいるが、夫婦はこの子を臆面もなくないがしろにしていて、舞台には登場しない。筋立てに関わりをもつ人物は、このほかにはいっさい登場しない。サムは、そこにいることになっている同僚や秘書に語りかけ、ダイナも、姿は見えない分析医や店の売り子に話しかけるだけだ。オペラの主題は時代を超越したもの、愛の死である。「歳月を経るうちにわたしたちの神秘を曇らせたのは、なんだ?」とサムは妻に問う。「引き返す術はないのか?」

第一場でわたしたちは家庭内のいさかいに引きずりこまれる。朝食の席で、サムとダイナが叙情性そっちのけでたがいの理解を求めて言い争う。二場と三場は、オフィスで思い上がり、自己満足に浸って、ときとして冷酷さも発揮するサムと、精神分析医のカウチに寝そべり、悩ましい夢に登場する「愛が調和と礼節を教えてくれる」落ち着いた場所について語るダイナの対比を描く。四場でサムとダイナは昼食時の街なかでばったり鉢あわせするが、結局それぞれの約束の場へと別れていく。それでいて音楽はたがいに切なく求めあうふたりの心情を表現する。「同じ映画を愛し、同じパーティを好み、小さい坊やもいるのに、この虚しさは、なに?」『タヒチ』の中心となるアリアは、バーンスタインが四年間いいつづけてきたもの、シンプルでありながらシリアスで、掛け値なしにアメリカ的な、だれにでも理解できる作品にかなり肉迫している。

第二場は期待にたがわず再度三重唱が登場し、皮肉をこめてアメリカの郊外生活を歌いあげる。つづく二曲の独立したアリアは、物語を進展させずに、人物像をより浮き彫りにしていく。五場のサムはスポーツ・ジムにいて、イアーゴ顔負けの男性優越主義の〝クレド〟をもって、ハンドボールの試合に勝利したのを祝い、次の場面ではダイナが見たばかりの映画の筋を反芻する。ここは聴かせどころで、五分間の名曲『なんてひどい、ぞっとする映画なんでしょう!』は、アメリカの植民地政策とハリウッドの現実逃避を巧みに嘲弄するコメディ・バーレスクになっている。劇中映画『タヒチ島の騒動』中のヒット曲「島の魔法」の思わず踊り出したくなる旋律に三重唱が加わる。

最終の場では、第一場のテーマと緊張が再度よみがえる。夕食は終わり、ジュニアは、自分たちの関心事に手一杯で学芸会を見にいけないという両親に、おそらくは密かに憎悪を抱きつつ、ベッドに寝かしつけられてしまう。そしてサムとダイナは「まじめな話しあい」を試みる。三重唱は正真正銘ギリシャ劇のコロスと化し、共鳴して高まる音楽とともに、失われた愛をとりもどすことができない夫婦のささいな悲劇を論評するのだ。低音がしつこく鳴り響き、やがて夫婦が疲れ切って倒れこんでしまうと、音楽はやみ、陳腐な日常会話にとって代わられる。サムが映画でも観にいこうと『タヒチ島の騒動』へ誘っても、ダイナは反論しなかった。ふたりは嘲るようについてくる三重唱の「島の魔法」に合わせて退場する。

「音楽は生き生きしているが、主題はわびしい」とは上演前のマーク・ブリッツスタインの辛辣な批評だ。アーヴィング・コロディンはさらに手厳しい。「これ以上に空虚で退屈な人間は、ふたりと実在しない」アーサー・バーガーには、『タヒチ』が「台本の弱さがあだになり、生きのいいブロードウェイ・ショーの単なる素描に終わっている」と感じられた。テレビ放映の際、『タヒチ島の騒動』の真価をとらえたのは批評家のジョン・クロスビーただひとりだった。「わずかに乾いた微笑を浮かべるだけでほとんど無表情に歌う三重唱は、郊外生活が歌詞にうたわれているほど魅力にあふれたものではないことを示唆する……活字で見るかぎりは無邪気な言葉は、旋律に乗せられるとてつもなく毒を含み、悪意にみちてくる」クロスビーはオペラに、物質的充足と精神的疎外の対比を、「物質主義の前にぬかずくことでもたらされた精神の荒廃」を見たのだ。

オペラにはまた、自伝的要素がある。台本の第一稿では、夫は「サム」で妻は「ジェニー」となっていた。結局メロディに乗せやすい「ダイナ」に変更されるわけだが、これはバーンスタインの父方の祖母の名でもある。明らかにバーンスタインは、自分の目にみじめに映った子ども時代の責任は父にあると、公然の非難をもくろんだのだ。もっとも現実のサムは、オペラに擬せられた人物とは似ても似つかない。これははなはだ一方的な、執念深い企みであり、バーンスタインの冷酷な一面を露呈している。私生活ではこうした冷酷な面がときおり顔を出し、家族や友人を苦しめたものだ。

『タヒチ島の騒動』はマーク・ブリッツスタインに献呈されている。ブリッツスタインがバーンスタインに、音楽劇場への道を示したのだった。だが『タヒチ』の二重唱をひとつとりあげてみても、そこには『レジーナ』全幕に見いだされる以上のハートが、熱情が、詩の遡及力が見られる。バーンスタインはこれまで、アメリカにおける劇場音楽でだれもが探求の足を踏み入れようとしなかった感情の領域へ、突き進んでいったのだ。『タヒチ』は発展途上にあるバーンスタインの要となった作品であり、三十年後まで彼にとりついて続篇を書かせる。『静かな場所』がそれだ。

『タヒチ島の騒動』のテレビ放送に相前後する一九五二年の十一月初頭から十二月中旬にかけて、バーンスタインは新作ミュージカル『ワンダフル・タウン』を書きあげた。グリニッチ・ヴィレッジを舞台にしたこの作品が下敷きにしたのはルース・マッケニー原作の自伝的小説『マイ・シスター・アイリーン』である。この小説をもとに一九四〇年にはジョゼフ・フィールズとジェローム・チョドロフが戯曲を作って成功をおさめ、のちには映画化もされ、ラジオ・ドラマとしても長く人気を博した。戯曲はフィールズとチョドロフの手でミュージカルに改作され、ロバート・フライヤーとジョージ・アボットの両プロデューサーがロザリンド・ラッセルと主演契約を結んだうえで、コムデンとグリーン、バーンスタインに接触し、コムデンとグリーンには詞を、バーンスタインには曲を書いてもらいたいといってきた。その前に依頼された作詞作曲チームは、満足のいくスコアを提出できなかったのだ。新しいチームは不可能を可能とし、ロザリンド・ラッセルとの契約期間が切れる前に、一カ月でミュージカルを丸々完成できるだろうか。

チョドロフとフィールズは時代設定が古いと考えて、時代を一九五〇年代に変更しようとしたが、コムデンとグリーンは原作の三〇年代色に興趣をそそられた。またこの時代背景はバーンスタインのインスピレーションを引き出した。「レニーはピアノに駆け寄りました」ベティ・コムデンが回想する。「そして有名なエディ・デューチンのヴァンプ［エディ・デューチンはソサエティ・バンドのリーダー］を弾き出したんです。三〇年代ということで音楽のスタイルは決まり、デューチンのヴァンプで幕が開くことになりました」過酷なスケジュールがカンフル剤になった。三人組はつづく五週間というもの、〈オズボーン〉のアパートメントでバーンスタインいうところの「瞑想部屋」にこもった。光は閉ざされ、壁は鈍い灰色に塗られている。タバコの紫煙が立ちこめてピアノに陣どっている者からタイプライターの前にすわっている者がろくに見通せないありさまだった。

生み出されたのはきらめくばかりの娯楽作品だ。息つく間もないペースで作詞作曲が行なわれた痕跡など微塵《みじん》もない——それどころか随所に見られる自伝的要素のおかげで、コムデンとグリーン、バーンスタインの三人が大人になるやこの作品を練りあげ、満を持していたかに感じられる。『マイ・シスター・アイリーン』は、才気煥発な駆け出しの作家、ルース・シャーウッドとその妹で容姿は姉より一枚上手の女優の卵、アイリーンがオハイオから職を求めてニューヨークへやってきたのはいいが、結局グリニッチ・ヴィレッジのボヘミアン集団にまぎれこんでいく話である。十年ばかり前、コムデンとグリーンとバーンスタインもヴィレッジを根城にしていて、レヴュアーズはヴィレッジ・ヴァンガードに出演していたし、バーンスタインは西十丁目に起居していた。結婚前、フェリシア・モンテアレグレはシャーウッド姉妹が住んでいたのと五十歩百歩のアパートを、ワシントン・プレイスの地階に借りていた。ルースは文法に関する厳密さにうるさい点ではレナード・バーンスタインと争うほどで、おてんとう様の下のありとあらゆる問題に蘊蓄《うんちく》を傾けたがるところもそっくりだ。この性格をよく表わしている歌、「男をなくす百の簡単な方法」が一カ月の試験興行期間中に加えられた。

ルースは記者の職を得てブルックリン海軍廠にいるブラジルの水兵たちにインタビューにおもむく。そこで繰り出される質問は、作者たちが三〇年代の風俗に並々ならぬ知識をもっていることを示している。「ハロルド・ティーンについてどう思われます？　ミッジ・グリーンは？　ディジー・ディーンは？　銀幕では、だれがいちばんお好き？」「締め切りをにらみながら書いていた」アドルフ・グリーンはいう。「でも韻は踏まなきゃならなかった」台本には、シェイクスピア喜劇さながら、同世代でなければ理解できないもろもろが詰めこまれている。ブラジルの水兵たちにはルースの質問はちんぷんかんぷんで、彼らの望みはキューバのダンス、コンガを踊ることだけ。第一幕のフィナーレは、爆発的なコンガで締めくくられる。この踊りをバーンスタイン自身熱烈に愛好していて、ベヴァリー・ヒルズからガリラヤまでいたるところ、パーティといえばみんなにコンガを踊らせたものだ。

第二幕のオープニングは「マイ・ダーリン・アイリーン」で、ばかがつくほどお人好しのアイルランド人警官たちが、若いほうのシャーウッド嬢に捧げるセレナーデだが、初期の興行ではエディ・アダムズが歌った。この場面は三年前バーンスタインがドニゴール州でひと晩じゅう踊ったアイルランドのリールに着想を得ている。作曲者の音楽歴は「スウィング」へとたどることができる。バーンスタインが音楽に熱中するきっかけとなった様式への愛情のこもった捧げ物だ。『ワンダフル・タウン』ではスウィングはヴィレッジ・ヴォルテックスなるクラブで演奏されるが、実生活ではヴィレッジ・ヴァンガードに行けば聴くことができた。超現実的で言葉の遊びにあふれたユーモアいっぱいの歌詞は、ジェイムズ・ジョイスの手で巧みに操られた「連想ゲーム」を見るようだ。

製作はとんとん拍子に進み、一九五二年の暮れにはまとまった。二十五万ドルの予算を十パーセント下回ったが、ニューヨークで幕を開ける一カ月前には前売りが六十万ドルを上回る勢いを見せ、ボストンとフィラデルフィアではチケット売り上げの記録を更新した。といっても、なにもかも順風満帆だったわけではない。初期のうちにバーンスタインが払った犠牲は、バレエ・シーンを削除されたことだ。このシーンは四年前にウッディ・ハーマンの依頼で作曲した『プレリュードとフーガとリフ』を使ったもので、ハーマンが小切手を切ることができなかった（というか、受け取ったとさえいってよこさなかった）ために日の目を見なかったものだ。リフの部分は第一幕の「カンヴァセーション・ピース」に活かされているが、曲自体はまたしてもお蔵入りになった。ジェローム・ロビンズがダンス場面の「往診」に駆り出された――本人の希望でクレジットには名前がない――のは、ボストン公演の際、ロザリンド・ラッセルが男性ダンサーに落とされる事件が起きたためだ。プレヴューを報じたタイムズ紙によれば、これは「離れ業的演技」で、水兵たちの手で空中に放り上げられるとロザリンド・ラッセルは「『汝の隣人を信ぜよ』なる信条以外には頼るものとてない」ように見受けられた。ハリウッドの有名スターだったラッセルは、集客の最大の功労者だったのだから、ニュー・ヘイヴンでのプレヴューで声が出なくなってほとんど一週間というもの出演が不可能になったときは、だれもが大いに落胆した。しかし、ラッセルはじつに芸達者だった。自分の声は「すごく低くてヴィオール並み」と表現しているラッセルだが、レナード・バーンスタインは転調魔だと記者に話して――「一語ごとに調が変わるんだから！」――自分は音楽性にとぼしいことをほのめかしている。

ニュー・ヘイヴンで、バーンスタインは幼なじみのシド・ラミンとうれしい再会を果たした。ラミンはすぐれたオーケストレーターになっていて、きついスケジュールにオーケストレーションを間に合わせる助っ人に雇われたのだ。ラミンは「スウィング」も「コンガ」も、リハーサル中に書きなおされて磨きをかけられたのを憶えている。一九四四年に『ファンシー・フリー』を準備していたときもそうだったが、バーンスタインは歌手や踊り手と直接会って刺激を受けたのだ。

ジョージ・アボットは、きわめて手際よく仕上げの微調整をやってのけ、ウィンター・ガーデン劇場での初日を観た劇評家たちはこぞって熱狂的な批評を献上した。ブルックス・アトキンスンは『ガイズ・アンド・ドールズ』以来最高のミュージカルとまつりあげ、八年前『オン・ザ・タウン』を批判したあと、再度観たときには鮮やかに前言をひるがえしたジョン・チャップマンも、今度ばかりは躊躇なく褒めたたえた。「すばらしき街《ワンダフル・タウン》、すばらしきスコア、すばらしき本、エトセトラ、エトセトラ……ジョージ・ガーシュウィン以来（バーンスタインほど）簡潔かつ愉快な旋律でもって、遊び心を表現し、トリッキーでわくわくするような転調を優雅に連発する作曲家は現われなかった」ネイション紙のハロルド・クラーマンにいわせると、『ワンダフル・タウン』は一九三〇年代中葉のニューヨークに白熱していたボヘミアンの興隆の集大成である。「空虚でない軽味は、善き人間性の勝利だ」

『ワンダフル・タウン』は一九五二年から五三年にかけてのシーズンでトニー賞最優秀ミュージカル賞を受賞し、バーンスタインも作者や作詞家とともに栄誉に浴した。ロザリンド・ラッセル、レーマン・エンゲル（音楽監督）、ドナルド・サドラー（振付け）、ベティ・コムデンとアドルフ・グリーン、ラウール・ペネ・デュボア（舞台美術）がそれぞれ最優秀賞を獲得している。加えてこの作品はブロードウェイの劇場関係者の投票によるドナルドソン賞九部門をかちとり、ニューヨーク批評家協会と内外の記者の投票によって選ばれる最優秀ミュージカル賞をも贈られている。バーンスタインはほぼ十五週間にわたって熱を帯びたみたいに作曲、リハーサル、曲の手直しに明け暮れ、印税収入は最初の一年だけで六万六千ドルに達した。「金は必要です」その年の後半、イスラエルでジャーナリストのインタビューに答えて、バーンスタインは冷静に言い切っている。

『ワンダフル・タウン』はギルバート&サリヴァンのオペレッタに劣らず、歌詞と筋立て、それに音楽のバランスがとれている。重圧に耐えて音楽を作り上げたことで、三者はブロードウェイ・ミュージカル最強の組み合わせに躍り上がったのだ。オーリン・ダウンズがその点について、「この作品は、ダンスとおしゃべりと歌で構成されたオペラである……いずれネオンと激動、熱気にあふれる二十世紀のアメリカならではのオペラの原型として、博物館の展示品のごとく見なされる日が来るかもしれない。過ぎし日のワーグナー、ヴェルディの水準に匹敵する作曲家によってアメリカにオペラが創造される日が来るとしたら、それは高尚なバルトークやヒンデミット、ストラヴィンスキーの音色の猿まねに精魂を傾けた結果としてでなく、大衆芸術の骨太な精神と活気にみちた台詞のめりはりに、はるかに多くを負っているものとして現われるであろう」と述べている。

アメリカならではのオペラを書きたいと宣言していたバーンスタインが『ワンダフル・タウン』を書いたことは、彼の心変わりの所産と受け取られるかもしれない。だがこれは訓練の一部と見ることもできる。怒濤の勢いで作曲されたのは事実だが、ロッシーニのオペラもたいていはそうだった。オーリン・ダウンズの指摘どおり、「おしゃべり」が多いのも否定はしないが、モーツァルトのドイツ・オペラにせよ、オッフェンバックのフランス・オペレッタにせよ、語られる台詞がその特質だ。劇場用の音楽を作曲する熱意は冷めなかった。「劇場音楽にこそ、わたしは本領を発揮できる気がする。だからやらない手はないし、しかも楽しんで書ける」とバーンスタインは一九五三年の二月に話している。だがバーンスタインがブロードウェイにもどるのは、四年も先のことになった。その後、バーンスタインとコムデン、グリーンの共同制作は、なにものも生み出せていない。『ワンダフル・タウン』は、ブロードウェイで手を組んだ三人の、つかのまの、しかし輝かしい協力が実らせた最後の果実であった。

23　陽動作戦

「わたしはもっとも興味をそそられる活動を選ぶよう、宿命づけられているようです。金になる仕事ではなくて。進退きわまっていますが、ひとはこれを芸術家の愚挙と呼ぶことでしょうね」
——一九五四年五月二十一日、レナード・バーンスタインがフィリップとバーバラ・マーキューズ夫妻に宛てた手紙

ニューヨークで初めていっしょに暮らすことになり、フェリシアとレナードの重なり合わさった交友関係の輪は急速に広がっていった。『ワンダフル・タウン』開幕の夜、レナードは百通からの祝電を受け取っている。だが芸歴が下降線をたどっていたフェリシアは、〈オズボーン〉を家庭らしく飾りつける作業に没頭した。「いっしょにいる時間はたいてい買物かオークションに出かけてる」アーヴィング・ファインへの手紙に、バーンスタインは書いている。「リフォームが終わったら、きっとすばらしい家になるだろう。うまくいったらの話だが。家庭生活なるものは、これまでに試したどんなことより消耗するね。もちろん、楽しみによって十二分に報われるわけだが、正直いって、あんなにわんさとカーテンやら敷物やらテーブルやらアイロンやらに占領された部屋で作曲ができるものだろうか？」

バーンスタインは自分自身に立てた誓いにしたがい、一九五二年から一九五三年にかけてはほとんど指揮活動をしなかった。イスラエルのために資金調達コンサートを数回やり、クーセヴィツキー財団設立十周年を記念してタウン・ホールで開かれた小規模なコンサートが一回あり、夏にはバーンスタインお気に

入りのルイゾーン・スタジアムで、八回にわたる交響曲のコンサートが行なわれた。これは、たった一回のリハーサルでニューヨーク・フィルハーモニックのメンバーを「スタジアム交響楽団」に擬する壮大な実験で、コンサートがひとつ終了すると、そのたびにバーンスタインと楽団は夜を徹して、真夜中からアメリカ・デッカのためにレコーディングを開始するのだった。五夜分のマスター・テープが、のちに一九五五年になってブック・オブ・ザ・マンス・クラブに売却され、バーンスタインの解説と分析を付けて頒布された。バーンスタインは印税の前渡しでまとまった額を手に入れたが、スタジアムはレコーディングの場としてはふさわしくなく、実験は二度とくりかえされなかった。

バーンスタインにとってその夏最大の音楽行事は、一九五三年度のブランダイスにおけるフェスティバル・オヴ・クリエイティヴ・アーツで、一学期間、週に一度百名の学生を指導してきたバーンスタインは、初代のシルヴィア・アンド・フレデリック・マン音楽教授職に任ぜられた。アーヴィング・ファインが「古典主義と喜劇精神」をフェスティバルのテーマとして提案すると、バーンスタインはすかさず答えている。「……前回のフェスティバルにおいて、われわれが実験的な時代に生きているのではないことが明らかになった。われわれの時代は、極端に走るのには二の足を踏みがちだ。真の悲劇を創造してはいない。いっぽう、真の風刺をも創造できてはいない。慎重さとさまざまな恐怖心が邪魔し、二の足を踏ませている。したがって目下のところは、世界が善くなるか吹き飛ぶかするまでの時間をまぎらす芸術の部分に立ち止まっているのだ。善と悪はいまだに有効であり、理論的には頻繁に使われる主題だ（『ビリー・バッド』や『放蕩』）し、今後も芸術の格好のテーマとなるだろうが、現代のわれわれはこの分野に長けてはいない。だからお洒落に楽しみ、気晴らしができればいいのだ」

この手紙は、アイゼンハワー時代の初期にあって、道楽を愛するバーンスタインの裏に失意があったのを暗示している。時代はリベラルに味方していなかった。『ワンダフル・タウン』の巡業中、ジェローム・

ロビンズが舞台を抜け出し、ひそかにワシントンにおもむいて仲間に衝撃を与えた。非公開の委員会で自身の政治活動に関する証言を行なうためだった。ブランダイス・フェスティバルの一カ月前、五月五日に、ロビンズは下院非米活動委員会の公聴会に召喚された。リリアン・ヘルマンとは反対に、ロビンズは証言することに決めた。すなわち、友人のうちで共産党員であった者を名指しするのだ。ロビンズはすでにほかの証人によって挙げられている名前しか出さなかったが、過激な友人たちはロビンズを許しはしなかった。一九四八年にロビンズとバレエを共作したマーク・ブリッツスタインは、ロビンズの態度を「嘆かわしい謀反」と評した。だがバーンスタインはなだめる側に回った。政治的信条が、その分野でもっともすぐれた才能と協同したい欲求に座を譲ったのだ。ロビンズは、バーンスタインの協力者のうちでも、とりわけ重要な位置を占めていたからだ。

第二回ブランダイス・フェスティバルにうたわれた「喜劇精神」は、大きく網の目を広げ、アル・キャップやS・J・ペレルマン、ソール・スタインバーグなどが参加した。音楽分野の予算は一九五二年から削られ、バーンスタインはプログラムをひとつ提出し、二回出演しただけだった。前半でまず、モートン・グールドが名高いダニー・ダニエルズにすすめられて作曲したタップとオーケストラのための四楽章からなる協奏曲を指揮し、幕間のあと、フランシス・プーランクの機知に富んだオペラ『ティレジアスの乳房』のアメリカ初演を行なった。主役はフィリス・カーティンで、衣装と装置は『ワンダフル・タウン』でトニー賞を獲得したラウール・ペネ・デュボアだった。

そのあとバーンスタインはタングルウッドで恒例の六週間をすごすのだが、タングルウッドに到着して四日後、バーンスタインはブランダイスの学長エイブラム・サッチャーに宛てて、教職からもフェスティバルの監督からも手を引きたいという内容の手紙を送っている。

最近になってようやく、自分が他人の結婚式に参列しすぎたのではないかと思いいたりました。わたしはつねに、創造・演奏両面の均衡を保つという切実な問題に直面しておりましたが、どちらの側面も、本来おのおの全精力を傾注されるべき仕事であります。齢三十五にいたっても、いまだにわたしは自分の生きるべき道を見いだしていません。しかしながら、いかに一時的な試みとはいえ、白亜の塔に一歩でも足を踏み入れると、深刻に深みにはまると身をもって知りました。わたしは教えるのは好きです。だからこそ、昨年度は試験的に一学期間の教授をお受けしたわけです。その実験を来年度も継続するわけにはまいりません。べつの方面から食い気満々の鬼がやってきて、わたしをつかまえてしまったからです……そのため恐縮ながら来期の授業は不可能になりそうです。どこかでだれかが妥協せざるをえないのです。わたしの精神が妥協する前に……

タングルウッドに顔を出すのは、愛の奉仕であった。そこで支払われる報酬は、一九五三年に『ワンダフル・タウン』で稼いだ週一千五百ドルからすれば雀の涙ほどのもので、指揮の主任教授として一千ドル、ボストン交響楽団を二回指揮してさらに二千ドルを受け取るだけだ。バーンスタインはイスラエルとイタリアで指揮活動を行ない、そのあと新たな作曲に入る予定だった。しかし、タングルウッドで、バーンスタインは最新の動向にふれることができた。現代音楽におけるコミュニケーションをとりあげたフォーラムでは、何カ月ものあいだ気にかかっていた問題を話しあう機会が得られた。ニューヨーク・シティ交響楽団とたもとを分かって以来、自分のオーケストラと呼べるものがなく、コープランドの夢を実現して初の〝アメリカ人〟指揮者になること、アメリカ流交響楽派の解釈者になる希望が頓挫している。だが現代アメリカ音楽に対する貢献の点では、バーンスタイン自身も目下もっぱら作曲者としてその役を果たしているわけだが、亡きクーセヴィツキー以降、一貫してアメリカ音楽の牽引車たる指揮者は出現していない。

「今日この国で作曲されるクラシック音楽は、だれからも見向きもされない」バーンスタインはいう。「音楽家でさえ興味を示さない。わたしたちの未来は、未来の天才がアメリカの劇場音楽から盗み出して、斬新で、壮大で、抽象的な形に練りあげるものにかかっている。だが、それはいまだ実現されていない」

いささか悲観的な心境といえそうだが、バーンスタインはタングルウッドに集まる若い人々には期待を寄せていた。タングルウッドの若者たちにとって、いまはバーンスタインが、かつて一九四〇年代にクーセヴィツキーがそうであったような大きな存在なのだ。バーンスタインの教授法は正統とはいえなかったが、効果的ではあった。たとえば交響曲『復活』の最終楽章の冒頭で、コーラスにごくごく柔らかいピアニッシモで歌わせようとする場合、バーンスタインは指揮台に寝そべり、思いどおりの静音が得られるまで起き上がろうとしなかった。イスラエルのある奏者は、バーンスタインがありとあらゆる主題や旋律にぴたりとくる言葉を振り当てる天性のこつを身につけていたのが忘れられないという。「大声で得々として主題やメロディを歌い、指揮者の気質や魅力をあますところなく伝えた」

バーンスタイン一家は夏をニューヨーク州北部の小さな町、ヒルズデイルですごした。そこはマサチューセッツとの州境に近く、タングルウッドからは車で四十分ほどの距離だ。この距離はバーンスタインの気分を反映したものだといえそうだ。おそらくはフェリシアの勧めもあったのだろうが、クーセヴィツキーというカリスマを欠いて気の抜けてしまったタングルウッドからは、徐々に身を引く時期だと感じたものと思われる。穏健派のアーロン・コープランドでさえ、上院小委員会での非公開の審問でマッカーシー上院議員と後味の悪い小競り合いを演じたあととあって、その夏は失意のうちにあった。

バーンスタインも一九五三年の夏、魔女狩りのわりを食って州当局からパスポートの更新を拒絶されるという憂き目を見た。弟への手紙に書いている。「最後にはワシントンまで出かけていって、聴聞会で州当局の類人猿と対決しなけりゃならなかった。ぼくはやったよ！　なかでも重要な経験は弁護士だ。彼を味方につけられたのはとてつもなく幸運だった。ジム・マキナニーといって、もと司法省犯罪捜査部部長、つまり赤狩りの親玉だ。盾になってもらうのにこれ以上の人間はない。それになかなかの人物でね。このひとを知っただけでも悪夢みたいな屈辱的な経験をするだけの価値はあった。それに三千五百ドルを支払う価値も。そう、最近じゃ、自由なアメリカ市民たろうとすれば、それだけの金がかかる。気の滅入る話じゃないか。ともあれ決着はついた。おまけにほかの件も片がついたといわれた。委員会のファイルやら、レッド・チャンネルやらも。マッキ氏は、お偉方みんなとファーストネームで呼びあう間柄だ。偉大にしてすこぶる役に立つ同盟者だよ。しかし一級の市民権を確保しようと思ったらそんな同盟者が必要だとは、嘆かわしいかぎりだ」

シャーリー・バーンスタインの仕事仲間のプロデューサー、ロバート・ジョゼフの父親がバーンスタインのためにひと肌脱いだのだが、そのロバートの言によれば、マキナニーは、バーンスタインが名前を貸したことを認めた「共産主義を看板にした」嘆願書やら組織やらを網羅したフォルダーをもっていたという。「きみはいやといった試しがないのかね?」マキナニーはたずねた。「どうやらそのようですね」バーンスタインはしおらしく答えた。「きみは共産主義者には見えない」マキナニーは結論を下した。「行ってパスポートをもらってきなさい。これからは厄介ごとに首を突っこまないように」いちども召喚される栄に浴さなかったのをバーンスタインは残念に思ったかもしれないが、国際的名声の上に垂れこめた暗雲が吹き払われたのに安堵したのはまちがいない。

一九五三年の九月五日、バーンスタインはパスポートを手に初めて南米への途につき、娘の一歳の誕生日と二度目の結婚記念日は家族といっしょにいられなかった。エレアザル・デ・カルヴァリョから、ブラジル交響楽団の指揮に招かれ、かねてから計画していたイスラエルへの帰還の前に三週間の契約を押しこんだのだ。しかしそこでの待遇にはいちじるしい失望を味わわされることになる。「事前の宣伝など皆無でした」バーンスタインはヘレン・コーツに語っている。「記者会見もなにもない。リオの人間はだれひとり、ぼくが当地にいることなど知りません……オーケストラは素人に毛が生えたようなものでしたが、ぼくが全力をあげて指導にあたり練習を重ねたら、おどろくほどの進歩を見せました」

フェリシアにはいまだに劇場から声がかからなかった。「あなたが行ってしまってから、わたしは家事にどっぷり浸かっています」フェリシアの手紙は、コパカバーナ・ビーチでの華やかなバーンスタインの生活と、自分の〈オズボーン〉でのぬるま湯的な日常との違いを強調しようとするかのようだ。夏のあいだバークシャーに出かけていてなおざりにされていたアパートメントを美しく飾り立てるのに忙殺されていたとはいえ、フェリシアはひどく夫が恋しく、いくらか見捨てられた気分をかみしめていた。「サンパウロからこっち、お便りをいただいていません」フェリシアは書いている。「とっても落ちこんで、傷ついています――どんなに忙しいからって、容赦してあげませんからね。だって絵葉書を書くくらいの暇は見つけられるはずですもの。ひとから手紙をもらうのを二週間も首を長くして待った経験なんて、あなたにはないんでしょう。まるで地獄だわ！」結婚以来、ふたりが海をへだてて分かれたのはこれが初めてだった。それでもバーンスタインはフェリシアに返事を書くのにさらに二週間かかっている。夫からの手紙が着くと、フェリシアは天にも昇る心地になった。「どんなにこの『信書』が必要だったたか、言葉にできないくらい。いずれはお話ししてあげますけど、でもいまは（ひょっとしてご存じないといけないから）わたしがどれほど深く、ためいきが出るほどあなたを愛しているかだけ知っておいてください。そしてわたしの人生も、あなたも――このことは、自分の鼻を知っているくらいによく知っています――あなたのお鼻も、絶対変える気はありませんから」まもなくフェリシアは、ニューヨークで仕事にありつくはかない希望にすがっているよりは、夫とともにイスラエルとイタリアで二カ月すごすほうがましだと悟り、ジェイミーを忠実な乳母ポーラ・マークスの手にゆだねて出発することに決めた。

バーンスタインのリオからイスラエルへの旅は、四日以上かかった。旅行中に新しい職業上の懸案がもちあがったのだ。それまでは、仕事上の雑務は弁護士のエイブ・フリードマンがとりしきり、劇場関係の業務にはエージェントとしてMCAのデイヴィッド・ホッカーを雇っていた。バーンスタインの作品の版元であったシャーマーとは、これまでのところほとんど利益をあげていないため、フリードマンが再交渉に入っていた。結局バーンスタインは、自分の作品の著作権を保持するため独自の出版社を設立することになる。

バーンスタインの財政状況は、いささか心もとなかった。ヘレン・コーツが、現在の預金残高は六千ドルにすぎないと書いてよこしている。ほかに〝貯蓄預金口座〟に一万ドルあったが、『ワンダフル・タウン』からの高収入でも追いつかないほどに結婚後の支出がかさみ、収支のつぐないをつけるのがやっとのありさまだった。南米でのコンサートで数千ドルの収入になり、イスラエルでの五週間で五千ドルの手取りを得られる。だから差し迫った窮境とはほど遠かったが、バーンスタインはひとが想像するほど金持ちでもなかった。クラシック音楽——クラリネット・ソナタ、一連の歌曲、二つの交響曲とピアノ曲——の印税は、年間二、三百ドルにしかならないのだ。

フェリシアはテルアヴィヴでレナードに合流した。一九五三年にはまだ開拓期にあったイスラエルの、あか抜けない間に合わせの生活様式には魅力を感じるどころではなかったが、ヘレン・コーツに宛てた手紙では、せいいっぱい見栄を張っている。「コンサートは秀逸な出来栄えでした。レニーは彼らの神様なのです。どこへ行ってもその名前は魔力を発揮しました。あんな光景は見たことがありません。ほんとうに感動的です」バーンスタインはイスラエル・フィルを率い、四週間で二十一回のコンサートを行なった。バーンスタインはオーケストラの上達ぶりに満足し、とくに管楽セクションの進歩の跡を誇示するため、プログラムにモーツァルトの管楽器のためのセレナードK三八八を加えた。最大の冒険は、マーラーの未完成の交響曲第十番から、『アダージョ』をとりあげたことだ。「この作品には、ワーグナーの音楽世界、ことに『トリスタン』の影響が如実にあらわれている」とエルサレム・ポスト紙は評している。「現在ワーグナー作品が禁じられているのは、文化教育の効用というものを著しく誤解した結果と思われてくる」しかしながら、レナード・バーンスタインといえども、タブーを破るのには成功しなかった。

バーンスタインとフェリシアは次にイタリアへ回った。ミラノでスカラ座管弦楽団を二回指揮し、フィレンツェで二回のコンサート、さらにローマへおもむき、サンタチェチーリア管弦楽団とのそれぞれ演目の異なる三回のコンサートで指揮をする予定だった。その後十二月にはロンドンでの契約を果たす心づもりでいたのだが、その前にはるかに興趣をそそられる話がもちあがった。マリア・カラスをプリマにむかえ、スカラ座でケルビーニの『メデア』を指揮できるというのだ。歌姫のマネジャー役でもあった夫は、その著書『わが妻マリア・カラス』のなかで、カラスはバーンスタインの指揮ぶりをラジオ放送で聴いていて、体調の思わしくないヴィクトル・デ・サバタに代わってこの指揮者を起用してはどうかと提案したのだと述べている。だがスカラ座側はすでに何週間も前に、イスラエルにいたバーンスタインに電報をよこし、デ・サバタの健康が万全でない場合は出演してもらえないかと打診してきていた。スカラ座は過去に何度か、『ヴォツェック』や『ビリー・バッド』、『グロリアーナ』の指揮を依頼しているが、いずれも実を結んでいない。

「いままで（ケルビーニの『メデア』は）聴いたことがないが、すごく魅力を感じる。それに主役を演じるソプラノのカラスはすばらしい」ヘレン・コーツに書いた手紙で、バーンスタインは歌姫カラスのスペルをまちがえた。「ひとえに、スカラ座がぼくのローマの日程を取り消すか、さもなければ延期できるかにかかっていましたが、それは無理でした。そこで来週はローマとミラノを往復して、両方のオーケストラとリハーサルしてはどうかともちかけられました。ちょっと常識では考えられない話だし、フェリシアはぼくが見境なくなんでも引き受けるといって怒っていますが、ぼくにはとうていノーとはいえません」そのためにイタリア滞在は一カ月延びた。

当時スカラ座は戦後の絶頂期にあった。つまり、そこで指揮するのは、バーンスタインにとっては、なにものにも替えがたい経験だったのだ。声の表現力において、カラスはジェニー・トゥーレルをもしのぐソプラノで、その胴回りにもかかわらず（これは本番間近になると驚異的な減量で細くなる）サラ・ベルナールばりの熱をこめた演技のできる歌い手だとバーンスタインは見て取った。ひとたび『メデア』を振る決心を固めると、バーンスタインはすさまじい貪欲さを見せてとりくんだ。イタリア人の楽団員たちは、なにが起こったのかと呆気にとられたにちがいない。バーンスタインが要求して練習回数が増やされた。「いっしょにこの作品を勉強しましょう」バーンスタインはオーケストラに向かっていった。カラスにまで、彼女が三幕で歌う長大なアリアをカットさせている。これは尋常な措置ではなかった。高名なオペラ史家のジョン・アードインは、メデアがみずからわが子を手にかけた悔恨を表現する一節を省略することにより、復讐の決心に迫真の度が増大したと説明している。「おかげで、幕の終盤でメデアの忿怒は思う存分爆発するのです」第一夜の演奏の録音盤を聴けば、イタリア人批評家たちが当夜スポットライトを分かちあったふたりのアメリカ人――ともに、両親は移民だった――に示した熱狂ぶりもうなずける。演奏を聴いたフランコ・ゼッフィレッリによれば、「オペラの世界は一夜にして変わった。紀元前と紀元後ができた――すなわちカラス以前とカラス以後だ」権威あるコリエーレ・デラ・セラ紙は、新解釈の確かさを、バーンスタインの奇跡的な洞察力を、「偉大なる成功」を称えた。序曲の第一小節から、バーンスタインの指揮は劇的な性急さでもって、このオペラをモーツァルト後期のスタイルに匹敵する悲劇の高みへとしっかりとすえたのである。たしかにこの作品には、モーツァルトの様式と似通った部分がそこここに見られる（ケルビーニはモーツァルトの三年後に生まれている）。バーンスタインの示唆によって強弱やテンポをめまぐるしく変えたカラスの歌唱は、傑出した出来栄えとなった。アードインの解釈によれば「温和な古典主義が生気にみちた主情主義になった」ということである。何十年か経たいまでも、その声ののどぎつさに聴くものは度胆を抜かれる。ときとして現われる柔和な表現には畏怖の念に打たれ、高音の口音へと舞いあがった声がフレーズからフレーズへとおののきながら弧を描くとき、体じゅうを興奮が駆け抜ける。かつてどんな指揮者も、限界までの、ときには限界すら超えた表現力をカラスから引き出せはしなかった。ドラマのためゆえに、バーンスタインはまぎれもなく耳ざわりな音にも耐えた。あえてみずから、それを奨励さえしたのかもしれない。結果は戦慄を呼ぶものとなった。レナード・バーンスタインとフェリシアは、オペラの世界の首都で祝杯を捧げられる身となった。トスカニーニの娘も、先陣を切ってバーンスタインをほめ称えた。演奏を聴く前は、バーンスタインが「生きながら皮をはがれ、解体され、あぶられてしまうでしょう」と悲観的な予測をしていたのだが。

スカラ座とのあいだに結ばれた関係に酔ったバーンスタインは、いささか逆上し、作曲とオペラ指揮のどちらを取るかで葛藤するはめになった。ヨーロッパに住むことは、考えれば考えるほど魅力的だ。だがフェリシアのテレビの仕事はアメリカ国内に限られている。バーンスタイン夫妻は年末休暇のため十二月十五日に帰国した。一九五四年初頭の六週間に、フェリシアは矢継ぎ早に三つのテレビ番組に出演したが、最初の番組のタイトルは「パニックの瞬間」というもので、フェリシアの気分にぴったりだった。帰郷は惨めなものだったのだ。自分のアパートにいるというのにバーンスタイン一族に圧倒されてしまうし、赤ちゃんは乳母がかかりきりでろくに世話もできない。十日後、レナードは『メデア』続演のためミラノにとって返した。当惑し、失意に打ちひしがれながらも、フェリシアは肚を決め、生涯でもっとも雄弁な手紙を書く。

これから書くことは、むずかしいことですが、まずは大部分が真実である可能性もあると、認めていただきたいと思うのです。自分が、わけがわからなくなるまで物事をくよくよ悩みがちなのはわかっています。でも今度はちがいます。

イタリアでは、ほんとうに幸せでした。あなたといっしょにいたなかでも、いちばん――楽しかったし、なんでも分かちあえて、初めて心からのびのびできたから（家に帰りたいなんていいだしたのをいまでは後悔しています。どうしてもジェイミーに会いたかったのだけれど、もっと先に延ばしておけばよかった）。ニューヨークには、ずっとつきまとっていた難問と緊張が待ち受けていたみたい。それに加えて、バーンスタイン一族。バートンとシャーリーは大好きだけれど、でもあの子たちはあなたの弟であり、あなたの妹です。わたしをはじき出そうとする壁があるとはいわないけれど、あなたたちには血と同じ過去を共有してきたきずながあります。ふたりとも、それにサムとジェニーも、あなたの家族なんですから。わたしにはあなたとジェイミー以外に、ほんとうに家族と呼べるひとはいませんし、必要でもない。この場所はわたしたちの家庭――あなたとわたしの家庭で、いっしょに美しくしつらえてきたし、わたしたちふたりの人間性が溶けこんでいたと思うのだけれど……なんだか急にいかにも〝バーンスタイン〟的になってしまって、わたしは自分の居場所が見つけられません。あなたの存在感はたっぷりあるのですが。わたしには変えようがないの。だってそうなってしまっているんですから。ちょっとでいいからわたしの立場に身をおいてみて、これでは少々疲れるだろうなと認めてください。あなたはきっと、これもみんな独占欲のあらわれだっていうんでしょうね。でも、それはちがいます。ジェイミーを「ジャメラ」と呼ばれるのがいやだっていうのも理由は同じ。それはバーンスタインのやりかたであって、わたしにはなじめない、いっしょになってやる気にはなれないことなの。

『メデア』最終公演を終えて、スキーをしにスイスのサンモリッツに行き、二日間逗留していたバーンスタインは、そこから長々と仲直りの返信をタイプして送っている。

いとしいグッディへ。ぼくがきみの「大変な厄介事」にまるで気づいてないとでも思っているのかい? 家に帰ったのは、なかでも最悪だったと気づいてた。きみの疎外感を増大するようなことがいちどに襲ってきたのだからね。まず、ミス・マルクスがきみと主婦の座を張りあった。それからジェイミーが、きみにというよりぼくに差し出されて、そのうえ「一族郎党」が控えていた。これがすべて、いっときに。ひとつなら解決できるだろうし、理解もできるのだろうが。三ついちどでは手に余ろうというものだ。今後はこういうことにはならないと思う。初めて離ればなれになり初めてもどってきたのだから。こいつはちょっとした危機だった……だけどあまり深刻に考えてはいけない。またきみとシャーリーとバーティが気のおけない仲にもどってくれたらうれしい。この緊張関係は、ぼくには手のほどこしようがない。長い旅のあいだじゅう、妹と弟がしょっちゅう恋しくなったよ(バートンにはもう六カ月も会っていない)。だけどいっしょにいるときは、あまり愛情をあからさまにしたり、やたらに昔を振り返ってはいけないと、始終ぴりぴりしていた。きみも大変かもしれないけど、ぼくもこれでなかなか大変だったんだ。それに、暖かな気の休まる関係を取り上げようなんてばかげてる。きみがそこまで望んじゃいないのはわかっている。ことにSとBとぼくとが気まずくなれば、きみとぼくにも、きみと弟妹たちにも、溝ができてしまうのだから。これからは今回みたいに大変なことにはならないと思う。いっときに全部が襲ってきて面食らわされるなんてことには。少なくともそういう希望をもとう、いとしいグッディ。そして楽しくすごしてほしい。幸せに感謝していい理由はたくさんあるのだから。ふたりとも、それを損わないように気をつけないとね。

愛情と心遣いにみちた文調ではあったが、レナードの返事はフェリシアが予測した域を出ていなかった。フェリシアは妻として、親族の者たちよりも自分のほうに優先権があると思っていたが、そこのところがバーンスタインには理解しがたかった。自分たちの関係さえ損われる恐れがあるとそれとなくほのめかされ、フェリシアがよけいに傷ついたのは想像にかたくない。だが現実には、フェリシアの目にはバーンスタイン一族の世界は夫を中心に回っていて、レナードは当時すでに、両親に対してさえも、家父長的な存在になっていたのだ。

フェリシアへの手紙で、レナードは一九五四年の計画を披露しているが、それによると、夫妻はほとんど一年を通じてヨーロッパですごすことになりそうだった。夏のあいだ思う存分作曲に時間を使えるよう、タングルウッドから休養と充電のためのサバティカル休暇をもらおうとバーンスタインは決めていた。秋にはローマのアメリカン・アカデミーから仕事の場を提供されている。そのあいだにも、ヨーロッパ各地のフェスティバルからいくつも問い合わせがあったベルリン・フィルからの指揮の誘いあり、オランダ・フェスティバルとの確約ありで、またカラヤンから、ウィーンに来てほしいと要請された。自分は「フォン・カラヤンと、じつにいい友人になった。（きっと）きみも彼に夢中になるよ。ナチの友だちなんて初めてだ」とフェリシアに書いている。オズボーンに自分たちで作りあげた家庭のことを、妻が愛情をこめて描いてきたことなど、ころりと忘れてしまったかのような書きかただ。彼の手紙には、子育てにともなう責任を承知している気配は感じられない。

バーンスタインはふたたび夢想にふけっていた——週ごとに新たなオーケストラを指揮して、新たなオペラ・ハウスを征服し、ロンドンで、コペンハーゲンで、ルツェルンで、聴衆をとりこにする。だが彼は、来るべき年の大まかな計画さえまだきちんとたてていなかった。「リリアン（・ヘルマン）と『キャンディード』で共作することに決めた。やっぱりやめとくとリリアンに手紙を書いたあとで、それを破ってしまったところを、思い浮かべてみてほしい。こっちのほうがこの春のデイヴィッド物よりは手間がかからなさそうだから、ほかのことにも手を出せると思う。ヴァイオリンの曲を作るとかね」「オムニバス」というテレビ番組が、J・M・バリーの戯曲『少年デイヴィッド』を下敷きにしたオペラの作曲をバーンスタインに依嘱しようとしていたのである。いっぽうアイザック・スターンからもヴァイオリン協奏曲の作曲を頼まれていた。

なんといっても重要な決断は、『キャンディード』をやると決めたことだ。ヘルマンとバーンスタインは、以前エヴァ・ペロンを主人公にしたオペラを共作するのを断念していたが、秋になってヘルマンが、ヴォルテールの『キャンディード』を翻案してはどうかと提案してきていた。バーンスタインはフェリシアに、「コーラスとバレエの入った大がかりな三幕のオペラにしたい」といっている。一九五四年の一月末にニューヨークにもどってくると、バーンスタインは、自分とリリアン・ヘルマンは『キャンディード』を「ちょっと試してみる」と公表した。これは一九五二年にみずから語っていたところの「掛け値なしの風刺劇」となる目算だった。マッカーシイズムの越権行為と、アメリカ社会における不面目きわまりない一幕に、バーンスタインとヘルマンが創造行為をもって対抗しようというのだ。だが思いもよらず映画『波止場』の音楽を依頼されて、『キャンディード』は頓挫した。初めはほかの仕事を優先させるつもりで、プロデューサーのサム・スピーゲルからの要請を断わった。それに監督のエリア・カザンは非米活動委員会に情報を売った中心人物として悪名高く、そんな人間と共同作業するのは気が進まなかった。

スピーゲルはともかくラッシュを見てくれと食い下がった。ラッシュ・フィルムを見るとバーンスタインはマーロン・ブランドの演技に魅了され、また、ニューヨーク造船所労組の腐敗のさまを劇的に描き出したバッド・シュルバーグの脚本にも感服して決心をひるがえした。バーンスタインは、フィリップ・マーキューズに宛てた手紙によれば、「映画産業で働くために身辺がきれいなのを立証する不愉快な手続き」を無事通過するやいなや作曲に着手した。

バーンスタインは一九五四年の二月から五月まで、『波止場』にかかりきりになった。それまで映画音楽の依頼をことごとく断わってきたのは、「主たる目的が目立たないことにある音楽を書くなど、作曲者としての音楽的野心を満足させられる経験とはいえない」からだったと説明している。この言葉は、以前から映画の世界に首をつっこもうと骨折ってきたことや、かねがねアーロン・コープランドの映画音楽、とりわけ『廿日鼠と人間』に賞賛の辞を惜しまなかった態度とは相容れない。もっとも『波止場』並みにすぐれた作品からはそれまでお呼びがかからなかったのは事実だ。ラッシュ・フィルムの上映の時点で、バーンスタインはもう興奮にとらわれていた。「スクリーンを見ながら、耳には音楽が鳴っていた。それで充分だ。そのうえ、映画からほとばしってくる才気は、ちょうど、こんな雰囲気のなかで仕事ができ、手伝いができたら幸せだと思うような雰囲気だった……来る日も来る日も試写室にこもってコマをもどしては先へ進め、音楽を当てる場面を長さで測って、数式に当てはめてその長さを時間に換算し、手製の進行表まで作った」

カザンから細かい制約は与えられなかったので、バーンスタインは以前劇場音楽を作曲したのと同様の手順で曲を作った。場面の長さは三十秒から二分半とまちまちで、それぞれ「朝の屋根」とか「カンガルー・コート」といったタイトルがつけられた。ホーボーケン造船所の喧騒は、ティンパニを三セット使った激しいフガートで表現される。べつの場面、古タイヤが積み重なる荒れさびれた場所で演じられるシーンには、『ピーター・グライムズ』でベンジャミン・ブリテンが使った北海の曲を思わせる、突き刺すようなヴァイオリンのモチーフが流れる。これでもか、これでもかといわんばかりに、バーンスタインはわずか数小節で決定的にムードを盛り上げてしまうのだった。対決シーンの激情《フリオーソ》は『ウエストサイド物語』のどの音楽にも匹敵するくらい戦慄を呼ぶ。そして夜の屋根の上、恋人たちエディとテリー（エヴァ・マリー・セイントとマーロン・ブランド）が交わすぎごちなくも純真な愛の交歓の背後で、音楽は『トリスタン』顔負けのクライマックスへと昇華する。バーンスタインは自分の苦心の作が、ダビングの際、台詞を消さないために犠牲になったと不平を述べてはいるけれども。バーンスタインのもっともすぐれた功績は、全場面の音楽全般にわたり主題に統一感をもたせたことだ。こうした交響楽的な手法は、翌年生み出された管弦楽組曲では容易に聴き分けられる。だが、映画を観ただけでも、最後の場面でオープニングの音楽がふたたび現われることや、その曲が、なかほどの場面で対位法的な手法の切ない愛のテーマと組み合わされていたことは、はっきり意識しないまでも心の隅に刻まれる。

バーンスタインを映画に引きこんだのは、サム・スピーゲルの大手柄だ――しかもたったの一万五千ドルで契約書に署名させたのだ。ハリウッドが大物作曲家を使ったのは一九五〇年〔訳註：この映画が製作されたのは一九四九年〕のアーロン・コープランド以来で、コープランドはこの『女相続人』でアカデミー音楽賞を得ている。『波止場』のサウンドトラックでバーンスタインが指揮をしていないのは意外ではあるが、これは芸術上の理由からではなく、契約上そうなってしまったのだ。録音に参加したアンドレ・プレヴィンは、微妙なバランスを要求される箇所に来ると、バーンスタインがひどくじりじりしていたのを憶えている。サルーン・バーの場面で背後に流れる上品なジャズ・ピアノは、バーンスタイン自身の演奏である。

最後の最後まで「アッパー・ダビング」――コロンビアの音楽スタジオのドアにかかっているネームプレート――で手直しに追われたものの、ハリウッドはやはりバーンスタインにとっては相変わらず楽しい場所だった。「百万人も新しい友だちができました」彼はヘレン・コーツに話している。「自分はここがつくづく好きなんだと思いました。それも、しょっちゅうハリウッドが攻撃を受けているところ、つまり、ここではひとを見るくらいしかすることがないってところが好きなんですね」バーンスタインはステーキを常食していた。朝食にステーキを食べた、と記者にいったものだ。それでもまた日中ステーキを二枚食べられるのが楽しみだと。「そうやって精力をつけているんだ」

一九五四年のアカデミー賞で、『波止場』は作品賞も含め八部門でオスカーに輝いた。しかし音楽賞のオスカーは『紅の翼』のディミトリ・ティオムキンにさらわれた。ティオムキンはハリウッドでは有名な作曲家で、オスカー狙いのキャンペーンも精力的に行なっていたのだが、バーンスタインが受賞を逃したのには、左翼シンパだった経歴に大いに原因がありそうだ。当時のハリウッドの政治風土を考えるといかにもありそうな話ではある。

一九五四年のヴェネツィア映画祭に出品された『波止場』は銀獅子賞を射止めたが、上映中に五回も喝采が起こったほどだった。ニューズウィーク誌の評では、音楽によってこの映画が「劇的な普遍性を付与」されたと述べられている。エイゼンシテイン映画にプロコフィエフが寄与したスケールにはおよばないとはいえ——カザンは音楽を前面に押し出すタイプとはほど遠く、音楽は全部で三十五分あまりしか使われていない——バーンスタインは映画音楽家として世界にその名を知られることになった。オーストリア生まれの批評家ハンス・ケラーは、英誌スコアでバーンスタインの業績に敬意を表し、「アメリカで生み出されたもっともすぐれた映画音楽といっていい。その純然たる職人芸は、筆者が目にし、耳にしてきた、この作曲者の師［原文まま］であるアーロン・コープランド（このひとも音楽性に富んだ映画音楽を生み出し、アメリカ映画に貢献してきた数少ないひとりだが）の全作品をも凌駕する。またテクスチュアの様式や和声語法は、わが国の指導的な作曲家の手になる個性的な映画音楽より、さらに大胆だ」ともちあげた。バーンスタインはその後も――サム・スピーゲル以外からも――何度も作曲の依頼を受けたが、二度と映画音楽は書かなかった。

一九五四年の夏、レナードとフェリシアはマーサズ・ヴィニヤード島に家を借りた。「毎日リリアン・ヘルマンと『キャンディード』漬けです」レナードはマーキューズ夫妻に知らせた。「それに九月のヴェネツィア音楽祭での初演に間に合わせるために、アイザック・スターンのヴァイオリン協奏曲……今年の指揮はみんなキャンセルですが……経済を考えると大変な暴挙としかいいようがない」

だが創作の面では、その夏はきわめて多産だった。手始めにレナードは『セレナード』を完成した。休日に訪れてきたマーク・ブリッツスタインは曲を通しで聴いて「いままでに書いたなかでいちばんいいじゃないか。始終（曲が）つきまとって離れない」といった。そのあとは『キャンディード』に真剣にとりくんだ。一曲はレナードとフェリシアがいっしょに詞を書いた（「わたしは簡単に順応する」）。だがバーンスタインとヘルマンは、風刺にみちた才気のほとばしる詞を書くと評判のジョン・ラトゥーシュに協力をあおぐことに決めていた。ラトゥーシュの書いた〝梅毒《シフィリス》〟の歌では、品のよい悪趣味が大成功をおさめており、技法的にはW・S・ギルバートの手のこんだ作詞術と肩を並べる。

ところが作劇は遅々として進まなかった。第一幕は大略ができたものの、夏が終わっても後半はほとんど手つかずだった。上演計画も曖昧模糊としていた。バーンスタインと取り巻きたちはソル・ヒューロックの代役を選定するのに、ウォルター・プルードに数曲歌わせたが、それを知ってヒューロックはたちまちブロードウェイで『キャンディード』に出演する予定を反故《ほご》にしてしまった。

マーサズ・ヴィニヤードでの生活はすこぶる快適だった。バーンスタインはシュノーケルをつけて泳いだり、借りたスループでセイリングに興じたりした。休日には家族や客を題材に、無声映画作りに凝るという習慣がはじまったのも、ハリウッドの記憶がまだ生々しかったこのときのことだ。

八月の末、フェリシアはニューヨーク州ウッドストックに出かけ、二週間にわたる『ラスト・タイクーン』の夏期公演に参加した。舞台にもどれたのは幸せだったが、レナードには、「家族が恋しくて、初めの二日間はひどいホームシックに悩まされました。こんな気持ちになったのは子どものころから初めてです」と語っている。

バーンスタインはフェリシアの芝居をしっかり目におさめてから、ヴェネツィアに飛んだ。九月十二日、アイザック・スターンを独奏者にむかえ、フェニーチェ座で『セレナード』を初演するためである。またもや娘の誕生日と、三度目になる結婚記念日に家族といられなかった。せめてもの埋め合わせにバーンスタインは電報を打った。「今夜はとりわけおまえに会いたい　運河の上に凸月《とつげつ》が昇る　愛している　ジェイミーも――レニー」

追って出した手紙で、オーケストラの練習は午前二時にまでおよんだと知らせている。「アイザックの弾く『セレナード』はまるで天使の音楽だ……なにもかもうまくいけば、明日は絶賛の嵐になる」さらにリハーサルをこなしたあと、指揮者と独奏者は夕食をとり、酒を飲んだ。「そしていつしか、人生やら音楽について、理想について、家族について話しあっていた……」とスターンは記憶している。「彼といっしょにいて実りが多かったのは、ふたりきりのときに限っていた。そうでないとレニーとは、まじめな話ができない。第三者が部屋に入ってくると、(レニーは)とたんにひとが変わってしまうのだ」

『[プラトンの〝饗宴〟による]独奏ヴァイオリン、弦楽オーケストラ、ハープと打楽器のためのセレナード』なる長たらしいタイトルを付けられたのがこの曲のためになったかどうか、はなはだ疑わしい。実際プラトンを持ち出したのは、いささかエリート趣味のきらいがある。このギリシャ人哲学者の著作を読破している者など、W・H・オーデンの『不安の時代』の読者数といい勝負だ。楽譜の前書きに長大な注釈が添えられ、話はよけいややこしくなった。のっけから「このセレナードは標題の内容を音楽で表現したものではない」と断わっておきながら、さかんに「文学的引用」を連発しているのだ。それを今日にいたるまでプログラムの曲目解説がありがたく利用して、なんのためらいもなく再録している。だから無邪気な聴衆は、ひどい目にあわされる。なにしろほとんどのひとが、プラトンの宴会の華々しい同席者を識別するのはおろか、その名前を正しく発音することさえかなわないのだから。たとえば、舌をもつれさせずにエリュクシマコスなる名前をやすやすと口にできるだろうか。また、バーンスタインが嬉々として書いている最終楽章の「例のアルキビアデスによる妨害」がなんのことだったか思い出せるのは、千人にひとりくらいなものだろう。

『饗宴』は、ソクラテスと取り巻きの哲学者たちの酒宴で交わされた対話を、プラトンが想像力豊かに再現したものである。討論の主題は愛であって、『饗宴』ではソクラテス周辺の男たちの友情が讃えられている。バーンスタインは、「プラトンの磁力に富んだ対話運びを再読していて」『セレナード』の着想を得たといっている。一九五一年の六月三十日、クーセヴィツキーの死後間もなく、バーンスタインはクーセヴィツキー音楽財団から管弦楽曲の作曲を依頼された。そのため、『セレナード』はセルゲイ・クーセヴィツキーと、彼の二度目の妻、ナターリャに捧げられている。クエルナバカではプラトンを座右の書にしていたバーンスタインだが、「アイザックの曲」に着手したのは一九五三年の秋になってからで、そのときもまだ、この作品は協奏曲だといっていた。完成を見たのは翌年の夏である。プラトンを下敷きにするアイデアを思いついたのが正確にいつのことかはわかっていない。だが、それは曲の完成間近のことだったのではないかと思われるふしがある。プラトンの著作をひもといてみれば、原作とバーンスタインの翻案に食い違いがあるのは一目瞭然だからだ。バーンスタインは宴会での話者の名前を、協奏曲の各楽章の標題に当てているが、スピーチの順序を変え、話者の性格にも手を加えている。バーンスタイン版では、喜劇作家のアリストファネスは「就寝時に手ごろな物語の作者で、愛は妖精の出てくる神話みたいなものだと思い出させてくれる」。そのうえバーンスタインは感情的な重点を、ソクラテスからアガトンに移してしまった。アガトンに捧げられた第四楽章には、随所に、二十世紀に書かれたもっとも美しい旋律がちりばめられている。だがプラトンにおいては、ソクラテスこそ最長かつ深甚なスピーチを行なった人物なのだ。

彼はなぜ、伝統にしたがって〝ヴァイオリン協奏曲〟と表記せず、『セレナード』というタイトルを採用したのだろうか？　チャイコフスキーとエルガーは、ディヴェルティメントと同じく洗練されたエンターテインメント音楽であり知的な意味で交響曲にくらべれば志に劣る弦楽オーケストラ用の作品に〝セレナード〟というタイトルを使っている。しかしバーンスタインは、イタリア語の〝sera〟を語源とする〝夜の音楽〟を文字どおりにとって、セレナードが男がバルコニーの下から美しい女性を讃える愛の歌であった当初の使いかたに回帰しようとしていた。バーンスタインの『セレナード』は、ある意味では、各楽章の素材が「先行の楽章に出てきた要素から展開していく」――彼のお気に入りの作曲技法――情感豊かで技術的にも手際よく処理されたヴァイオリン協奏曲である。だがバーンスタインは、『セレナード』を「愛を讃えるひとつづきの言葉」と表現していたし、これを作曲していた当時の彼にとって、愛というものの性質は、夢中になることにほかならなかった。一九五四年一月、大西洋を越えてイタリアからニューヨークにもどってくると、彼はエド・マーロウのラジオ・シリーズ『わたしはこれを信じてる』のためにラジオ・トークを書いた。「わたしは人々を信じている」彼はそうはじめた。「なによりも人々を感じ、人々を愛し、必要とし、尊敬する……。アルプスの山の斜面に人影を見たとき、アルプスの山はわたしの前から消失する……。わたしは人間の意識の下にあるものを信じる。人間の交信する力、愛する力の源である深い泉を。わたしにとってあらゆる芸術は、その力が組み合わさったもの。創り手と受け手のあいだに意識下のレベルで接触を作り出せないとしたら、芸術はわたしにとってなんの意味もない」

バーンスタインが理解してほしかったのは、彼の『セレナード』は自分の友である全人類に対するすべての愛情を表現したものだということなのだ。親しい友人に捧げたピアノ曲『七つの記念』の曲想が、『セレナード』の五つの楽章のうち三つの楽章に織りこまれている。だがこの作品の核心にあるのがバーンスタイン自身の肖像であるとの感はぬぐいきれない。壮麗な気品にみちた第一楽章、子どもじみた二楽章、三楽章は破天荒で遊び心に富み、厳かなほど静謐で繊細な第四楽章から、破滅の到来を予感する予言者のごとくにジャズのスタイルも色濃く偶像を破壊する最終楽章へなだれこむ。

ヴェネツィアでの『セレナード』に対する批評家の反応は、好悪さまざまだった。ヘラルド・トリビューン紙に寄稿したヴァージル・トムソンは、「とるに足りない」作品であると切り捨て、「紋切り型の瞑想的なパッセージがダンス音楽を思わせる楽章と交互に並び……再演に耐える作品となるには、大幅なカットが必要になるだろう」と述べた。いっぽうニューヨーク・タイムズのシンシア・ジョリーは、バーンスタインの明快な伝達力と、生きのいい音楽家魂を褒めた。『セレナード』がコンサート用の作品としてはバーンスタインの作品中もっとも充実した曲であるのは、やがて歳月が立証することになる。

一九五四年の秋ニューヨークへもどると、バーンスタインはさっそく『キャンディード』の作曲を再開した。週に三、四回もヘルマンやラトゥーシュと顔を合わせる。バーンスタインはまたブランダイスにも復帰し、月に二度、『キャンディード』を題材に劇場音楽のゼミナールで教えた。学生たちは、バーンスタインが作曲中の場面に曲をつけるよう求められる。できあがると全員で作品を比較しあった。のちにバーンスタインのアシスタントになったジャック・ゴットリーブは当時ほやほやの大学院生だったが、ゼミナールはたいへんに刺激的であったと証言している。それが継続していたあいだは、だったが。バーンスタインは一学期分しか時間を割くことができなかったのだ。

教授と作曲に加えて、一九五四年の秋には新たな仕事が舞いこむ。CBSがフォード財団の提供で放送する教育ドキュメンタリー・シリーズ「オムニバス」への出演を依頼されたのだ。番組の製作には、ロバート・ソーデックと、一九四四年に『オン・ザ・タウン』で共同演出家をつとめたポール・フェイゲイがあたっており、フェイゲイは「オムニバス」の編集主任であるメアリー・アヘーンとバーンスタインのランチをセットした。アヘーンはその際、ベートーヴェンのノートにまつわる企画があるのを知らせ、交響曲第五番用のスケッチで破棄されたものを見せた。バーンスタインはたちまち、興味深い探求作業ができそうだと察した。闇に葬られた素材をバーンスタインがオーケストレーションする。そうして、傑作の創作過程の裏にある苦心を説明しようというわけだ。「こうして」ロバート・ソーデックは述懐している。「バーンスタインの新たな面——テレビの花形教授は誕生したのです」

バーンスタインは自分で台本を書き、ソーデックのスタッフと編集会議を重ねてまとめあげた。放映に先立つ一週間のうちに、台詞をおぼえ、自分で指揮したりピアノで弾いたりする音楽の部分も暗譜した。生番組の放送は、十一月十四日の日曜日、午後五時からはじまった。ニューヨーク・フィルハーモニックでの指揮者デビューからちょうど十一年後のことだ。番組の案内役、アリステア・クックがバーンスタインを紹介した。ダーク・スーツに蝶ネクタイをしめて粋な装いだが、口を開くとハーヴァード風の抑揚をつけて、しゃがれた声で話しはじめた。「本日は、興味深くもいささか手ごわい実験をお目にかけたいと思います。ベートーヴェンの第五交響曲の第一楽章をとりあげて、これを書きなおしてみるのです。といっても、尻ごみなさらないでください。ベートーヴェン自身が作ったメモに忠実に書いていくのですから」バーンスタインは視聴者にスケッチ・ブックを見せた。これは「内なる闘いの、血まみれの記録」だと説明する。さらに視覚に訴える仕掛けとして、スタジオの床には、ベートーヴェンの出版されたスコアの第一ページが描かれていた。さまざまな楽器を手にした奏者がそれぞれの譜面の上に立っている。冒頭のユニゾンにできるだけ暗い音を得るために、ベートーヴェンが木管楽器と金管楽器のほとんどをどんどん削っていったさまを、口でいうだけでなく、目に見える形で示すことができた。実際に譜面上を歩きながら、バーンスタインは洒落た黒靴でベートーヴェンのVを差し示した。つまり、ついに得られた最初の主要旋律――「三つのトと変ホ」――を靴が示すと、カメラのクレーンが下がってそこをクローズアップする。「第一楽章のほとんど全部の小節が、この冒頭の一連の音符をそのまま発展させたものといっていいのです」と、バーンスタインは説明した。

これは、じつに魅力にみちた番組となった。「ベートーヴェンは空前絶後の能力をそなえていました。自分のテーマを表現するにはどの音でなければならないかを見きわめる才能です。しかし、それほどの才能に恵まれたベートーヴェンでさえ、真の答えに到達するには並々ならぬ苦闘があったのです。正しい音だけではない。適切なリズム、当を得たクライマックス、的確な和声、ふさわしい楽器の選択が必要になります。その苦闘の過程を、これから探求してみたいと思います」

バーンスタインは二十分以上もしゃべりつづけ、万人に親しまれたメロディの初期のヴァージョンを演奏し、ベートーヴェンが放棄した展開部の小節をつなぎ合わせ、ベートーヴェンの決断の理由を提示した。そのあと、完成版第一楽章の演奏が行なわれた。タイムズは、「大人まで夢中になれる三十分」と評し、ライフ誌は直後に発行された号で、見開きを丸まる使って番組を紹介した。サンフランシスコではバーンスタインは若き日のエイブ・リンカーンにたとえられ、「現代における、あっとおどろく人材のひとり」と祭り上げられた。ヴァラエティ誌はバーンスタインが「テレビに新しい可能性を拓いた」と指摘し、ニューヨーク・ポスト紙は、バーンスタインにはレギュラー番組をもたせるべきだと、まことに当を得た示唆をしている。

ベートーヴェン番組の報酬三千五百ドルは、旱天の慈雨だった。最初の夏に『キャンディード』は一幕しかできていなかったうえ、十一月にはラトゥーシュと物別れしてしまったため、詞まで自分たちで書かなければならなくなり、制作はいっそう停滞した。スカラ座でミヨーの『ダヴィデ王』の指揮をする約束を直前になってキャンセルし、『キャンディード』完成の期日を二月一日に定めた。そのあとイタリアへ出向かなければならないからだ。夏の経験から、ヘルマンはそれほど仕事が速くないと悟っているべきだったのだが。ヴォルテールの原作を、劇場用に場面分けするだけでも数カ月が費やされている（この作業は結局、全員が納得する形ではおさまらなかった）。それにバーンスタインもオペレッタ半分の分量の詞を書きあげるのは不可能だ。聡明ではあるがむら気なラトゥーシュが降りて数週間のうちに、ヘルマンは新しく作詞家を雇ってはどうかとバーンスタインに提案してきた。まずE・Y・〝イップ〟・ハーバーグ、それからドロシー・パーカーが推薦され、ジェイムズ・エイジーの名もあがった。結局『キャンディード』は、ていよく延期される。バーンスタインとヘルマンは一月中六回もプロデューサーのエセル・リンダー・ライナーに会い、二千五百ドルの手付けを打って契約にこぎつけ、作詞家と演出家が選定されるまでは上演を見合わせる決定がなされた。その足でバーンスタインはスカラ座に飛び、マリア・カラスとの二度目の共演を行なったのである。

24　スカラ座からブロードウェイへ

「いつか、それも近いうちに、大人になったらなにをするか決めなくてはなりません」
――バーンスタイン、三十八歳のとき。フィリップとバーバラのマーキューズ夫妻へ。

バーンスタインはイタリアに四カ月滞在した。ミラノのスカラ座では、ベッリーニのオペラ『夢遊病の女』が新演出で上演され、話題をまいた。バーンスタインの指揮に、目を見張るほどやせたマリア・カラスが主演、演出は貴族出身の映画監督ルキノ・ヴィスコンティ伯爵である。『ラ・ボエーム』が練習不足のまま再演されたのは、予定されていた『カヴァレリア・ルスティカーナ』の新演出が見送られたためだ。「『メデア』のときと同じで、『夢遊病の女』にはすっかり興奮した――カットしたい場面やら装置やらテンポやらに、どんどん大胆なアイデアがわいてくる」レナードはミラノに到着して間もなくフェリシアに書いている。「ルキノは細部にいたるまで瀟洒にまとまった舞台を計画していたが、ちょうどぼくも小編成のオーケストラでやろうと考えていた。浮き立つような若さに照準を当てる……。カラスはこれまでにましてすばらしい。すっかり細くなって、舞台を離れても充分美しい……今日、初めて『夢遊病の女』の読み合わせをやったが、カラスには思わず泣かされた」

フェリシアは第二子を身ごもったので、ブロードウェイを指向した芝居『今夜サマルカンドで』から降板しなければならなかった。フェリシアは虎使いを演じていた。ボストンで最後の舞台に立つと、花束を贈られ、カーテン・コールでは大喝采を浴びた。劇団員全員が拍手してくれたとフェリシアは夫に書いている。「ひとりでカーテン・コールに応えるようにと押し出されました。お客さんが声援を送ってくれて、みんな目に涙をためているの。わたし、絶対に忘れないわ、レヌート!……約束よ、わたしがそっちに着いて話しあうまでは、なにもひとりで決めてしまわないでね」数日後、フェリシアは誕生日を忘れているといって、レナードをたしなめた。「……でもあまり気にしないで。だってこっちでもヘレンと使用人のほかは、だれも憶えていてくれなかったんですもの。天使のジェイミーが、踊りながらハッピー・バースデイを歌って部屋に入ってきてくれました。食べてしまいたいくらい可愛かった」レナードは、細かいところまでこだわる点では自分に引けをとらない演出家とのリハーサルに余念がなかったが、フェリシアの手紙に長々と返事を書いて、家庭生活の喜びを表現している。

愛しい妻よ

会えなくてとてもさびしい。手紙を読むのが楽しみだ。きみの手紙は、ぬくもりやら懐かしさやら喜びやらを運んでくれる。考えてもごらん、結婚して三年たつのに、うれしいんだ! これはちょっとしたことだ。いままで家なんて、たまたまそこにいる地点にすぎなかったのに、いまやあらゆる意味のこめられた場所になっている。弁解の余地のあるダイニング・ルーム、ぼくの仕事場はタバコの煙で入ると目がくらむ。書斎には「モダン」すぎてきみの気に入らない椅子が二脚おいてある。広間は目を見張る出来栄えだが、ホールの壁紙がきみにはがまんできない。それにカントリー調のぼくらの寝室。うるさいカナリア、ジェイミーはキンセンカみたいに愛らしく自己主張している。階段は降りづらくて、(ドアマンの)ビルはしょっちゅう天気予報。難問やら意地の張りあいやら喜びやら騒音やらにあふれ、それでいて静けさに包まれている。家庭か。新しい経験だ。

……このあいだ、スカラ座の衣装工房を訪れた――これがまた信じられない話なんだ。ミラノ郊外のばかでかい工場で、四万着もの衣装があるけど、何千って単位で新しい衣装が作られている――それも手縫いで、材料も吟味され、デザインもすぐれていて、丹精こめて縫うんだ！（ぼくもあそこで燕尾服を作ってもらうぞ！）

……舞台作りにここまで深く関わったのは初めてだ。実際なんでもやるんだ。――装置に色を塗ったり、女声合唱団員のひとりの衣装の袖口を何色にするかで一時間も喧喧囂囂《けんけんごうごう》。まるでルキノと共同監督しているようなもので、秒単位で計画を立てている。

……一回は『夢遊病の女』を見られるようにこっちに着けるといいね。素敵な公演になる。ちょっとばかりわざとらしいけど。カラスがスカラ座のど真ん中で歌えるよう、張り出しをさらに前に出してある。最後の途方もないアリアは客席の照明を全部点けて歌うんだ。ボックス席からは花束が降ってきて――こいつは必見だ。


マリア・カラスの首の後ろに激痛をともなう腫れ物ができて、『夢遊病の女』の初演はいったん延期され、三月五日に行なわれた。フランコ・ゼッフィレッリは、ヴィスコンティ＝カラスコンビの最良の作品と呼んだ。「ピエトロ・トージは舞台を淡い色調とシルクやフリルでまとめた。ロマンチックな幻想を呼ぶ舞台だ……。マリアはスイスの農民風の衣装がぴたりとはまった――ただし宝石類は残らず身につけていたがね。役柄がなんであれ、歌姫たるもの、装飾品なしでは歌わないものだから……。三幕のアリアは強く印象に残っている。『おお、花よ、お前に会えるとは思わなかった……』と、まるで腹話術師みたいにほとんど口を開けずに歌うんで、みんな息をつめて聴き入った。信じられないくらいの緊張感だったね。

いま（一九八六年）レニーはオーケストラから完璧なピアニッシモを引き出そうとするとき、『カラスのピアニッシモで』というんだよ」

バーンスタインは『夢遊病の女』のリハーサルでは意気軒高だったし、公演もすぐれた芸術的効果が興奮を呼んだが、ミラノでは気まずい事件も起こった。一九五〇年と五一年のシーズンにタングルウッドで指揮法を教えたチャールズ・ロートが現われ、バーンスタインを脅迫したのである。バーンスタインいうところの「黒い妖精」ロートは、自分を「世界最高の指揮者」にしてくれなければ、バーンスタインから送られた手紙を公表すると迫った。バーンスタインはロートをウィーンに送り返し、「……手紙にはあたりさわりのないことしか書いてないし、彼とは特別な関係はなかった」といってフェリシアをなだめている。精神的に不安定な状態にあったロートはそのあとも手紙や荷物を送りつけてきたが、どれも未開封で返送された。さらにロートは、バーンスタインと取り巻きたちが共産党員であるのを暴露すると脅してきた。バーンスタインはヘレン・コーツに、ロートが入院していた精神病院を突き止めてくれと依頼した。「理解できない」バーンスタインは手紙に書いている。「どうしてこう簡単に退院させられたんだろう。彼には不断の監視が必要だというのに」またフェリシアには、こうも洩らしている。「頭のおかしい連中には肝を冷やされる。とくに、こいつには」

『夢遊病の女』が初演をみると、バーンスタインはわずか二週間後に開演する『ラ・ボエーム』の練習に突入した。お決まりの演目の再演だったが、バーンスタインのスタイルとは相容れなかった。「批評家からは酷評を食らった。連中の目は節穴で、見当違いなことばかりいいたてているが、基本的には向こうが正しい」バーンスタインはヘレン・コーツへの手紙に書いた。「まあ、いい。今月は星のめぐりあわせが悪いんだ」

この間《かん》に、バーンスタインはカラスの主演でマーク・ブリッツスタインの『レジーナ』を上演するよう、スカラ座の芸術監督であるアントニオ・ギリンゲッリを口説いていた。ヴォーカル・スコアが送られてきて、歌詞もいくつか翻訳されたが、イタリア人は返事をしぶり、なしのつぶてに勘忍袋の緒を切らしたブリッツスタインは、バーンスタインに怒りをぶつけた。「ぼくにどうしろというんだ、土下座でもすればいいのか?」やがて明らかになったことだが、スカラ座の音楽監督ヴィクトル・デ・サバタが、音楽は気に入ったのだが、台本がサディスティックで冷酷でオペラ風とはいえないと難色を示したのだ。スカラ座の常連は、女性が夫の死を見過ごしにする見せ物には反感をもつだろう、とサバタはいうのだった。ブリッツスタインは四月の初めにバーンスタインに手紙を書いた。「サバタ氏からじきじきに手紙をもらった――返事は出したよ。落胆と同時に、『政略結婚』(あちらの言い回し)や、諸悪の根源は金にある式の思想は、オペラの主題とは認めがたい、という考えにはおどろいているといっておいた。彼はどこでオペラのテクストを勉強したのだ?」

自分も「憤慨し、愛想が尽きた」といって、バーンスタインはスカラ座とたもとを分かとうとしたが、ジュゼッペ・ディ・ステファノをはじめとする充実したキャスト陣で『ラ・ボエーム』に再挑戦するのには食指を動かされた。フェリシアとカプリでしばし息抜きすると、バーンスタインは意気揚々とリハーサルにもどった。フェリシアは都合一月、イタリアに滞在した。息抜きは「まさに極楽」だったと、バーンスタインはヘレン・コーツに話している。バーンスタインは楽観的な見通しをもっていたのだが、新しいキャストでの公演初日のあと、さんざんな悪評を被り、バーンスタインはめずらしく屈辱を味わわされた。

安定した私生活が、バーンスタインの傷心を慰めたものと思われる。ニューヨークから、フェリシアの手紙が届いた。「レヌート、イタリアで過ごした日々は、人生最良の時間でした――いまもまだいい気分。温かくて平穏な楽しい雰囲気――これがみんな妊娠しているせいとは思えません――もっとずっと深くて、言葉にはできない感じ。だからここに書いたことはみんな忘れてもらっていいわ」

バーンスタインが海外にいるあいだに、彼の作品がふたつ、本国で成功をおさめていた。四月十五日、アイザック・スターンはシャルル・ミュンシュ指揮のボストン交響楽団をバックに、『セレナード』のアメリカ初演を行なった。その四日後、ブロードウェイで『タヒチ島の騒動』が上演される。「しゃかりきになって作曲しなくちゃいけないね、一週間のうちに二本も作品が成功したんだから。それに作曲家気分も盛りあがってきた。でも、なにも出てこない」と、バーンスタインはフェリシアに話している。

『タヒチ島の騒動』は、三本立ての一本として上演された。残る二本のうちの一本はテネシー・ウィリアムズの『綿を積んだ二十七台の馬車』で、この短い戯曲を、バーンスタインはかつて台本に使おうと考えたこともあった。ブルックス・アトキンスンは、三本立てを評してタイムズ紙にこう書いている。「ぜいたくな劇場芸術の一夜であった」ブリッツスタインは『タヒチ』が受けたとバーンスタインに書いてよこした。だがヘレン・コーツは、オーケストラが入るべきところをピアノ二台で賄ったのは――経費節減のため――大間違いだと考え、作品に改めて惚れこんだというフェリシアは、歯に衣着せぬ批判をした。

「上演中〝レヌート〟になりかわってすわってました――テンポが狂うとぶるぶる震えて、紙と鉛筆をもって控えているシャーリーに次々に注意点を伝えるの。やきもきしないでいいのよ、大失敗だったわけじゃありませんから。ほんとうに、かなりいい線いってたわ。ただもっとずっと巧くやれたはずなの！　音楽でいえば、いちばん大きな間違いは第一場と雨のデュエットのテンポね――最初の場面は深刻で見苦しいいさかいだってことがわかっていないの。ひどくゆっくり歌って、それも相手の歌を遮らないように測ってやるもんだから、第一場が恐ろしく長くて退屈になってしまったわ」

「どうしてみんな、あそこがあのオペラの真髄だって気づかないんだろう？」とレナードは返信に書いた。「ほかは説明とか話の展開にすぎないのに。いつかきみに演出してもらったのをぜひ観てみたい」

次の指揮の契約まで時間があったので、バーンスタインはローマのヴィスコンティを訪ねた。バーンスタインは、『キャンディード』の舞台監督をヴィスコンティに任せてみてはどうかと、リリアン・ヘルマンとエセル・リンダー・ライナーに推挙していた。フェリシアはライバーニア語で手紙を書いて、楽しい《デリシャス》(ライバーニア語では〝デラシャデュ〞)時をすごしますようにと伝え、あまり「道を踏み外さない」よう願っていると付け加えた。レナードは次のように返事をよこした。

愛しいバブルスへ
ローマはこれまで見たなかで最高に美しい。空はどこまでも青く、空気は冴えて海は暖かい。なにもかもがぜいたくに咲き誇っている。ここに来てよかった。でもきみに会えないのはさびしい……ご明察にたがわず禁断の雰囲気は満ち満ちているけれど、さほどのことはない……。ジーナ・ロロブリジーダに何度も会った……『セレナード』を思い描いて……(『セレナード』は、ジェイムズ・ケインの小説を下敷きにした、ミュージカルで、ロロブリジーダが純真な心をもつメキシコ人娼婦を演じることになっていた)ルキノとロロのコンビが噂されてるが、またとない組み合わせだ……『キャンディード』が一年延期になったのは喜ばしい。そのくらい時間があれば、冷静になってどんな手を打たなければいけないのか見えてくるだろう。いまのままではだめだ。

バーンスタインは財政の逼迫にいまだに頭を抱えていた。当座預金残高は三千ドルに欠けるほどで、貯蓄口座には一万ドルあったが、これには手をつけないと決めていた。それでも見通しは明るくなってきていた。『ワンダフル・タウン』のロンドン公演が幕を開け、ASCAP——アメリカ作曲家、著作家、出版者協会——が四半期分で三千ドル以上になる小切手を送ってきたからだ。それでもタングルウッドの夏のシーズン中、近くに大きな家を借りるのは、あきらめなければならなかった。「とてもがっかりしたわ」

と、フェリシアはヘレンに話している。
トリエステとフィレンツェでオーケストラの指揮をしたあと、バーンスタインはジェノヴァでイスラエル・フィルと合流し、ベルリオーズの『ロミオとジュリエット』とスターンの独奏による『セレナード』を主演目に、短期のイタリア・ツアーに入った。

……一・五人前の仕事だ。彼らがまるで知らないセレナードとベルリオーズをいっぺんに教えこむのだから。オーケストラのメンバーは疲労困憊のあまり、音符さえ読めなくなることもある……。それからコンサートだ。ジェノヴァはじまって以来の大成功と報道された。ぼくのきてれつな現代音楽と、人気のないベルリオーズが！　客の喝采どころか、客の入りがまず心配だったが、どちらの点もうれしい驚きとなった。新聞は絶賛、アイザックは最高の出来で、オーケストラは諸般の事情を考慮すれば、奇跡を成し遂げたといっていい……

イタリアでの活動中に、バーンスタインは『夢遊病の女』を十回、『ラ・ボエーム』を七回指揮し、十一回のコンサートを指揮した。うち七回はイスラエル・フィルとのツアーである。これらすべての報酬から旅費とエージェントの経費を差し引くと、家に持ち帰れる額は一万三千ドル近くなった。とはいえ、『キャンディード』を完成すると決めていたため、今後の日程をあまり指揮だけで埋めてしまうわけにはいかない。興行はふたたび延期と決まっていた。プロデューサーと作者が、いまだにだれを出演させるか、だれに演出させるかでもめている状態では、それもおどろくにはあたらない。バーンスタインも、まだ納得のいくスコアが書けないでいたが、そもそも満足のいく歌詞さえできあがっていなかった。『キャンディード』の懐胎期はいつ果てるとも知れずつづいているのだった。

妊娠七カ月に入り、「みんな遠慮して横顔《プロフィール》なんて呼ぶ」腹部のふくらみも目立ってきたフェリシアは、夫にぜひともニューヨークへもどってきてほしかった。ジェイミーが反抗期に入っているとフェリシアは書いた。「あなたの反応がとても心配——わたしたちの小さな天使がさかんに自己主張して、ほんとうに悪魔みたいになるんですもの。どうかショックのあまり忍耐力を失って、わたしたちを永遠に見捨てたりしないでね」

「ジェイミーの反抗期で脅かそうとしてもだめだ」バーンスタインの返事だ。「いつかそうなると、前からちゃんと予測していたからね……。ダーリン、反抗期など長くはつづかない。ぼくが帰るまでに、テープやコルク栓で自分にふたをしてしまわないでくれ！　愛をこめて」

ミラノでツアーを終えた二日後、バーンスタインはパリにおもむいた。リリアン・ヘルマンが無謀にも、『キャンディード』の演出に映画監督のルネ・クレールの名を出したからだ（もうひとり、ジーン・ケリーという案もあった）。まもなくニューヨークにもどったバーンスタインは、作家や演出家、プロデューサーの集まりに顔を出した。これが、その後二年間のバーンスタインの人生の方向を決定することになる。スカラ座はもう彼の視野には入っていなかった。「三カ月もかけたのは失敗だった」と、彼はフィリップ・マーキューズに書いている。「魔法は失われた」そして、ふたたびオペラ劇場での仕事に就くまでには、ほぼ十年の歳月を要するのである。

バーンスタインの第一の関心事は『キャンディード』ではなくて、ローマで思いついたまったく新しいミュージカルの企画だった。ニューヨーク・タイムズは、六月十三日に、アーサー・ローレンツがジェイムズ・ケインの小説をもとに書き下ろした音楽劇に、バーンスタインが曲をつけるはこびになったと報道した。ところがたった六日で『セレナード』は手つかずのままお蔵入りになってしまう。その代わり、とタイムズは報じた、バーンスタインとローレンツは、ジェローム・ロビンズを振付けと演出にむかえて『イーストサイド物語』を製作することになった、と。

友人たちに、ロミオとジュリエットものの計画に陽の目を見させようと説得したのはロビンズだった。『セレナード』製作のニュースが報じられた朝、ロビンズとローレンツがバーンスタインを訪ねてきた。「あのがらくたで時間をむだにしようというきみの気が知れない」と彼はいった。「ぼくがもっとずっと上等なアイデアを提供してやるのに」バーンスタインはタングルウッドに向かうまでにさらに五、六回ローレンツと顔を合わせた。芸術上も、財政上も、この冬以降の支えとなる現実的な仕事の予定を確保しておくのは、バーンスタインにとっては死活問題だ。『キャンディード』の作詞家問題は、いまだに解決していない。ドロシー・パーカーは一篇書いただけで、ジェイムズ・エイジーにいたっては、形のあるものを残す前に死んでしまった。『キャンディード』は作詞家が見つかるまで棚上げすることにして、バーンスタインはさっそく『イーストサイド物語』の作曲にとりかかった。詞は自分とローレンツでなんとかすると決めた。

スカラ座のマンネリズムに幻滅したのと、イスラエル・フィルを率いてのツアーで奮闘しすぎたため、バーンスタインは一時的にヨーロッパでの指揮活動を停止した。その後二年間、アメリカを離れていない。『セレナード』の成功に気をよくしていたにもかかわらず、やはり劇場の魅力にはあらがえなかった。「劇場音楽の作曲が、簡単だなんて考えないでほしい！」一九五四年の十一月、「架空の会話」でこう書いている。「ある意味ではかえってむずかしいんだ。ステージにはしきたりがある。気ままな仕事はできない。全体が大切なんだ！　……劇場音楽の偉大なる作曲者とは、希有な存在だ。ドゥーゼ並みに間合いをとれるセンスがなければならないし、手を抜くときと全力をあげるときを見極められなくてはならない……オ気と感傷、情熱と英知がなければならない……アメリカ史の潮流で活気があって若々しくて胸の高鳴るものといったら、それはミュージカル劇場だ」

七月七日に、フェリシアは七ポンド四オンスの男の赤ん坊を産んだ。名前はクーセヴィツキーからもらって、アレクサンダー・サージ・(レナード・)バーンスタインとなった。「( )でくくってあるのは異教徒用です」とバーンスタインは友人のマーキューズ夫妻に説明している。「完璧な坊やですよ。弧を描いた知的な眉といい、きわだって知的な(バーンスタイン家ゆずりの)鼻といい、それに、じつにじつに男らしい。肩幅が広くて泣き声も元気で、りっぱな頭をしていて、これ以上は望めないくらいです」

アレクサンダー誕生の三日前、バーンスタインは『〝波止場〟からの交響的組曲』を完成していて、のちにこれを息子に捧げている。この作品は八月十一日にタングルウッドで初演された。バークシャーのイヴニング・イーグル紙に載せた紹介記事で、バーンスタインは『波止場』のテーマの統一性について書いている。映画の筋の展開や会話の背景に使われる音楽は、どうしても断片的になってしまうため、それを埋め合わせる意図で統一を図ったのだという。「組曲で使われている主な素材は、何度も何度も形を変え、可能なかぎり映画音楽そのものの時間経過を追っていきます」だが映画を観てはいなくても、音楽はシンフォニックな作品として充分楽しめる。タイトルに反して、これは組曲ではなく、むしろ音詩といったほうがいい。これはたまたま、バーンスタインのオーケストラ用作品のうちで、単一の楽章では最長となった。一九六一年に作曲する『ウエストサイド物語』のシンフォニック・ダンスはこれよりわずかに長いが、こちらはあきらかに移行部をはさんだ複数のダンス音楽の組み合わせだ。作曲法はリストの音詩にのっとっているが、『波止場』はむしろ、チャイコフスキーの幻想的序曲『ロミオとジュリエット』の二十世紀版といったほうが的を射ている。映画では主役のテリーとエディが「悲運の恋人たち」というわけだ。

バーンスタインはタングルウッドからロサンジェルスに飛んだ。新しくはじまった「フェスティバル・

オヴ・ジ・アメリカ」なる野心的な企画の芸術監督をつとめるためだ。ハリウッド・ボウルの理事、ウィン・ロカモーラの発案になる祭典だが、仰々しいのは名ばかりで、コンサートは五回行なわれただけだ。バーンスタインは初め、二週間来てほしいといわれたのだが、交渉して一週間に縮め、しかし報酬は同じ七千五百ドルとはずんでもらった。オープニング・コンサートには副大統領のニクソンも臨席し、中心となる演目には現代アメリカ音楽が選ばれた。べつのコンサートではラテンアメリカの作曲家の作品を主要演目にとりあげ、だった。マーサ・グレアム・カンパニーが登場した。切符が売り切れたのは、ジャズの夕べだけだった。バーンスタインは一九五二年のブランダイスと同様、シンポジウムの司会をつとめたが、今回はビリー・ホリデーやアンドレ・プレヴィンが出演した。

バーンスタインがそこで、寸刻を惜しんで働いていたわけではない。支出内訳を見ると、たいそう飲み食いし、日光浴もしていたのがわかる。この旅のハイライトは、べヴァリー・ヒルズ・ホテルのプールサイドでアーサー・ローレンツと会い、新作ミュージカル『イーストサイド物語』をどう進展させるか話しあったことだ。話しているうちに、バーンスタインは新聞の見出しに目をとめた。「オリヴィエラ・ストリートで暴動」メキシコ人とアングロ系白人の抗争を報じた記事だった。ようやくモンタギュー家とキャプレット家の反目に匹敵し、かつ現実感をともなった敵対関係の現代版が見つかったのだ。バーンスタインとローレンツは相談を重ね、舞台はロスアンジェルスからニューヨークへ移され、メキシコ人ではなく、プエルトリコの移民が採用された。想像力に火が点いた、とバーンスタインは語っている。ラテンアメリカ音楽のリズムが頭のなかで鳴りはじめたのだ。

「今年は作曲の年です」八月末にグレイト・バリントンにもどると、バーンスタインはマーサ・ゲルホーンに手紙を書いた。「どんどん増えていく家族とともに、冬じゅう五十七丁目ですごします。新しいショー（今度は悲劇）も書かなければいけないし、腐れ縁のショー（いつ終わるとも知れない『キャンディード』）にも手直しが必要。それにボストン交響楽団創立七十五周年のために大がかりな管弦楽作品も……」

九月半ばに、バーンスタインと夫人は、エド・マーロウが司会する人気番組、「パーソン・トゥ・パーソン」に出演した。デュエットを歌い、オズボーンのアパートのリビングでソファに並んですわった夫妻は、ほとんど緊張の色も見せずにとてつもなく魅力的で、煙突顔負けにタバコの煙を吐き出していた（マーロウも同罪）。フェリシアがエドに、まもなく多忙なシーズンがはじまると話した。フェリシアが夫の予定を微に入り細に穿ってまくしたてるので、弱りはてた夫は、妻は本人よりよくわたしのことを知っているのだと冗談をいった（ある意味でそれは正しい）。レナードは少し前に、『ひばり』の付随音楽を書くことになったと発表したばかりだ。これは、ジャン・アヌイが一九五三年にジャンヌ・ダルクを題材に書いた『ひばり』をリリアン・ヘルマンが翻訳したものだった（ジャンヌ・ダルクはヘルマン同様、権力の抑圧に屈しなかった女性である）。芝居は秋に開演し、ブロードウェイで二百二十九回の公演回数を数えた。このとき書かれた七つの声のためのルネッサンス風音楽が、のちにひとり歩きし、『ミサ・ブレヴィス』に結実する。

この時期、バーンスタインの職業生活がおびただしい企画で充実していたことは、一九五五年九月最終週のスケジュール表を見ればわかる。二十六日には、バーンスタインはまず『ひばり』の監督ジョゼフ・アントニーに会い、次にバーンスタインの曲を指揮することになっていたプロ・ムジカ・アンティクァのノア・グリーンバーグと顔合わせをした。その晩は夕食の席でアーサー・ローレンツと『イーストサイド物語』について話しあった。ローレンツには二十七日、二十八日、三十日にも会っている。二十七日には、放映が近づいたジャズをテーマとする「オムニバス」のミーティングがあり、翌日には、七月に『キャンディード』の演出を了承したタイロン・ガスリーと会食。二日後、ローレンツといっしょに、『イーストサイド物語』の作詞をコムデンとグリーンに依頼しにいく（ふたりは『ベルズ・アー・リンギング』で多忙の身だった)。その日の昼食はガスリーと、夕食はヘルマンと、ともにした。「いまみたいに、なんにでも手を広げるのは賢いやりかたじゃないかもしれない」バーンスタインはジャーナリストたちに語っていた。「でもそれがわたしの宿命なんです」彼は自分を、二重の分裂症と呼んでいる。彼の情熱は、まず作曲と演奏することの二手に分かれ、そのどちらの点でも関心はさらに分裂する。コンサート・ホールとオペラ劇場、ブロードウェイとテレビである。「どうしても自分のオーケストラがほしいとは思いません」とバーンスタインは言い切った。「というのも、そうなるとすぐに行き詰まってしまうのが、目に見えているからです。常任指揮者になっても交響曲を作曲することはできるかもしれない。しかし大衆劇場の仕事は無理ですから」

秋の仕事でまず完結を見たのは、「オムニバス」シリーズ中の番組、「ジャズの世界」だった。ニューヨーカー誌によれば、バーンスタインは若かりしバージェス・メレディス風に決め、「みごとなまでにわかりやすく」ジャズに不可欠な要素を指南したという。とりあげられたのは、即興演奏、シンコペーション、ブルーノート。それにヴィブラートや、トランペットだのトロンボーンにつけられた弱音器で生み出される音色の違いなどである。スタジオでは、さまざまなスタイルで生演奏が行なわれたが、演奏にあったのはバーンスタインのもくろみにかなうよう、あえて白人ミュージシャンばかりで編成された名もないバンドだった。番組を観た者、あるいは番組で使用された台本をもとに録音されたコロンビアのレコードを聴いた者は、十二小節からなるブルースの構造に関する指摘が印象に残っていることだろう。また、典型的なブルースの対句が、弱強五歩格の強勢をもっていると発見したバーンスタインの、うれしそうな様子も忘れがたい。

あのひと／愛してないの／あたしを／ひどい／仕打ち

バーンスタインはさらに一歩進んで、ウィリアム・シェイクスピアの『マクベス』第五幕第三場の一節を、弱強五歩格の強勢でブルースに仕立て、がなりたてた。

死も破滅も恐れるものか
バーナムの森がダンシネインにやってくるまでは

お次は即興演奏にとりくみ、モーツァルトのピアノ変奏曲『きらきら星変奏曲』と、ジャズの演奏者が「スウィート・スー」のようなポピュラーな歌にどのように色をつけていくかを比較した。バーンスタインはジャム・セッションや一九三〇年代のスウィング、それに新しい「バップ」スタイルについて、共感をこめて語ったが、とくにバップは「まじめなアメリカ音楽の真の出発点」といえる、というおどろくべき発言をした。同時に、一九五五年までにアメリカで書かれた交響曲（当然ながら自分の作品も含まれる）は、モーツァルトからマーラーにいたるヨーロッパの交響曲の伝統を矮小化して模倣したにすぎないと、あっさり切って捨てた。最後に自作のジャズ『プレリュード、フーガとリフ』を聴かせて、「オムニバス」は幕を閉じた。

演奏時間十分弱のこの作品は、独奏クラリネットとスウィング・バンド用に書かれたものだ。プレリュードはトランペットとトロンボーンによって、フーガは五本のサキソフォンによって奏される。リフはもっとも長い部分で、バンド全体をバックにクラリネット・ソロにピアノが躍動的なリズムをつけ、リフのメロディにフーガの主題が結合し、「スウィング」して終わる。ここで、作曲者が自由なアドリブの反復を求めて、初めてこの作品は真のジャズと呼べるようになったのだ。表面には出なかったが、バーンスタインにこの作品の演奏をすすめたのはベニー・グッドマンである。グッドマンとバーンスタインは、一九四〇年代からタングルウッドで近所づきあいをするうち親しくなっていた。ふたりはコロンビア・レコードで初めていっしょにレコーディングをした。

バーンスタインはジャズにいれあげていたが、いかんせんその知識は表層的なものでしかない。ジャズ・ミュージシャンは即興演奏の才能に重きをおいたりはしないものだ。だが次に「オムニバス」に出演したとき、テーマは指揮法で、この分野に関する知識なら、当時のアメリカでバーンスタインの右に出る者はいなかった。十二月四日日曜日の午後、バーンスタインは推定千六百万人の視聴者に向かって、指揮者の仕事を詳細に解説した。

番組がはじまると、効果的にシルエットだけ浮かび上がっているオーケストラが、ブラームスの交響曲第一番の荘重な冒頭部分を奏でている。指揮者は画面に背を向け、光の渦のなかに立っている。数分後、レナード・バーンスタインが——つまり指揮者とは彼なのだが——身ぶりを止めてオーケストラから離れるが、カメラに近づいてくるバーンスタインの背後で、演奏はつづいている。バーンスタインはカメラを通じ、全国の家庭にいる視聴者に話しかける。「ごらんください。オーケストラにわたしは必要ないのです。自分たちだけでりっぱに演奏できます」たしかに、そのとおりだった。オーケストラはバーンスタインの台詞を消さないように、静かに演奏をつづけているが、やがて譜面のAの文字のところまでくると、ぴたりと音楽を止めた。テレビ革命の瞬間だった。バーンスタインは視聴者全員を指揮者に仕立てようというのだ。上方に掲げた譜面の拍子記号を示し、またそれとはちがう拍子記号の場合はどうやって拍子をとるのかをやってみせ、音楽の情感や性格を、どうやって表現するのか、詩的な表現、エネルギッシュな表現、決然たる表現と次々に身ぶりで表わした。どうやって適切なテンポを見いだすか、また味のあるルバートをどう操るかを説明した。指揮者たる者は芸術史家であらねばならず、自分が指揮している作品が立脚している文化や様式を熟知していなければならないと教える。そこでバーンスタインはブラームスの交響曲第一番を分析してみせ、緊迫しつつ上昇する旋律と、対をなして下降する重々しい旋律、脈動するティンパニの持続音を聴き分ける。コントラバスは、指揮者の解釈によってどんどんひっぱっていってもいいし、宿命的な荘重さを強調してもいい。フォルテをどのくらい強くするかは、指揮者が判断しなければならない。またブラームスの第一番の冒頭部における金管は、他の楽器を圧倒してしまわないように、フォルテといっても柔らかいフォルテを引き出す必要がある。さらにヴァイオリンが、ヴィブラートで演奏した場合とそうでない場合、弓を上から下までいっぱいに使う場合とそうでない場合、ピチカートを弾くのに指先の固い部分を使った場合と指の腹の柔らかい部分を使った場合、それぞれの音色がどのようにちがってくるかを実際に示してみせた。

オーケストラの舞台裏を垣間見せてくれる、肩のこらない楽しい演出だ。彼の話はそこから急に高尚になる――クーセヴィツキー級の水準に。バーンスタインはほぼ十分間というもの、なんの実例もなしにカメラに向かって話しかける。「これからは形には表わせないもの、指揮にひそむ深い魔法を考えていきたいと思います」真の指揮者とは、「時間の流れに強い感受性を備えているひと……大理石ではなく、時間を思うままに形作れる、一種の塑像家で……指揮者は、最大のリズムがどこにあるのかを、作品全体の語法を判断しなければなりません。作品の型を征服しなければならないのですが、型といっても、一定の枠組みにはまったものではない、もっと奥深い意味での型です。音楽がどこでひと息つくか、どこから緊張を高めていき、どこでそれが最高潮に達するのか、次の波にそなえて、どのあたりで力を蓄えるのか、どこでその蓄えた力を解き放つのかを、知り尽くし、制御しなければなりません」バーンスタインはさらに、いままで述べたことは、オーケストラと心を通わせる力をもっていなければ水泡に帰すと付け加えた。でなければ、「作品の美しい意味も……この世では役に立たない」ことを、感傷をこめて長々と語った。バーンスタインの見方によれば、指揮者は慈悲深い統治者である。「オーケストラには事前にすべてが明らかにされていなければなりません……つまり、指揮者はつねに、オーケストラより一拍か二拍先行していなければならないのです……。秘訣は準備のための上拍を与えることで……これはまさに呼吸に似ています。その準備が吸気に、実際の音が呼気にあたるのです」

彼は極上の結論を用意していた――それも、きわめて個人的な結論を。「最後に、偉大なる指揮者というものは、オーケストラを演奏させるだけではいけない、ぜひとも演奏したい気持ちにもっていかなければなりません。褒めあげ、もちあげ、彼らの体内にアドレナリンを噴出させるのです。そのためにはおだててもいい、要求してもいい、怒り狂ってもいいのです。しかしどんな手段をとるにせよ、オーケストラが、指揮者が惚れこんでいるくらいその音楽を愛するように仕向けなければいけない。独裁者が自分の意思を押しつけるのとはちがいます。むしろ指揮者は自分の感情を周囲に放出して、第二ヴァイオリンのいちばん後ろにいる奏者にまで届かせるのです。これが達成されたなら――百人の人間が指揮者の情緒に寸分たがわず同調し、音楽のあらゆる高低に、あらゆる到達点と出発点に、ほんのささやかな搏動にまで一体となって反応できたなら――そのとき、そこには、比類ない人間の情感の結合が生まれるのです。これは愛そのものにもっとも近い。この愛情の交流をもってして初めて、指揮者はもっとも深奥まで演奏者と心を通わせることができ、文句なく、聴衆とも心を通じあえるのです」

番組は、ブラームスの交響曲第一番の練習風景をもって終わりを告げた。修練は決して終わらない、とバーンスタインはいった。「指揮者は永遠の修行者なのです」ヴァラエティ誌は、この番組が「完全無比なテレビショー」であったと評した。バーンスタインがテレビスタジオで果たした業績のうちでも、最上の部類に属するものになった。

一九五五年の十一月、バーンスタインはニューヨークの音楽シーンに、ふたたび姿を見せた。カーネギー・ホールで行なわれる、シンフォニー・オヴ・ジ・エアの六回にわたるコンサートの指揮を引き受けたのだ。このNBCの楽団はもともとはトスカニーニひとりのためのオーケストラだったが、その当時は存続の危機にあった。バーンスタインは金もほしかったし、優秀なオーケストラをつぶすのもしのびないと感じていた。一連のコンサートはマーラーの『復活』で幕を開け、翌一九五六年の四月、自作の『セレナード』のニューヨーク初演で幕を閉じた。

この地位は、見かけ上は、全権を委任される音楽監督の仕事と、安定した実力をもつオーケストラの客演指揮者の気楽さが、ほどよく相半ばしていた。しかし、なにごとにも困難はつきものである。演奏者たちは独立独歩の気風が強く、口の減らない集団で、相談をまとめるのも容易でなく、バーンスタインが考えた演目におおっぴらに異を唱えてくる。理事会も、財政上の困難を抱えていた。そうこうするうち、一九五六年三月に、ブルックリン出身の民主党下院議員ジョン・ルーニーを委員長とする下院小委員会が、ワシントンで、楽団員数人を共産党の同調者として名指した。議会の聴聞会ではバーンスタインの名こそ出なかったものの、オーケストラに関係する人物で、政治的に灰色の者をあげたリストに謎めかして「第五番」とされているのがバーンスタインだというのは広く知られていた。聴聞会の議事録が公になると、バーンスタインはシンフォニー・オヴ・ジ・エアのマネジャー、ジェローム・トゥービンを呼び出した。会合に同席したのは、バーンスタインの弁護士エイブ・フリードマンと秘書のヘレン・コーツである。トゥービンは回想録『アジタート』のなかで、会合の模様を描写している。

彼は発言のあいだじゅう、文字どおりのどをつかんでいた。頭を左右にしきりに振り、うなり声をあげる。「なんてことだ、こんな時期に。よりによってこんな時期に。ショー［『ウエストサイド物語』」がもう少しで完成するというときに。おお。どうしたらいいんだ。まったく、まったくけしからん」手をもみしだき、次々とタバコに火をつけ、腕を振りまわす。そしてまたのどをさする。ほとんどずっとソファに寝そべっていた。ときには体を起こしてすわるのだが、すぐまた寝てしまう。

するとフリードマンが、「さあ、気を楽にして、ちゃんと本質を見ようじゃないか。この手の話には根も葉もないのはよく知っているだろう」という。

そこでヘレンも、「さあ、レニー、落ち着いて。ばかげた話なんですから。とにかく落ち着いて。なんてことかしら」

わたしはそこにすわって、みんなにいちいち相槌を打っていた。

わたしたちは議事録でバーンスタインを示しているといわれる五番に関する記述を拾い上げた。バーンスタインは、参加していたとされる組織の半分は実際に関係したかどうか憶えていなかったし、残りの半分は名前も聞いたことがないという。気持ちが落ち着いてくると、笑いをこらえながら、若いころは自分の名前が印刷されるならどんな組織にも加わったものだと認めた――ギリシャ解放同盟であろうと、ポリネシア解放戦線であろうと、エスキモー救済であろうとトランシルヴァニアの自由化であろうと。こんな名簿を憶えていると話してくれた。「アグラナポス、アヴァノプーロス、バジューロプーロス、バーンスタイン、カチャマプーロス……」組織の目的など念頭になく、ただ名前が活字になるといわれれば参加したのだ……。ルーニーにはいいカモだ。そのためにバーンスタインは怒り狂って軽蔑の念をあらわにしたかと思うと、ヒステリー状態におちいって、ころころ気分が変わっていた。フリードマンはなだめ、ヘレンは「お願いだから」を唱えつづけ、トゥービンはなすすべなくすわっている……カーネギー・ホールで見る沈着なバーンスタインと、目の前のソファでのどをかきむしり、苦悶に身をよじっている男との対照はすさまじく、信じられないほどだった。

数日後、バーンスタインはハーヴァードの学生生活を描く「オムニバス」に出演するためボストンへ向かった。由緒ある大学を十七台ものカメラで撮影する手のこんだ番組の共演者に、ジョン・F・ケネディがいた（三八年度の学生である）。ふたりは親しくなり、二日後の三月二十七日に、バーンスタインはワシントンでケネディと昼食をともにしたあと、上院での討議を傍聴した。バーンスタインの身元保証問題に関しては、ケネディ上院議員がなんらかの進言をしたのかもしれない。いずれにしろバーンスタインは二度とルーニーの委員会から悩まされずにすんだ。

そのうちバーンスタインのもとにうまい話が転がりこんできて、結局シンフォニー・オヴ・ジ・エアとの関係には終止符が打たれた。一九五五年の十一月十八日、ブルーノ・ジラートから、一九五六年の十二月から一九五七年一月にかけての四週間、ニューヨーク・フィルハーモニックの客演を承認する電報が舞いこんだのだ。二カ月後、バーンスタインは旧知のディミトリ・ミトロプーロスと昼食をとった。ミトロプーロスは、一九五一年以来ニューヨーク・フィルハーモニックの音楽監督の地位にある。彼は当時、心臓発作に見舞われ、余命いくばくもないことを悟り、残された時間をメトロポリタン歌劇場でオペラの指揮に費やしたいと願っていた。そこで、ニューヨーク・フィルハーモニックでの自分の後任に、バーンスタインを当てたいと考えたのだ。ボストンのクーセヴィツキーでさえ自分の後継者を指名できるほどの権限はなかったが、ミトロプーロスとて事情は同じだ。だがミトロプーロスは楽団の理事会にかなりの影響力をもっていた。バーンスタインにしてみれば、フルタイムの指揮の仕事を受ける時間的余裕はなかった――未完成のブロードウェイ・ショーをふたつも抱えている――だが、フィルハーモニックの常任で、給料もよく、威光もある地位に雇われるという考えには食指を動かされた。こうして一九五六年の春、ミトロプーロス指揮のニューヨーク・フィルハーモニックがタイムズ紙やヘラルド・トリビューン紙からさんざんな悪評を被ると、就任交渉が本格的にはじまった。

シンフォニー・オヴ・ジ・エアとの一九五五～五六年のシーズン、バーンスタインとアーロン・コープランドの友情にひびが入った。マーラーの『復活』の前座に、バーンスタインはコープランドの新作で、合唱と管弦楽のための作品『自由の賛歌』をニューヨークで初演しようと思い立った。リハーサルに同席したコープランドはいたく失望した。「作品にまるで説得力がない。演奏も歌もびくびくしているが、それは奏者が曲に精通する暇がなかったからだ。レニーがマーラーの『復活』に時間をかけて、わたしの曲にはあまり練習時間を割かなかったからに決まってる。彼にそのとおりいってやった。それで演奏は聴いてやらないと脅したんだ――実際、聴きにはいかなかった」

友情の橋は、またすぐに架けなおされた――コンサートが成功をおさめたからだ――だが以前の親密さはもどらなかった。バーンスタインには新しい友人がたくさんできていた。なかでも創造活動のうえで他をしのいで重要な友人は、一九五五年に『ウエストサイド物語』の作詞者として選ばれたスティーヴン・ソンダイムである（マンハッタンのイーストサイドの醜悪なスラム街の建物はすべて取り壊され、愚連隊が西に移動してしまったことが明らかになって『イーストサイド物語』というタイトルは変更された）。ソンダイムはオスカー・ハマースタインII世一家と家族ぐるみのつきあいがあり、幼少時から劇場音楽に魅せられていた。ウィリアムズ・カレッジ（一九五〇年度のクラス）で音楽を専攻し、経済的にはたいへん恵まれている。ユダヤ人だが……「じつにパーク・アヴェニュー的」とは、ソンダイムに作曲を教えたミルトン・バビットの描写だ。有名人といっしょにいるのになれっこになっていて、いずれは自分もそのひとりになりたいともくろんでいた。バーンスタインとの初対面の席で、ソンダイムは自分は作曲家としての訓練を受け、曲も詞も自分で書いた『サタデー・ナイト』というショーがあると話した。バーンスタインは作詞からすっかり手を引いてしまうのが悔しく、ソンダイムには共同作詞家のクレジットしか約束しなかった。「このショーはやりたくない」と、ソンダイムはオスカー・ハマースタインに話している。「金には困っていないし、プエルトリコ人のことなんて、なにも知らないんですから」しかしハマースタインは、ブロードウェイでも屈指の才能の持ち主と仕事をするチャンスをふいにするのはもったいないと諭した。

バーンスタインとソンダイムは一九五五年から一九五六年にかけての冬、ひっそりと共同作業に明け暮れた。「わたしが音楽上の問題点を説明すると、彼はたちまち要点をのみこんでくれた。だから仕事がやりやすかった」バーンスタインはのちに、ソンダイムについてこう語っている。「もうひとりの自分といっしょに書いているようなものだった。ふたりとも言葉を愛し、言葉遊びやパズルが大好きなのも共通していた。もちろん、アナグラムも。実際、『ウエストサイド物語』の詞を書くよりも、パズルをしてすごした時間のほうが長いのではないだろうか」仕事は着実に進捗し、一九五六年にはポスト紙が、興行は秋に予定されていると報道したほどだ。新聞には「型破りなミュージカル……完成されて供されるばかりになっているのに、料理人たちがほかの料理作りに忙しい」と書かれていた。

25 『キャンディード』

「均整のとれた全体像を造り上げた舞台美術の勝利」
――ブルックス・アトキンスン、ニューヨーク・タイムズ紙（一九五六年十二月三日付け）

バーンスタインの「ほかの料理」とは『キャンディード』だった。一九五五年の十二月、バーンスタインとヘルマンは、ようやくうってつけの作詞家を見つけていた。三十五歳の詩人リチャード・ウィルバーの翻訳による『人間嫌い』が、マサチューセッツ州ケンブリッジのポエット劇場で幕を開けたところだった。ウェルズリー・カレッジで英語を教えているウィルバーは、ちょうどローマ賞の奨学金で訪れていたイタリアから帰国したばかりでもあった。すでに若い世代では傑出した人物と目されはじめていた。『キャンディード』の詞の大部分は、一九五六年の夏から秋にかけて完成された。ウィルバーは二幕に詞をつけたが、前任者が残していった一幕の詞にも手を加え、いちじるしく改良した。

ウィルバーの仕上がりを待つあいだ、一九五六年初頭から春にかけて、バーンスタインは多彩な活動を手玉にとるようにこなしていった。フェリシアはこういっている。「レニーは、ほどほどにということができないひとでした。たとえばオペラを観にいったとすると、帰りに映画の深夜興行を観て帰ります。いつもポケットいっぱいに制酸剤を持ち歩いていました。どうしても生タマネギの入ったサンドイッチを食べなくちゃと思うと、まずサンドイッチを食べ、それからすぐに薬を飲むんです」バーンスタインは衆目を一身に集め、それをいくらか楽しんでもいた。ＡＢＣから、博識の大学教授バーゲン・エヴァンズが司会をしているパネル・ショー、『ダウン・ユー・ゴー』の出演依頼を受け、引き受けたのもその表われだ。ショーのプロデューサーは、シャーリー・バーンスタインだった。二月から五月まで週一回の出演で、バーンスタインは千七百五十ドル以上稼ぎ、またデトロイト・ニューズ紙が、冗談混じりでバーンスタインを当期の「最優秀男性テレビ解答者」に推した。「自分にとってはなんの足しにもならないが、少なくともメイドの給金は払える」とはレナードの公式見解である。

五月にはマーサズ・ヴィニヤード島へ移った。「来ましたよ」バーンスタインはフィル（〝Pfil〟）・マーキューズに報告している。「デジャヴュみたいに、なにもかも前といっしょ。マーサズ・ヴィニヤードの同じ家に落ち着き、『キャンディード』を書いているリリアン・Ｈがすぐそばにいる。とても現実とは思えません。来る途中ファルマスで、去年と同じ床屋で髪を刈ってもらい、同じウサギにあいさつしました」タイロン・ガスリーとリチャード・ウィルバーも島に来てショーにとりくんだが、この時点でも、バーンスタインはしばしば指揮の契約が入り、ショーの仕事は寸断された。ひとつにはルイゾーン・スタジアムでのコンサートがあり、映画『ルイ・アームストロング物語』のためにアームストロングとの共演で『セントルイス・ブルース』を演奏した。シカゴでは小規模なバーンスタイン・フェスティバルが開かれ、連夜『エレミア』、『不安の時代』、『セレナード』を披露した。『セレナード』の独奏はトッシー・スピヴァコフスキーで、この演奏は四月に行なわれたニューヨーク初演よりも好意的な評価を得た。ニューヨークではタイムズ紙のハワード・タウブマンが、「ところどころ聴かせる部分はあるが、全体としての仕上がりはいまひとつ」と評していた。しかしシカゴのデイリー・トリビューン紙は、バーンスタインが「今世紀最大の天才にもっとも近いところにいる」と考えた。タウブマンは最終楽章のジャズ調の音楽が気に入らなかったのだが、その点がシカゴ・デイリー・ニューズ紙からは歓迎され、「きわめて健全……ハイドンが一九四〇年代のニューヨークに生きていたら書いたであろう曲」と見なされた。

バーンスタインはマサチューセッツ州ケンブリッジにも足を運び、フェリシアがシェイクスピアの『ヘンリー五世』でフランス人王妃を演じるのを観た。「レニーは初日の夜に来てくれました」フェリシアはジャーナリストに語っている。「彼のそわそわした様子で、こっちまで落ち着かなかったわ」いっぽう『セレナード』のニューヨーク初演では、フェリシアのほうがそわそわしていた。じっとすわっていられず、ボックス席をうろうろと歩きまわった。「子どもが生まれるときみたいなものですね」ポスト紙のレナード・ライアンズにこう説明している。「わたしがお産するときはレナードがおろおろして、レナードのお産のときはわたしがおろおろしてました」ケンブリッジで、フェリシアは自分の芸歴が二の次になっていることを率直に認めた。近ごろは、夫がニューヨークにいるときにしかテレビの仕事は引き受けないことにしている、そうすれば子どもたちは毎日両親のうちのどちらかには会えるから、とフェリシアはいった。夫のためを思う行為に、フェリシアは誇りをもっていた。「彼のキャリアはわたしの芸歴などより重要なのです。結婚してから以前にもまして作曲に励んでいますから」

『キャンディード』は一九五六年の八月には、実質的に完成を見ていた。これは、作曲家バーンスタインとしてはもっとも重厚な作品である。通算でほぼ二時間のスコアには、三十曲以上の音楽が含まれ、それも、独唱、二重唱、三重唱、四重唱、アンサンブル、コーラス、純粋な器楽曲と多岐にわたる。それらが会話のあいだにちりばめられ、また会話と組み合わされている。リチャード・ウィルバーの功績で、『キャンディード』の詞は全体として非の打ちどころがない。問題は物語の翻案自体にあった。ヴォルテールの『キャンディード』は一七五九年に出版されたものだが、いわゆる悪漢《ピカレスク》小説でわずか八十七ページという短いものだ。風刺作家のジョン・ウェルズが述べたように、この作品は「ページをめくるたびに読者は新たな国へ案内され、段落ごとに新しい冒険がある」。この作品は、カトリック教会に対する、はたまた哲学者ライプニッツの毒にも薬にもならない楽観主義に対する皮肉にみちた攻撃にあふれている。そこがヘルマンとバーンスタインには、わが世の春を謳歌するアイゼンハワーのアメリカへの反逆として使えると思えたのである。しかしながら、ヴォルテールが哲学を「理想のうちでも最たる理想のため」のものとしてあざけったことも、戦争や貪欲、欺瞞、快楽、俗物根性や虚言を文明化の必要悪と受け止めたことも、三十章にも細分された、四コマ漫画的な簡潔な構成と、短くて鋭い文章があったればこそ成功につながったのである。いっぽうリリアン・ヘルマンが得意とするのは、「ととのった」三幕劇の分野であり、いかにすぐれた才気の持ち主であろうとも、喜劇を書いた経験がないのは事実だった。それでもヘルマンがそなえている、劇場芸術や戯曲の構成に対する飛び抜けた嗅覚が、アメリカの現状に対する怒りと結びついたなら、きわめて建設的な成果を生むという信念がなかったなら、バーンスタインはヘルマンに協力しようとはしなかっただろう。

バーンスタインとヘルマンはニューヨークで、またマーサズ・ヴィニヤードで、密接に共同作業を行なったため、ふたりが脚本化の過程でどう工夫を積んでいったのか示唆する記録は、書簡の形では残っていない。だが、ヘルマンが十四通りものヴァージョンを考えていたのはさして意外とはいえないだろう。ヘルマンは舞台に乗せられる作品を作り上げるという、ほとんど不可能に近い作業に立ち向かったのである。この作品に関しては、これまでのところ、だれもが手放しで成功の賛辞を送るにふさわしい成果をあげたとはいいがたい。一九九〇年に死亡するまでに、バーンスタインは少なくとも七回は、ちがった形の上演に関わっている(一九五九年ロンドン、一九六六年ロサンジェルス、一九六七年シカゴ、一九七一年サンフランシスコ、一九八二年ニューヨーク・シティ・オペラ、一九八七年スコティッシュ・オペラ、そして一九八九年ロンドン交響楽団のコンサート）し、一九七三年には、オフブロードウェイで、ハロルド・プリンスとヒュー・ホウィーラーが大胆な縮小版の公演に踏み切るのにも許可を与えている。

『キャンディード』がヴォルテールの小説を「下敷きにして」いるというのは、『不安の時代』がW・H・オーデンを下敷きにしているとか、『セレナード』がプラトンにもとづいているとかいうのとほとんど同じ意味合いしかない。ヘルマンの脚本でもっとも冴えた場面は、原作にはまったく見られないものだ。小説には異端審問の取り調べの場面などないし、パリでのワルツも、ヴェネツィアのカジノ・シーンもない。小説では、キューネゴンドが虐殺されたあとキャンディードが悲しむ場面は描かれていないし、彼女が恩寵を失う苦い悲哀も見られない。

ヴォルテールのキャンディードは、ふたりの哲学者から忠言を受ける。温厚なパングロス博士の甘い結論は、マーティン老の辛口の意見とは正反対だ。ヘルマンはひとりの役者にこの二役をやらせた。巧妙な解決策ではある。だが全体を通してみると、あまりにもめまぐるしく場面が転換されるのが、舞台の『キャンディード』では完全に裏目に出た。そして最後の最後に、バーンスタインは救いがたいほどの楽観性から、「メイク・アワ・ガーデン・グロウ」を、より善き世界への希望にみちた、感動的で力強い賛歌に仕立てあげてしまい、芝居の効果を根底からひっくり返してしまう。ヴォルテールのモラル、「われらの庭は、われらに耕さしめよ」にも、希望の要素はある。いくばくかの楽観主義も見られるかもしれない。だが原作のそれは、バーンスタインの法悦にみちた音楽によって観客が信じこまされてしまう希望よりも、はるかに受け身的で細々としたものなのだ。

ここで重大なのは、バーンスタインがヴォルテールの精神を正しく把握したかどうかではない。問題は、バーンスタインが洗練された芸術作品を完成できたかどうかなのだ。『キャンディード』はすみずみまで納得のゆく完璧な舞台作品とはいえないまでも、充分に満足のゆく作品であることがわかった。一九五三年度ブランダイス・フェスティバルでの発言が実証されたわけである。「人間の笑いの力は、神から賜わった苦悩の力より高貴である」という信条だ。『キャンディード』の全体を通じて、悦楽と思索という相反する要素が優位を争っているのは、バーンスタイン自身の、複雑で分裂ぎみの性格を反映したものだ。しかしながら『キャンディード』は、バーンスタインが自分自身に誓った「本物の、感動をさそう」アメリカ・オペラとはほど遠い出来になった。「キャンディードの悲しみ」や合唱曲は、たしかに「力強く、それでいてわかりやすい」が、ほかの曲はどれもとびきり凝っている。台詞は英語だけれども、内容が現代アメリカと密に絡みあっていることは、大方の観客には伝わらなかった。それは主として、ボストンでの公演前に、気弱になったタイロン・ガスリーが異端審問の場面に見られたHUACに対する辛辣な当てこすりを、全部削ってしまったからである。一九六六年にゴードン・デイヴィッドソンがロサンジェルスで再演したヴァージョンでは、修復されたが、その他の上演では、風刺の要素はまったく跡形もなかった。『キャンディード』のスコアを、バーンスタインはヨーロッパ音楽への求愛のカードだと表現している。ガボット、マズルカ、ポルカ、ショッティッシュ、それにワルツなどヨーロッパの舞踊音楽が随所にはじけている。ヨーロッパ・オペラの伝統は、やんわりとからかわれる。恋人たちがふたたび相まみえ、超現実的に「あなたは死んでいたのよ」とデュエットするのだが、『夢遊病の女』を思わせるベル・カントのもっとも美しい唱法で、三度音程と六度音程で、声を震わせて歌うのだ。いっぽうコーラスがパングロス博士の梅毒の歌、「ディア・ボーイ」の結びの対句をくりかえすと、ギルバート&サリヴァンの亡霊が劇場に忍びこんできたかと思われる。過去が、シャロンで上演した『軍艦ピナフォア』の幻影をともなって、バーンスタインにとりついていたのだ。

　当時、バーンスタインはオペラやオペレッタをばかにしているのではないかと見なす者もいた。これほど真実から遠い指摘はない。キューネゴンドの楽しいアリア、「きらめいて楽しく《グリッター・アンド・ビー・ゲイ》」はグノーの『ファウスト』中の「宝石の歌」のパロディというだけにとどまってはいない。この歌の面白みは、キューネゴンドのゆったりしたワルツのレチタティーヴォ——「フランスに、パリにやってきたんだ」——が、真珠やサファイアで飾り立てたキューネゴンドが声を震わせて「あたしが澄みきっていないとしても、宝石だけは澄んでるわ！」と歌うコロラトゥーラと対照をなすところにある。そして「ヴェネツィア・ガボット」で「わたしはわたしで悩みがある」と「レイディ・フリリー、レイディ・シリー」を合成して対位法を用いた複雑な曲を作りあげたときも、バーンスタインは自分の手並みを吹聴せず、聴く者が彼の巧みな作曲術の産物を楽しむにまかせた。ブロードウェイのショーにこれだけの音楽の才能が傾注されたことは、かつてなかった。しかし切符の売り上げに関していえば、その才能過多があだになった。

ブロードウェイの興行は、つねにチーム・プレイである。名目上、『キャンディード』の総指揮は、プロデューサーのエセル・リンダー・ライナーがとっていた。彼女は裕福なニューヨーカーで、一時は彫刻家として身を立てていたが、一九五三年から五四年のシーズンに『レインメイカー』で大当たりをとり、五六年当時もヴァージル・トムソン作『四人の聖者の三つの行為』のヨーロッパ・ツアーをプロデュースしたところだった。芸術的冒険心に富む女性で、明らかにブロードウェイ向きでない作品でもあえて企画に乗せる気概の持ち主だった。ライナーは製作費を三十万ドルと見積もったが、当時としては莫大な金額である。彼女は、ダラスなど六都市におもむき、ひとりあたり千五百ドルを上限に出資者を募って製作費の半分を調達した。リチャード・ウィルバーの目には、ライナーは志は立派だが、いささか素人くさく映った。

演出の〝トニー〟・ガスリーは容貌は英国大佐風で、口を開くとアイルランドの名士調だった。長身で威勢のいいガスリーの前身は、ロンドンのオールドヴィク劇場の演出部長で、エルシノア劇場でローレンス・オリヴィエが主演した『ハムレット、デンマークの王子』の演出を手掛けたこともある。またメトロポリタン歌劇場ではオペラの舞台監督をつとめ、『キャンディード』の直前にはソーントン・ワイルダー作の『マッチメイカー』をブロードウェイで演出していた。不運なことに、ガスリーにはブロードウェイ・ミュージカルの経験がまるでなかった。しかしオリヴァー・スミスとアイリーン・シャラフは興行界のベテランだ。シャラフは時代にして二世紀にわたって、王族から枢機卿、貴族の愛妾から物乞いまで、三百着におよぶ衣装をデザインしてきた。これは、その前年に上演された『マイ・フェア・レディ』に勝るとも劣らぬ手間暇をかけた舞台になった。

『キャンディード』には有名スターは出演していない。そのことが、あっけないほど短期で興行が打ち切られた主因とはいわれていないが、大きな要因であったのはまちがいない。『キスメット』で人気を博したアルフレッド・ドレイクにパングロス博士をやってもらう話も出たが、結局この役はマックス・エイドリアンにいく。技量はあるが、英国人で、ブロードウェイでは無名だった。キャンディード役のロバート・ラウンズヴィルはピーター・ブルックの映画『三文オペラ』でキャプテン・マックヒースを歌い、またストラヴィンスキーの『レイクス・プログレス』初演でトム・レイクウェル役を演じた人物である。魅力的なキューネゴンドを演じたバーバラ・クックは、前年『カルーセル』で端役をつとめた以外は、これといった芸歴がなかった。

まず、ボストンで三週間試験公演が行なわれた。ドレス・リハーサルは目も当てられない状態で、初日を観にきた批評家たちは、後日もういちど観にきてくれるよう頼まれる始末だった。「いささかまとまりに欠けていますが」トニー・ガスリーは持ち前のひとあたりの良さを発揮して説明した。「しかし今夜はなんとかしますから」ヴァラエティ誌の意見は好意的にはじまっている。「絢爛豪華で、痛烈なミュージカル、オペレッタと呼んでもいい。ふんだんな衣装は目を奪い、装置にも金を惜しんでいない。ぜいたくな配役で、スコアもよくできている」だが、そのあとには警鐘がつづいた。「このショーが広く受け入れられるかどうか、最大のハードルは、その風刺が難解な点であろう（それにヴォルテールの原作は一般になじみがない)。このミュージカルは、とりわけ第二幕に、大幅なカットが必要だ」

ボストンでは、ほかの批評家たちは熱心に『キャンディード』をむかえたが、台本はテンポがのろくて重々しく、ついていくのに骨が折れると批判された。楽屋のムードはパニックに近かった。共同プロデューサーで出資者でもあるレスター・オスターマンがニューヨークからやってきた。彼は到着が遅れ、最後の十五分間しか観ることができなかった。「気絶しそうになった。お客さんがみんな、われがちに帰ろうとしているんだから」翌朝の緊急対策会議でオスターマンはそう発言した。バーンスタインとヘルマンは、ショーをもっとわかりやすくするためにあちこちを削除し、なおかつ衣装を着替える余裕を作るため、いくらか書き足した。そのうえヴェネツィアのカジノ・シーンの最初をもっと明るいものにするために、新曲を挿入することが決まり、つづく数時間は恐ろしくあわただしくなった。スクリプト会議は劇場の男性化粧室で行なわれたのを、リチャード・ウィルバーは憶えている。「下品で威勢のいい歌にしよう」とバーンスタインはいった。カレッジ・フットボールの試合に向かう途中で歌われるようなものを作りたかったのだ——それでいて「カーニヴァル・イン・ヴェネツィア」のこだまを宿しているような曲を。できあがったのが「なんの役に立つ?《ホワッツ・ザ・ユース》」だ。バーンスタインとウィルバーがそれぞれのホテルにもどったあとにも、バーンスタインは即興的な反復をそこここに入れた。ウィルバーは一時間ごとに電話して、新しいフレーズやら手直しした箇所を伝えた。同じ日、ハーシー・ケイがニューヨークから出向いてきて、オーケストレーションを行ない、その晩には新曲はショーに加えられていた。

一九五六年の十二月一日に『キャンディード』がニューヨークのマーティン・ベック劇場で幕を開けたとき、批評家が目にしたのは、切り詰めに切り詰めてできあがった作品だった。ガスリーには自身でショーを修正した経験がとぼしかった。バーンスタインの前二作を受け持ったジョージ・アボットのように、才能をまとめあげる手腕に長けた者はいなかった。舞台裏には失望の空気が漂っている。それでも各方面から賛辞が贈られた。ブルックス・アトキンスンはニューヨーク・タイムズ紙に手放しの絶賛評を載せた。「ヴォルテールが卓越した作家であるかぎり、その『キャンディード』が卓越した風刺ミュージカルとなって現われるのは理の当然である」デイリー・ニューズ紙のジョン・チャップマンは「天才の所業」と呼び、続報で「すばらしく楽しめ、劇場芸術のありかたとして重要な意味をもつ……群を抜く出来栄え」ハワード・タウブマンは劇評ではなく、音楽評を載せた。「本来大衆性を好むブロードウェイの劇場に、甘美なる洗練と典雅な趣が添えられた」

ニューヨークにも、真っ向から辛辣な苦言を呈した批評家は、ひとりふたりいた。ヘラルド・トリビューン紙のウォルター・カーは、とりわけ手厳しかった。ショーは「壮大なる失敗作」であるといい、ヘルマンがヴォルテールの風刺と肩を並べようとしたのは、「空疎でなまぬるく、厚顔無恥」な試みであったとこきおろした。タイロン・ガスリーの手腕も今回ばかりは確信に欠け、「アンサンブルの歌は、なんら統一感がなく、入り乱れた集団が押しあいへしあいしている」。歌詞には「これといった効果は感じられず」、つまり「バーンスタイン氏は、ほとんど全篇にわたって、つまらないパスティーシュを作曲したのである」。

しかし少しばかりの悪評程度で、『キャンディード』ほどすばらしいショーを否定してしまうことはできない。当時のニューヨークにはこのショーを二カ月以上もたせるに足るほど、高尚な味わいのある芝居を好む観客がいなかった、というのが真相のようだ。『キャンディード』は、ブリッツスタインが一九四八年に『ゆりかごは揺れる』で、あるいは一九四九年の『レジーナ』で被ったような、はたまたメノッティが一九五五年に『ブリーカー街の聖女』で被ったのと同じ非運をたどったのだ。ニューヨークで常時活躍していた批評家七人のうち四人までが『キャンディード』に絶賛を寄せているのに、客足は一月のうちにはなはだしく遠のいた。ジョン・チャップマンにいわせると、その原因は、「あれが〝オ・ペ・ラ〟だったから」ということになる。チャップマンは個人的にはあの作品を気に入っていたが、ブロードウェイ的な見方でいうと、「『キャンディード』はひどく退屈だという点も認めている。なぜなら、ブロードウェイの基準に見合うほどロマンチックな要素が盛りこまれていないし、また歌はどれもディスク・ジョッキーには理解できない難物で、とてもバーやドライヴインや簡易食堂なんぞのジュークボックスにとりそろえてある、趣味の悪いレコードの仲間入りはできそうにないから」だ。

観客数の激減にともない、バーンスタインとそのパートナーたちは印税の支払いを半分カットされた。日曜ごとに、タイムズ紙の投書欄には『キャンディード』を支持する投書とけなす投書が掲載された。一月の半ばに暫定的な打ち切りが発表されると、切符の売り上げは急激に伸び、最後の二週間には週あたり四万四千ドルに達し、先の二週間の売り上げの二倍となった。エセル・ライナーが二月二日に『キャンディード』を正式に打ち切ったとき、切符の売れ行きは上向いてきていたのだ。自身プロデューサーとしてもすぐれた業績をもつオリヴァー・スミスは、ライナー夫人がリリアン・ヘルマンに腹を立てたからといって「独断で打ち切った」のは大きなまちがいだったと述べている。ふたりの女性がスミスの家でとてつもない口論をたたかわせたのを彼は憶えていた。「ヘルマンはすごく残酷にふるまえるひとなんです。大声でライナー夫人を怒鳴りつけたり罵ったりしましてね。夫人はそれを額面どおり受け取って『もうたくさん!』といったんです」

最初の興行の名残りをとどめるものとしては、原キャストを起用してコロンビア・レコードのゴダート・リーバーソンがプロデュースした録音があるだけだ。指揮をしているのは、音楽面からショーを献身的に支えたサミュエル・クラッチマルニックで、この盤は大西洋の両岸で収集家の垂涎の的となった。三十四万ドルを費やしたショーは、たった七十三回しか上演されず、足掛け三年におよぶ仕事の代償として、バーンスタインは一万ドルあまりを手に入れただけだった（ヴォルテールはこの小説を三週間で書きあげている）。

事後に、関係者はたがいを責め、また自分をも責めた。タイロン・ガスリーは自伝のなかで、自分の演出は「荷物を満載した貨車が、急勾配をすべり落ちる」かのごときものだったといっている。ガスリーは、バーンスタインには賛辞を惜しまなかった――「真の天才がここにいる」――が、バーンスタインの協力者たちについては、「ダイヤモンドの輝きの前に、知らず知らずのうちに」光を失っていたのではないかとほのめかす。バーンスタインは、リチャード・ウィルバーが「電話ボックスに閉じこもって神様と会話している！」と文句をいっていたと伝えられる。ウィルバーはウィルバーで、バーンスタインは「作家としての自分の才能をやや過大評価していた」と記憶している。一度などは、バーンスタインが自分で詞に手を加えてくるのにうんざりして降りようかとまで思いつめたらしい。だが、ふところぐあいが苦しかったウィルバーは手を引くかわりに笑いでまぎらした。一九五六年の夏、しばらくマーサズ・ヴィニヤードを離れることになって、ヘルマンに自分の利益を守ってほしいと頼んだ。「レニーがぼくの詞を書きなおしているところを見つけたら、やつのピアノ線を切ってやってください」

リチャード・ウィルバーの見たところ、「こいつの責任で、という人物はいない。リリアン・ヘルマンは、ほんとうはミュージカルが好きじゃなかった。なのにレニーの音楽はどんどん大掛かりで派手になっていく――観ている者には、登場人物になにが起きているか、わからなくなるほどだった。リリアンの台本がほんのつなぎ代わりになってしまっていた」ヘルマンは『キャンディード』を「劇場で味わったもっとも不愉快な経験」と切り捨てている。オリヴァー・スミスは、ガスリーが台詞をカットしたのにヘルマンががむしゃらに抵抗し、リハーサルの最中、口をきわめてののしったのをおぼえている。「裏切者！」

とヘルマンは叫んだ。「あんたなんか売春婦よ」『キャンディード』は船頭多くして船山に登る典型だとよくいわれるが、スミスはそうは思っていない。バーンスタインは『ウエストサイド物語』でも同じくらい卓越した仲間と共同作業をしたのだ。

一九五六年の秋、バーンスタインは日曜夜の「オムニバス」（当時はABCで放映されるようになっていた）用に、自分で入念な台本を書き、みずから出演した。タイトルは「アメリカのミュージカル・コメディ」だった。『キャンディード』の開幕を間近に控え、『ウエストサイド物語』もほとんどできあがった状態だったので、この話題を論じるのに、まさにバーンスタインは適役だった。ブロードウェイ・ミュージカルに一貫して見られる重大な要素を、バーンスタインは「アメリカに発祥した芸術であり、われわれの話す言葉、われわれの間合い、われわれの道徳律、われわれの時間感覚、われわれのユーモア感覚に根ざして」生まれている点であるとした。次いでバーンスタインは、今後アメリカのミュージカルがどうなっていくかに話題を移した。十八世紀には、モーツァルトがジングシュピール――字義どおり訳せば「歌芝居」――をとりあげ、芸術の領域に高めた、と彼はいう。「つまるところ、『魔笛』もジングシュピールなのです。ただ作ったのがモーツァルトだというだけで……いま求められているのは、われわれのモーツァルトの到来です。もしアメリカのモーツァルトが現われたなら、そのときわたしたちが観ることになるのは、『魔笛』のようなものではないでしょう。それはまったく新しい形式で、〝オペラ〟という言葉も当てはまらないものになるでしょう。もっと躍動感のある言葉が当てられなければいけない。そのときは近づいているのです。いまは歴史的な瞬間だといってもいい。いままさに、モーツァルトに匹敵する豊かな才能が出現するのは、歴史的必然であるといってもいいのです」

いささか誤解を招く言い方ではあったが、ここには未来を暗示するメッセージが含まれていた。バーンスタインが愛した四〇年代、五〇年代のブロードウェイ・ミュージカルは、モーツァルト以前の歴史に埋もれたジングシュピールの作曲家たちの作品とは比べ物にならない。それにくらべて、アーヴィング・バーリン、ジェローム・カーン、フランク・レッサー、フレデリック・ロウ、コール・ポーター、リチャード・ロジャースは、みな黄金時代の作曲家である。とはいえ、バーンスタインとその協力者たちは、事実「歴史的な瞬間」に近づきつつあった。『キャンディード』のチームのことではない。『キャンディード』は結局、風刺的オペレッタとして歌劇場にその活路を見いだす。だが新しい形式を予言したバーンスタインの言葉は正しかった。彼が手がけていたもうひとつのミュージカルは、すぐれて独創的な作品だったからだ。これを〝オペラ〟と呼ぶことはできない。この作品は、バーンスタインがテレビではほとんどふれなかった要素――ダンスが物語の展開に創造的な役割を担っているからだ。その作品とは、現代の悲劇『ウエストサイド物語』であり、これが舞台に乗せられた一九五七年は、バーンスタインのアメリカにおける名声が頂点に近づく年でもあった。

26 『ウエストサイド物語』

一九五六年十二月の初め、『キャンディード』の公演がはじまって間もなく、バーンスタインはナッソーに逃げ出した。三日間というもの、食事を注文するとき以外はだれとも口をきかず、ブロードウェイの狂乱から遠く離れて心身を休め、傷をなめていた。ショーが大変な成功をおさめたとはいっても、バーンスタインの音楽は、ボストンからニューヨークまでの平坦ならざる途上で次々に切り捨てられてしまっていた。ブロードウェイ・ショーの作曲という仕事のでたらめさには、とうてい納得できる気分ではなかった。骨身を削り、苦悩した時間がすべて水泡に帰したと彼が絶望にとらわれたとしても、なんら不思議ではない。

『ウエストサイド物語』は待機状態にあったが、四月にプロデューサーに就任したシェリル・クロフォードはまだ製作費用の調達に成功していなかった。いっぽうバーンスタインは、遠からずまた指揮やテレビ出演で多忙な日々を送るよう予定を組んでしまっている。一九五六年の十一月、『キャンディード』の公演がまもなく初日をむかえようとするころ、バーンスタインはニューヨーク・フィルハーモニックの首席指揮者のひとりに指名された。任期は一九五七年から五八年のシーズンで、音楽監督を降りるミトロプーロスと共同の地位である。この指名を、大方の者は、バーンスタインに、自分の時間の大半をフィルハーモニックに捧げる意志と可能性があるかどうかを見極める暫定的な措置と見なした。六年間のブランクを経てバーンスタインがオーケストラと行なう最初の仕事は、もっと長期にわたる本格的な就任交渉に入る前の一カ月間の契約だった。ところが、パリで起きた飛行機事故でイタリア人指揮者グイード・カンテッリが死亡したために、契約は二週間繰り上げられ、十二月十三日からはじまることになった。バーンスタインはカンテッリの演目をそのまま引き継いだ。そのために譜面を研究しなおし、とくにヒンデミットの壮大な交響曲『画家マチス』には、本腰を入れてとりくんだ。

彼自身が選んだ演目によるコンサートは、クリスマス後にはじまった。『メサイア』のほぼ全曲が、三部でなく、二部構成で三回演奏された。一部ではクリスマスの音楽がとりあげられ、ハレルヤ・コーラスで最高潮に達する。休憩のあと、二部ではイースターの音楽が演奏される。これはたちまち論議を呼んだ。ヘラルド・トリビューン紙でヴァージル・トムソンのあとを継いだポール・ヘンリー・ラングは、バーンスタインの解釈は「奇怪きわまる偽物」と決めつけた。だがアーヴィング・コロディンの意見に従うなら、「バーンスタインの偉大な功績がまたひとつ増えた」ことになる。六週間でバーンスタインは二十二回のコンサートを指揮した。演奏されたのは、アイザック・スターンと共演したプロコフィエフのヴァイオリン協奏曲第二番や、奇矯な性癖で知られるカナダの若き天才的ピアニスト、グレン・グールドと初共演したベートーヴェンのピアノ協奏曲第二番などである。ふたつの協奏曲と『メサイア』は、ただちにコロンビアがレコード化した。レコード会社は、演目や独奏者の選定にまで注文を付けるようになっていたが、そのぶんオーケストラは、しっかりした性格をもつようになった。アメリカ音楽への傾倒ぶりを実証して、バーンスタインはロイ・ハリスの交響曲第三番や、一九三三年に書かれたがアメリカでは初演になるコープランドの難曲『小交響曲』をとりあげた。そればかりでなく、『キャンディード』の序曲をフル・オーケストラ用に編曲し、初演した。「スマートで洗練された小品」と、当時タイムズ紙の次席批評家だったハロルド・ショーンバーグは述べている。この作品はたちまち、バーンスタイン作品中でも好んでコンサートにとりあげられるようになる。

コンサートの合間に、バーンスタインはまたもや好評を博するテレビ・エッセイ「現代音楽への招待」を書き上げ、「オムニバス」に出演した。基本的には、バーンスタインは膨大な視聴者に、二十世紀の音楽も、それ以前の音楽同様、独自の美しさをそなえていると訴えたかったのだ。バーンスタインは自信をもって、「美」と「不協和音」とは相関する言葉であるといってのけ、野球のダイヤモンドを使って、和声の仕組みを説明した。ホーム・プレートが主音である。バーンスタインは、アルバン・ベルクほどの作曲家なら、シェーンベルクの作曲法に従い、十二音すべてを駆使して美しく感動的な音楽を作り上げることができると請け合いはした。けれども、そもそもバーンスタインが十二音技法にはさほど普遍性はないと見下していることや、十二音楽派よりもコープランドやストラヴィンスキーをひいきしているのは、だれの目にも明らかだった。ディミトリ・ミトロプーロスは一九五〇年から五四年までニューヨーク・フィルハーモニックで、毎年かならずシェーンベルクの主だった作品をとりあげている。他方バーンスタインは現代アメリカ音楽に光を当てた。「オムニバス」での講義を聞くと、周囲の風潮はミュジック・セリエルへ流れていくのに、バーンスタインは敢然と、明確に保守主義を表明しているのに気づく。

『キャンディード』が打ち切られる数日前、レナードとフェリシアは二週間の予定でカストロ革命前のキューバへ発った。マーク・ブリッツスタインが同行していた。ヘルニアの手術を受けたブリッツスタインは、その回復期にあったが、自作のオペラ『リューベン、リューベン』が一九五五年秋、ブロードウェイで開幕を見る前にキャンセルになったため、まだひどく気落ちしていた。皮肉なことに、ブリッツスタインは、いまや作曲家としてよりブレヒトの翻訳者として高い評価を受けていた。バーンスタインも『キャンディード』の失敗で鬱々たる気分だったが、盟友たちとその家族は、とびきり手のこんだ言葉遊びで憂鬱をなぐさめた。フランス語とドイツ語とイタリア語に加えて、妙味を出すためラテン語まで導入したのだ。

だがバーンスタインとブリッツスタインの職業的な展望は対極にあった。『キャンディード』は興行的には大失敗だったが、バーンスタインの音楽は広く賞賛された——けなしたのは「水増し音楽」といったアーヴィング・コロディンくらいのものだ——し、すぐにでも『ウエストサイド物語』で巻き返しを図れる。金銭問題も改善の兆しがあった。一九五六年の四月に、コロンビア・レコードと独占契約を結んだ。秋には、一カ月のうちにバーンスタインのLPが五枚発売されると公表され、このおかげで印税の前渡し金として一万五千ドルを受け取ることができるし、新しいレコーディングの多忙なスケジュールにも応じる約束をしていた。テレビの出演料も、放映局がABCに変わって日曜の夜の放送になると、ほぼ二倍になった。コンサートの仕事でも、新しい方面に手を伸ばしている。四月に、フィルハーモニックの「青少年コンサート」の芸術監督を、バーンスタインが引き継ぐことになったと発表されたのである。

バーンスタインが休暇でキューバに滞在しているあいだに、タイム誌はバーンスタインの横顔を特集した。記事はバーンスタインの五つの異なる側面をとりあげ、ひとつひとつを好意的に紹介している。バーンスタインの顔写真が雑誌の表紙を飾ったが、アメリカ人の指揮者がこれほどの栄誉に浴したのは初めてのことだった。意味深長にも、キャプションは「指揮者レナード・バーンスタイン」となっている——まさにこの週、彼がもっとも野心をこめて作曲した『キャンディード』が幕を閉じるのだ。キューバ滞在中に、フェリシアがこの先何年かは指揮に専念してはどうかとすすめた、と仮定してもあながちまちがってはいないだろう（タイム誌は、ミトロプーロス「引退間近」と書いている）。『ウエストサイド物語』がブロードウェイで『キャンディード』よりうまくいく保証は、どこにもない。ミュージカル作りに途方もない骨折りをしても、代償があてにならないとすれば、とうてい引き合わない。やはり、バーンスタインは商業ベースで仕事をするブロードウェイの作曲家ではなかったのだ。いま彼は、六週間におよぶフィルハーモニックのコンサートを威風堂々とつとめあげてきたばかりだ。グスタフ・マーラーの足跡をたどり、ニューヨークの音楽監督になれる好機がめぐってきたのだ。マーラーの衣鉢を継いで、冬のあいだは指揮者で、夏には作曲家をやっていられるかもしれない。収入の面では、テレビ出演やコロンビアとのレコード契約からもまとまった額が手に入る。友人たちにはいろいろ不平を並べてみせても、やはりバーンスタインはスタジオの雰囲気が好きで、ひとに知識を授けるのも大好きなのだった。だが理屈抜きで、なにより、バーンスタインは著名人になれるのがうれしくてたまらなかった。一九四三年にカーネギー・ホールでデビューを飾ったあと、陶酔のなかで見て以来の、積年の夢だったのだから。

フェリシアもまた、ニューヨークの指導的音楽家の妻として社交界の一翼を担えるのがうれしかった。一九五六年の秋には、フィルハーモニックのシーズンの初日に着るドレス姿の写真を、ヘラルド・トリビューン紙が撮りにきた。「ドレスは床まで届く丈の、白いファイユで」と新聞に書かれた。「アンピール風のボディスのすぐ下からは、真珠と金箔の刺繍がほどこされている」フェリシアは息をのむほど美しく撮れていた。そうした典雅な生活を維持するのには、富は不可欠だ。それも莫大な富が。ゴシップ欄の執筆者は、一九五六年の一年でバーンスタインは十万ドル稼いだと試算している。金銭出納記録を調べると、税込みでは実際にはそれを多少上回る額を手にしていたようだ。だがマンハッタンの特等地に九室もあるアパートメントをもっていたのでは、やりくりは楽ではなかった。しかもチリ人のコックと養育係にも給料を払わなければならない（ロザリオ・ゲレロと同国人のフリア・ヴェガが、一九五四年から住みこんでいた）。

キューバで休暇をすごしたあとの数週間で、さらなる決定がいくつか下り、レナード・バーンスタインのキャリアはいっそうの飛躍を遂げた。最初の動きは、青少年コンサートに関するもので、CBSのウィリアム・ペイリー（ニューヨーク・フィルハーモニックの理事でもある）との交渉が成功裏に終わり、年に四回、土曜の正午にコンサートの模様が放映されることが決まった。そして四月には、まだ首席指揮者のひとりとして一回もコンサートを開かないうちに、ミトロプーロスが退任したあかつきにはバーンスタインが音楽監督に就任することを正式に決定する協議がはじまった。

音楽分野でテレビ界に最大の貢献をしたとして初めてエミー賞を授与されて二週間後、バーンスタインは指揮者として多方面に秀でていることを実証してみせた。イースターの日曜日に放送された、一時間の「オムニバス」がその舞台だった。その日の話題はJ・S・バッハはどこが偉大だったかというもので、番組では『マニフィカート』と『マタイ受難曲』から一部をとりあげた。バーンスタインがそれまでバッハの合唱音楽をほとんど演奏していないことを斟酌すると、八面六臂の活躍ぶりとその造詣はおどろくべきものだった——バーンスタインは指揮ばかりでなく、ピアノとハープシコードを弾き、少しだが歌もうたった。バーンスタインの語りは、多岐にわたるバッハの天与の才にふれ——確信にみちた対位法の美しさ、数霊術的な複雑さ（これをバーンスタインはタルムードと比較した）、絵画を思わせる作曲法、コラールにおいて、神秘的なまでに言葉と音とを融合させる技量、受難の物語にまつわる緊迫したドラマを、あますところなく語った。最後にふれたのが、バッハの宗教精神だった。素朴な信仰が、バッハの膨大な作品に一本筋を通していたのです、とバーンスタインは結論を述べた。

一九五七年の春には、『ウエストサイド物語』は秒読み態勢に入っているはずだった。だがそこに、これなくしてはブロードウェイの裏面史は語れない危機が訪れた。一年以上ものあいだ、シェリル・クロフォードは作品ができあがるのを大切に見守ってきた。ところが三月に延期が決定されてしまった。キャスティングが難航している、というのが表向きの理由だった。そこでクロフォードは作家たちをオフィスに呼び集め、自分は手を引くと申し渡した。四月二十二日の朝のことだ。バーンスタインは捨てばちな気分になった。「数えきれないくらいのひとからいわれました。頼むから、およそ成功の見こみのないものに心血を注いで時間をむだにしないでくれ……憎悪にみちて、醜いだけのショーなんて、と」ソンダイムは、見捨てられた衝撃と、驚愕に打たれたという。だがクロフォードのパートナー、ロジャー・スティーヴンズはロンドンで電話を受けると、自分は関心を失っていないからあきらめるなと励ました。その夜ソンダイムは、友人であるプロデューサーのハロルド・プリンスに協力を要請した。バーンスタインには内緒だったが、ソンダイムはもう、プリンスにスコアの大半を聞かせてやっていた。プリンスと共同プロデューサーのロバート・グリフィスは、次の週末にボストンから飛んできた。自伝のなかで、プリンスはただちに行なわれたオーディションを回想している。「ソンダイムとバーンスタインがピアノに陣どり、歌いはじめた。いくらもしないうちに、わたしも歌に加わっていた。するとバーンスタインが顔を上げ、『なんだ、音感があるじゃないか！』といった」

期限は刻々と迫ってくる。バーンスタインは九月には南米とイスラエルに演奏旅行におもむかなければならなかったし、帰国後すぐに、ニューヨーク・フィルハーモニックの首席指揮者としての初仕事が待っている。いま上演できなければ、永久にできない。ロビンズも爆弾を投げ入れた。ハーバート・ロスに振付けを任せて自分は演出に専念したいといいだしたのだ。プリンスは、ロビンズが踊りに責任をもたないなら降りると脅しをかけた(ロビンズの名は、製作スタッフのなかではいちばん売れていた)。ロビンズは譲歩し、ただしリハーサル期間を四週間でなく八週間ほしいと注文をつけた。『ウエストサイド物語』は、これまでのブロードウェイ・ショーには見られないほどダンス・ナンバーが多く、すべての振付けをするためには、どうしても余分に練習が必要だった。それでもロビンズは、何曲かは振付師のピーター・ジェンナーロに一任した。

プロデューサーとしての経歴は浅いけれども、グリフィスとプリンスはここまでに、三本つづけて当たりをとってきていた。ロジャー・スティーヴンズを後ろ楯にふたりはたちまち現金を調達し、上演日程を確保した。劇場も、ニューヨークでは一流のウィンター・ガーデンを選んだ。ブロードウェイでの開幕前には五週間の試演が組まれる。ワシントンで三週間、フィラデルフィアで二週間の予定だった。

初夏のあいだにスコアの微調整が行なわれた。ジェット団とシャーク団が幕開きに歌うコーラス「ミックス」は、バーンスタインが「好戦的で、けんか腰」と表現していたものだが、これは「プロローグ」に置き換えられた。こちらも敵対するグループどうしが歌う派手なコーラスで、「尋常でなく速い音楽に百万語も歌詞がつく」とバーンスタインはいっていた。最後には純粋なダンスを見せるために歌詞はなくなり、開幕後の五分間でコーラスがたてる音といえば、口笛と指をリズミカルに鳴らす音だけ。

初めバーンスタインは、自分が詞を書いた「サムホエア」を、トニーとマリアのバルコニーの場——劇中では非常階段で演じられる——での愛の歌として（歌詞は変えて）使うつもりだった。だがローレンツとロビンズが難色を示したので、バーンスタインとソンダイムは、その幕の終盤のクインテットからとった「トゥナイト」の音楽を使って愛の二重唱を新たに作り出した。「サムホエア」は、二幕目の夢想的なバレエ・シーンの前振りに、じつにみごとにおさまった。

『ウエストサイド物語』と『キャンディード』を同時進行で作曲していたおかげで、この二作品のあいだで、意外にも曲目が交換されるケースもあった。トニーとマリアの二重唱「ワン・ハンド、ワン・ハート」は、もともとはキャンディードとキューネゴンドのために作られたものである。風刺に富んだ「ギー、オフィサー・クラップキ」は、『キャンディード』のヴェネツィアの場面からとられたもので、そちらのさわりは（ラトゥーシュの作詞で）「結局おまえはどこへ行くんだ?」となっていた。交換は双方通行だった。『キャンディード』の結婚の二重唱、「オー・ハッピー・ウイ」は、そもそも茶会の場面でトニーとマリアに歌わせるはずだったのが、採用されなかったものだ。

ゴーサインが出ると、バーンスタインの主な仕事は、ふたつに集約される。出演者たちに音楽を指導することと、オーケストレーションを監修することだ。オーケストレーションは六月の末に着手された。シド・ラミンとアーウィン・コスタルがバーンスタインの意志を実体化する。ことにラミンは、ジャズやヴォードヴィルに造詣が深かった。彼は「オフィサー・クラップキ」に喜劇調の味わいを添えようと提案している。コスタルはスティーヴン・ウォルペの弟子で、一九五七年に、シッド・シーザー主演で週一回行なわれた『ショー・オヴ・ショーズ』の音楽を担当した。コスタルはバーンスタインを、オーケストレーションの大家だったといっている。「時間の余裕さえあれば、彼はわたしたちを必要としなかったでしょう……『ウエストサイド物語』に限っていえば、あらゆる音符がすべて彼の作品でした。それでもバーンスタインは、つねづね、『オーケストレーションは創造的でないなどと、だれがいったんだ?』といっていたものです。わたしたちの仕事を、なんでも快く受け入れてくれました。ところがジェローム・ロビンズときたら、なにか手を出されようものなら烈火のごとく怒るんです。レニーはちがいました。いつも、『いやあ、どうして自分で思いつかなかったんだろう』というんです」バーンスタインは一度コスタルに、自分はスポンジに似ているという話をしたことがあった。「わたしが学んだことは、みんな、知りあったひとから教わったんだ。脳味噌を拝借したのさ」コスタルはこの点について、苦笑まじりにこう述べた。「ええ、そうでしょうとも。向こうはわたしの知っていることをみんな盗みましたよ。でもこっちは彼の知っていることを全部学べたわけじゃない」

準備の第一段階として、バーンスタインとオーケストレーター・チームはウィンター・ガーデン劇場に出かけ、劇場つきのバンドの演奏を聴いた。組合の規則が浸透していて、演奏者のうちの何人かは劇場側が出すことになっていた。公式にはハウスマンといわれるこの人々を、バーンスタインは「シューバーツ」と呼んでいた。劇場主の名前がシューバートだったからだ。「ヴィオラのシューバーツを追い出したらどうだろう?」バーンスタインはオーケストレーターたちにたずねる。「彼らが来ても来なくても、いずれにしろ支払いはしなくちゃいけないんですよ」コスタルは注意をうながした。「わかったよ」とバーンスタインはいう。「いいからやつら抜きでやろう。とにかく、毎晩わたしのショーのヴィオラ・パートをあの連中がひっかきまわしてくれるのを聴いていたくないんだ」〝確保した〟チェリストのふたりの技量も、希望のもてるものではなかった。コスタルが、チェロのパートをふたつに分ける案を出した。そうやってフリーのチェリストを前にすわらせ、むずかしいパートを弾いてもらい、シューパーツには「分相応な」パートをこなしてもらうのである。同様な手続きはヴァイオリン・パートでもとられた。ヴィオラを使わないことにしたので、狭苦しいオーケストラ・ピットに少々余裕ができ、打楽器をいくらか増やせた。ジャズやラテンアメリカ音楽のリズムをふんだんに取り入れたバーンスタインのスコアでは、打楽器が非常に重要な役割を果たす。

バーンスタインがミュージカルの準備に没頭していたため、フェリシアと子どもたちは、七月九日から二カ月の予定でチリへ発った。サンチアゴにいるフェリシアの母親に会いにいったのだ。バーンスタインの書き送った手紙は、ワシントンで『ウエストサイド物語』の初日が開けるまでの数週間を「日記」スタイルで克明につづってあり、のちにプレイビル誌に公表したものより詳しい。

〈ニューヨーク発レナードより、サンチアゴのフェリシアへ、一九五七年七月一九日〉

拝啓

作業は容赦なくどんどん進んでいく、睡眠のいっときだけが至福の時間だ。ジェリーは相も変わらず――そう、ジェリーのままで、気分はころころ変わるし、横柄で、ひとを傷つける。しかしその才能たるや途方もない。月曜に本読みをはじめた。緊張で手が震えたよ。なのにスコアはまだ未完成。目下最大の難問は、例によって二幕のバレエだ。振付けは終わっているけど、きっとまるでうまくいかなくて、放り出されて、また新しいのを生産しなくちゃいけなくなるって寸法だ。いまから間に合わせるんじゃ殺人的だ。夜もずっと仕事で、楽しみもなにもなし。

チリで、もうすぐ五歳になるジェイミーと二歳になったばかりのアレクサンダーは、いとこたちと対面した。フェリシアの姉、ナンシーの子どもたちだ。「ジェイミーは女王様です。生き生きして美しく、わがままな妖精。みんなジェイミーがなにか気まぐれを起こしたらすぐお応えしようと、足元にひざまずいてるわ」とフェリシアは最初の手紙で書いた。「胸が痛いほどあなたが恋しい――わたしたちのあいだには、信じられないくらいの、気の滅入るような距離ができてるからよ」

〈レナードからフェリシアへ、七月二十三日〉

ショーは――ああ、そうとも。気が滅入ってる。スコアでぼくがいちばん気に入ってる部分――壮大で詩的な部分――が「オペラ調」だと批判されて、全員一致でそこを追放しようという動きがある。それが、なんの役に立つ？　二十四時間態勢は継続中――ぼくは疲れて神経がとんがって、サルみたいな気分だよ。もう金輪際ショーなんてやらないぞ。フィルハーモニック理事会が昨日の契約を承認したから、お膳立てはととのった。ぼくはやっぱり指揮者になる。

数日後、バーンスタインは、マイアミで開かれるコロンビア・レコードのセールス・コンヴェンションに出席するために、『ウエストサイド物語』の仕事を中断された。

あしたには帰れる。間に合うぞ……通し稽古だ！　一幕の。信じられるか――こんなに早く！　時間はみんなどこへ行ってしまったのかな？　じき八月だ。そうしたらワシントン――みんなが『ウエストサイド物語』を観るんだ。ぐちゃぐちゃにつぶされてしまった哀れなぼくのスコアを聴くんだ。ショーのなかでぼくが愛情を注いだ曲は徐々にみんな削られていく――オペラ臭がきついとか、なんとかすぎるとか、かんとかすぎるとかって。みんな疑心暗鬼で、商売の成功が第一なんだ。ぼくもそれは大事なことだと思うが――でも誇りを失わずに成功することはできるといいたい。ぼくは闘う。
　みんなに会いたい――とくにきみに。きみは、ぼくの奇跡のひとだ。ぼくの人生のど真ん中にしっかり住み着いているんだよ、ダーリン。

フェリシアの返答は、バーンスタインが必要としていた感情的な援軍となった。

　船を放棄してはいけないわ、レヌート。正しいと思うなら闘って――あなたはあんな凡人連中よりずっと上を行くひとよ。結局あのひとたちの頭には、劇場で「ヒット」を当てることしかないんだわ。あなたが書いているのは意義があって美しい作品よ。それを削るなんて我慢できない――あなたの音楽があるからこそ、ショーに品格が出るんじゃないの。個性が、詩情が出るんじゃないの。ああ、神様。こんなに離れていたって、わたしは断固反対しますからね。充分な睡眠時間をとると約束してね。――薬をあまり飲みすぎちゃだめよ。ちゃんと食べてる？　パストラミのサンドイッチとパックのコーヒーだけじゃないでしょうね、レヌート？

八月三日に、レナードは一大事件を報告している。

拝啓

……フィルハーモニックの契約書に署名した。感動の瞬間。ブルーノは十時半に着いた。片手に契約書、片手にブリュットのボトルを提《さ》げてね……大当たりだ。弁護士たちが揉めに揉めて、契約書は二十ページにもなってて、まだ増えるという。つられて論争もけんか腰になっていった。だから全部破いておしゃかにしてやった。それから一枚の紙に、わたしはこれこれの期間、これこれの報酬でこれこれの役をお引き受けします、敬具と書いたんだ。みんな気に入ってくれてね。単純で信頼がおける。細かいことはそのつど決めていくことにしたよ。

それ以外の事件といえば——なんにもない、ショーだけ。きょう初めて全体を通した。問題が山積みだ。あんまりいろいろあるんで、げんなりする。それでもショーらしきものはできたし、ひょっとしたらだけど、すごいものになりそうだ。ジェリーもお行儀がよかった（彼にしては）。アーサーはよくやった。だけど仕事は果てしがない。全然眠れない。毎日毎日書きなおしの連続だ。それがいまのところ、ぼくの人生だな。月曜から数えて二週間で開幕なんて、信じられるかい？

数日たって、レナードはまた手紙を書き、ショーの進捗状況を知らせた。

もう八月だ！

……昨日はとりわけきみが恋しかった。トニーの新しい歌（「サムシングズ・カミング」）を書いたんだけど、こいつがすごい。でもまずきみに聴かせてあげられないと、調子が狂う。この歌でトニーの人物像が救われた。——偉大なる伝統にしたがって四分の二拍子（だけどもちろんぼくが三拍子にしてやった。ざまあみろ）——とにかく、これでトニーは男の子になった——単なる夢追い人じゃなくなったよ。

近ごろ毎日が飛ぶようにすぎていく。ろくに寝ていない。秒単位で——文字どおり秒だよ——働いている（このショーでは四役兼任だからね。作曲、作詞、オーケストレーション、出演者のリハーサル）。殺人的だけど興奮している。きっと突拍子もないものができるぞ。

観客を入れた最初の通し稽古——ブロードウェイでは「ジプシー・ランスルー」と呼ばれている。ブロードウェイではダンサーや歌手はジプシーといわれるからだ——は、八月の十日に行なわれた。装置も照明も衣装もなしで行なわれるのが伝統だが、このときは、「出演者はジェット団はジェット団、シャーク団はシャーク団、女の子は女の子で、それぞれ決めた色を着てきていた。出演者たちが独自の判断で決めたんだが、これがすばらしく感動的だった」と、アーサー・ローレンツは回想している。リハーサル中、ロビンズは対立するグループのメンバーを、舞台の上だけでなく、楽屋でも完全に分離した。「いささかやりすぎだと思った」とソンダイムはいう。「だけどもちろん適切な措置だった。なにしろ、悪意や敵愾心をむきだしにしていないときも、それぞれのグループがひとつの個性をもっているみたいで、だから舞台の上にふたつの巨大な人格が立っているように見えた」

八月十三日の火曜日、一座はワシントンに移動した。二日後、レナードはふたたびフェリシアに手紙を書いた。

親愛なる美姫へ

やあ、どうだい。とうとうわが国の首都へやってきた。もうぎりぎりの瀬戸際だ。きょうは木曜、開幕は月曜。いろんなひとが観にくる。ニクソンと三十五人の提督も。上院議員もわんさと来る。はねたあとは、ワシントン風の盛大なパーティがレヌートのために開かれる。残念だったね、ここを離れてしまって。次の日曜は、ぼくの誕生日だが、今度はユダヤ式パーティだ。これも盛大に行なわれるが、入場料はイスラエル・ボンド。これもショーを後押しするためだ。でも前渡しが七万五千あるし、街には活気がある。悪くないね。大いに希望をいだいてる。

……ぼくがぼうっとしてるように感じるかい？ それはね、ぼうっとしてるからさ。夜どおし起きて、序曲をまとめあげようとしていたんだ。本物のプレリュードが書けるまでのつなぎにね。［結局「プロローグ」がはじまるまでは音楽がないほうがいいと判断し、彼はこの考えをあきらめた。バーンスタインは後日、序曲など書いていないと断言しているが、この手紙から、なにがしかを書いていたことがわかる］昨日はまる一日オーケストラの譜読みに入った――こいつは楽しかった。よくもまあ、こんなにうまい連中を集めたものだ。これならこの恐ろしくむずかしい（ひとつふたつを除いて）曲を弾きこなせる。オーケストレーションは秀逸。ほんとうだ。このショーは、苦しんだだけのことはあったかもしれない。わかると思うが、ほんとうに興奮している――『キャンディード』とは大違い。

ショーは八月十九日に幕を開けた。アドレナリンの噴出をあてにして、ジェローム・ロビンズは最後の衣裳合わせを深夜三時になってようやく終わりにした。一か八かの読みだが、報われた。その夜の上演では、『キャンディード』のボストン初演時のような失態は、なにもなかった。アイゼンハワー大統領の首席補佐官、シャーマン・アダムズ（のちにヴィクーニャのコートにまつわるスキャンダルで有名になる）も客席にいた。そのほか、フルブライト上院議員、ジャヴィッツ上院議員、ロバート・ケネディ夫人、外交官三人、フェリックス・フランクファーター判事が聴衆に混じっていた。休憩時間に、バーンスタインは判事の目に涙が光っているのをみとめている。フェリシアが不在のため、上演後のパーティにはヘレン・コーツが同伴した。批評が届くと――すべて「大絶賛」だった――バーンスタインはゲストに読んで聞かせ、それから出演者のパーティに行って、ダンサーたちのためにジャズ・ピアノを弾いた。騒ぎは朝の五時までおさまらなかった。翌晩夫からの電報を受け取ると、フェリシアは天にも昇る心地になった。彼女は返事をよこした。

おお、喜びよ、無上の喜び、大いなる恍惚よ！　すばらしいニュースを運んできた電報がたったいま届きました――ありがとう！　一日じゅうある言葉をいいたくてたまらなかったの。おめでとう、あなたに、そしてみんなに――さぞかしうれしくて、信じられないくらい幸せでいらっしゃることでしょうね。わたしは、誇りと悔しさで胸が張り裂けそう――ずっといっしょにいて喜びを分かちあう機会を逃してしまうなんて！……ああ、神様、きっとどきどきしたことでしょうね！　あなたはぴりぴりしてた？――じっとすわっていられた？　それとも、うろうろしてたかしら？

その週の後半、バーンスタインはホワイトハウスの昼食会に参加した。「あんな食器棚があったんだ！あんな簞笥があったんだ！」バーンスタインはフェリシアに大騒ぎで伝えている。「ほんとうに内部の人間になれたみたいな心地だった……みんな『ウエストサイド物語』の話しかしないんだ。政府が『ウエストサイド物語』で成り立っているみたいだった」しかしアメリカから帰ってこいとしきりに求められても（ほかにも、テレビの出演依頼が二件あった）、フェリシアは親孝行のため、あと一週間だけチリに留まることにした。ワシントンの批評がサンチアゴにも届くと、フェリシアはふたたび興奮に打ち震えた――

「なんてすばらしい評なんでしょう、神様、ずっと持ち歩いて何度も何度も読み返すわ」ワシントン・ポスト紙は、『ウエストサイド物語』には「人生に対する解釈が無類の力で凝集され……暴力は無意味だが、レナード・バーンスタインの音楽は、われわれがなにを理解できていないか、感じさせてくれる」と述べた。デイリー・ニューズ紙は、この作品が「アメリカの舞台芸術に新たな地平を」開いたという。シアトル・タイムズ紙の評者は、感受性鋭く、「恋愛の筋書は『ロミオとジュリエット』を髣髴とさせる」と気づいている。

成功に酔って頬を上気させたバーンスタインは、ジャーナリストに、初めてダンス・パーティに行ったときみたいな気分だと話した。切符売場が「空っぽ」になってしまったナショナル・シアターの外で、躍りあがって喜んでいるバーンスタインの写真がある。「まだワシントンで、ニューヨークじゃない」と、バーンスタインはフェリシアに書いた。「皮算用はやめよう。でも実際、出来は文句のつけようがないと思う……台本もよし、悲劇もうまくいった。バレエはまばゆく、音楽は脈動し、舞い上がる。それになんといっても歴史に残る装置があるからね」

批評家は、スティーヴン・ソンダイムの功績を無視した。ワシントンのプログラムには、「作詞、レナード・バーンスタイン、スティーヴン・ソンダイム」とあった。「きみは怒ってるだろうね」昼間のリハーサルを終えてホテルへもどる車中で、バーンスタインにこういわれたのをソンダイムは憶えている。「詞はきみのもので、クレジットには単独で名前が載るべきだ。そうなるよう、わたしが話をつけておこう」ソンダイムは礼をいった。「それに印税率の調整もしなければいけない」とバーンスタインはつづけた。「それはおかまいなく」ソンダイムは感謝で胸がいっぱいになっていた。「大事なのはクレジットだけですから」のちにこの話をするとき、ソンダイムはいとも哀れな表情を浮かべて付け加えるのだった。「口をつぐんでいればよかった」

　バーンスタインともっとも密接に協同したソンダイムは、早い段階で自分の仕事は「言葉をもっとも単純なレベルまで引き下げることだと認識した。どのみち、どの曲も過剰な自意識の上で風前の灯にあったんだから……。それにレニーの考えでは詞とは華麗なもの、ぼくが考えるよりずっと美文調だった。アーサー・ローレンツの支持もあって、ぼく自身、確信をもてるようになると、その点は強行に主張させてもらった」そうしてバーンスタインの書いた「マリア」の詞は消えていった——一九四九年、まだタイトルが『イーストサイド物語』だった当時からすでに用意されていた詞だ。そのころマリアはユダヤ人で、トニーがグリニッジ・ヴィレッジ出身のカトリックになった。「わたしは詞のたたき台をもっていた」のちにバーンスタインは語っている。「『わたしの唇は……神様がくれた』——ひどいものだ！　ナポリの路地裏で歌われている俗謡の翻訳みたいだ」ソンダイムは、トニーはマリアに会ったばかりなのだから、彼女自身のことでなく、その名前の美しさを歌いあげるべきだと考えた——「ぼくの耳に落ちたいちばん美しい響き／たったひとつのこの世のなかで、美しい音はいくつあろうとも」バーンスタインは、さらに「この歌を書くのにはとりわけ時間がかかった。力強い愛の歌を、感傷をまじえずに作るのはむずかしい」ともいっている。

　「マリア」の旋律は、バーンスタインが『ウエストサイド物語』の核に定めた三全音ではじまる。「……すべての曲に三全音が多用されている。転回させたりしながら。わざとそうしたわけではない。これは「クール」とか（プロローグの）口笛から出てきたものだろう。同じ三つの音だ」

　一幕にトニーの歌「サムシングズ・カミング」を入れることが決まると、バーンスタインとソンダイムは、ローレンツが大要を書き留めていたノートの場面設定のページを初めからしまいまでひっくり返した。「なにかがやってくる」とローレンツは書いていた。「角の向こうまで来ているのかもしれない。口笛吹いて川を下り、踊りに手を引きつらせ——だれも知らない」そこに書かれた台詞が、歌詞と組み合わされた。「わたしたちはアーサーの脚本を蹂躙したんです」バーンスタインはいう。「あんなひとは初めてでした。法外に気前がいいだけじゃなく、ものすごくわたしたちを勇気づけてくれたんです。『いいともいいとも、使いたまえ、歌にしてくれ』と」

ソンダイムと同じで、ローレンツにもこれはブロードウェイ・ミュージカルの初仕事だった。だが彼は戯曲とシナリオ書きの豊富な経験をもち、熟練している。彼が巧みに十代の若者の言葉を創造したこと、シェイクスピアのしち面倒くさいプロットをうまく現代に翻案した手腕が、『ウエストサイド物語』を成功に導いた原動力だ。ショーのクライマックスで、拳銃を手にしたマリアが、物言わぬトニーの肉体を前にして語るシーンは、ローレンツの驚異的な才能が遺憾なく発揮された好例だろう。ソンダイムによれば、バーンスタインはここでマリアを狂乱させたかったらしい。だが適切な狂いかたを思いつかなかった。「ここはどうしても音楽が必要だ」バーンスタインは自分に言い聞かせた。「痛切で、控え目に流れるものにしてみよう。あらゆる材料をオーケストラにぶつけ、マリアには終始オブリガートを歌ってもらう。ちょうどプッチーニのアリアみたいなものを想定した。プッチーニはわたしたちには不要だったが。六小節と進まなかった。こんな経験は初めてだった。どの音もまちがって聞こえた」だがマリアの台詞はべつだった、これはローレンツが、作曲者や作詞者のために書いた覚書にすぎなかった。「弾丸はあと何発残っているんだ、チーノ？」ローレンツの明快な会話がテキストになった。バーンスタインは告白している。「わたしは困難で胸の痛む決断を下しました。外科手術みたいにきれいさっぱり、そこに音楽をつけるのはあきらめようと考えたのです」『ウエストサイド物語』はあらゆる芸術の幸福な結婚であった。そしてその形態は、断じてオペラではない。

『ウエストサイド物語』の製作スタッフのうち、あらゆる観点から卓越した名声に値するのは、ジェローム・ロビンズである——彼こそ「もともとの着想」を得た人物である事実は、契約上保護されている。リハーサルにおけるロビンズは、専制君主のようだった。シド・ラミンは、キャストが顔合わせをした早々に、ロビンズがいったことを記憶している。「わたしがやりにくい人間だというのは自覚している。きみたちの気持ちを傷つけてしまうだろう。だがそれがわたしのやりかたなんだ」バーンスタインはロビンズに変わらぬ敬意を払っていた。ロビンズから音楽を削れとか、オーケストレーションを変えろといわれると、バーンスタインは引き下がった。「ののしりあうのは、ごめんだから」と、ラミンには打ち明けている。ワシントンでの衣裳合わせの際、ソンダイムはバーンスタインと並んで腰掛けていたが、ロビンズが指揮台のマックス・ゴバーマンのところへつかつか歩み寄るのを見て仰天した。さらにおどろいたことに、ロビンズは、「サムホエア」の二番に、リズミカルな拍を加えるよう指揮者に指示した。不服を申し立てるでもなく、バーンスタインはそっと劇場から抜け出した。ソンダイムがあとを追ってみると、バーンスタインは近所のバーにいて、その前にはスコッチのグラスが何個も並んでいたという。

ものをいったのは、ロビンズとバーンスタインの相性だったのだろう。これは『ファンシー・フリー』のときに劣らず強力だった。「ジェリーとの共同作業は、なにかこう、手でさわって感じることのできるものだった。作曲中、ジェリーがわたしの肩に手を置いている……すると、後ろに立っているジェリーがなにをいいたいかわかるんだ。『そこであと四拍』とか、『ちがう、それじゃ多すぎる』とか『そう——それだよ!』とかね」ロビンズは、バーンスタインとの共同作業からもっとも刺激を受けたと語っている。バーンスタインの死後、彼は「わたしたちがたがいに与えあったエネルギー、理想、相性。どちらかいっぽうがなにか思いつき、『おい、こいつならやれそうだ』という。そうするともういっぽうは『いやいや、これは音楽にしないほうがいい、台詞にするんだ』とか、『歌じゃだめだ。ダンスにしたほうがもっとうまくいくぞ』といっている。わたしたちのあいだには、つねに交流するものがあった。それがすばらしく刺激的だったのです」と述べた。

ロビンズは、『ウエストサイド物語』をどのジャンルに分類するかについては、いささかの迷いもなかった。「あれはアメリカン・ミュージカルだ。五〇年代半ばでの目標は、わたしたち全員が――〝クラシック〟音楽を書いていたレニーと、純粋演劇を作っていたアーサーと、正統派のバレエを踊っていたわたしと、本格的に絵を描いていたオリヴァー・スミス――が全員、自分の分野の芸術をもちよって、大衆劇場の舞台に乗せられるものかどうか、それを知ることだった……。高尚な芸術に打ちこんでいたわたしたちが真摯に試みて、一篇の詩を作りあげる。主要な目的はそこにあったんだ」ロビンズにとって、これは「ミュージカル」だった。バーンスタインにとっては「悲劇的ミュージカル・コメディ」である。心の底では、バーンスタインは第一著作者の地位を、だれにも譲りたくなかった。彼はフィラデルフィアからデイヴィッド・ダイアモンドに宛てた手紙で、「このショーはぼくの子どもだ……もし地方同様の成功をニューヨークでもおさめられたら、われわれは、なにかとてつもなく大きなものを証明できたといっていいんじゃないだろうか。そしてそれがアメリカのミュージカル劇場の外貌を変えることになる」のだと強調している。

『ウエストサイド物語』の上演はほぼ二年間におよび（上演回数七百七十二回）、その後約一年間かけて全国を巡業したあと、一九六〇年、ニューヨークに凱旋し、さらに二百五十三回の上演を数えている。一九六一年、この作品は鳴り物入りで映画化された。

ブロードウェイから足を洗ってニューヨーク・フィルハーモニックの音楽監督に就任したとき、バーンスタインは批評家のブルックス・アトキンスンから、「社会的地位に目がくらんだ」と批判を受けた。真相はもう少し込み入っている。バーンスタイン自身は、リリアン・ヘルマンやリチャード・ウィルバーらと『キャンディード』で楽しみ、かつ堪え忍んだ創造的な共同作業、あるいはソンダイム、ロビンズ、ローレンツらと『ウエストサイド物語』を作りあげていく過程は、楽しくはあっても、全精力を傾注しなければならず、一年に一度のペースでつづけていくにはあまりにも消耗が大きいと悟っていた。製作スタッフは、ずっと同じチームを組んでいくことはまずない。ロジャース＝ハマースタイン・コンビやギルヴァートとサリヴァンはむしろ例外だ。そのうえ、ニューヨーク・フィルハーモニックに唯一絶対の王として君臨し、毎週毎週二世紀にわたる不朽の名曲の森を、だれ恥じることなくさまようことができるとなれば、この魅力にはあらがいがたいものがあったろう。『キャンディード』と『ウエストサイド物語』の二作を手がけたことは、作曲の日々に華々しい花道を添えてくれた。しかしながら、バーンスタインの予言に反して、ブロードウェイではひとつの時代が幕を閉じもしなかったし、新しい世紀の黎明も見られなかった。『ウエストサイド物語』は卓抜したスタイルと密度をもってはいたものの、たった一作きりの打ち上げ花火で終わった。この作品がすぐれていたのは、ひとえに、スティーヴン・ソンダイムの表現を借りれば、「特異な人々の連係プレー」によって創造されたおかげである。

一九五七年九月二十六日にニューヨークで公演が幕を開けたとき、『ウエストサイド物語』は必ずしも全面勝利の凱歌をあげたとはいえなかった。「ショーは、総体として歌いこみが足りない」バーンスタインがもっとも恐れた批評家、ヘラルド・トリビューン紙のウォルター・カーはそうけなした。「演技は性急にすぎ……背筋がうずくようなめまぐるしいダンスを除けば、感情を揺さぶる要素はほとんどない」だがカーの批評の冒頭の二段落は、のちにそこかしこで引用されることになる。「『ウエストサイド物語』の放った放射能は、今朝になってもまだブロードウェイに降りつづけていることだろう……。荒々しく、息もつかせぬ、感電しそうなダンス・シーンが、この十年あまり決して見ることのできなかったスケールで、われわれの眼前に提供された」七紙ある朝刊は、どれも力強くほめたたえた。もっともすぐれた批評眼で、その意見にも重みのあるタイムズ紙のブルックス・アトキンスンはこう書いている。「心の底から揺さぶられるショー……都会のジャングルを思わせる物騒な雰囲気のなかに、哀れをもよおす柔和で寛容な精神が宿り……あらゆる要素が一丸となって、無謀で、無我夢中で苦悩する群像を描き出した。演劇界の人々が独創的な企画に専心したとき、全員がその実力を最大限に発揮する、これはそうした特別な場面なのだ。主題は美しくはない、しかし『ウエストサイド物語』がそこから引き出してみせたものは美しい。それはこの作品が、深い洞察の視点をもっているからである」

徹頭徹尾冷淡な評を寄せたのは、ネイション誌のハロルド・クラーマンだけである。彼はこれを「まがい物」と呼び、知性ある作家たちが金もうけの手段にスラムをとりあげた態度を非難した。頭にきたソンダイムは頬をふくらませて、ネイションの株はすぐに売っぱらってやると、バーンスタインに息まいた。ソンダイムがバーンスタインに手書きで送ったメモは、ニューヨーク初演の日の午後に届いた。これは、アメリカのミュージカル劇場史の重要な一章を閉じる、胸を打つ墓碑銘であった。

わたしにとって『ウエストサイド物語』は、初めて書いたショーよりも意義があります。これには、あなたやアーサー、そしてジェリーとともに仕事をする特権に恵まれたことをさえ上回る意義があるのです。願わくは長く、朽ちることなくつづいてほしい友情の始まりをしるしたのですから。友愛は、わたしがしばしばひとに与え、またひとから受ける情ではありません。しかしそれはそれとして、あなたが必要とされるとき、わたしがつねに友情の手を差し伸べる用意があることを、知っておいていただきたいのです。

スコアが非常にすぐれていると感服していることを、申し上げていなかったように思います。むしろ、ごくまれに賞賛しかねる部分を見つけては、そのことであなたをからかうのを好んできましたから。それも、たいていはあなたに脱帽せざるをえないからといえるのですが。ジェリーやアーサーや、わたしにとってさえそうであるように、レナード、『ウエストサイド物語』はあなたにとっては大きな一歩です。いくらか面はゆいのですが、わたしはあなたを誇りに思っています……願わくは、わたしたちにこれだけのものを与えてくれたこの作品が、劇場と、この作品に出会った人々にとっても大きな意味をもちますように。

LEONARD BERNSTEIN by Humphrey Burton
Copyright © 2017 by Humphrey Burton
Published by arrangement with the proprietor, c/o The Joy Harris Literary Agency, Inc.,
New york, U.S.A. through Tuttle-Mori Agency, Tokyo. All rights reserved.

バーンスタインの生涯（上）
新版

2018 年 4 月 25 日　第一刷印刷
2018 年 5 月 1 日　第一刷発行

著者　ハンフリー・バートン
訳者　棚橋志行

発行者　清水一人
発行所　青土社

〒 101-0051　東京都千代田区神田神保町 1-29　市瀬ビル
［電話］03-3291-9831（編集）　03-3294-7829（営業）
［振替］00190-7-192955

印刷・製本　モリモト印刷
装丁　松田行正

ISBN978-4-7917-7065-6　Printed in Japan